Frankreich Jahrbuch 2009

Frankreich Jahrbuch 2009

Französische Blicke auf das zeitgenössische Deutschland

Bibliografische Information der Deutschen Nationalbibliothek
Die Deutsche Nationalbibliothek verzeichnet diese Publikation in der Deutschen Nationalbibliografie; detaillierte bibliografische Daten sind im Internet über <http://dnb.d-nb.de> abrufbar.

Die Aufsätze aus dem Frankreich Jahrbuch werden in der Datenbank World Affairs Online (WAO) nachgewiesen und sind im Fachportal IREON recherchierbar.

1. Auflage 2010

Lektorat: Katrin Emmerich | Marianne Schultheis
Satz: Silvia Wientzek

VS Verlag für Sozialwissenschaften ist Teil der Fachverlagsgruppe Springer Science+Business Media.
www.vs-verlag.de

Umschlaggestaltung: KünkelLopka Medienentwicklung, Heidelberg
Druck und buchbinderische Verarbeitung: Ten Brink, Meppel
Gedruckt auf säurefreiem und chlorfrei gebleichtem Papier
Printed in the Netherlands

ISBN 978-3-531-17348-1

Inhalt

Vorwort

Mit dem Fall der Berliner Mauer vor 20 Jahren ist die Nachkriegsordnung aus den Fugen geraten. Mit der Öffnung Mittel- und Osteuropas und der Erweiterung der EU haben sich die Gleichgewichte zwischen den alten Mitgliedstaaten verschoben; alte Gewissheiten und gewohnte Beziehungsmuster machten einer neuen Verunsicherung Platz. Diese Entwicklungen stellten für die politischen, wirtschaftlichen und universitären Milieus in Frankreich eine ernste Herausforderung dar.

Gleichzeitig sind neue Kooperationsstrukturen in den Geistes- und Sozialwissenschaften zwischen Deutschland und Frankreich entstanden: das – schon 1980 gegründete – CIRAC, das Centre Marc Bloch, die Deutsch-Französische Hochschule, das CIERA (Centre interdisciplinaire d'études et de recherches sur l'Allemagne) und das Deutsche Forum für Kunstgeschichte. Diese Intensivierung der Zusammenarbeit und des Interesses trägt mittlerweile Früchte, die es genauer zu untersuchen lohnt.

Wie immer sind die hier versammelten Schwerpunktbeiträge aus der Jahrestagung des Deutsch-Französischen Instituts hervorgegangen, die vom 25.-27. Juni 2009 zum Thema „Französische Blicke auf das zeitgenössische Deutschland: Eine Zustands-beschreibung" in Ludwigsburg stattfand. Die Tagung wurde zusammen mit dem CIERA veranstaltet, dem wir danken, hierfür eine inhaltliche wie finanzielle Partnerschaft übernommen zu haben. Ein Dank geht auch an das CIRAC für seine Unterstützung. Der Firma Energie Baden-Württemberg (EnBW) danken wir für die großzügige Förderung der Tagung und der Publikation. Ein weiterer Dank gilt Silvia Wientzek, die wieder in professioneller Weise das komplette Layout besorgt hat.

Die Herausgeber

Themenschwerpunkt: Französische Blicke auf das zeitgenössische Deutschland

Neuere französische Deutschlandstudien – Abschied von den Area-Studies?

Michael Werner

„Französische Deutschandstudien" – mit diesem Begriff ist ein Problemkreis aufgerissen, der sowohl eine historische wie eine ganz aktuelle Dimension besitzt. Ich will versuchen, einige neuere Entwicklungen aus diesem Gebiet aufzuzeigen und dabei das Verständnis dieser Entwicklungen historisch anzufüttern. Der Verweis im Titel auf die Area-Studies soll daneben Verbindungslinien zu einer breiteren wissenschaftspolitischen Debatte herstellen, die um das Verhältnis von systematischem und raumbezogenem Wissen in den Sozialwissenschaften kreist (Lackner/Werner 1999).

I.

Mit dem anglo-amerikanischen Begriff der Area-Studies bezeichnet man in Deutschland – was ein Paradox darstellt[1] – einen Problemzusammenhang und einen Fächerkomplex. Dass es diesen Begriff im Deutschen so nicht gibt, ist Teil einer internationalen wissenschaftsgeschichtlichen und auch wissenschaftspolitischen *Histoire croisée*. In Amerika wurde der Terminus nach 1945 erfunden, als man, zu Beginn des Kalten Krieges, feststellte, dass man über die kritischen Zonen des sich abzeichnenden Konflikts in der Welt zu wenig wusste (Szanton 2004). Unter starker Förderung durch die amerikanischen philanthropischen Stiftungen – vor allem Ford und Rockefeller – wurden Abteilungen und Institute eingerichtet, in denen Forschungen über die nichtwestliche Welt vorangetrieben wurden. China, die Sowjetunion, das bald aus dem Kolonie-Status entlassene Afrika, Lateinamerika usw. waren die Gebiete, die dabei im Mittelpunkt standen. Mithilfe großer Programme, etwa dem Foreign Area Fellowship Program der Ford-Foundation, wurde unter Führung der Politik- und Wirtschaftswissenschaftler, aber auch unter Beteiligung der *Humanities* Wissen gesammelt, das für die Bewältigung der politischen Situation brauchbar scheinen mochte. Die entspre-

1 Das an der FU Berlin 2006 eingerichtete Center for Area Studies nennt sich auf deutsch „Zentrum für Regionalstudien". Diese Einrichtung greift einen unter der Führung des Wissenschaftskollegs eingebrachten Vorschlag eines „Forums für transregionale Studien" auf.

chende Unterteilung der Welt in *Areas* erfolgte eher nach geopolitischen Gesichtspunkten, doch fanden darin natürlich auch kulturelle und sprachbezogene Merkmale Eingang, die für das Verständnis der entsprechenden Regionen und Gesellschaften bedeutsam waren.

Anders in Deutschland. Dort waren und sind die Fächer, die sich mit anderen Gesellschaften und Kulturen befassen, philologisch geprägt. Das geht auf die Tradition des 19. Jahrhunderts zurück, in der die Philologie, insbesondere die Klassische, das Königsfach der vom Humboldtschen Ideal geprägten Universitäten war. Philologie war ja nicht nur Sprach- und Textwissenschaft, sondern eine allgemeine Hermeneutik der Kulturen, die, nach August Boeckhs Definition, die „Erkenntnis des Erkannten" zum Gegenstand hatte und somit alle Bereiche des geistigen, kulturellen und sozialen Lebens umfasste, von der Literatur über das Recht, die Wirtschaft und die Politik bis hin zur Philosophie. Dementsprechend entstanden in der ersten Hälfte des 19. Jahrhunderts, nach dem Muster der Klassischen Philologie und vor Aufkommen des politischen Kolonialismus, Fächer wie Orientalistik, Hinduistik (Indologie), Sinologie, Judaistik, dann auch Romanistik und Germanistik, Slawistik usw. Selbstverständlich fanden diese Entwicklungen nicht in einem luftleeren Raum statt, auch sie sind ohne den entsprechenden politischen Hintergrund, insbesondere das Aufkommen von Nation und Nationalgedanke, kaum zu denken. Es wäre ein Irrtum, diese Disziplinen in einer rein universalistisch geprägten Weltsicht zu verorten. Manche Kritiker gingen so weit, in der Griechenland-Begeisterung der klassischen Philologen eine nationale Alleinstellung deutscher Kultur oder in Grimms Germanistik eine Einverleibung der anderen germanischen Völker in das Deutsche zu sehen. Ja, Michael Nerlich verdächtigte Friedrich Dietz' Konzeption der Romanistik als den – im Zusammenhang der Napoleonischen „Befreiungskriege" unternommenen – kompensatorischen Versuch, die herausragende Stellung Frankreichs im Pluralismus der „romanischen" Kulturen zu ertränken und damit zu neutralisieren (Nerlich 1996). Schließlich hat Edward Saïd den schon im 18. Jahrhundert einsetzenden europäischen Orientalismus als eine kontrastive Kolonialwissenschaft vom „Anderen" denunziert, mit deren Hilfe die Überlegenheit der westlichen Zivilisation demonstriert werden sollte (Saïd 1978). Die Dinge waren, das wissen wir heute, erheblich komplizierter (Varisco 2007). Hier bleibt für uns nur festzuhalten, dass die philologische Ausrichtung der Kulturwissenschaften in Deutschland einer Verräumlichung des Kulturbegriffs im Sinne einer flächenförmigen Abbildung von Kulturen zunächst im Wege stand.

Erst gegen Ende des 19. Jahrhunderts vollzog dann die Ethnologie (die sogenannte Wiener Schule Bastians) einen derartigen Schritt, indem sie die Theorie der Kulturkreise erfand, d. h. Kulturen als fest umrissene Räume gewissermaßen territorialisierte, mit Grenzen, Kontakten an den Grenzen usw. – eine Sichtweise, die übrigens später von Durkheim und insbesondere von Marcel Mauss in ihrer Zivilisationstheorie übernommen wurde. Sie sollte es ermöglichen, die Verbreitung von Kulturen mithilfe von zweidimensionalen Karten darzustellen. Dementsprechend bestand auch eine Verbindung zu Friedrich Ratzels humangeographischer Theorie der Völkerkreise.[2] Eine Entsprechung zu den Kulturkreisen fand sich in der Rechtswissenschaft und –geschichte mit der Theorie der Rechtskreise, d. h. mit der Vorstellung kartographisch erfassbarer und territorial festgelegter Rechtssysteme, zwischen denen man vergleichen und transferieren konnte. Die weiteren Stationen der Verräumlichung von Kultur brachte dann die Kulturraumtheorie der 1920er Jahre hervor, wie sie etwa im Bonner Institut für Rheinische Landesgeschichte, in Leipzig und Schlesien, sowie in der sogenannten Westforschung (Schöttler 1997) und ihrem Pendant, der Ostforschung, entwickelt wurde. Hier wurde Kulturraumforschung zum ersten Mal nicht mehr monodisziplinär als Philologie oder Ethnographie, sondern als Zusammenwirken verschiedener Fächer wie der Geographie, Ethnologie, Geschichte, Sprachwissenschaft, Archäologie konzipiert. Die damit verbundenen methodischen Innovationen wurden indes in politischer Hinsicht teuer bezahlt. Die Kulturraumforschung, die ja in vielem die spätere Strukturgeschichte vorweg nahm (vgl. Oberkrome 1993), hat sich zur Kulturboden- und Volkstumsforschung verwandelt bis hin zur nationalsozialistischen Grenzraum- oder Grenzlandforschung, im Dienste einer aggressiven deutschen Expansionspolitik in Europa (Dietz et al. 2003). In deren Folge war, wie das auch Karl Schlögel bemerkt (Schlögel 2003), explizit raumbezogene sozial- und kulturwissenschaftliche Forschung dauerhaft diskreditiert. Was unter anderem zur Übernahme und Verlegenheitslösung des vermeintlich unbelasteten Begriffs der „area studies“ führte.[3]

In der französischen Tradition hat sich zur Bezeichnung des Problemzusammenhangs der Begriff der „*Aires culturelles*“ seit Anfang des 20. Jahrhunderts eingebürgert. Hier waren die alte Verbindung von Geographie und Geschichte, die einen raumbezogenen Blick auf Geschichte implizierte, sowie die starke Position der Ethnologie von Bedeutung. Wie in Großbritannien und später in den USA wurden mit der Vorstellung von „*Aires culturelles*“ primär außereuropäische Räume anvisiert, während für das europäische Terrain eher die systematischen Wissenschaften (Soziologie, Geschichte, Geographie usw.) mobilisiert wurden. Zwei Konzeptionen des *Aire culturelle* können unterschieden werden. Zum einen die eines geschlossenen, mehr oder weniger homogenen Raums mit eigenen Regeln, wobei für die Definition dieser Regeln Religion, Sprache, Kultur eine entscheidende Rolle zugeschrieben wird. In dieser Sichtweise tre-

2 Eine letzte Anverwandlung raumbezogener Kultur- und Gesellschaftsvorstellungen liegt, nebenbei bemerkt, in Luhmanns Systemtheorie vor, mit der Anwendung des Zentrum-Peripherie-Modells, dem Postulat von „Irritationen“ an den Grenzen, usw.

3 Ein interessantes Nebenkapitel zu diesem Thema liefert die Diskussion über eine Neuorientierung der Romanistik als Frankreichkunde, die Ernst Robert Curtius während des Ersten Weltkriegs mit Carl Heinrich Becker, dem preußischen „Hochschulminister“ führte (vgl. Werner 1990: 171-172).

ten vielfach vormoderne oder erst in einem frühen Statuts der Modernisierung befindliche Gesellschaften ins Blickfeld, deren andersartige, „fremde“ Struktur im Verhältnis zur „bekannten“ oder eigenen europäischen Kultur hervorgehoben wird. Auch noch Fernand Braudels „Mittelmeer“ ist diesem Modell verpflichtet, wenngleich er die Geschlossenheit des Mittelmeerraums mehr von sozio-ökonomischen Faktoren herleitet. Zum anderen wurde eine zweite Konzeption insbesondere von der Gruppe um den Indonesienforscher Denis Lombard entwickelt. Lombard versteht das „*Aire culturelle*“ als „*Carrefour*“, als offenen Raum, in dem sich verschiedene Traditionen und Kulturen überkreuzen und vermischen (Lombard 1990). Dieser Raum, für den das indonesische Archipel ein Muster liefert, ist diffus, polyzentrisch, er ist in interne und externe Dynamiken eingebunden und damit in gewisser Weise heterogen, wenn man die klassischen Kriterien anlegt. Und dennoch ist er auch wieder mit gemeinsamen Merkmalen behaftet, die zu einer sinnvollen Gegenstandskonstruktion verwendet werden können. Für beide Modelle des „*Aire culturelle*“ gilt: eine gewisse Nähe zu geographischen Ansätzen, die Bedeutung, die Verkehrswegen und Kommunikationsformen zugewiesen wird und eine bestimmte Vorliebe für die Makroebene, auf der sich die mikrologischen Einzeluntersuchungen zu einem größeren Ganzen zusammenfügen.

II.

Wenden wir uns nun dem besonderen Fall der *Etudes germaniques* zu. Sie haben sich in der zweiten Hälfte des 19. Jahrhunderts herausgebildet, beschleunigt durch die traumatische Erfahrung des Kriegs von 1870/71 (Espagne/Werner 1996). Insgesamt gesehen, sind nacheinander drei Formatierungen des französischen Blicks auf Deutschland zu unterscheiden. Zunächst, seit der Mitte des 18. Jahrhunderts, eine geographische Prägung: der einem rauheren Klima ausgesetzte Nachbar im Osten bzw. Norden; dann, seit Beginn des 19. Jahrhunderts, eine kulturelle Prägung, für die vor allem Madame de Staëls und Heines Deutschlandbilder stehen mögen: Deutschland als unpolitisches Land der Romantik, der Musik, der Philosophie, nach und nach auch der Wissenschaften und der Universitäten; schließlich drittens, nach 1870, eine politische Prägung: der neue Nationalstaat, der Frankreich erfolgreich die Hegemonie in Europa streitig machte, zwar kulturell rückständig, jedoch ökonomisch und demographisch mit einer bedrohlichen Dynamik ausgestattet. Im Zusammenhang der „crise allemande de la pensée française“ (Digeon 1959) entfaltete sich eine intensive Auseinandersetzung mit dem von da an als politische Einheit existierenden Nachbarland, die dann, auf akademischer Ebene, gegen Ende des 19. Jahrhunderts zur Etablierung der *Etudes ger-*

maniques als eines eigenen Fachs führte. Schaut man die Fachentwicklung im größeren Zusammenhang der Geistes- und Sozialwissenschaften etwas genauer an, so stellt man fest, dass sich französische Historiker, Soziologen, Philosophen, Literaturwissenschaftler und Linguisten schon mit deutschen Themen befasst haben, bevor es zur Einrichtung des Fachs *Etudes germaniques* kam. Hier liegt ein wichtiger Unterschied zu den meisten anderen „*Disciplines d'aire culturelle*", wo man zuerst von einer globalen, regionalspezifischen Kompetenz (etwa zu Indien, China, Afrika, dem Vorderen Orient) ausging, bevor dann in vielen Fällen eine Spezialisierung nach systematisch orientierten Fächern einsetzte. So waren die Etudes germaniques de facto, im Zeitalter der deutsch-französischen nationalstaatlichen Rivalität, eine „*Discipline d'aire culturelle*", in der den Deutschlandspezialisten sowohl eine globale Kompetenz über Deutschland als auch, je nach ihrer eigenen Ausbildung und ihrem Lehr- und Forschungsprofil, eine fachliche Qualifikation als Literaturwissenschaftler, Philosoph, Historiker oder Linguist zugesprochen wurde. Die globale Kompetenz wurde unter dem Begriff der „Civilisation" zusammengefasst, der ab 1907 in der *Agrégation d'allemand* die „Histoire" als Prüfungsfach ablöste. Das Fach der „Etudes germaniques" stand also von Anfang an unter der Spannung von globaler Kompetenz im Sinne der „Aires culturelles" oder Area-studies und fachwissenschaftlicher Spezialisierung. Dabei ist nicht zu vergessen, dass das Fach *Etudes germaniques* als solches hohes Ansehen genoss und sich selbst unter den Geisteswissenschaften als elitäre, besonders anspruchsvolle Disziplin verstand. Am Collège de France war es das einzige europäische Fach, für das 1926 ein Lehrstuhl (*langues et littératures d'origine germanique*) eingerichtet wurde. Sein Inhaber, Charles Andler war Literaturwissenschaftler, Philosoph und Sozialtheoretiker. Daneben hat er die französische Regierung während des Ersten Weltkriegs beraten (Marmetschke 2008).

Gleichzeitig war die Deutschland-Kompetenz aber auch in anderen geistes- und sozialwissenschaftlichen Fächern in der Zeit vor und nach dem Ersten Weltkrieg relativ hoch. Erinnert sei nur an Namen wie Ernest Lavisse, Charles Seignobos, Marc Bloch, Vidal de la Blache, Marcel Mauss, Lucien Lévy-Brühl, René Worms, später Celestin Bouglé, Henri Brunschwig, Jean Cavaillès oder Raymond Aron. Sie alle waren keine Deutschland-Spezialisten, aber sie waren wohl informiert über die jeweiligen Fachentwicklungen in Deutschland und hatten vielfach über deutsche Themen gearbeitet. Insgesamt lässt sich sagen, dass die meisten Koryphäen der französischen Geistes- und Sozialwissenschaften damals „auch" Germanisten waren. Ohne deutsche Sprachkenntnisse, ohne Kenntnis der deutschen Universität, ohne Kontakte mit deutschen Forschern war zu jener Zeit in Frankreich kaum Karriere zu machen.

Dies änderte sich nach 1945, dem Jahr, das einen wesentlichen Einschnitt in dieser Entwicklung darstellt. Ab da brach die herausragende Stellung des Deutschlandbezugs in der französischen Universitätslandschaft weg. Für das Fach *Etudes germaniques* bedeutete das zweierlei: zum einen den Wegfall zahlreicher Querverbindungen und Kooperationen mit anderen sogenannten systematischen Disziplinen. Von nun an schauten die französischen Geistes- und Sozialwissenschaftler eher nach Amerika, wenn sie nicht ganz und gar mit sich selbst beschäftigt waren. Die Deutschkenntnisse der Jüngeren gingen massiv zurück. Zum anderen, damit in direktem Zusammenhang, eine interne Neuaufstellung der *Etudes germaniques* (die man auch als einen Rückzug interpretieren kann) mit der klassischen Aufteilung in das Triptychon *Langue, Littérature, Civilisation* (LLC), verbunden mit einer starken Literarisierung des Fachs, vor allem an der die Universitätslandschaft dominierenden Sorbonne. Die globale Deutschland-Kompetenz fiel dabei den „Civilisationnistes" zu, deren Kontakte zu den entsprechenden Sozial- und Kulturwissenschaften indessen zurückgingen und die dadurch zunehmend Legitimationsprobleme in diesen Fächern hatten. Bei den Sorbonne-Historikern um Jacques Bariéty und in Straßburg (um die Revue d'Allemagne) hielt sich eine Gruppe von Deutschlandspezialisten, die aber meist politikgeschichtlich orientiert waren[4].

Soweit Deutschland-Expertise als solche nach 1945 noch gefragt war, wuchs sie zwei bedeutenden Außenseitern zu, Immigranten deutsch-jüdischen Ursprungs: Alfred Grosser, der am Institut d'Etudes Politiques lehrte und fast ganz außerhalb des Fachs stand, und Joseph Rovan, der erst im Alter von 50 Jahren an der neuen Universität von Vincennes zu lehren begann und dort weitgehend isoliert war und von dem marxistisch dominierten *Département d'études germaniques* geradezu ignoriert wurde. In diesem Zusammenhang sind noch Pierre Grappin (Nanterre, später Paris-X) und Pierre Bertaux (Asnières, Paris-III) zu erwähnen, die mit Neugründungen 1964 und 1970 und eher landeskundlich ausgelegten Studiengängen das Monopol der alten Sorbonne aufzubrechen suchten, aber damit nur Teilerfolge erzielten. Immerhin lässt die wichtige Rolle, die sie in der nationalen Universitätspolitik spielten, noch das alteingesessene Prestige der Germanisten in Frankreich erkennen. Schließlich ist auf Einzelfiguren wie Jacques Droz in Paris-I – nach einem missglückten Versuch in Vincennes –, Pierre Jeannin an der EHESS und Pierre Ayçoberry in Straßburg als außerhalb der *Etudes germaniques* operierende Deutschland-Historiker zu verweisen, die indessen ohne Schule und Nachfolge blieben. Auch die Wirkung von Robert Minder, der 1957 als Nachfolger Ernest

4 In Straßburg, der zweiten germanistischen Hochburg mit einer eigenen, auf das Jahr 1919 zurückgehenden Tradition, kam es bei der Aufteilung der Universität 1971 auch zur Spaltung der Germanistik : Die Historiker und Literaturwissenschaftler fanden sich in Straßburg-2, die Soziologen, Juristen und Politikwissenschaftler in Straßburg-3. Das traditionsreiche *Centre d'études germaniques* wurde Straßburg-3 zugeschlagen, bevor es dann 2002 geschlossen wurde. Erst in den letzten Jahren wurden neue, föderale Formen der Zusammenarbeit (Groupement d'intérêt scientifique „Mondes germaniques") aufgebaut, in die auch die Universität Mulhouse eingebunden ist. Ob die 2009 vollzogene „Wiedervereinigung" der drei Straßburger Universitäten zur Université de Strasbourg auch zu einer Neuaufstellung der Germanistik führt, bleibe dahingestellt.

Tonnelats auf den Germanistik-Lehrstuhl des Collège de France berufen wurde, blieb in Frankreich selbst – im Unterschied zu Deutschland – diffus (Kwaschik 2008), da er in seiner Institution vom eigentlichen Ausbildungs- und Hochschulsystem abgeschnitten war.

Die nach 1945 durchgesetzte Dreiteilung in *Langue, Littérature, Civilisation* bedeutete für die französische Germanistik eine Art von Normalisierung. Sie verlor ihre Ausnahmestellung in der akademischen Landschaft, zumal sich auch die anderen Femdsprachenphilologien – ein für Frankreich eigentlich unzutreffender Begriff –, die Anglisten, Hispanisten und Slawisten, intern in gleicher Weise strukturierten. Verglichen mit dem historischen Ausgangspunkt der Fachkonstitution war nunmehr für das Fach eine ambivalente Situation entstanden. Auf der einen Seite bedeutete die Normalisierung den Abschied von der Wissenschaft vom vertrauten Feind, den man genau kennt und kennen muss, um nicht zu unterliegen, an dem man sich jedoch auch misst und den man in gewisser Weise für das Fortbestehen der eigenen nationalen Identität braucht. Das ist, in weiterem Sinne und von Frankreich aus gesehen, das besondere an der deutsch-französischen Beziehung. Auf der anderen Seite aber wurde dieses traditionelle Raster der nationalen Opposition zwischen „Deutschland“ und „Frankreich“ – oder auch, anders gewendet, des besonderen, intensiven und eine gewisse Einheit stiftenden Zusammenhangs zwischen beiden Ländern – gestört durch die Existenz zweier ideologisch einander bekämpfender deutscher Staaten, wodurch auch die französische Germanistik entlang politischer Frontlinien gespalten wurde. *Aire germanique* oder *Aire allemande* waren nur noch schwer als Einheit zu fassen. Damit wurde auch von der politischen Seite her das früher bestimmende Area-Studies-Konzept aufgebrochen und in seinem Kern gestört.[5]

III.

Logischerweise erfolgte der Umschwung dann auch erst 1989, als Deutschland, gerade aus französischer Sicht, wieder den Weg in die Normalität eines Nationalstaats fand. Auch hier zeigt sich nochmals die Bedeutung der politischen Rahmenbedingungen für die französischen Deutschlandstudien. Interessanterweise erfuhr die sozialwissenschaftliche Beschäftigung mit deutschen Realitäten schon ab Mitte der 1980er Jahre eine neue Förderung im Rahmen des „Programme franco-allemand“ des CNRS, als

5 Ein anderes in diesem Zusammenhang interessantes Problem, auf das hier nicht eingegangen werden kann, betrifft die Entwicklung spezifischer Österreich-Studien in Frankreich nach 1945, bei der ebenfalls ein Emigrant, Felix Kreissler, eine zentrale Rolle spielte.

ob man bestimmte zukünftige Entwicklungen vorwegzunehmen gedachte. Doch die eigentliche Neuaufstellung erfolgte erst nach 1989, zum einen in Form eines vom Ministerium koordinierten Doktorandenförderungsprogramms, das zwischen 1989 und 1994 jährlich mehrere Doktorandenstipendien (*allocations fléchées*) für französische sozialwissenschaftliche Promovenden vergab, die mindestens zwei Jahre in deutschen Instituten verbringen sollten, und zum anderen durch die seit 1990 vorbereitete und 1992 realisierte Gründung des Centre Marc Bloch in Berlin als deutsch-französisches Zentrum für Sozialwissenschaften (Beaupré 2007). Die wissenschaftspolitische Stoßrichtung beider Unternehmungen war eindeutig: Unter Umgehung der traditionellen Germanistik sollten auf die neue deutsche Realität abgestimmte und in Partnerschaft mit deutschen Institutionen entwickelte sozialwissenschaftliche Kompetenzen gefördert werden.[6] Der Weimarer Regierungsgipfel von 1997, auf dem unter anderem die Gründung der Deutsch-französischen Hochschule und die Einrichtung eines sozialwissenschaftlichen Deutschland-Zentrums in Paris (das spätere, Ende 2001 gegründete CIERA) beschlossen wurden, konsolidierte diese Entwicklung, wobei auch hier der Akzent auf die Hochschulausbildung und Doktorandenförderung gelegt wurde. Zusammenfassend lässt sich feststellen, dass damit, von Frankreich aus gesehen, das Ende des Anspruchs auf eine globale Deutschland-Kompetenz der Germanistik besiegelt wurde, und zwar im Zuge einerseits der nationalstaatlichen Normalisierung Deutschlands (oder dessen, was in Frankreich als solche wahrgenommen wurde) und andererseits, noch wichtiger, im Rahmen des fortschreitenden europäischen Einigungsprozesses.

Forschungsgeschichtlich führte diese Entwicklung zu einer Auffächerung in eine breite Palette disziplinspezifischer oder themenspezifischer Arbeiten nicht nur zu oder über Fragen deutscher Gesellschaft oder deutscher Geschichte, sondern auch vielfach vergleichend bzw. beziehungsgeschichtlich deutsch-französisch verfahrend, mit wachsender Betonung des europäischen Kontexts. An dieser Entwicklung sind alle Sozial- und Geisteswissenschaften beteiligt, von der Soziologie und der Politikwissenschaft über die Rechtswissenschaft und Ökonomie bis zur Geschichte, Geographie, Kunstgeschichte und Philosophie.

Es ist hier nicht möglich, in diesem Rahmen einen präzisen wissenschaftsgeschichtlichen Überblick zu geben. Nur vier wichtige Punkte sollen hier festgehalten werden:

Erstens die Initialzündung, die von den Anfang der 1990er Jahre mithilfe einer Allocation de recherche oder über Stipendien der *Mission historique* in Deutschland

6 Die 1977 gegründete und im Max-Planck-Institut für Geschichte in Göttingen angesiedelte Mission historique française en Allemagne beschäftigte sich im Kern mit mittelalterlicher und frühneuzeitlicher Geschichte (vgl. Monnet 2007).

ausgebildeten jungen Wissenschaftlern ausging. Eine ganze Reihe unter ihnen sind inzwischen in Professoren- oder leitende Forschungsstellen aufgerückt und nehmen ihrerseits Ausbildungsfunktionen wahr. Genannt seien beispielsweise[7] Valérie Amiraux (Politikwissenschaft), Isabelle von Bueltzingsloewen (Geschichte), Claire de Galembert (Politikwissenschaft), Hervé Joly (Geschichte), Sandrine Kott (Geschichte), Pascale Laborier (Politikwissenschaft), Valérie Lasserre (Rechtswissenschaft), Christine Mengin (Kunstgeschichte), Pierre Monnet (Geschichte), Jean Solchany (Zeitgeschichte), Danny Trom (Soziologie), Bénédicte Zimmermann (Soziologie)[8].

Zweitens die nachfolgende Generation derer, die bereits in den Genuss des Centre Marc Bloch und des CIERA kamen. Insgesamt sind in den letzten 12 Jahren über 140 Dissertationen zu deutschen Themen, aber außerhalb der Germanistik, verteidigt worden. Über die Verteilung nach Fächern können an dieser Stelle keine näheren Angaben gemacht werden, außer dass die Historiker und die Politikwissenschaftler die größten Kontingente stellen. Dagegen ermöglicht eine im Frühjahr 2009 angefertigte Verbleibstudie der im seit Anfang 2002 bestehenden CIERA eingeschriebenen Doktoranden genauere Einsichten in die Themen und Fächer der abgeschlossenen Dissertationen. Unter den 88 dort erfassten Doktoranden[9], die ihre Arbeit zwischen 2002 und Sommer 2008 abgeschlossen haben, sind die Historiker zu einem guten Viertel, die Politikwissenschaftler und Germanisten zu jeweils ungefähr 15 %, die Soziologen zu gut 10 % vertreten, während Philosophen, Wirtschaftswissenschaftler, Juristen, Geographen, Kunsthistoriker jeweils zwischen 4 und 6 % ausmachen. Das bearbeitete Themenspektrum ist erwartungsgemäß sehr variabel. Doch lassen sich gewisse Schwerpunkte feststellen, etwa Geschichte und Gedächtnis, Migrations- und Integrationsforschung, Arbeitsmarkt und Sozialstaat, Politik der öffentlichen Hand in den Bereichen Wirtschaft, Kultur, Wohnungsbau, Stadtplanung usw., dazu NS- und DDR-Historiographie, Gewaltforschung, zivilgesellschaftliche Mobilisierungen, Kolonialgeschichte, Disziplingeschichte, Umweltfragen, Theater- und Medienforschung, Verrechtlichung von sozialen Prozessen, Exilforschung und manches andere mehr. Viele dieser Arbeiten sind, wie schon weiter oben vermerkt, vergleichend oder beziehungsgeschichtlich angelegt.

Der dritte Punkt betrifft die wachsende Spannung zwischen disziplinärer Verortung und themenspezifischer Dynamik. So werden bestimmte Themen wie Gewalt von Soziologen, Politikwissenschaftlern und Historikern gemeinsam bearbeitet. Gedächtnis

---

7 Die folgende Namensliste ist selbstverständlich willkürlich und könnte problemlos verlängert werden.

8 Für diese frühe Generation ist die organisatorische Hilfestellung der *Mission historique* in Göttingen und des deutsch-französischen Arbeitskreises zur Sozialgeschichte nicht zu unterschätzen, die mehrfach interdisziplinäre Doktorandentreffen organisierten.

9 In dieser Studie mit Einschluss der Germanisten, s. weiter unten.

interessiert nicht mehr nur Historiker, sondern auch Soziologen, Psychologen, Politologen, Literaturwissenschaftler und Kunsthistoriker. In der Stadt- und der Migrationsforschung treffen sich Geographen, Soziologen, Politikwissenschaftler, Anthropologen, Literatur- und Kulturwissenschaftler. Wie man sieht, werden auf diese Weise auch die Germanisten verstärkt in gemeinsame Forschungsprozesse eingebunden und finden somit Anschluss an überfachliche Diskussionen. Sie sind nicht mehr Regionalwissenschaftler im früheren Sinn, sondern bringen eigene systematische und methodische Ansätze in die Wissensproduktion ein.

Und viertens: Alle diese Arbeiten jüngerer Wissenschaftler zeichnen sich dadurch aus, dass ihr Blick nicht mehr durch den alten Ehrgeiz einer globalen Deutschland-Kompetenz affiziert ist. Sie haben sich auf zugespitzte Fragestellungen eingelassen, die sie als Spezialisten bearbeiten und zu lösen versuchen. Natürlich spielen dabei Vorstellungen von deutscher Kultur und Gesellschaft im Hintergrund eine Rolle. Die Doktoranden sind mehr oder weniger gerne in Deutschland (gerne vor allem in Berlin), sie machen da ihre persönlichen Erfahrungen, aber das gehört nicht zu ihrer eigentlichen Arbeit. Und ebenfalls „natürlich“: Viele dieser Arbeiten versuchen, die spezifisch französische Beobachterposition (und deren Auswirkungen auf das Forschungsergebnis) mitzureflektieren. Dadurch entsteht ein Zuwachs von Reflexivität, der diese Forschungen von manchen Arbeiten unterscheiden mag, in denen „Einheimische“ sich mit „einheimischen Gegenständen“ befassen.

IV.

Vor Schluss dieser Ausführungen, ist noch einmal auf das eingangs benannte Problem zurückkommen: das Verhältnis von systematischen und regionalspezifischen Wissenschaften sowie die damit verbundene epistemologische Frage nach der Verortung oder Situierung von wissenschaftlicher Erkenntnis, eine Frage, die auch für die Neuaufstellung der deutsch-französischen Forschung in Europa von zentraler Bedeutung ist.

Bis in die 1970er Jahre gingen die systematischen Sozialwissenschaften unter der Berufung auf das Modernisierungsparadigma von einem universalistischen Wissenschaftsbegriff aus. Sie postulierten, dass man menschliche Handlungen von einer Vogelflugperspektive aus, gewissermaßen außerhalb der Welt, betrachten und objektivieren könne. Diese Haltung ging einher mit dem Siegeszug der europäisch-atlantischen Sozialwissenschaften, die die außereuropäische Welt eroberten und das Forschungs- und Deutungsmonopol besaßen. Soziologie und Ökonomie, Politikwissenschaft, Linguistik und Geographie verstanden sich als weltweite Community, deren gemeinsame

Methoden und Paradigmen zwar auf verschiedene Terrains angewendet wurden, die indessen eine gemeinsame Sprache sprachen und einer gemeinsamen wissenschaftlichen Logik mit einem gemeinsamen „corps de doctrines" verpflichtet waren. Die Area-Studies bzw. die von den „Aires culturelles" her definierten Fächer nahmen eine andere Richtung. Sie stellten die spezifischen Merkmale einzelner Gesellschaften und Kulturen heraus, deren Bearbeitung die genaue Kenntnis der jeweiligen Landessprachen, der religiösen und kulturellen Faktoren, mithin eine Pluralität disziplinärer Kompetenzen erforderte, ein Verfahren, das man in der Tradition von Louis Dumont auch als einen „holistischen" Ansatz beschrieben hat. Doch beide Verfahrensweisen stellten weder das europäische Deutungsmonopol noch ihre Fähigkeit, objektives, verifizierbares und verallgemeinerungsfähiges Wissen bereitzustellen, in Frage. Beide waren von dem Fortschrittsoptimismus eines kumulativ anwachsenden Wissenschaftsprozesses getragen.

All dies ist heute kaum mehr aufrecht zu erhalten. Die globalisierten Sozial- und Kulturwissenschaften gehen von dem relativen Charakter menschlicher Erkenntnis aus. Die Deutungsmonopole sind aufgebrochen, unter dem Ansturm anderer Deutungsansprüche und aufgrund der Einsicht in die politischen Verwicklungen der angeblich universalistischen und wertfreien Wissenschaft. Das gilt nicht nur für die systematischen Fächer, sondern auch für die Regionalwissenschaften. Auch sie müssen sich sagen lassen, dass sie Teil einer imperialistisch-kolonialistischen Expansion waren, die den untersuchten Gesellschaften ihre Begriffe und Verfahren einschrieb, ein Prozess, der nicht mehr zurückzudrehen und somit irreversibel ist, zum Leidwesen so mancher Fundamentalisten in West und Ost, Nord und Süd.

Doch das ist nicht nur eine politische, sondern auch eine erkenntnistheoretische Frage. Wissen wird unter lokalen Bedingungen produziert, es ist von den historischen, kulturellen, sozialen Umständen geprägt – übrigens, mutatis mutandis auch im naturwissenschaftlichen Labor. Das heißt indessen nicht, dass wir in Kultur-Relativismus versacken sollen, unter der Devise „anything goes". Die Einsicht in die Relativität gerade sozial- und kulturwissenschaftlicher Erkenntnis ist unverzichtbarer Bestandteil der Wissensproduktion selbst und erste Voraussetzung des selbstreflexiven Umgangs mit der eigenen wissenschaftlichen Praxis.

Auf Deutschland und Frankreich gewendet bedeutet dies, dass der Blick, selbst der fachwissenschaftliche Blick, auch hier immer zeitlich und örtlich „situiert" ist. Er ist historisch und zugleich perspektivisch. Zweitens ist er, da an ihm eine Vielzahl von Akteuren und Disziplinen beteiligt sind, notwendigerweise plural, d. h. er besitzt viele, zum Teil einander ergänzende, zum Teil aber auch widersprechende Facetten. Er ist nicht mehr homogen, sondern heterogen. Und, das ist der dritte Punkt: er verliert seine nationalstaatliche Fixierung. Nimmt man das Problem der Situierung des Blicks der wissenschaftlichen Akteure, in unserem Fall der Nachwuchsforscher, ernst, so stellt man schnell fest, dass diese Akteure immer weniger in die nationalen Kategorien „deutsch" und „französisch“ einzupassen sind. Die Zeiten der nationalen Schwarz-Weiß-Dichotomien sind vorüber. Was in der während der letzten Jahre vollzogenen Neuaufstellung passiert, ist eine Auffächerung nach anderen, themen-, gegenstands- und problembezogenen Gesichtspunkten, vor dem Hintergrund einer gemeinsamen Erfahrung: der Mehrfachsozialisierung der Doktoranden. Viele der entsprechenden Arbeiten werden in Co-tutelle-Verfahren angefertigt oder auch schon in deutsch-französischen Graduiertenkollegs, was Aufenthalte in beiden Ländern, Auseinandersetzung mit beiden Forschungstraditionen und permanente Konfrontation mit der Relativität der jeweiligen Standpunkte bedeutet. Dabei entsteht in der Tat, neben der Einsicht in nationale Besonderheiten und Beschränkungen, etwas Neues Gemeinsames, wo der alte Gegensatz von Innen und Außen, von Eigenem und Fremdem seine ontologische Rahmungsfunktion verliert, ohne dass die Unterschiede verwischt und in einen Einheitsbrei zusammengerührt werden.

Insofern signalisiert die derzeitige Entwicklung in der Tat auch für die französischen Deutschland-Studien, oder genauer: für die deutsch-französische sozialwissenschaftliche Forschung, den endgültigen Abschied von der klassischen Area-Studies-Konzeption. An ihre Stelle tritt eine polyphone, differenzierte Bearbeitung sowohl spezifischer als auch gemeinsamer Fragen. Der vormals universalistische Wissenschaftsbegriff wird durch einen relationalen Begriff der Wissensproduktion ersetzt, in dem die Beziehung von Beobachter und beobachtetem Gegenstand in ihrer raumzeitlichen Bedingtheit erkannt, problematisiert und für den Forschungsprozess nutzbar gemacht wird.

Schließlich, und das wäre der letzte Punkt: Die neue deutsch-französische Forschung ist nicht mehr an die Exklusivität einer Zweierbeziehung gebunden, sondern offen in Richtung eines zwar schwierigen und komplexen, aber zugleich auch weltoffenen Europäisierungsprozesses. In den deutsch-französischen Graduiertenkollegs findet man in wachsendem Maße auch Doktoranden aus anderen europäischen Ländern. Dazu besitzen viele „Deutsch-Franzosen“ akademische Erfahrungen im angelsächsischen Raum. Die neuen, oft ineinander verschlungenen biographischen Pfade der Nachwuchswissenschaftler sprengen die alten nationalstaatlichen Polarisierungen.

Das einzige „Exklusive“ – wenn man so will –, was nicht nur überlebt, sondern in diesem Zusammenhang eine wachsende Bedeutung besitzt, ist die Modellfunktion der deutsch-französischen Forschungsintegration für Europa. Denn wo immer man etwas effektiv und mit einer gewissen Aussicht auf Erfolg in der Hochschul- und Forschungskooperation auf den Weg zu bringen versucht, wird man bevorzugt auf das deutsch-französische Potenzial zurückgreifen. Hier sind die Chancen, die Probleme zu verorten und in den Griff zu bekommen sowie zukunftsträchtige Lösungen zu experimentieren, weitaus am günstigsten. DFH, CIERA, und Centre Marc Bloch, CIRAC und das Deutsch-Französische Institut, das gemeinsame Programm von ANR und DFG für

Geistes- und Sozialwissenschaften, das neue Institut français d'histoire en Allemagne in Frankfurt[10], das Deutsche Historische Institut und das Deutsche Forum für Kunstgeschichte in Paris, alle diese Institutionen sind wesentliche Bausteine zur Errichtung eines europäischen Forschungsraums. Den Gründen für den Erfolg ihrer Arbeit nachzugehen, wäre Thema eines anderen Vortrags, zu dem noch einmal weit auszuholen wäre. Hier soll nur ein gemeinsames Merkmal dieser Initiativen herausgestellt werden: dass sie allesamt und in wachsendem Maße auf die jungen Generationen setzen, in deren Händen die Zukunft liegt.

Literatur

Beaupré, Nicolas (2007): Le Centre Marc Bloch de Berlin. Du projet à la réalisation (1989-1994), in: Ulrich Pfeil (Hrsg.), Deutsch-französische Kultur- und Wissenschaftsbeziehungen im 20. Jahrhundert. Ein institutionsgeschichtlicher Ansatz, München: Oldenbourg, S. 369-380.

Dietz, Burkhard et al. (2003): Griff nach dem Westen. Die Westforschung der völkisch-nationalen Wissenschaften zum nordwesteuropäischen Raum (1919-1960), 2 Bde, Münster: Waxmann.

Digeon, Claude (1959): La crise allemande de la pensée française (1871-1914), Paris: PUF.

Kwaschik, Anne (2008): Auf der Suche nach der deutschen Mentalität: Der Kulturhistoriker und Essayist Robert Minder, Göttingen: Wallstein.

Lackner, Michael/*Werner*, Michael (1999): Der *cultural turn* in den Humanwissenschaften. *Area Studies* im Auf- oder Abwind des Kulturalismus, Bad Homburg: Werner Reimers Konferenzen.

Lombard, Denys (1990): Le carrefour javanais. Essai d'histoire globale, 3 Bde, Paris: Editions EHESS (zweite Ausgabe 2004).

Marmetschke, Katja (2008): Feindbeobachtung und Verständigung. Der Germanist Edmond Vermeil (1878-1964) in den deutsch-französischen Beziehungen, Köln/Weimar/Wien: Böhlau.

Monnet, Pierre (2007): La Mission historique française en Allemagne de Göttingen, in: Ulrich Pfeil (Hrsg.), Deutsch-französische Kultur- und Wissenschaftsbeziehungen im 20. Jahrhundert. Ein institutionsgeschichtlicher Ansatz, München: Oldenbourg, S. 339-365.

Nerlich, Michael (1996): Romanistik: Von der wissenschaftlichen Kriegsmaschine gegen Frankreich zur komparatistischen Konsolidierung der Frankreichforschung, in:

10 Die Mission historique française en Allemagne siedelte am 1.12.2009 von Göttingen nach Frankfurt und wurde dabei zum Institut umgewandelt.

Romanistische Zeitschrift für Literaturgeschichte, 20 , S. 396-436.

Oberkrome, Willi (1993): Volksgeschichte. Methodische Innovation und völkische Ideologisierung in der deutschen Geschichtswissenschaft 1918-1945, Göttingen, Vandenhoek & Ruprecht.

Saïd, Edward W. (1978): Orientalism, London: Pantheon Books.

Schlögel, Karl (2003): Im Raume lesen wir die Zeit. Über Zivilisationsgeschichte und Geopolitik, München: Hanser.

Schöttler, Peter (1997): Die Historische ›Westforschung‹ zwischen ›Abwehrkampf‹ und territorialer Offensive, in: ders. (Hrsg), Geschichtsschreibung als Legitimationswissenschaft, Frankfurt a. M.: Suhrkamp.

Szanton, David L. (2004): The Politics of Knowledge: Area Studies and the Disciplines, Los Angeles: University of California Press.

Varisco, Daniel Martin (2007): Reading Orientalism: Said and the Unsaid, Seattle/London: University of London Press.

Werner, Michael (1990): A propos de l'évolution historique des philologies modernes. L'exemple de la philologie romane en France et en Allemagne, in: *Espagne*, Michel/ *Werner*, Michael (Hrsg.), Philologiques I. Contribution à l'histoire des disciplines littéraires en France et en Allemagne au 19ᵉ siècle, Paris: Editions MSH, S. 159-186.

Neue Realitäten und alte Geschichten in politischen Karikaturen

Beate Gödde-Baumanns

In der zweiten Hälfte des 20. Jahrhunderts hat sich ein tiefgreifender Wandel in den deutsch-französischen Beziehungen vollzogen. Die enge politische Partnerschaft zwischen Frankreich und Deutschland, die sich seit 1950, aber vor allem auf der Basis des sogenannten „Freundschafts“- bzw. „Elysee“-Vertrages von 1963 über die deutsch-französische Zusammenarbeit entwickelt hat, ist unter den großen Staaten Europas einzigartig. Es sind dafür anschauliche Denkfiguren entstanden: „le couple franco-allemand“, „das deutsch-französische Tandem“, und – mit Blick auf die Bedeutung der deutsch-französischen Zusammenarbeit im Prozess der europäischen Einigung – „der deutsch-französische Motor“. Ebenso einzigartig ist die unüberschaubare Fülle persönlicher Kontakte zwischen Franzosen und Deutschen auf allen Ebenen der Zivilgesellschaft und im Rahmen der militärischen Zusammenarbeit: von Schüleraustausch, Städtepartnerschaften und lokalen Deutsch-Französischen Gesellschaften über das Deutsch-Französische Jugendwerk und die Deutsch-Französische Hochschule, bis hin zu Universitätspartnerschaften, Deutsch-Französischen Forschungsinstituten, der Deutsch-Französischen Brigade und zahllosen wirtschaftlichen Verbindungen. Dieses dichte Netz vielfältigster Bande zwischen Franzosen und Deutschen – „le franco-allemand“ – ist im Kontext der nachfolgenden Betrachtung die wichtigste neue Realität. Hinzu kommen als weitere neue Realitäten die militärische und zivile Nutzung der Nuklearenergie und der fortschreitende Prozess der europäischen Einigung.

Die alten Geschichten sind die zahlreichen Rivalitäten zwischen Franzosen und Deutschen in früheren Jahrhunderten und die Jahrzehnte des deutsch-französischen Antagonismus zwischen dem Krieg von 1870/71 und der Aussöhnung zwischen Frankreich und der jungen Bundesrepublik Deutschland in den 50er Jahren des vorigen Jahrhunderts.

Tragfähige neue Beziehungen, die Frankreich und Deutschland seit den frühen 50er Jahren kontinuierlich entwickelt haben, löschen jedoch alte Erinnerungen nicht aus. Vielmehr bleiben diese im kollektiven Gedächtnis noch lange gespeichert und tauchen bei aktuellen Beziehungskrisen fallweise wieder empor. Besonders gut – und dazu auf amüsante Weise – wird das Phänomen in politischen Karikaturen sichtbar. Diese lassen zugleich erkennen, welche historischen Erinnerungen im kollektiven Gedächtnis noch lebendig sind. Denn im Gegensatz zum Autor eines Textes, der darin erläutern kann, woran er erinnern möchte, muss der Autor von Karikaturen für gängige Printmedien sich mit historischen Anspielungen begnügen, die ein breites Publikum auf den ersten oder spätestens auf den zweiten Blick versteht. Er kann also nur Erinnerungen ins Bild setzen, die im kollektiven Gedächtnis jederzeit abrufbar sind. Diese sind – und bleiben trotz der heutigen Partnerschaft – für die früheren Zeiten diesseits und jenseits der nationalen Grenze verschieden.

Politische Karikaturen aus den letzten rund 25 Jahren zeigen, dass in beiden Ländern die neue Realität und die alten Geschichten in den Köpfen dicht beieinander wohnen.

Der entscheidende Unterschied zwischen kollektivem Gedächtnis und Geschichtswissenschaft kann hier nicht näher erörtert, muss aber zumindest benannt werden: Die Geschichtswissenschaft ist bemüht, früheres Geschehen in seinen Zusammenhängen darzustellen und neue Erkenntnisse zu verarbeiten. Neue Forschungsergebnisse können bewirken, dass eine kleine oder größere Zahl einzelner Personen, die davon erfahren, ihr Urteil über historische Vorgänge entsprechend ändern. Auf das kollektive Gedächtnis üben sie hingegen keinen Einfluss aus. Dort sind lose Bruchstücke von Erinnerungen gespeichert, die diffus geworden aber machtvoll geblieben sind, weil sich Emotionen daran knüpfen. Ihre Wirkung hängt nicht vom Grad des historischen Sachwissens ab. Der Wahrheitsgehalt spielt keine entscheidende Rolle. Gleiche Ereignisse hinterlassen nicht gleiche Erinnerungen, wenn das Geschehen seinerzeit unterschiedlich empfunden wurde. Manches versinkt früher, anderes später. So ist beispielsweise die Erinnerung an den deutsch-französischen Krieg von 1870 in Deutschland nur noch Historikern vertraut, aber aus dem kollektiven Gedächtnis weitgehend geschwunden, während sie in Frankreich noch präsent ist.

Solange sie überdauern, bleiben kollektive historische Erinnerungen auch vom Wandel der Zeiten unberührt. Soweit eben möglich – und die Toleranzbreiten sind in diesem Bereich beachtlich groß – werden neue Gegebenheiten in die alten Erinnerungsstücke eingebaut. Wenn aber ein so fundamentaler Wandel der Verhältnisse eintritt, dass das Neue gar nicht mehr in das Alte eingefügt werden kann, dann wird die alte Erinnerung nicht ausgelöscht, sondern es tritt eine neue, ganz andere Erinnerung daneben, so dass fortan zwei gegensätzliche kollektive Erinnerungen koexistieren. Beides war in den letzten Jahrzehnten an politischen Karikaturen aus beiden Ländern zu beobachten und es soll im Folgenden anhand einiger ausgewählter Karikaturen aus Frankreich gezeigt werden.

Die 1963 vertraglich besiegelte deutsch-französische Zusammenarbeit wurde bereits seit zwei Jahrzehnten erfolgreich praktiziert, als die Karikatur entstand, die hier an erster Stelle abgebildet sei.

Quelle: L'Express, 2.12.1983, S. 61

Sie ist 1983 im politischen Magazin L'Express – in voller Höhe der Seite – in Zusammenhang mit einem ausführlichen Artikel über die deutsche Friedensbewegung erschienen, die damals auf ihrem Höhepunkt stand. Der massive Protest in der Bundesrepublik Deutschland gegen die geplante nukleare Nachrüstung hatte in Frankreich Besorgnis um die eigene Sicherheit hervorgerufen. Plötzlich schien der Westen, unter sowjetischer Bedrohung stehend, durch deutsche Friedensliebe gefährdet – das war eine ganz neue Variante des alten französischen Problems „Sicherheit vor Deutschland". TIMs Karikatur – eine meisterhafte Komposition aus Fragmenten historischer Erinnerungen – integrierte die französische Skepsis über die neue Friedensbewegung in vertraute Bilder von alter deutscher Gefahr: Der Stehkragen ruft die Erinnerung an den preußischen Offizier wach, die Gesichtszüge der Büste erinnern an Bismarck und Hindenburg, der hochgezwirbelte Schnauzbart an Wilhelm II. und damit an den Ersten Weltkrieg. Die martialischen Spitzen des Schnauzbartes symbolisieren ebenso wie die Spitze der Pickelhaube die deutsche Aggressivität schlechthin. Doch handelt es sich nicht um eine echte alte Pickelhaube. Vielmehr krönt der sehr solide gebaute Pickel eine Prinz-Heinrich-Mütze, die bevorzugte Kopfbedeckung des damaligen Bundeskanzlers Helmut Schmidt. Als Monokel, das ebenso wie der Stehkragen den preußischen Offizier symbolisiert, sitzt im linken Auge das Logo der Anti-Atom- und Friedensbewegung. Ohne ein einziges Wort kommt die Botschaft unmissverständlich über: Die alte deutsche Gefahr sei im neuen Gewand der Friedensbewegung wiedergekehrt. Die Reaktionen in Frankreich auf die deutsche Friedensbewegung sind damals in der Bundesrepublik Deutschland aufmerksam verfolgt worden. Die Verbindung von Symbolen für den deutschen Militarismus vergangener Zeiten mit den Symbolen für die neue Friedensbewegung – TIMs Karikatur ist nur ein Beispiel von vielen – löste weit über den Kreis der Anhänger der Friedensbewegung hinaus große Empörung über unausrottbare alte Vorurteile im Nachbarland aus. Wurde sie doch als Missachtung des inneren Wandels empfunden, der sich in Deutschland nach 1945 vollzogen habe. Im Lager der politischen Linken brach die Bereitschaft zum Dialog mit der französischen Linken abrupt und nachhaltig ab.

Das Bild vom Händedruck zwischen Staatspräsident Mitterrand und Bundeskanzler Kohl bei den Feierlichkeiten zur Ehrung der gefallenen französischen und deutschen Soldaten auf den früheren Schlachtfeldern von Verdun am 22. September 1984 ging um die Welt und ist in beiden Ländern bis heute im Gedächtnis lebendig geblieben.[1]

Quelle: Cabu, „Bien dégagé sur les oreilles“, Paris 1985, S. 57

1 Zur Entstehungsgeschichte: Ulrich Wickert, „Warum reichten sie sich die Hand?“, in: Frankfurter Allgemeine Zeitung, 25. September 2009, S. 37.

In keiner bekannten Zeitung oder Zeitschrift, sondern nur in einem Sammelband, ist die bissige Karikatur von CABU erschienen, welche die neue Realität des versöhnten Miteinanders und die alte Geschichte der Greuelpropaganda aus dem Ersten Weltkrieg sarkastisch zusammenfasst.

Quelle: Le Canard enchaîné, 16.10.1991

Aber in Le Canard enchaîné diente der Handschlag von Verdun seitdem häufig als Vorlage für Karikaturen, die teils deutsch-französische Gemeinsamkeiten ironisierten, teils Missstimmungen in den deutsch-französischen Beziehungen oder Missstände in beiden Ländern aufspießten, wie zum Beispiel das Erstarken der rechtsextremen Szene zu Beginn der neunziger Jahre.[2]

Nach dem Fall der Berliner Mauer im Jahre 1989 und bei der folgenden Vereinigung der beiden deutschen Staaten gerieten die alten Erinnerungen an schmerzliche frühere Konflikte und die neuen Erinnerungen an die deutsch-französische Versöhnung und Annäherung in einen Widerstreit, der sich nicht mehr beheben ließ. So gelangten beide getrennt, aber gleichzeitig zum Ausdruck. Das zeigte bereits die erste Ausgabe von Le Canard enchaîné nach dem Fall der Berliner Mauer: Auf der Vorderseite erblickten schockierte Europäer einen Helmut Kohl mit Pickelhaube, auf der Rückseite wurde

2 In Frankreich waren die Umfragewerte für den Front National von Jean-Marie Le Pen stark angestiegen, in Deutschland hatten Neonazis in Hoyerswerda und Freiburg Gewalttaten verübt.

der Fortbestand der deutsch-französischen Freundschaft unter veränderten Bedingungen ins Bild gesetzt.

Quelle: Le Canard enchaîné, 15.11.1989, S. 1

Quelle: Le Canard enchaîné, 15.11.1989, S. 8

Alte Erinnerungen an deutschen Machthunger und gefährliche deutsche Übermacht sind in Frankreich häufig an den Ereignissen von 1870/71 festgemacht, insbesondere der Niederlage im deutsch-französischen Krieg, dem Beharren der Sieger auf Abtretung des Elsass und Teilen von Lothringen und der Bildung des ersten deutschen Nationalstaates, der nach dem Empfinden der französischen Zeitgenossen vom ersten Tage seiner Existenz an die Hegemonie in Europa besessen hatte. Dieses Erinnerungskonglomerat ließ sich trefflich in einem Namen und einer Gestalt komprimieren: Bismarck, Kanzler der Reichsgründung von 1871 – zum Glück für die Karikaturisten sogar von ähnlicher körperlicher Statur wie Bundeskanzler Helmut Kohl. Da dies an anderer Stelle bereits ausführlich dargelegt wurde[3], sei hier nur ein weiteres Beispiel aus Le Canard enchaîné gezeigt: Ende November 1989 erschien Bundeskanzler Helmut Kohl dort als alle überragender, eroberungslustiger Bismarck in Uniform mit Pickelhaube im Kreise der europäischen Partner.[4]

Quelle: Le Canard enchaîné, 22.11.1989

3 Gödde-Baumanns, Beate: Frankreich und die deutsche Einheit: 1870/71 – 1989/90, in: Klaus Schwabe, Francesca Schinziger, Hrsg.: Deutschland und der Westen im 19. und 20. Jahrhundert, Band 2, Wiesbaden/Stuttgart 1994, S. 103-119; Französische Karikaturen und Kommentare zur deutschen Vereinigung, in: Wilhelm Kreutz, Karl Scherer, Hrsg.: Die Pfalz unter französischer Besetzung (1918/19 -1930), Kaiserslautern 1999, S. 421-447.

4 Die Karikatur nimmt Bezug auf ein Sondertreffen der Staats-und Regierungschefs der Europäischen Gemeinschaften am 18. November 1989 in Paris, zu dem der französische Staatspräsident Mitterrand eingeladen hatte. Vgl. dazu den Begleitartikel in Le Canard enchaine, 22.11.1989, S. 1 und 8, sowie Helmut Kohl, Erinnerungen 1982 - 1990, München 2005, S. 983 ff.

Aber das blieb nur ein Aspekt der französischen Auseinandersetzung mit der neuen Entwicklung in der Bundesrepublik Deutschland. Ebenso gut ließ sich die Erinnerung an Krieg in der Vergangenheit mit der Erkenntnis der Friedfertigkeit der Bundesrepublik verbinden und ins Bild setzen, wie eine – außergewöhnlich versöhnliche – Karikatur des sonst so bissigen TIM zeigt: Kurz nach der ersten freien Volkskammerwahl in der DDR, die den Mehrheitswillen zur Vereinigung mit der Bundesrepublik eindeutig zum Ausdruck gebracht hatte, zog TIM – der ein großer Bewunderer des General de Gaulle war - einen denkwürdigen Vergleich zwischen den Jahren 1940 und 1990. Neben de Gaulle und dessen im Gedenkjahr 1990 allenthalben wieder zitierten Ausspruch: „Frankreich hat eine Schlacht verloren, aber es hat nicht den Krieg verloren", stellte er einen zwar auch übermächtigen, aber doch sehr zivilen Helmut Kohl und ließ ihn sagen: „Deutschland hat den Krieg verloren, aber es hat den Frieden gewonnen".[5]

Quelle: Le Monde, 24.3.1990

Mit der Erkenntnis, dass die deutsche Einheit 1990 im Frieden mit den europäischen Nachbarn und ohne Demütigung Frankreichs wiederhergestellt wurde,war die Phase der Kohl-Bismarck-Karikaturen beendet.

Der Vollzug der zweiten deutschen Einigung hatte die Frage nach ihren Konsequenzen keineswegs erledigt. Das zeigte sich, als 1992 in Frankreich vor dem Refe-

5 Vgl. zu TIM, eigentlich Louis Mitelberg (1919 - 2002): TIM: Être de son temps, Ausstellungskatalog des Musée d'art et d'histoire du Judaïsme, Paris 2003.

rendum über den Vertrag von Maastricht, also über die Weiterentwicklung der Europäischen Gemeinschaften zur Europäischen Union, eine große öffentliche Debatte in Gang kam. Es ging darin nicht nur, aber auch um die Rolle Deutschlands in Europa. Befürworter und Gegner des Vertrages von Maastricht diskutierten diesen Aspekt mit gleicher Vehemenz. Das übermächtige Deutschland werde die EU beherrschen, deshalb müsse um Frankreichs nationaler Selbstbehauptung willen der Vertrag abgelehnt werden, argumentierten einige Protagonisten des Nein. Das vereinte große Deutschland müsse erst recht in der Europäischen Gemeinschaft verankert bleiben, um nicht auf Abwege zu geraten, die auch für Frankreich gefährlich werden könnten, argumentierten einige Verfechter des Ja, die am 20. September 1992 – dem 200. Jahrestag der Ausrufung der I. Französischen Republik – einen knappen Sieg davon trugen. Wochenlang waren in Le Monde Karikaturen von PLANTU erschienen, die das Paar François Mitterrand/ Helmut Kohl in immer neuen Variationen als einträchtige Vorkämpfer für den Vertrag darstellten. Dann aber brachte PLANTU die vertrackte Debatte adäquat bildlich zum Ausdruck, indem er François Mitterrand, der unentwegt für ein Ja zum Vertrag von Maastricht warb, als Wiedergeburt jenes Charles de Gaulle präsentierte, der 1940 aus dem Londoner Exil die Franzosen aufgerufen hatte, den Kampf gegen Deutschland fortzusetzen.

Quelle: Titelblatt Le Monde-Editions, 1992

Dieser Aufruf war seit dem dreifachen de-Gaulle-Gedenkjahr 1990 – 100. Wiederkehr des Geburtstages, 50. Jahrestag des Aufrufes, 20. Wiederkehr des Todestages – in Frankreich in frischerer Erinnerung als je zuvor. PLANTUs Karikatur – eine geistvolle

Konkretisierung historischen Wandels und historisch geprägter politischer Ambivalenz – erschien zunächst in Form einer kleinen Vignette auf vielen Seiten zu einer Artikelserie in Le Monde über den Vertrag von Maastricht[6], anschließend im DIN-A-4 -Format als Titelblatt seines alljährlichen Sammelbandes.[7] In dieser Form lag sie wochenlang an zahlreichen französischen Zeitungskiosken aus.

Deutsch-französische Gemeinsamkeiten und deutsch-französische Interessenkonflikte, insbesondere in der Währungspolitik, inspirierten auch in den folgenden Jahren zu zahlreichen politischen Karikaturen, in denen ein stets übergroßer Bundeskanzler Kohl teils freundschaftlich-hilfsbereit, teils machtbewusst-arrogant erschien. Aber die alten Geschichten tauchten erst wieder in Reaktion auf das energische Auftreten mehrerer Mitglieder der rot-grünen Bundesregierung in deren Anfangsjahren auf. Erneut kam das Verlusttrauma von 1870 – „l'Alsace et la Lorraine" – wieder in den Sinn.

Quelle: Le Canard enchaîné, 27.1.1999

6 Le Monde, 18. 09.1992, Seiten 2, 3, 4, 5, 6,7, 8, 9 und 10; 19. 09.1992, Seiten 2, 3, 4, 5, 6, 7 und 8; 20./21.09.1992, Seiten 3 und 4.

7 Le Monde/PLANTU: Ici Maaaastricht! Les Europeens parlent aux Europeens! Numero Special du Monde, Paris, o.D. (1992).

Als bekannt wurde, dass der deutsche Umweltminister Jürgen Trittin in Erwägung zog, den Wiederaufbereitungsvertrag mit der französischen COGEMA vorzeitig zu kündigen, was zu Arbeitsplatzverlusten in der Bretagne geführt hätte, ließ Le Canard enchaîne in seiner typischen Kombination von Wortspiel und Karikatur den Chef der französischen Kommunisten, Robert Hue, als Verteidiger der vaterländischen Atomenergie gegen die einstigen Gegner auflaufen.

Von der Ortswahl her vorgegeben war die Erinnerung „Elsass“ für PLANTU, als nach dem heftigen Streit auf dem Europäischen Gipfel in Nizza im Dezember 2000 Bundeskanzler Gerhard Schröder und Staatspräsident Jacques Chirac sich im Februar des folgenden Jahres zu einem informellen Versöhnungsessen im Elsass trafen. Emotional bedeutsamer als die verbal deutlich ausgedrückte Verärgerung des französischen Präsidenten und die betrübt-konsternierten Mienen des früheren deutsch-französischen Paares Kohl/Mitterrand ist hier die – aus französischer Sicht schockierende – Einkleidung des Elsass in die deutschen Farben. Das zeigt, wie tief die Erinnerung an das „schreckliche Jahr“ 1871 noch immer im kollektiven französischen Gedächtnis verankert ist.[8]

Quelle: Le Monde, 1.2.2001

8 Victor Hugo, L'année terrible, Paris 1872. Dieser Titel wurde in Frankreich zum Synonym für die Ereignisse von 1870/71.

Das erwies sich erneut im Juni 2004. Zehn Jahre zuvor hatte Le Canard enchaîné die Erwägungen, ob Bundeskanzler Kohl zur Gedenkfeier an die Landung der Alliierten in der Normandie eingeladen werden solle, eher von der humoristischen Seite genommen.

Quelle: Le Canard enchaîné, 9.3.1994

Nachdem nun tatsächlich der deutsche Bundeskanzler an der Gedenkfeier teilgenommen hatte, ließ das Satireblatt Gerhard Schröder sagen: „Und nächstes Jahr treffen wir uns in Sedan“.

Quelle: Le Canard enchaîné, 23.3.1994

Wenngleich hier auch nur die französische Seite der Medaille gezeigt werden kann, so sei doch nochmals betont, dass die Verquickung aktueller Konflikte mit alten Geschichten in Deutschland nach dem gleichen Muster abläuft. Verschieden sind die Inhalte der alten Geschichten und die neuen Steine des Anstoßes. Je größer die Verstimmung, desto sicherer steigt in Deutschland die Erinnerung an Ludwig XIV. empor. Das zeigte sich vor allem 1995 anlässlich der französischen Atomwaffentests im Pazifik und 1998 angesichts des Streites über die Ernennung des ersten Präsidenten der Europäischen Zentralbank. Die kollektiven Erinnerungen der beiden Nationen haben, soweit sie die alten deutsch-französischen Konflikte betreffen, trotz der unterschiedlichen Inhalte aber einen gemeinsamen Nenner. Es sind diffuse, kollektive Erinnerungen an Geschehnisse, die zu ihrer Zeit als Demütigung der eigenen durch die andere Nation empfunden wurden und als solche lange Zeit im Gedächtnis haften geblieben sind.

Quelle: Le Canard enchaîné, 9.6.2004

Seit dem Regierungsantritt von Bundeskanzlerin Angela Merkel finden sich derlei Karikaturen kaum noch. Nur die deutsche Ablehnung des französischen Vorschlages, wegen der Finanzkrise einen europäischen Rettungsfonds zu bilden, inspirierte zu einer kleinen Karikatur in Le Canard enchaîné, die mit einer französischen Devise aus dem Ersten Weltkrieg und einem deutschen „Nein“ in Frakturschrift nochmals alte Zeiten ins Gedächtnis ruft.

Quelle: Le Canard enchaîné, 8.10.2008

Das allmähliche Verschwinden des Phänomens hat wahrscheinlich mehrere Ursachen. Ein Grund ist vermutlich der Generationswechsel bei den Karikaturisten und ihrem Publikum. Aus dem Kreise jener, bei denen die alten Geschichten noch abrufbereit in den Köpfen wohnten, haben viele die Zeichenfeder aus der Hand gelegt, und auch die Zahl der Leser, die solche historischen Anspielungen noch auf Anhieb verstehen, ist kleiner geworden. Als weitere Ursache ist in Betracht zu ziehen, dass zur Zeit in beiden Ländern andere innen- und außenpolitische Themen wie auch die Wirtschafts- und Finanzprobleme wichtiger und damit auch karikaturwürdiger sind als zeitweilige Verstimmungen zwischen der deutschen und der französischen Regierung. Es besteht aber auch guter Grund zu der Annahme, dass die Erinnerungen an die alten Geschichten immer stärker von der Realität der deutsch-französischen Partnerschaft überlagert werden und im kollektiven Gedächtnis verblassen. Das kommt sogar in einer Karikatur zum Ausdruck, die im Februar 2009 in Le Canard enchainé erschien, nachdem Staatspräsident Sarkozy angekündigt hatte, dass demnächst deutsche Soldaten der deutsch-französischen Brigade in Schiltigheim nahe Straßburg stationniert werden sollen:[9] Auf

9 Vgl. Dokumente, Zeitschrift für den deutsch-französischen Dialog, 65. Jg., 2009, Heft 2, S. 78. Laut telefonischer Auskunft der Presseabteilung der Deutsch-Französischen Brigade ist die Realisierung für 2010 vorgesehen.

französischer Seite fühlt sich ein alter Herr dadurch an seine Jugend erinnert, sein Sohn erklärt ihm, das sei die Zukunft, der Alte beharrt: „dann erinnert mich eben diese Zukunft an meine Jugend“. Ein junger deutscher Soldat hört das, versteht aber nicht, weil er nicht weiß, wovon die Rede ist.

Quelle: Le Canard enchaîné, 11.2.2009

Falls damit der Schlusspunkt einer Reihe von Karikaturen gesetzt bliebe, wäre das ein weiteres Indiz für einen großen Erfolg in der Wirklichkeit.

Berlin-Bilder im französischen Fernsehen (1989-2009)

Christian Delporte

Rostropowitsch, der vor der Berliner Mauer ein Konzert improvisiert, junge Leute, die mit irgendwelchen Werkzeugen, Pickeln, Hämmern oder Eisenstangen auf das Bollwerk aus Beton einschlagen, die deutsche Fahne, die am Abend des 2. Oktober 1990, in der festlichen Nacht der wiedergefundenen Einheit, aufsteigt: Fernsehzuschauer in Frankreich wie in aller Welt haben diese höchst ergreifenden und symbolträchtigen Ereignisse live miterlebt, die in Berlin das Ende des Kalten Krieges und den Anbeginn einer neuen historischen Phase für Deutschland und für ganz Europa kennzeichneten. Haben sie aber alle die gleichen Bilder gesehen und die gleichen Kommentare gehört? Nichts ist weniger gewiss. Information besteht immer aus Blickwinkeln, aus Ausschnitten und Auswahl, und die Darstellung Berlins in den Jahren 1989 bis 1990 und danach bildet keine Ausnahme von dieser Regel.

Auch wenn sich die Bilder gleichen, wird doch jedes Ereignis von internationaler Tragweite durch ein nationales Prisma wahrgenommen, denn gemäß dem Gesetz der Nähe, das die Berichterstattung in den Medien regiert, konzentrieren sich Journalisten vor allem auf Dinge, die in der persönlichen Vorstellungswelt ihres Publikums etwas auslösen. Eine Nachricht aus dem Ausland kann den Fernsehzuschauer entweder deshalb berühren, weil ihn die Bilder emotional ansprechen oder weil die Information auf seine eigene aktuelle oder künftige Alltagsrealität verweist.

Der Fall Berlins ist ein perfektes Beispiel für diese allgemeine Regel. Wenn das französische Fernsehen ausführlich mit langen Live-Schaltungen über die Ereignisse von 1989/1990 berichtet, dann ist dies für sich genommen nicht überraschend. Die ganz besondere Beziehung jedoch, die zwischen Frankreich und Deutschland besteht und die Ergebnis einer häufig schmerzhaften Geschichte ebenso wie einer geografisch begründeten Nachbarschaft ist, verleiht ihnen ein einzigartiges Echo, das sich in den Bildern wie auch in den Kommentaren vernehmen lässt.

Diese Anmerkung gilt auch für die nachfolgenden zwei Jahrzehnte. Eine Nachricht jagt die andere und wenn es sich nicht gerade um ein spektakuläres Ereignis handelt oder um einen Bezug zur französischen Aktualität, wie beispielsweise die Berlin-Reisen von Mitterrand oder Chirac in den Jahren 1995 und 2000, dann nehmen Nachrichten aus dem Ausland traditionell einen untergeordneten Rang unter den wichtigsten Themen der Nachrichtensendungen ein. Zwar haben die Sender Korrespondenten in allen wichtigen europäischen Hauptstädten, in Bonn später Berlin, in London, Rom, Moskau und Brüssel, doch ist es für diese schwierig, ihre Berichte bei den Redaktionen in Paris unterzubringen. Dies gelingt nur, wenn die vorgeschlagenen Themen über das Gewöhnliche hinausgehen und ausreichend eindrucksvolle, bewegende oder originelle Aspekte beinhalten, die den französischen Fernsehzuschauer interessieren könnten, der sich in seiner überwiegenden Mehrheit nur wenig in der Geschichte, der Geografie oder ganz einfach dem Alltagsleben seiner Nachbarn auskennt. So ist das vermittelte Bild nur eine ganz spezielle, häufig marginale oder anekdotische Darstellung von Wirklichkeit. Und im Falle Berlins erlebt dieses Bild eine Entwicklung, die sich vom politischen Raum des Jahres 1989 und der Zeit nach 1989 entfernt, um sich im breiten kulturellen Feld anzusiedeln, wobei Umfeld und Lebensweise der Bewohner oder auch die Anregung zu einem Berlinbesuch beigemischt werden. 20 Jahre nach dem Fall der Mauer sind die Geschichte und die politischen Symbole, aus denen sich die Berichte einst ausschließlich speisten, verblasst: dies weist auf eine grundlegend neue Wahrnehmung dieser Stadt hin, die zugleich selbstverständlich und einzigartig ist.[1]

Das paradoxe Ereignis: zwischen Befreiung und Verunsicherung

Das französische Fernsehen reagiert sehr schnell auf die Unruhe, von der Berlin am 9. November 1989 erfasst wird. Antenne 2 kann sich hier auf ihren Korrespondenten in Bonn Philippe Rochot verlassen, der sofort in die geteilte Stadt aufbricht. Bereits am darauf folgenden Tag beginnt eine lange Serie von Live-Schaltungen, die von Christine Ockrent, der französischen Nachrichtensprecherin Nummer eins, moderiert wird. FR 3 reagiert ebenfalls umgehend über den regionalen Sender in Straßburg, von wo sich ein Team unter Leitung der Journalistin Hélène Risacher vor Ort begibt. Die ersten Berichte über Berlin werden in der 23-Uhr-Ausgabe der Nachrichten gesendet. Dies alles geschieht in einem solchen Fieber, dass der letzte Beitrag mit Interviews von West-Berliner Bürgern ohne Übersetzung ausgestrahlt wird, was von einer ungewöhnlichen Eile zeugt: Die Redaktionen sind sich dessen bewusst, dass sie ein historisches Ereignis erleben, auch wenn sie dessen Auswirkungen noch nicht gänzlich beurteilen können.

In den ersten Berichten tritt die Stadt hinter der Menge zurück, aus deren Mitte die Journalisten berichten: Sie trägt spürbare Zeichen eines Ortes, an dem es brodelt.

1 Unser Archivmaterial besteht ausschließlich aus Nachrichtensendungen der öffentlichen Sender (Antenne 2 und FR 3, aus denen 1992 France 2 und France 3 wurden), die im Institut national de l'audiovisuel (INA) lagern; die Dokumente des Privatsenders TF 1 standen uns nicht zur Verfügung.

Doch sehr bald nimmt das Fernsehen an den symbolischen Plätzen des Kalten Krieges Aufstellung, die den Franzosen wie auch den anderen Westeuropäern vertraut sind, angefangen beim Checkpoint Charlie, der zu einer Passage wurde, wo unaufhörlich Ost-Berliner nach West-Berlin strömen. Dagegen werden die anderen Übergangsstellen, die weniger emblematisch und weniger telegen sind, nicht beachtet. Vom Checkpoint Charlie werden die Sondersendungen ausgestrahlt, in denen am 10. und 11. November Christine Ockrent live aus Berlin berichtet.

> „Checkpoint Charlie, die legendäre Übergangsstelle zwischen Ost und West, ist zu einem wahren Boulevard geworden",

kommentiert die Journalistin, während eine fest installierte Kamera die Bewegungen von Passanten und Trabis filmt.[2]

Allerdings sollte der strategische Observationspunkt schnell zum Brandenburger Tor verlagert werden, sobald es darum ging, eine Bresche in die Grenzmauer zwischen West und Ost zu schlagen. Dabei berichten die französischen Fernsehsender ununterbrochen über jede Etappe der Öffnung, von den ersten Pickelschlägen bis zum Abbruch mit Bulldozern und Presslufthämmern, der unter dem Beifall der West-Berliner erfolgte. Nichts Außergewöhnliches, könnte man meinen, denn auf allen Bildschirmen der Welt werden dieselben Bilder verbreitet. Dies stimmt jedoch nicht ganz, denn sie werden jeweils mit Kommentaren unterlegt, deren nationale Herkunft auffällig ist. So beispielsweise am 16. November seitens Philippe Rochot in einer Live-Schaltung vor dem Brandenburger Tor: „Warum ist dies ein Symbol?" fragt der Nachrichtensprecher im Studio. Und der Korrespondent von Antenne 2, immerhin ein guter Deutschlandkenner, antwortet: „Das ist einfach eine monumentale Nachbildung der Athener Akropolis, die 1788 unter Friedrich II. errichtet wurde. Aber wichtig ist, dass hier einst die preußischen Armeen stationiert waren, dass hier die Armeen Napoleons aufmarschierten und vor allem die Armeen der Nazis. In diesem Sinne ist das ein Symbol."[3] Ein Symbol wofür? Für die deutsch-französischen Auseinandersetzungen oder für den germanischen Expansionsdrang? Dies könnte das Blut in den Adern französischer Fernsehzuschauer gefrieren lassen...

Generell entspricht die Berichterstattung über die Ereignisse vom November 1989 den ungeschickten oder zwiespältigen Anmerkungen des Korrespondenten von Antenne 2 in Deutschland. Einerseits teilen die Journalisten vor Ort die Freude und Gefühle der Berliner und sind von diesem Moment der Geschichte und der Freiheit begeistert: Diese Aspekte dominieren zweifellos. Andererseits lassen sie jedoch durch einzelne Kommentare oder die Verwendung eines Vokabulars mit zuweilen angstgeprägten Ak-

2 INA, Antenne 2 (A2), Nachrichtensendung (Journal télévisé-JT) vom 11. November 1989, 20 Uhr.

3 INA, A2, JT Mittagsendung, 16. November 1989.

zenten ihre Sorge über die noch ungewissen Folgen durchscheinen. Was wird davon beim französischen Fernsehzuschauer hängen bleiben?

Nehmen wir zwei Beispiele, um dies zu erläutern. Das erste bezieht sich auf die Darstellung der Ost-Berliner und deren Empfang durch die West-Berliner. Die Journalisten halten den Ostdeutschen ihre Mikrofone hin und erfahren, wie glücklich diese sind und dass sie bald wiederkommen wollen. Sie sind Objekt der Neugierde, und der Blick auf diese Bewohner eines anderen Planeten, die nun den Überfluss entdecken, vor den Geschäften in Entzücken ausbrechen, sich in den Supermärkte auf Früchte oder Süßigkeiten stürzen, hat den Beigeschmack eines Berichts aus exotischen Kolonien. Die Berichterstatter schöpfen dabei achtlos aus einem Vokabular, das traditionell für Barbareninvasionen verwendet wurde, wenn von „Horden" oder „Einfällen" (déferlement) die Rede ist. „Es ist, als ob die Ost-Berliner die Stadt in Besitz genommen hätten", erklärt Christine Ockrent zum Abschluss einer Reportage, in der man Schlangen von Fußgängern und Autos sehen konnte, die voll gepackt waren mit Einkäufen aus West-Berliner Geschäften.[4]

Ebenso kann der französische Fernsehzuschauer schwer beurteilen, ob die Öffnung der Grenze für alle Westdeutschen, einschließlich der Berliner, eine gute Nachricht ist. Zwar besteht die Menge, zumeist junge Leute, die man auf den Bildern vor der Mauer sieht, aus West-Berlinern. Doch die Journalisten kümmern sich kaum um deren Eindrücke, vielmehr erscheinen diese in den ersten Tagen der Maueröffnung ein wenig wie stumme Zuschauer eines Ereignisses, deren Akteure die Ostdeutschen sind. Stattdessen machen sich die Journalisten zu Interpreten von deren kollektiven Gefühlen. Hélène Risacher beispielsweise, die am 9. November ausführlich über die Freude der Ostdeutschen berichtet hatte, erklärt ohne weitere Begründung: „In Westdeutschland ist heute das Gefühl weitaus zwiespältiger."[5] Am Tag darauf befragt dieselbe Journalistin eine Geschäftsinhaberin. Macht sie „Sonderpreise"? Nein, sie macht „normale Preise". Akzeptiert sie die Ostmark? „Nein", wiederholt diese dreimal.[6] Und während die Kamera Ost-Berliner zeigt, die beladen mit Paketen aller Arten wieder in die U-Bahn steigen, fügt sie hinzu: „Für die Geschäftsleute in West-Berlin ist dies ein fantastischer Markt, der sich hiermit eröffnet." Spürt sie, dass sie zu weit geht, wenn sie den Schwerpunkt auf den merkantilen Wert dieses Ereignisses legt? Jedenfalls präzisiert sie: „Die West-Berliner empfangen sie (die Ost-Berliner) sehr herzlich, sie laden sie ein ins Café, ins Restaurant oder zur Besichtigung der Stadt." Allerdings wird kein einziges Bild gezeigt, das diese Aussage stützen würde!

4 INA, A2, 20 Uhr, 11. November 1989.
5 INA, FR3, Abendnachrichten 3, 9. November 1989.
6 INA, FR3, Abendnachrichten 3, 10. November 1989.

Noch charakteristischer ist das Gespräch, das Christine Ockrent am 10. November live mit Dieter Senoner führt. Senoner ist stellvertretender Bürgermeister von West-Berlin und besitzt zudem den unschätzbaren Vorteil, dass er perfekt französisch spricht. Die Fragen von Ockrent lassen deutlich die unterschwelligen französischen Sorgen durchscheinen. Sie erinnert an das „Zähneknirschen" der Westdeutschen, einschließlich der Berliner, die sich mit Ankunft der Deutschen aus dem Osten Sorgen um ihre Wohnung oder ihren Arbeitsplatz machen, und stellt die Frage: „Glauben Sie nicht, dass die Toleranzschwelle erreicht ist?" „ Keineswegs", antwortet Senoner lächelnd.

> „Es gibt überall Kleinkrämer, Händler, die um ihren Bestand fürchten, aber dies bleibt immer eine Randerscheinung und wird die Politik in keiner Weise beeinflussen."

Weitere Frage der Journalistin: „Ist dies die Wiedervereinigung Deutschlands?" „Das ist es gewiss nicht", antwortet Senoner,

> „ aber es bleibt natürlich ein Fragezeichen, was in fünf oder in zehn Jahren passiert. Ostdeutschland wird dann die Bilanz dessen ziehen, was ihm ganz allein gelungen ist, und dann wird sich diese Frage stellen, aber erst dann."[7]

„Wiedervereinigung": schon am 10. November 1989 taucht dieser Begriff auf, der gewiss die Vorbehalte in den Kommentaren französischer Journalisten erklären kann. Das Fernsehen unterscheidet sich dabei nicht von der Befangenheit der meisten Medien in Frankreich, die der wieder gewonnnenen Freiheit Beifall spenden, sich aber einer unbestimmten Sorge nicht erwehren können. Diese Situation sollte mehrere Monate lang andauern. Erinnern wir uns an den Titel in Le Monde in der Ausgabe vom 3. Oktober 1990 über die Ankündigung der Wiedervereinigung: „Stärker als Bismarck." Erinnern wir uns an die kaum verhüllte Bestürzung von André Fontaine in seinem Editorial. Gewiss, so wird erklärt, nährt die deutsche Bevölkerung nicht mehr die Eroberungsgelüste früherer Generationen, doch fügt er hinzu:

> „Man kann nicht mehr sicher sein, dass diese Geisteshaltung immer fortdauern wird. Macht erzeugt leicht Überheblichkeit und Herrschsucht, und das Gefühl einer geistigen Leere kann starken Leidenschaften freien Lauf lassen."

Die französischen Zeitungen gehen darin konform mit der Zurückhaltung des französischen Staatspräsidenten François Mitterrand selbst, der lange Zeit Vorbehalte hatte, den Prozess der Wiedervereinigung öffentlich zu begrüßen.

Am Abend des 2. Oktober 1990 berichtet ein Team von Antenne 2 unter Leitung von Philippe Lefait und Philippe Rochot direkt vom Fest der deutschen Einheit.[8] So können die Fernsehzuschauer alle Momente einer symbolträchtigen und fröhlichen Ze-

7 INA, A2, 20 Uhr, 10. November 1989.

8 INA, A2 Spätnachrichten, 2. Oktober 1990.

remonie mitverfolgen, bei der um Mitternacht die deutsche Flagge am Brandenburger Tor aufsteigt, die voller Symbolik von 14 Kindern aus dem Westen und aus dem Osten herangetragen wurde. Herrscht dabei eitel Freude? Nun, wiederum nicht.

> „Warum kann Deutschland Besorgnis hervorrufen bei den eigenen Bürgern oder bei jenen, die draußen zusehen?",

so die Frage von Lefait an Rochot, der antwortet:

> „Ich lebe in Deutschland. Das ist nun zwar nicht unbedingt ein Beispiel, dem man folgen muss, aber immerhin eine Möglichkeit, die man in Betracht ziehen kann. Ich glaube, dass man einiges von den Deutschen lernen kann, vor allem wenn es um ökologische Fragen geht. Ich glaube, dass dies Leute sind, die 10 Jahre Vorsprung vor uns haben. Wir sollten heute Abend die positive Seite der Dinge sehen."

Das heißt aber, dass es auch eine „negative Seite" gibt! Und trotz der beschwichtigenden, ja begeisterten Worte von Philippe Rochot steht diese im Mittelpunkt der beiden Berichte, die den Abend prägen. Der erste ist ein Interview mit Gregor Gysi, „der im Osten die Kommunistische Partei reformierte", so Rochot. „Glauben Sie, dass wir Angst haben müssen vor dem großen Deutschland?", fragt der Korrespondent von Antenne 2 den Vorsitzenden der PDS. Ohne direkt auf diese Frage zu antworten, zeichnet Gysi ein besorgniserregendes Bild von der deutschen Zukunft:

> „Der Rechtsradikalismus wird zunehmen, dies ist Folge des Identitätsverlusts der DDR. Wir werden jetzt eine deutsche Identität erwerben, und dies wird die Menschen in den Radikalismus treiben. Sie werden einen so schnellen Wandel nicht aushalten können. Die Arbeitslosigkeit wird zunehmen."

Der andere Bericht betrifft die Niederlassung von Mercedes-Benz auf dem Potsdamer Platz: „Die Arbeitslosen von Berlin machen daraus ein Symbol für den Kampf gegen die Macht des Kapitalismus", erklärt Rochot, der die Bewohner der Wellblechsiedlung an diesem Ortes befragt, wo sich die Automobilfirma niederlassen will, ebenso wie die Berliner Senatorin Michaele Schreyer, die sich alle entschieden gegen das Projekt aussprechen.

Dieser letzte Bericht ist in doppelter Hinsicht interessant für das Weitere, da er in gewisser Weise einen ersten Perspektivenwechsel ankündigt. Zwar ist die Besorgnis immer noch präsent, doch hat dabei eine Verschiebung stattgefunden. Die mögliche Bedrohung lastet nicht mehr auf Frankreich oder Europa, sondern auf Deutschland selbst und eigenartigerweise auf Berlin, dem zentralen Ort des Wandels. Übrigens zeigt das französische Fernsehen zum ersten Mal seinen Zuschauern eine Stadt als Baustelle, in einem weiten Panoramablick über das noch unbebaute Gelände, das in der Ferne von einigen Kränen dominiert wird und wieder zum Herzen Berlins werden soll. Das historische Ereignis von 1989 hat sich 1990 in eine deutsche Herausforderung verwandelt. Im Anblick Berlins tauchen tiefsitzende französische Sorgen unterschwellig wieder auf.

Von der Stadt der Baustellen zur Modellstadt

In den 1990er Jahren hält das Interesse des französischen Fernsehens an Berlin weiter an, was gewiss mit dem Fortschritt der politischen Geschichte begründet werden kann, zunehmend aber auch mit den gigantischen städtebaulichen Veränderungen, die in der neuen deutschen Hauptstadt vor sich gehen. Typischerweise hatte bislang jeder Kameramann, dem es an Einfällen mangelte, die Perspektive des Mercedes-Sterns gewählt, der Europa Center und Gedächtniskirche beherrscht, und konnte somit sicher sein, das symbolische Bild des Kontrasts zwischen West-Berliner Moderne und schmerzhaften Spuren der Vergangenheit eingefangen zu haben. Eine solche Einstellung konnte als Aufhänger für nahezu jeden Bericht über die Stadt dienen. Dieses Klischee verschwindet jedoch zunehmend zu Gunsten jener Orte, die sich im Wandel befinden, und diese liegen in der Osthälfte Berlins.

Die Berichte vom Juni 1991, als der Bundestag beschließt, die Hauptstadt von Bonn nach Berlin zu verlegen, scheinen in gewisser Weise den Zyklus der Ratlosigkeit zu beschließen, den wir beobachtet haben. Am Tag nach der Abstimmung sendet Philippe Rochot einen Beitrag, in dem er zu Bildern von geringem Informationsgehalt (vorbeifahrende Autos, Fenster von Wohnhäusern) erklärt:

> „Heute Morgen breitet sich Unruhe aus in dieser Metropole von 3,5 Millionen Einwohnern, wo jetzt schon eine Krise auf dem Wohnungsmarkt herrscht. Der Quadratmeterpreis hat sich innerhalb eines Jahres verdoppelt."

Der Korrespondent von Antenne 2 vergisst das politische Ereignis selbst und widmet seinen Beitrag hauptsächlich den sozialen Folgen der Entscheidung des Bundestags mit einer Reportage, die im Osten Berlins gedreht wurde, was lediglich am Fernsehturm in der Ferne erkennbar ist – mehr Details braucht man dem französischen Fernsehzuschauer offenbar nicht zu bieten.

Vor dem Hintergrund heruntergekommener Wohnhäuser und einer nahezu verlassenen Straße, in der nur einige bescheidene Autos parken, will er die Krise auf dem Wohnungsmarkt am Beispiel von Anna verdeutlichen, einer jungen Frau, die gerade einen Kredit für die Renovierung eines alten Café erhalten hat:

> „Sie hat diese Bruchbude sehr teuer bezahlt, denn hier wird einst das Geschäftszentrum der deutschen Hauptstadt sein."

Und Anna bestätigt:

> „Es ist schade für Bonn, dass man die Existenz einer Hauptstadt so einfach beendet, und ich glaube, dass man dies hier sehr teuer bezahlen wird."

Und die Reportage schließt mit einem scharfen Kontrast. Während das Bild Bewohner eines Hauses auf ihren Balkons zeigt, erklärt Rochot:

> „40.000 Wohnungen müssen in Berlin renoviert werden, um die Ministerien und das Parlament aufnehmen zu können. Es wird vier bis acht Jahre dauern, bis Berlin bereit ist."

Die hilflose Not der zumeist betagten Mieter (die bald gezwungen sein werden, ihre Wohnung zu verlassen), mit denen sich der französische Fernsehzuschauer leicht identifizieren kann, kontrastiert mit den nüchternen Zahlen des angekündigten Programms.

Diese Art der Berichterstattung sollte jedoch verschwinden zu Gunsten einer anderen, bei der die ungeheure Dynamik bei der Modernisierung Berlins, der „Stadt der Baustellen", betont wird. Dabei ist die Metropole einige Jahre lang in den französischen Fernsehnachrichten eigentlich recht wenig präsent. Sie taucht ein erstes Mal im Jahre 1995 anlässlich des 50. Jahrestages des 8. Mai 1945 wieder an vorderster Stelle auf, als Helmut Kohl John Major, Al Gore und François Mitterrand im Berliner Konzerthaus am Gendarmenmarkt empfängt. Allerdings stehen hier die Stadt und ihre Umwandlung noch nicht im Vordergrund. Dies sollte im darauf folgenden Jahr anders sein, als in der Pariser „Grande Arche de la Défense" die Ausstellung „Berlin im Jahre 2000" mit den Architektur-Projekten zum Wiederaufbau des Berliner Stadtzentrums gezeigt wird. Die Mittagsnachrichten von Antenne 2 senden dazu eine Reportage, in der Computer-Modelle, Archivbilder (die Zerstörungen von 1945, die Mauer am Potsdamer Platz), Baustellenbilder (Kräne und Baumaschinen in Aktion) und Interviews mit Klaus-Peter Roos (Direktor des Pariser Goethe-Institut), Ingrid Ernst (Städtebauarchitektin) und Klaus Töpfer (Bundesbauminister) einander abwechseln.[9]

Nunmehr hat sich die Tonlage von Philippe Rochot gänzlich verändert:

> „Das neue Berlin will mit seiner Architektur den Menschen aus dem Osten helfen, sich leichter in das neue Deutschland zu integrieren",

erklärt er. Alle Interviews haben einen ebenso positiven wie pädagogischen Charakter. „Das Zentrum Berlins ist nämlich im Unterschied zu Paris nahezu leer", merkt Klaus-Peter Roos an.

> „Deshalb befinden sich die größten Baustellen mitten in der Stadt. Es geht darum, ein neues Zentrum zu schaffen."

9 INA, France 2 (F2), Mittagnachrichten, 19. Oktober 1996.

Und Ingrid Ernst, die vor einem Modell des wieder errichteten Reichstags gefilmt wird, fährt fort:

> „Berlin besaß nicht mehr die zentralen Funktionen wie andere Städte: es war hinter Hannover zurück gefallen (...).12 Millionen Quadratmeter an Büroflächen mussten geschaffen werden, was gigantisch erscheint, womit jedoch letztlich nur eine Situation bereinigt wurde, die sich sowohl in Ost-Berlin wie in West-Berlin immer weiter verschlechterte."

Der Kalte Krieg und die Mauer scheinen bereits sehr weit zurückzuliegen. Angesichts der futuristischen Herausforderung einer Stadt, deren städtebauliche Umwandlung der französische Fernsehzuschauer nunmehr in den einzelnen Etappen verfolgen kann, tritt die Politik in den Hintergrund.

Der neue Zyklus, der auf der Wiederentdeckung des neuen Berlins gründet, wird zum Ende der 1990er Jahre mit mehreren Berichten vor allem über den Umbau des Reichstags verstärkt. So strahlt Antenne 2 am 22. September 1997, am Tag, nachdem das noch unvollendete Bauwerk der Öffentlichkeit zugänglich gemacht wurde, einen Beitrag über dieses Ereignis aus:

> „Hunderttausend Menschen drängten sich gestern vor dem Reichstag, der seit 1995 renoviet wurde."

Ein historischer Rückblick in Bildern (Reichstagsbrand 1933, sowjetische Truppen 1945) verschiedene Kameraeinstellungen, von außen (Kräne, Gerüste) und von innen (Metallkonstruktion des neuen Plenarsaals, die von Norman Foster entworfene Kuppel), und Interviews folgen aufeinander. Ungenannte Besucher erklären voller Bewunderung:

> „Ich bin wirklich begeistert. Wenn das alles fertig ist, wird es wunderbar sein." „Das muss man sich wirklich ansehen, das ist grandios."[10]

Weniger als zwei Jahre später berichtet das französische Fernsehen in mehreren Sendungen über die Eröffnung des Reichstags, so beispielsweise FR 3 am 19. April 1999. „Klarheit", „Modernität", „Transparenz" des Gebäudes sind die vorherrschenden Begriffe, mit denen in symbolhafter Sprache das Ereignis und der behutsame Aufbau des vereinigten Deutschlands gewürdigt werden. Wie schon bei früheren Anlässen wird dieser Moment durch Archivbilder in eine historische Kontinuität gestellt. Der Beitrag betont jedoch vor allem die architektonische Leistung, die durch Aufnahmen vom Plenarsaal und der Kuppel unterstrichen wird, die man auch aus der Vogelperspektive sieht. Der Journalist Dominique Dumas erinnert anhand von Aufnahmen an die Verpackung des Reichstags durch Christo im Jahre 1995. Er erwähnt zwar auch den

10 INA, F2, Mittagnachrichten, 22. September 1997.

Protest von Organisationen und mehreren Familien, die Holocaust-Opfer waren und die „immer noch auf ihre Gedenkstätte in Berlin warten", doch sind seine Äußerungen entschieden optimistisch:

> „Deutschland nimmt Kurs auf das dritte Jahrtausend." „10 Jahre nach dem Fall der Mauer wird Berlin wieder voll und ganz Hauptstadt eines wiedervereinigten Deutschlands."

Wenn der Journalist hier in die Zukunft blickt, dann um besser die Wegstrecke zu veranschaulichen, die Deutschland seit 1989 hinter sich gebracht hat, wofür Berlin als stärkstes Symbol steht. Am 10. Jahrestag des Mauerfalls ist es genau dieser beschleunigte Verlauf, den die Berichte in den Vordergrund rücken, nicht um erneut die Etappen nachzuzeichnen, sondern um den scharfen Kontrast stärker hervorzuheben. Der Beitrag des Korrespondenten Olivier Lerner von Antenne 2 ist in dieser Hinsicht sehr bezeichnend.[11] In einer Live-Schaltung aus Berlin berichtet er vom Ort des historischen Verlaufs der Mauer, der durch eine doppelte Reihe Pflastersteine auf dem Boden und Metalltafeln mit der berühmten Aufschrift „Berliner Mauer 1961 - 1989" gekennzeichnet ist:

> „Sie brauchen die Berliner Mauer nicht mehr zu suchen: sie ist hier, auf dem Boden, in Form von kaum auffälligen Pflastersteinen."

Und diese bereits weit zurückliegende Vergangenheit ist Ausgangspunkt seines Berichts, der mit den Vorbereitungen für das Konzert von Rostropowitsch, inmitten von 160 Cellisten und der Rockgruppe Scorpion, in der Nähe des Brandenburger Tores eröffnet wird:

> „Ganz anders als 1989 ist er heute nicht allein mit seinem Cello und seinem Bogen."

Über den Bildern und den Kommentaren liegt eine Heiterkeit, die das Ereignis als selbstverständlich erscheinen lässt. Und der Rückgriff auf Archivbilder zur Erinnerung an die Mauer erscheint nicht mehr angebracht. Vielmehr zeigt man zwei französische Künstler, Christophe Bouchet und Thierry Noir, die einst die Betonmauer bemalt hatten. Die Mauer ist bereits Erinnerung. Wie es der Journalist mit einem Gemeinplatz ausdrückt: „Diese Seite ist endgültig umgeblättert."

Und wenn man davon immer noch nicht überzeugt war, dann erfolgt dies mühelos durch die Berichterstattung zur offiziellen Reise von Jacques Chirac nach Berlin im Juni 2000. Die Stadt selbst wird nur vermittelt durch Aufnahmen des französischen Präsidenten gezeigt, der als privilegierter Tourist in Begleitung von Bundeskanzler Gerhard Schröder[12] die Renovierung des Brandenburger Tores besichtigt, oder durch Bilder von Gebäuden, die sich im Bau befinden:

11 INA, F2 Mittagnachrichten, 9. November 1999.

12 INA, France 3 (F3), 19./20., 27. Juni 2000.

> „Berlin, Stadt der Baustellen, Symbol des wiedervereinigten Deutschlands, künftige Drehscheibe Europas."[13]

Der größte Teil des Berichts gilt Chiracs Rede im Bundestag („Noch nie wurde einem ausländischen Präsidenten diese Ehre zuteil."[14]) über einen neuen Schwung für die Europäischen Union. Dagegen gibt es keinerlei Anspielung auf die Vergangenheit, weder auf die weit entfernte, noch die jüngere.

Hier sind wir bereits in eine neue Phase eingetreten, die den Blick auf ein Berlin wirft, das der zeitgenössischen Moderne verpflichtet ist und sozusagen zugleich die Zukunft in der Gegenwart lebt. Die Stadt wird Ende der 1990er Jahre zum Symbol für Jugend und Freiheit, was mit den Berichten zur Love-Parade vom Juli 1997[15] oder zum Christopher Street Day vom Juni 2000[16] gezeigt wird. Besonders dieses letzte Ereignis ist höchst interessant, denn der Christopher Street Day (in Frankreich: Gay Pride) findet zur gleichen Zeit in Berlin und in Paris statt, so dass sich die Bilder kreuzen und der Geist der Toleranz unterstrichen wird, der Deutschland und Frankreich miteinander verbindet. Eine neue Illustration deutsch-französischer Freundschaft gewissermaßen!

Berlin wird als Kulturstadt präsentiert. Es ist bezeichnend, dass das französische Fernsehen 1991 zum ersten Mal über das Berliner Filmfestival berichtet, ein Ereignis, das bisher großzügig ignoriert wurde. Anzumerken ist, dass es sich dabei um die erste Berlinale in der wiedervereinigten Stadt handelt, die zudem mit einem französischen Film eröffnet wird: Uranus, gedreht von Claude Berri, der mit dem Thema von Säuberung und Denunziation besondere Aktualität in der Phase nach der deutschen Vereinigung besitzt. Immerhin sollte dieses Interesse nicht einmalig bleiben, denn seither berichten französische Sender über jede Berlinale.

Das Fernsehen weist gelegentlich auch auf eine Ausstellung, ein Theaterstück oder ein Konzert hin. Aber dies ist nicht der dominierende Aspekt beim Blick auf das Berlin der 2000er Jahre. Vielmehr konzentrieren sich die Reportagen gerne auf eine gewisse Lebensweise, die durch den modernen Rahmen begünstigt wird. Drei Beispiele erscheinen in dieser Hinsicht charakteristisch.

Das erste ist ein Bericht von Patrice Romedenne – mit fast vier Minuten von ungewöhnlicher Länge für eine Nachrichtensendung – der die Klischees über Berlin ausräumen und den Charme der Stadt zeigen will, der keineswegs ältlich, sondern entschieden modern ist.[17] Die Einführung ins Thema, das die vermuteten Vorurteile der arroganten Franzosen über Berlin aufgreift, verdient es, in voller Länge wiedergegeben zu werden.

---

13 INA, F2, 20 Uhr-Nachrichten, 27. Juni 2000.

14 A.a.O.

15 z.B. INA, F2, 20 Uhr-Nachrichten, 12. Juli 1997.

16 z.B. INA, F2, Spätnachrichten, 24. Juni 2000.

17 INA, F2, 13 Uhr-Nachrichten, 22. Januar 2003.

Während verschiedene Bilder aufeinander folgen, der Fernsehturm, die berühmte Perspektive Gedächtniskirche – Europa Center – Mercedes-Stern, das Brandenburger Tor oder die Siegessäule, erklärt Romedenne ironisch:

> „Wer noch nie den Fuß auf diesen Boden gesetzt hat, wird vielleicht sagen: Berlin, was soll's!"

Und auf den ersten Blick hat er Recht. Wie soll die Gedächtniskirche mit unserer Notre Dame konkurrieren? Wie könnte das Brandenburger Tor einen Schatten auf unseren Arc de Triomphe werfen? Und was ist über die Siegessäule zu sagen, die unserem Eiffelturm gerade mal bis zum Knie reicht?" Dann fügt er jedoch sofort hinzu: „Doch vor diesem äußeren Schein sollte man sich hüten, dieses Berlin ist eine Stadt für den zweiten Blick."

Und dann betont der Journalist die Dynamik, die Buntheit, die Kontraste von Berlin, dieser Stadt der Kunst und der Museen, doch vor allem einer Stadt, die zukunftsorientiert und entschieden angesagt ist. Romedenne unterstreicht die städtebaulichen Veränderungen (Potsdamer Platz, Baustelle des Bundeskanzleramtes) und hebt die Rücksichtnahme auf menschliche und ökologische Normen hervor. „Berlin hat der Versuchung der Wolkenkratzer widerstanden", und der Architekt Thierry Louvieaux bezeugt:

> „Es gibt sehr strenge städtebaulichen Auflagen, was die Maße anbelangt, mit einer Traufhöhe, die auf 42 Meter festgelegt ist. Darüber darf man höchstens noch zwei oder drei Stockwerke setzen bis zu einer Gesamthöhe von 30 Metern. Damit soll jene städtische Atmosphäre wieder hergestellt werden die zu Beginn des Jahrhunderts herrschte."

Eine solche Beobachtung stößt beim französischen Fernsehzuschauer notwendigerweise auf ein starkes Echo, denn sie verweist auf eine sensible innerfranzösische Diskussion über die schädlichen sozialen Auswirkungen von großen Wohnkomplexen und die möglichen Veränderungen von Paris, wo vor den Toren der Stadt Wolkenkratzer errichtet werden sollen.

Und schließlich wird das Restaurant von Volker Lenk erwähnt, das in völlige Dunkelheit getaucht ist, sowie ein ehemaliger Bunker, der von Künstlern mit ihren Ausstellungen besetzt wurde. Welchen Zusammenhang gibt es zwischen beiden Beispielen? Keinen, es geht nur darum zu zeigen, dass Berlin eine junge, freie und für alle Experimente offene Stadt ist, „ganz in der Gegenwart angekommen". Das ist besser als jedes Touristenprospekt…

Von der Stadt, die man als Tourist auf der Suche nach Außergewöhnlichem und Modernität besuchen sollte, bis zur Modellstadt ist es nur ein kleiner Schritt. Die beiden nachfolgenden Berichte gehen ihn jeweils auf eigene Weise und nehmen dabei auf eine typisch französische Aktualität Bezug. Im ersten, der ein scheinbar recht banales Thema aufgreift, geht es darum, dass man in der deutschen Hauptstadt problemlos Fahrrad fahren und auch Fahrräder mieten kann.[18] Dies ist ein sensibles Thema zu einem Zeitpunkt, da sich französische Städte wie Lyon oder Paris selbst zur Vermietung von Fahrrädern und Einrichtung von Fahrradwegen bekennen, um gegen die Luftverschmutzung durch Autoabgase vorzugehen. Hier entdeckt man ein sonniges, luftiges Berlin, von dem sich die ausländischen Touristen bezaubern lassen, ein Berlin, wo der Tourismus boomt („Die Stadt liegt nun an dritter Stelle hinter London und Paris"), ein Berlin, „das vor allem bei jungen Leuten angesagt ist".

Und drei Wochen später zeigen die Kameras der Nachrichtensendung von France 3 ein junges Berliner Paar.[19] Warum? Weil Susanne und Klaus in einem neuen Gebiet der Stadt wohnen, wo „die Priorität des Architekten in der Energieersparnis bestand". Mittels Solarenergie produziert das Wohnviertel 10 Prozent des benötigten Stroms selbst, und das junge Paar hat einen Vertrag mit Greenpeace Energy. Man erkundet jetzt deren Umgebung, und dabei entsteht plötzlich ein neues Berlin-Bild: nicht mehr jenes der futuristischen Bauten am Potsdamer Platz, sondern das Bild eines Wohnviertels mit niedrigen Häusern, umgeben von Gärten, wo Lebensfreude herrscht. Die deutsche Hauptstadt scheint so eine Antwort auf die doppelte Sorge der Franzosen bezüglich Wohnsituation und Umweltschutz bereit zu halten. Wie der Journalist bei der Einführung ins Thema bestätigt: „Jacques Chirac verlangt von der Wirtschaft, in umweltfreundliche Industrien zu investieren, ein Gebiet, auf dem sich Frankreich im Vergleich zu zahlreichen europäischen Ländern, beispielsweise Deutschland, im Rückstand befindet. In Berlin werden 15 Prozent der Gebäude mit Solarenergie beheizt."

Wer hätte 1989 gesagt, dass Berlin, die düstere, paradoxe, chaotische Stadt mit ihren Mega-Bauprojekten, die die Bevölkerung zu überrollen drohten, in 15 oder 20 Jahren zu einer Stadt der Lebensfreude wird, die man in Frankreich als Vorbild hinstellt? Dies zeigt, welcher Weg zurückgelegt wurde!

Berlin – Hauptstadt Deutschlands? Dies hat sich als Selbstverständlichkeit in den französischen Fernsehnachrichten mit einer Geschwindigkeit durchgesetzt, die man im November 1989 in keiner Weise ahnen konnte. Tatsächlich war bis dahin Bonn allenfalls ein Punkt auf der Landkarte der Bundesrepublik, die auf dem Bildschirm eingeblendet wurde, wenn der Journalist über deutsche Politik sprach. Kein Ort, kein Bauwerk, kein Symbol tauchte dazu spontan im Kopf des französischen Fernsehzuschauers auf, der bei Reisen jenseits des Rheins keine Ahnung hatte, in welche Richtung der Weg in die Hauptstadt führen würde. Man könnte sogar fast wetten, dass viele, wenn nicht sogar die Mehrheit der Franzosen, die mit der politischen Geografie auf Kriegsfuß stehen,

18 INA, F2, 13 Uhr- Nachrichten, 2. August 2005.
19 INA, F3, 19./20., 30. August 2005.

1989 meinten, Berlin sei bereits die Hauptstadt der BRD! Im Übrigen hat der behutsame Übergang zur Vereinigung der beiden Deutschland dafür gesorgt, dass die Rückverlegung der Hauptstadt nach Berlin ganz unaufgeregt betrachtet werden konnte.

20 Jahre nach dem Fall der Mauer und von Gedenktagen einmal abgesehen, müssen die Fernsehberichte nicht mehr zwangsläufig jedes Mal an die Geschichte erinnern, wenn sie Berlin auf dem Bildschirm zeigen – dies war zu Beginn der 1990er Jahre noch ganz anders. In dieser Hinsicht ist die deutsche Hauptstadt gewöhnlicher geworden, sie wird in den Nachrichten in gleicher Weise wie London, Rom oder Madrid behandelt, um nur europäische Beispiele anzuführen. Aber andererseits hat sie im Laufe der Zeit auch eine Einzigartigkeit erreicht, denn die massive Umwandlung ihrer Flächen wird heute entschieden positiv wahrgenommen. Vielleicht hat auch die Kommunikation der Berliner Behörden zum Konzert der Lobreden beigetragen, mit dem im Fernsehen der städtebauliche Erfolg gefeiert wird.

Die ratlosen Fragen, die sich die Journalisten angesichts der Bauprojekte und deren Folgen für die Bevölkerung des ehemaligen Ostdeutschlands stellten, waren jedenfalls ziemlich schnell aus der Welt. Aus der Stadt der Baustellen ist keine Stadt mit neuen Räumen von großem Wiedererkennungswert hervorgegangen (der französische Fernsehzuschauer hat bestenfalls vom Potsdamer Platz sprechen hören, und in seiner Vorstellung bleiben das Brandenburger Tor oder der Reichstag die Bezugspunkte). Aber es wurde eine modellhafte Stadt, die den Mensch und sein Umfeld respektiert, und eine Stadt, die angesagt, jung und innovativ ist. Berlin wird nicht mehr einfach in die Rubrik „Politisches“ abgeschoben, vielmehr wird bei zahlreichen Themen ein Vergleich mit Frankreich angestellt, ob es um Städtebau, Ökologie, aktuelle Freizeittrends und ganz allgemein die Stadtkultur des 21. Jahrhunderts geht. Die Berichte über Berlin sind aber auch Einladungen zum Besuch der Stadt: Wie viele französische Touristen, die in der deutschen Hauptstadt Ferien machen, haben sich nicht auf Grund von Fernsehberichten zu dieser Reise entschlossen? Niemand kennt die Antwort. Aber schon allein die Frage sagt viel darüber aus, wie sich das Bild Berlins in 20 Jahren Geschichte veränderte und dabei zum Schaufenster Deutschlands wurde!

Übersetzung aus dem Französischen: Dr. Erika Mursa

Nicolas Sarkozys Deutschlandbild

Michaela Wiegel

Bei Deutschland, hat Nicolas Sarkozy mit entwaffnender Offenheit bei einem Europakonvent seiner Partei in Paris erzählt, falle ihm zuerst sein Großvater ein. Das war im Januar 2008, ein knappes Jahr nach seiner Wahl zum Staatspräsidenten. Angela Merkel, die als Ehrengast des UMP-Konvents in der ersten Reihe saß, drückte ihren Kopfhörer fest gegen die Ohren. „Wissen Sie, mein Großvater hat mich erzogen", sagte Sarkozy. Und der Großvater „hasste die Deutschen". Aber als Staatspräsident de Gaulle und Bundeskanzler Adenauer zu Versöhnung aufriefen, habe der Großvater den Rat befolgt. Seither fiel kein böses Wort mehr über die Deutschen am Küchentisch, schildert der 1955 geborene Enkel. Der Großvater, der Arzt Benedict Mallah, sei weise gewesen und habe den deutsch-französischen Aussöhnungsprozess unterstützt. Die Szene gehört zu den seltenen Momenten, an denen Sarkozy frei heraus über sein Verhältnis zu Deutschland spricht. Sie nimmt die prägenden, aber durchaus widerstrebenden Elemente seines Deutschlandbildes vorweg: die Einsicht, sich der historischen Verpflichtung zur deutsch-französischen Verständigung stellen zu müssen ebenso wie die von früher Kindheit an empfundene (und vermittelte) Fremdheit gegenüber dem Nachbarland.

Die nachfolgenden Betrachtungen zum Deutschlandbild des französischen Präsidenten sollen diesen Zwiespalt beschreiben: Sarkozy als Hüter des „kostbaren Schatzes der deutsch-französischen Freundschaft", eine Formulierung, die auf seine Rede vor der Europawahlkundgebung der Jungen Union Anfang Mai in Berlin zurückgeht, gerät ständig an die Grenzen seiner Vernunftbeziehung („relation de raison") zu Deutschland.

Nicolas Sarkozy, der hemdsärmelige Innenminister mit Sheriffallüren, war nicht der Lieblingskandidat der Deutschen. Als „Sarkoléon" weckte er auf der Titelseite des „Stern" längst überwunden geglaubte Vorbehalte, „Die Zeit" stellte ihn als „kleinen König" vor. Darf man seinem Kommunikationschef Franck Louvrier glauben, irritierte Sarkozy die „schlechte Presse" in Deutschland. Warum so viel Ablehnung? Sarkozy, das berichtete Louvrier, habe sich gewundert und ratlos den Kopf geschüttelt: „Ich verstehe die Deutschen nicht." Zugleich trieb ihn, den „1000 Volt Mann", die Herausforderung an, die Nachbarn für sich zu gewinnen. Sein spektakulärer Antrittsbesuch in Berlin zählt zu diesen Werbeversuchen, die sich Sarkozy auferlegt, um seiner „historischen Verantwortung als Staatspräsident" gerecht zu werden. Anders als Jacques Chirac, als

François Mitterrand oder Valéry Giscard d'Estaing flog er noch am Tag seiner Amtseinführung nach Berlin, um „chère Angela“ seine Aufwartung zu machen. Nie hätten sich Giscard oder Mitterrand, noch ganz im Selbstverständnis der Siegermacht, dazu herabgelassen, sich in Bonn eine Art Absegnung zu holen. Auch Chirac, der es schon mit dem wiedervereinigten Deutschland zu tun hatte, ließ noch Helmut Kohl zum Antrittsbesuch zu sich kommen. Sarkozy aber reiste nach Berlin und klopfte so freundschaftlich auf der Schulter der den physischen Kontakt eigentlich scheuenden Kanzlerin herum, dass diese ihn gewähren ließ.

„Sacrée“, „heilig“ – im Sinne von „unantastbar“ – nannte Sarkozy die deutsch-französische Freundschaft an jenem Tag. Leider war die Formulierung so übertrieben, dass niemand den frisch gekürten Präsidenten ernst nahm. Aber es zählt zu den Konstanten der Amtsführung Sarkozys, auf einen permanenten Interessenausgleich mit Deutschland Wert zu legen. Pannen und Peinlichkeiten sind dabei nicht ausgeblieben, aber es bleibt hervorzuheben, dass Sarkozy die Verpflichtung zu einem steten Austausch mit Berlin sehr ernst nimmt.

Im Gegensatz zu seinen Amtsvorgängern in der V. Republik ist Sarkozy nicht vom Anspruch des französischen Großbürgertums geprägt worden, Deutschland als Kulturnation zu würdigen, deutsche Literatur, Musik und Philosophie zu kennen und (vielleicht) zu schätzen. Sarkozy lernte nicht Deutsch als erste Fremdsprache, wie es sich für die besseren Schüler an Frankreichs Gymnasien lange geschickt hatte. Sarkozy lehnte ohnehin den klassischen Bildungskanon ab, das zeigte seine emblematische Kritik an der „Prinzessin von Clèves“. Es steckte eine gewisse Wahlstrategie dahinter, mit dem Dünkel der gebildeten Klasse zu brechen. Die Grenzen dieser Haltung hat Sarkozy selbst entdeckt, überschüttet er doch inzwischen die Presse mit Listen seiner Bettlektüre, alles anspruchsvolle Werke, leider nicht aus deutscher Feder. Es bleibt dabei, dass Sarkozy, der Vollblutpolitiker, nicht aus einem kulturellen Fundus schöpfen kann, der ihm Deutschland vertraut machen könnte. Auch in seiner Entourage ist niemand, der ihm die Besonderheiten und Eigenarten im Nachbarland näher bringen würde. Henri Guaino, der die breit angelegten historischen Fresken in den Präsidentenreden verantwortet, sieht sich in einer rein französischen, allenfalls mediterranen Tradition verankert. Seine jetzige Ehefrau Carla Bruni lenkt seinen Blick nach Italien, während deren Vorgängerin Cécilia ihre spanischen Wurzeln pflegte und viel nach London reiste, wo die Tochter studierte. Deutschland kam in den Reiseplänen des Privatmannes Sarkozy nicht vor.

Deshalb darf angenommen werden, dass Sarkozy bei seinem Amtsantritt tatsächlich ein Bild von Deutschland hatte, wie es sein Großvater prägte: ein fremdes, ein rätselhaftes Land, das zu einem Völkermord fähig gewesen war. Bei seiner ersten Algerienreise erzählte er den Studenten der Universität in Constantine:

> „Bei mir zu Hause nannte man die Deutschen nicht bei ihrem Namen. Ich bin so aufgewachsen. Als de Gaulle zu Adenauer gesagt hat, dass man verzeihen und in die Zukunft schauen muss, ist mein Großvater, der so viel Angst ausgestanden und so viel gelitten hat, den Staatsmännern gefolgt, die Frieden und nicht Rache vorgeschlagen haben."

Das Haus des Großvaters in der Rue Fortuny im 17. Pariser Arrondissement (in dem Nicolas Sarkozy aufwachsen sollte) war während der Besatzungszeit von der deutschen Militärverwaltung beschlagnahmt worden. Die Familie flüchtete nach Marcillac im Südwesten, das in der „unbesetzten Zone" lag. Der Arzt Mallah, der aus einer sephardisch-jüdischen Familie mit Wurzeln in Saloniki stammte, behielt durch die Kriegserfahrung ein tiefes Misstrauen gegen die Deutschen. Sarkozy hat sich davon nicht gänzlich frei machen können. In einer denkwürdigen Begegnung mit dem Philosophen Michel Onfray während des Präsidentenwahlkampfes entspann sich folgender Dialog mit dem Präsidentschaftskandidaten, dokumentiert in der Zeitschrift „Littératures".

> „Erklären heißt nicht entschuldigen. So haben zum Beispiel viele Historiker über das Deutschland der 30er Jahre geforscht, über das Aufkommen des Nationalsozialismus, über die Einrichtung einer Genozidmaschinerie. Diesen Historikern kann angesichts der Schrecken in den Lagern keine Rechtfertigung nachgesagt werden",

sagte Onfray.

> „Dass sich ein großes demokratisches Volk mit seiner Stimmabgabe am Wahnsinn der Nazizeit beteiligt, ist ein Rätsel. Es gibt viele Völker in der ganzen Welt, die soziale, wirtschaftliche, politische Krisen durchleben und sich keine Endlösung ausdenken und die Auslöschung einer Rasse per Dekret bestimmen. Man sollte eher einräumen, dass wir es hier mit einem unlösbaren Rätsel zu tun haben, als nach rationalen Ursachen zu suchen",

antwortete Sarkozy. „Auch Frankreich wurde während der Besatzung gedemütigt und verhöhnt. Hat das Land deshalb ein Massaker verübt?", fragte Sarkozy. In seinen Wahlkampfreden predigte Sarkozy den Stolz auf die „unbefleckte" Nation Frankreich, die keinen Genozid verübt habe. Er forderte das Ende der Selbstzweifel und der Reue und erklärte die Phase der Auseinandersetzung mit der Vergangenheit und der Kollaboration für abgeschlossen.

Vielleicht war es gerade das Selbstverständnis der moralischen Überlegenheit Frankreichs, das dazu führte, dass sich Sarkozy mit großem Eifer in die deutsch-französische Arbeitsbeziehung stürzte. Was hatte er gegenüber der Autorin Yasmina Reza, die seinen Wahlkampf literarisch in „L'aube le soir ou la nuit" aufarbeitete, gesagt: „Das deutsch-französische Verhältnis ist hohl." Sarkozy mühte sich sofort es auszufüllen. Europäische Wirtschaftsregierung, Rückbesinnung auf die Kernkraft, Lissabon-Vertrag (damals noch „mini-traité") und schließlich die Mittelmeerunion: aus Paris prasselte ein Ideenfeuerwerk auf die Bundeskanzlerin hinab. Bei der Mittelmeerunion, in der Deutschland allenfalls Beobachterstatus haben sollte, krachten die unterschiedlichen Vorstellungen aufeinander. Sarkozy hatte gänzlich unterschätzt, welche Zumutung es für Deutschland darstellte, „den Zugang zum Mittelmeer“ verwehrt zu bekommen und aus dem Herzen eines europäischen Zusammenschlusses heraus gehalten zu werden. Aber Sarkozy war pragmatisch genug, rasch einzulenken und allen Forderungen der Bundeskanzlerin nachzugeben. Sarkozy offenbarte seinen Mangel an Deutschlandkenntnissen noch bei vielerlei Gelegenheit, so übersah er die deutschen Existenzängste angesichts der Nutzung der zivilen Atomkraft, die Feinheiten föderalistischer Entscheidungsprozesse oder die Zwänge einer großen Koalition. Ins Komische glitt der Mangel an Kenntnisreichtum ab, als er in seiner Laudatio auf Angela Merkel zur Verleihung des Karlspreises im ehrwürdigen Rathaussaal von Aachen auch ein Kompliment für „Herrn Merkel“ einflocht. Der Präsident hatte schlichtweg ignoriert, dass der Familienname der Bundeskanzlerin auf ihre erste, geschiedene Ehe zurückgeht und der Mann an ihrer Seite Joachim Sauer heißt. Insgesamt erwies sich Sarkozy bei allen Pannen als überaus williger und lernbereiter „Partner“ Deutschlands, der sich von Rückschlägen und Meinungsverschiedenheiten nicht von seinem Kurs – Verständigung mit Deutschland – abbringen ließ. Auch mit persönlichen Gesten sparte Sarkozy nicht. Die Einladung der Bundeskanzlerin in die Pariser Stadtvilla seiner Ehefrau Carla Bruni war ein Privileg, das er bislang keinem anderen Regierungschef gewährte. Sarkozy zögerte auch nicht, die Bundeskanzlerin im Europawahlkampf tatkräftig zu unterstützen, er reiste dafür nach Berlin. Frau Merkel kam einer Gegeneinladung als „Wahlkampfhelferin“ nicht nach.

Die Rede bei der Wahlkampfkundgebung der Jungen Union in Berlin Anfang Mai 2009 zeugt von einer Entwicklung des Präsidenten bei der Wahrnehmung Deutschlands. So spricht er zum ersten Mal die „jungen Deutschen“ an, vor deren Gräbern er sich in Verdun verneigt habe. „Angela, Deutschland hat seine Geschichte bewältigt, so wie Frankreich seine Geschichte einer Prüfung unterzogen hat“, sagte Sarkozy. „Deutschland ist eine große Nation“, fügte er hinzu. Seine Entscheidung, deutsche Soldaten auf französischem Boden im Elsass zu stationieren, bewertete Sarkozy als großen Schritt.

> „Die Freundschaft zwischen Deutschland und Frankreich besteht nicht nur darin, dass französische Soldaten im Dienste des Friedens in Deutschland dienen, Freundschaft ist es, hier in Berlin zu sagen: die deutschen Soldaten sind in Frankreich willkommen, weil die Bundeswehr im Dienst des Friedens steht“,

sagte Sarkozy. Das sind ganz andere Töne als noch im Wahlkampf, als Sarkozy Yasmina Reza anvertraute, sich in Berlin „terrorisiert“ zu fühlen, eine klare Anspielung auf die frühere Reichshauptstadt. Die allmähliche Veränderung seines Deutschlandsbildes beschrieb Sarkozy dann wieder mit der ihm eigenen Offenheit:

> „Können Sie sich überhaupt vorstellen, was es bedeutet, dass Ihnen ein französischer Präsident heute sagen kann: Frankreich mag Sie, Frankreich bewundert Sie, Frankreich ist Ihr Freund?“

An das junge Publikum gerichtet fuhr er fort:

> „Frankreich fürchtet Sie nicht, Frankreich will Ihnen ähneln (…), Frankreich hat sich verändert!“

Nicolas Sarkozy, so scheint es zumindest, ist auf dem Wege, Interesse an Deutschland zu entwickeln – was nicht die schlechteste Voraussetzung für eine ausgeglichene Arbeitsbeziehung darstellt.

Die „grünen Deutschen“
Funktionen eines französischen Stereotyps

Sabine Caillaud

Ökologische Probleme werden in unserer Gesellschaft immer präsenter, sei es in den Medien oder in unserem Alltag. Deutschland wird oft in anderen Ländern – und besonders in Frankreich – als ein Vorbild in diesem Bereich betrachtet. Dieser Stereotyp wird hier in einer sozialpsychologischen Perspektive analysiert. Ziel unserer Arbeit ist es generell zu verstehen, wie das soziale Denken über Umweltprobleme funktioniert. Hier geht es genauer darum, das französische Stereotyp der „grünen Deutschen“ zu erklären: wo kommt es her? Und welche Funktionen hat es?

Zuerst werden wir den theoretischen Rahmen unserer Arbeit erklären bzw. Besonderheiten der Theorie sozialer Repräsentationen, die hier wichtig sind, darstellen. Diese Theorie formuliert einen interessanten Zusammenhang zwischen Identität und sozialen Repräsentationen, so dass das Stereotyp der „grünen Deutschen“ erklärt werden kann. An verschiedenen Beispielen aus Interviews und aus einer Presseanalyse in Frankreich wird dann gezeigt, welche Aspekte des deutsch-französischen Verhältnisses bei der Umweltproblematik auf einer Alltagsebene im Spiel sind.

1 Soziale Repräsentationen, Identität und Ökologie

1.1 Ein besonderer Blick

Es ist unmöglich die Theorie sozialer Repräsentationen (Moscovici, 1998a) in solch einem Kapitel umfassend vorzustellen, und es soll auch hier nicht das Ziel sein. Vielmehr soll erklärt werden, welchen besonderen Blick auf das Alltagswissen diese Theorie hat. Dabei soll verständlich werden, um welche Fragestellung es genau geht. Insofern werden wir natürlich diese Theorie etwas vereinfacht darstellen.[1]

1 „Stereotyp“ wird hier z.B. für praktische Zwecke als Alltagsbegriff benutzt, doch es soll klar sein dass die Theorie der sozialen Repräsentationen und die der Stereotypen sich epistemologisch unterscheiden.

Die Besonderheit dieser Theorie ist davon auszugehen, dass das Alltagswissen, bzw. das Wissen der Laien, ein Forschungsobjekt an sich sein kann. Dieses alltägliche Wissen wird nicht mit wissenschaftlichem Wissen verglichen, wie es in der Sozialpsychologie oft der Fall ist. Diese Konzeption beruht auf der Idee, dass Alltagswissen aus verschiedenen Denkweisen zusammengesetzt ist, und dass das rationelle Denken nur eine von diesen Denkweisen ist. Andere mögliche Denkweisen sind z. B. das narrative Wissen (Bruner, 1994). Damit ist gemeint, dass Erfahrungen als Geschichte im Gedächtnis gespeichert werden, und nicht als logische Prinzipien. Diese verschiedenen Denkweisen führen zu Repräsentationen, die die Wirklichkeit organisieren, und sich von einem wissenschaftlichen Denken unterscheiden.

Was bedeutet dies nun konkret für unsere Fragestellung? Relevant in unserem Fall ist es, das französische Stereotyp der Deutschen als Alltagswissen zu analysieren: wo kommt es her? Wie funktioniert es? Und welchen Zielen dient es? Ob die Deutschen nun wirklich grüner sind als die Franzosen ist dabei weniger von Interesse.[2]

Bis jetzt wurde das Wort „Repräsentationen" angesprochen und erklärt. Um es kurz zu fassen ist damit gemeint: wie sich Laien ihre Welt vorstellen. Nun aber zum Adjektiv „sozial": was wird damit bezeichnet? Dieses Adjektiv steht eigentlich für drei verschiedene Prozesse. Zuerst sind die Repräsentationen sozial, weil sie sich in sozialen Gruppen herausbilden über Kommunikationsprozesse, d.h. durch verschiedene Einflüsse. Insofern unterscheiden sich soziale Repräsentationen von kollektiven Repräsentationen, wie z.B. von Durkheim. Kollektive Repräsentationen werden nämlich nicht von der Gruppe konstruiert, sondern drängen sich den Einzelnen auf. Repräsentationen sind auch sozial, weil sie in einer Gruppe verteilt sind. Dies bedeutet nicht, dass es einen Konsens gibt,[3] sondern dass einige Dimensionen (oder Themen) des Wissens verteilt sind, und das Zusammenleben einer Gruppe ermöglichen. Schließlich sind Repräsentationen sozial, weil sie verschiedene Gruppen differenzieren.

Aus diesen Punkten können folgende Konsequenzen gezogen werden:

- soziale Repräsentationen haben als Ausgang wichtige soziale Identitätsaspekte, denn sie werden in einer sozialen Gruppe gebildet, die sich dadurch von anderen sozialen Gruppen unterscheidet;
- soziale Repräsentationen, weil sie in einer besonderen Gruppe gebildet werden, sind sehr stark kontextbezogen.

2 Hierzu soll auch bemerkt werden, dass diese Frage viele verschiedene Antworten ermöglicht, je nachdem welche Kriterien benutzt werden, und wie das „grün sein" definiert wird.

3 Im Gegenteil, soziale Repräsentationen existieren nur, wenn es Debatten gibt (Billig, 2004)

Um das ganze hier noch einmal klar zusammenzufassen, möchten wir eine kurze Definition geben:

> „Soziale Repräsentationen sind soziales Wissen, das sich in sozialen Gruppen herausbildet, das sich in verschiedenen Gruppen unterschiedlich herausbildet und das soziale Gruppen von einander unterscheidet und abgrenzt. (...) Soziale Repräsentationen enthalten verschiedene Versionen der Welt und konstruieren die Wirklichkeit als soziale Wirklichkeit“ (Flick, 1996, S. 11).

Der besondere Blick, den wir hier als sozialpsychologischen Blick mit dieser Theorie vorschlagen, lässt sich durch das Schema von Moscovici (1998b) zusammenfassen.

Abbildung 1: Der sozialpsychologische Blick

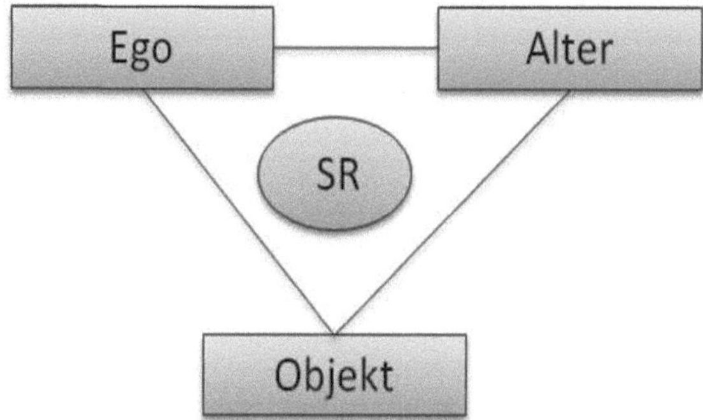

Im Prinzip analysiert die Psychologie die Beziehung zwischen ein Ego und ein Objekt. Die Soziologie dagegen analysiert das Verhältnis einer Gruppe (einem Alter) zu einem Objekt. Sozialpsychologie bezieht sich also auf dieses Dreieck: was sagt das Verhältnis von Ego zu einem Objekt zur Beziehung zum Alter? Aus diesen verschiedenen Relationen werden soziale Repräsentationen gebildet. Auf diesem Schema ist klar festzustellen, dass die Frage der Identität in diesem Prozess präsent ist, und zwar durch die Beziehung zwischen Ego und Alter.

1.2 Identitätsaspekte zur Ökologie

Oft werden die Deutschen als ökologisches Vorbild betrachtet, zumindest in Frankreich. Im Rahmen einer Arbeit, die sich damit beschäftigt, soziale Repräsentationen von Ökologie in Deutschland und in Frankreich zu analysieren, ist dieses Stereotyp einer der Ausgangspunkte des Forschungsprojekts geworden. Erstaunlicherweise wird dieses Stereotyp auch von den Wissenschaftlern geteilt. Eine deutsche Studie hat z.B. als Titel: „Umwelt-Goldmedaille für Deutschland?“ (Kuckartz, 1997). Chibret (1991) geht in seiner Doktorarbeit davon aus, dass die Deutschen als umweltbewusst gelten. Es geht hier also nicht darum, zu erklären, warum Deutschland und Frankreich ein unterschiedliches Verhältnis zur Natur und zur Umwelt haben. Dazu gibt es interessante Arbeiten von Soziologen (Rudolf 1998). Vielmehr soll hier erklärt werden, wie und warum die Franzosen dieses Stereotyp haben. Einige Studien leisten interessante Beiträge über das Verhältnis der Deutschen und der Franzosen zum Thema Ökologie. Ganz konkret zeigt z.B. Keller (1998) durch eine Presseanalyse zum Thema „Müll“ in beiden Ländern, wie es zum Thema geworden ist. Dazu einige Details.

1992 kommt es in Frankreich zu einem Skandal. Die französische Presse stellt fest, dass die Deutschen ihren Müll in Frankreich ablagern bzw. exportieren. Dieser Müll wäre angeblich Müll zur Wiederverwertung, doch es stellt sich heraus, dass es sich um medizinischen Müll handelt: Spritzen, Bluttaschen usw. Diese Fakten werden in der französischen Presse als ein Mangel der Deutschen an Umweltbewusstsein und als ein Angriff auf die französische Souveränität dargestellt. Besonders interessant an diesem Skandal ist, dass er mit der Debatte über Maastricht verknüpft wird. Eine kurze Zeit lang wird der Import von Müll dann in Frankreich auch verboten. Die deutsche Presse gibt diesen Skandal wieder, und zeigt Verständnis für Frankreichs Reaktion.

An diesem Beispiel wird deutlich, dass wichtige Identitätsaspekte im Spiel sind bei der ökologischen Problematik zwischen den beiden Ländern. Noch relevanter ist aber die Analyse, die Eder (2000) vorlegt. Er zeigt, wie die Umweltproblematik nach 1945 in Deuschland als mögliches Thema eines neuen Beginns für das Land genutzt wurde. Dabei zeigt er aber auch, wie dieses Thema die deutsche Identität stützen konnte, da es in Frankreich ganz anders behandelt wurde. Die beiden Länder scheinen sich in einem Verhältnis der wechselseitigen Spieglung konstruiert zu haben.

Wir wollen in unserer Studie verstehen, wie – und ob – dieses Thema heute noch relevant ist für Laien. Es geht also hier nicht um Politiker oder sonstige Experten, sondern um Franzosen und Deutschen, die im Prinzip nicht beruflich mit dem Thema Umwelt in Beziehung stehen. Ziel dieses Kapitel ist es, das französische Stereotyp der „grünen Deutschen“ als Teil einer sozialen Repräsentation zu studieren.

2 Methodologischer Zugang

Zwei verschiedene Methoden haben uns Aufschlüsse zu unserer Fragestellung geliefert. Wir möchten erklären, wie unsere Daten erhoben wurden, damit sie in ihrem Kontext gesehen werden können. Obwohl es sich um eine deutsch-französische Vergleichsstudie handelt, wird hier nur die französische Seite der Arbeit vorgestellt. Auch werden in dieser Studie weitere Aspekte der sozialen Repräsentationen von Ökologie untersucht, auf die hier nicht eingegangen werden kann.

2.1 Presseanalyse

Medien spielen bei der Konstruktion und der Übertragung sozialer Repräsentationen eine wichtige Rolle (Sommer 1995). Sie ermöglichen eine breite Verteilung des Wissens und stellen Debatten da, die zu einer immer neuen Organisation der sozialen Repräsentationen führen. Über das Thema „Ökologie“ wird oft in den Medien berichtet, und eine Presseanalyse erscheint als vielversprechend. Da es eigentlich eine Vergleichsstudie ist, haben wir ein internationales Ereignis als Beispiel analysiert. Es handelt sich um die UNO Klima-Konferenz in Bali vom Dezember 2007. Dort sollte der Weg zu einem neuen Klimaprotokoll besprochen werden. Dieses Ereignis ist in unserem Fall besonders relevant, weil dort alle Länder vertreten sind und diskutieren. Die Presse kann darüber berichten, und dabei generell das Verhältnis der verschiedenen Länder darstellen.

Für unsere Fragestellung werden französische Artikel aus diesem Korpus herangezogen. Sie entstammen den vier Tageszeitungen mit der höchsten Auflage[4]: Aujourd’hui en France, Le Monde, Figaro und Libération. Sie sind zwischen dem 1. Dezember 2007 (kurz vor Beginn der Klimakonferenz) und dem 24. Dezember (eine Woche nach dem Ende der Konferenz) erschienen. Hier werden insbesondere alle Stellen analysiert, an denen Deutschland oder die Deutschen in der französischen Presse vorkommen. Es handelt sich um die Ergebnisse einer Diskursanalyse.

4 Quelle: http://www.observatoire-medias.info. Sportzeitungen wie l’Equipe wurden als nicht relevant betrachtet.

2.2 *Interviews*

Zusätzlich haben wir in Frankreich Interviews mit Franzosen durchgeführt. Ziel dieser Interviews war es das Alltagswissen zu untersuchen. Interviewt wurden Laien, die keine Experten zum Thema Umwelt und Ökologie sind. Für unsere Arbeit hat sich die Altersgruppe 28 bis 40 als relevant erwiesen (Durchschnitt: 33.4). 18 Interviews wurden geführt und transkribiert. Die meisten Befragten haben einen Studienabschluss (siehe Tabelle 1).

Tabelle 1: Profile der Interviewten

Geschlecht		**Berufliche Kategorie**				
Frau	Mann	Sozial	Medizin	Kunst	Informatiker/ Ingenieur	Anderes
9	9	6	2	3	4	2

Die Hälfte der Befragten war noch nie in Deutschland, die andere Hälfte hat kurz mit Deutschland Kontakt gehabt (Schulaustausch, kurze Reise nach Berlin…). Nur eine Frau hat während ihrer Kindheit 8 Jahre in Deutschland gelebt. Dieser Faktor wird in der Analyse berücksichtigt.

Während des Interviews wurden verschiedene Fragen zum Thema Umwelt und Ökologie gestellt, und dabei wurde ein Interviewleitfaden verwendet. So wurden zum Schluss immer genau dieselben Fragen gestellt:

- Glauben Sie, dass es einen Unterschied gibt zwischen Deutschland und Frankreich in Beziehung zur Ökologie?
- Wenn Ja, was für einen Unterschied?
- Wie kann man ihrer Meinung nach diesen Unterschied erklären?

Es kommt auch vor, dass während des Interviews Deutschland oder die Deutschen spontan vom Interviewten angesprochen wurden. Diese Stellen werden ebenso unserer Diskussion dienen. All diese Antworten sind durch eine Diskursanalyse bearbeitet worden.

3 Ein positives Stereotyp für eine Außengruppe ?

3.1 Ein starkes Stereotyp

Bevor wir unsere Ergebnisse detailliert vorstellen, kann zunächst bemerkt werden, dass die Deutschen als Muster dargestellt werden, sowohl in der Presse als auch in den Interviews. Ein erstes erstaunliches Ergebnis ist, dass nur zwei Interviewte uns überrascht gefragt haben, warum wir nach einen deutsch-französischen Vergleich fragen. Zweitens konnte fast ein Drittel der Interviewten die Frage nur mit einer Annahme beantworten. Gleichwohl konnten sie meistens diese Annahme durch konkrete Beispiele erklären. Hierzu der Anfang der Antwort von einem 38 jährigen Arzt:

> Frage: Est-ce que vous pensez qu'il y a des différences entre l'Allemagne et la France dans leur rapport à l'écologie ?
>
> „Je peux pas vous répondre. Je connais très très peu l'Allemagne. J'aurais tendance à dire oui, qu'ils sont un peu en avance sur nous quand même.“
>
> Frage: Et vous rattachez ça à quoi ?
>
> „Hum aux énergies primaires qu'ils utilisent je pense. Euh l'attitude à l'éducation des gens peut-être aussi mais bien que… je, peut-être sur le tri des déchets, le recyclage, de certains matériaux, moyens de transports je sais pas est-ce qu'il ya plus de ferroutage.“

Dieser Auszug zeigt, dass das Stereotyp der „grünen Deutschen“ stark verankert ist, obwohl man nicht immer einen Grund dafür hat. Folgende Beispiele wurden von den Befragten angeführt: andere Esssitten (mehr Bioprodukte), andere Kleidungsarten (mehr Baumwolle und Naturtextilien), bessere Mülltrennung und saubere Energien (Sonne, Wind). Diese zwei letzten Themen wurden jeweils von 8 und 7 Franzosen erwähnt.

Nicht nur die Interviews sind hier aufschlussreich. Die Presseanalyse zeigt ebenfalls, dass die Deutschen eine besondere Rolle beim Thema Umwelt spielen. Dies wird besonders offensichtlich, wenn man die deutsche und die französische Presse vergleicht. Wir haben zuerst gezählt, wie oft Deutschland oder die Deutschen, einschließlich Angela Merkel (Bundeskanzlerin) und Sigmar Gabriel (Umweltminister), in der französischen Presse auftauchen. Dies wurde dann mit den parallelen Daten aus der deutschen Presse verglichen (wie oft taucht dort Frankreich auf?). Frankreich wird nur einmal in unserem deutschen Korpus erwähnt. Dagegen wird Deutschland 16 Mal in dem französischen Korpus erwähnt. In welchem Zusammenhang Deutschland (oder die Deutschen) erwähnt wird, unterscheidet sich deutlich. Meistens werden Beiträge von Gabriel wiedergegeben, dieses führt dann oft zu Vergleichen mit Borloo (französischer Umweltminister). Deutschland wir auch öfter als beispielhaft dargestellt. Die Tabelle zeigt, in welchen Zusammenhang Deutschland in der französischen Presse erwähnt wird.

Tabelle 2: Deutschland in der französischen Presse

Zusammenhang in dem Deutschland erwähnt wird	**Anzahl (16)**
Aussage von Gabriel: - einverstanden mit Borloo - Auseinandersetzung mit Borloo - alleine	8 (3) (1) (4)
Ökonomischer Zusammenhang	2
Land dessen Treibhausgassen gesunken sind	1
Deutschland als Beispiel	4
Deutsch-französische Einheit gegen die USA	1

Quantitativ gesehen – im Zusammehang, in dem Deutschland erwähnt wird –, wird es als ein gutes Beispiel und als Partner beschrieben.

3.2. Wo die Franzosen scheitern…

Je bemerkenswerter die Äußerungen von Gabriel in Bali in der Presse dargestellt werden, so enttäuschender erscheint der französische Umweltminister. Hierzu ein Beispiel aus dem Figaro (13 Dezember 2007):

> „Si le ministre allemand de l'Environnement, Sigmar Gabriel, s'est prononcé à la tribune pour une baisse unilatérale de 40 % des rejets de CO_2 de son pays, son homologue français, Jean-Louis Borloo, a déçu en se contentant de l'engagement européen."

Einen Tag später, in derselben Zeitung, wird das Verhalten der beiden Minister auf dieselbe Art kommentiert. Gabriel wird als Europas Vertreter „an der Front" gegen die USA dargestellt. Borloo enttäuscht nicht nur, er wird als abwesend und unseriös beschrieben. Hierzu ein Auszug :

> „Pendant ce temps, Jean-Louis Borloo, qui avait laissé sa secrétaire d'État Nathalie Kosciusko-Morizet aux commandes, plongeait inopinément la tête la première en caleçon depuis un bateau pour explorer l'état des récifs coralliens balinais, devant une délégation de Français médusés."

Dadurch, dass das Verhalten der beiden Minister nur eine Zeile voneinander entfernt kommentiert wird, wirkt der Unterschied um so starker.

Deutschland wird oft als die Stimme Europas dargestellt. Dies ist besonders klar festzustellen in einem Bild, das auf der ersten Seite von Le Monde am 7. Dezember 2007 erschienen ist.

Effet de serre L'Union présente des engagements très ambitieux à Bali

Das Bild zeigt einen europäischen Reiter, der laut dem Titel einen Kreuzzug gegen Treibhausgase beginnt. Nicolas Sarkozy ist außerdem noch dargestellt. Er spricht zu seinem Premierminister: „Je formule un rêve écologique“. Der Titel und das Bild verweisen auf ein Artikel auf den Innenseiten, doch der Artikel behandelt das deutsche Klimapaket… und hat als Titel „L'Allemagne en croisade contre le CO_2“. Wer ist nun der Reiter? Ein Europäer? Ein deutscher Europäer? Ein Deutscher? Oder ein Franzose der gerne mal deutsch wäre?

In diesen Ergebnissen zeigt sich, dass auf der politischen Ebene Deutschland in der französischen Presse als exemplarisch dargestellt wird. Die politische Dimension wurde dagegen in den Interviews nur selten erwähnt (5 Personen).

Jedoch ist es in der Sozialpsychologie nichts Neues, dass man seine eigene Gruppe meistens immer besser bewertet als eine Außengruppe. Hier scheint es nicht der Fall zu sein. In so einer Situation findet die Gruppe meistens einen Weg, um den Vergleich etwas angenehmer für sich zu machen. Es gibt dafür verschiedene Methoden. Im Folgenden soll gezeigt werden, wie die Franzosen, trotz dieses positiven Stereotyps der Deutschen, eine positive Identität entwickeln.

3.3 Die Deutschen, doch nicht ganz so „grün"

Obwohl die französische Presse Deutschland als Vorbild zum Thema Umweltschutz darstellt, werden auch Paradoxien geschildert. Le Monde schreibt am 7. Dezember 2007:

> „L'Allemagne est déjà parvenue à réduire ses émissions de 18%, dont la moitié résulte de l'effondrement de l'industrie en ex-RDA après 1989. Malgré cette ambition, l'Allemagne se contredit sur certains points. Elle refuse d'instaurer une limitation de vitesse sur les autoroutes et prévoit de construire de nouvelles centrales à charbon tout en souhaitant sortir du nucléaire d'ici à 2021."

Hier wird ganz konkret auf Deutschlands Verhalten verwiesen: Autobahnen ohne Geschwindigkeitslimit und Kohlekraftwerke… Relevant ist auch hier, dass die Industriekrise der 90er Jahre zum Grund für die Reduzierung der Treibhausgase wird. Außerdem wird bemerkt, dass Deutschland Kernenergie weiter ablehnt. Wenn man dies in seinem Kontext analysiert, sieht man hier, dass die Kritik nicht von ungefähr kommt: es geht hier nicht nur um Treibhausgase. Dieses Thema wird in andere existierende Themen eingebettet: das deutsche Wirtschaftswunder und die Industriekrise nach der Wiedervereinigung, Konflikte wegen Atomkraft. Dieser kleine Ausschnitt zeigt, dass die Umweltfrage mit anderen wichtigen Themen verknüpft wird, die mit der Beziehung der Länder untereinander zu tun haben.

Diese Paradoxien führen dazu, ein differenziertes Bild von Deutschland zu schaffen, zwei Seiten von Deutschland, das sich als grün darstellt, aber im Grunde genommen doch nicht so grün ist. Selten sind solche Paradoxien in den Interviews zu finden. Ein junger Mann sagt jedoch dazu:

> „Alors c'est hyper paradoxal parce que à la fois c'est des champions du bio ils ont 30 ans d'avance sur nous euh, enfin peut-être pas 30 mais au moins 10, ils ont développé énormément les filières euh, énergies renouvelables et tout ils sont 10 fois plus équipés d'éoliennes et de panneaux solaires… enfin euh… et à la fois à la fois c'est des énervés de l'industrie."

Indem der Befragte den Fortschritt von 30 Jahren auf 10 mindert, wirkt der Unterschied längst nicht mehr so groß. Durch das Wort „énervés" werden die Deutschen auch als etwas unrationell dargestellt. Dieses Schattieren des Stereotyp der Deutschen gegenüber spiegelt eine positivere Identität von Frankreich (bzw. der Innengruppe).

3.4 Süd und Nord, ein unmögliches Zusammensein?

Es gibt aber noch andere Arten, trotz dieses positiven Stereotyps der Deutschen, die Innengruppe gut zu bewerten. Die Presse skizziert das Stereotyp, die Befragten folgen aber einem anderen Prozess. Dazu möchten wir noch darauf hinweisen, dass Deutschland immer als fortgeschritten dargestellt wird, aber Frankreich nie als verspätet. Hier wird es relevant, noch einmal auf die verschiedenen Denkweisen, die in sozialen Repräsentationen vorhanden sind, zurück zu kommen. Mit dem oben genannten Beispiel aus der Presse wurde gezeigt, wie ökonomisches und historisches Wissen mobilisiert wird. In unseren Interviews benutzen die Befragten meistens narratives Wissen. In den Fällen, in denen die Antwort nicht nur eine Annahme ist, erzählen die Befragten verschiedene Erlebnisse mit den Deutschen oder Deutschland: eine Reise, ein deutscher Freund, ein Schüleraustausch… Hierzu ein Beispiel von einer 39-jährigen Hausfrau die von einem Schüleraustausch erzählt:

> „Mais c'est vrai qu'ils circulaient déjà beaucoup en vélo enfin c'était déjà effectivement y'avait des comportements euh, on rigolait déjà en disant qu'ils étaient bab les Allemands parce que voilà, avec déjà des matières en coton des choses que nous on avait pas quoi."

In diesem Beispiel werden Unterschiede dargestellt, die damals als lustig empfunden wurden. Die Deutschen sind „anders" als die Franzosen: sie ziehen sich anders an und fahren Fahrrad. Es gibt eine Menge von diesen Beispielen. Eine Künstlerin erzählt z.B., wie sie als junges Mädchen während eines Schüleraustauschs die Mülltrennung entdeckt hat:

> „C'était complexe, surtout que eux ils avaient des poubelles vraiment séparées donc il fallait vraiment mettre le papier de jambon d'enlever le plastique on le mettait à droite on enlevait le papier on le mettait à gauche et du coup c'était je savais jamais où il fallait que je mette mes, donc c'était très complexe, mais du coup quand c'est revenu en France c'est arrivé de manière pour moi plus simple quand même parce que c'est, voilà on met les cartons les emballages enfin voilà ce qu'on met dedans est quand même enfin c'est tout mélangé tandis qu'eux tout était trié par matière, donc c'est revenu de manière plus simple pour nous."

Hier wird die deutsche Mülltrennung mit der französischen verglichen, und als komplexer dargestellt. Dafür dass sie in Frankreich später kam, ist sie aber viel einfacher eingeführt worden. Diese kleinen Unterschiede, die sich in den Erzählungen wiederfinden, werden jedoch um so lehrreicher durch die Gründe, die die Befragten dann dazu liefern. So werden aus den Erzählungen Schlussfolgerungen gezogen, die generell deutsch-französische Unterschiede befürworten und erklären. Dazu ein Beispiel:

> „Regardez tous les pays du Nord sont plus avancés, en terme de citoyenneté, civilisation citoyenne. Du collectif qui marche etc. … L'explication tout bête c'est ancestral quoi, c'est le froid oblige les gens à se mettre ensemble et plus on va dans le Nord et plus il fait froid donc plus ils ont l'habitude et plus c'est dans leur culture d'agir ensemble quoi. … Parce que sinon on meurt quoi. Dans les pays où il fait plus chaud c'est pas le cas et donc euh, plus on va dans les cultures latines tout plus c'est à la cool ouais tranquilles mais moins y'a ces aspects civiques."

In diesem Beispiel ist klar festzustellen, dass Frankreich ein lateinisches Land ist, und Deutschland nordeuropäisch ist. Diese Nord/Süd-Dichotomie macht nicht nur aus Deutschland einen kaltes und „uncooles" Land, sondern gibt im Wesentlichen eine Erklärung, die auf die Natur zurückgreift: Deutschland ist fortgeschrittener in Sachen Umwelt, weil es dort notwendig ist. Dieses Beispiel stellt diese Dichotomie sehr markant da, meistens wird sie jedoch nur nebenbei erwähnt. Hierzu noch ein Beispiel:

> „Je pense tous les pays nordiques déjà, ils sont, ils sont beaucoup plus sensibilisés depuis beaucoup plus longtemps que les pays du sud type France Espagne Italie, je pense qu'on est différent."

Der Ausdruck „ce type de pays" kommt sehr oft in den Antworten vor, und scheint Deutschland und Frankreich als zwei verschiedene Länder darzustellen: ein nördliches und ein südliches.

3.5 Wo die Geschichte wieder auftaucht

Andere Darstellungen beziehen sich auf „historisches Wissen". Hier wird vielmehr Deutschland als ein besonderer Fall dargestellt, und nicht mehr in eine andere Kategorie als Frankreich eingeordnet. So erklärt ein Informatiker:

> „Euh c'est quand même eux qui sont les plus, ah arrête moi si je dis des bêtises mais eux ils ont un mouvement dans les années 20 naturistes un truc comme ça, ils sont déjà beaucoup plus proches de la nature avec une certaine conception… après c'est vrai qu'il y a des dérives la nature ça a donné l'eugénisme des trucs comme ça."

Hier wird ein Zusammenhang zwischen Naturschutz und Eugenik gemacht, und dadurch werden negative Aspekte des Verhältnisses zur Natur dargestellt. Es besteht ein Risiko, dass daraus Gefährliches entsteht. Ein Ingenieur erklärt im Gegenteil, wie Umweltschutz in Deutschland eine Art Wiedergutmachung für die Nazizeit sei. Dabei erklärt er auch, dass Frankreich zu dieser Zeit ganz „andere Sorgen" hatte.

> „Je pense en Allemagne y'a plus de y'a une jeunesse qu'est peut-être plus sensibilisée à l'environnement euh, que à la survie en Allemagne, nous enfin je sais pas y'a une génération marquée par la les deux générations ont été marquées par la deuxième guerre,

nous on en est sorti plus avec des grands-parents qui ont survécu pour qui ce qui était important c'était d'avoir à manger, de survivre d'avoir des tickets enfin c'était quand même une problématique différente de la jeunesse allemande qui eux, sont sortis de la deuxième guerre mondiale c'était les méchants comment on peut en arriver là euh… la problématique est une autre et donc je pense que ça me surprendrait pas qu'il y ait une jeunesse qui soit allée plus dans ce sens là, de s'intéresser à la vie, et en réaction à ce que l'Allemagne a fait euh pendant la deuxième guerre mondiale, et donc à l'environnement. Alors qu'en France moi je pense vraiment que j'ai des grands-parents qui s'inquiétaient plus de mettre à bouffer sur la table et pour qui la survie la responsabilité de me nourrir ça passe avant tout quoi.“

In diesen beiden Beiträgen wird ein Zusammenhang zwischen Deutschlands Geschichte und seinem Verhältnis zur Umwelt und zur Natur hergestellt. In den Interviews werden solche Zusammenhänge selten dargestellt. Doch sie finden ein ganz besonderes Echo, wenn man andere Texte analysiert. Es ist z.B. schon relevant festzustellen, dass Ferry (1992) an einigen Stellen in seinem Buch „le nouvel ordre écologique“ Deutschland (aber auch die USA) im Zusammenhang mit rechtsradikalen Ideologien nennt. Hier wird „historisches Wissen“ von den Laien neu interpretiert, um solche Zusammenhänge zu ermöglichen.

4 Diskussion

Unsere Ergebnisse weisen darauf hin, dass das Stereotyp vom „grünen Deutschen“ in Frankreich sehr verbreitet ist. Unsere Analyse hat jedoch auch gezeigt, dass verschiedene Strategien sowohl von der Presse als auch von den Befragten benutzt werden, um Frankreichs Identität trotzallem positiv zu bewerten. Die deutschen Paradoxe werden betont, die Deutschen werden in Erzählungen als „seltsam“ dargestellt, Erklärungen für Unterschiede weisen auf die Nord/Süd Dichotomie… Es werden also wesentliche Unterschiede zwischen den beiden Ländern in Frankreich dargestellt. Andere Befragten weisen auf Deutschlands Geschichte, um sein Verhältnis zur Natur zu erklären. Dabei wird aus Deutschland ein Einzelfall, und Frankreichs Verhältnis zur Ökologie kann nicht mehr mit dem deutschen verglichen werden. Bei der Analyse fällt somit auf, dass durch diese Unterschiede eine eigene Identität jeweils für beide Länder betont wird.

Die verschiedenen Strategien, die benutzt werden, um die französische Identität positiv zu bewerten, geben uns auch relevante Informationen über soziale Repräsentationen der Ökologie. In der Nord/Süd-Dichotomie wird Ökologie als etwas Langweiliges geschildert, etwas womit sich „kalte“ Länder beschäftigen, und nicht „lateinische und coole Länder“. Es passt auch zusammen mit den Deutschen, die bei Rot an der Ampel stehen bleiben, sagt eine Hausfrau. Ökologie brauche Systematik und Genauigkeit (besonders bei der Mülltrennung). Es sei eine Erziehungssache. Hier können wir das Schema, das wir am Anfang erklärt haben, mit unserem Beispiel noch mal darstellen.

Abbildung 2: Ego, Alter und Objekt von der französischen Seite

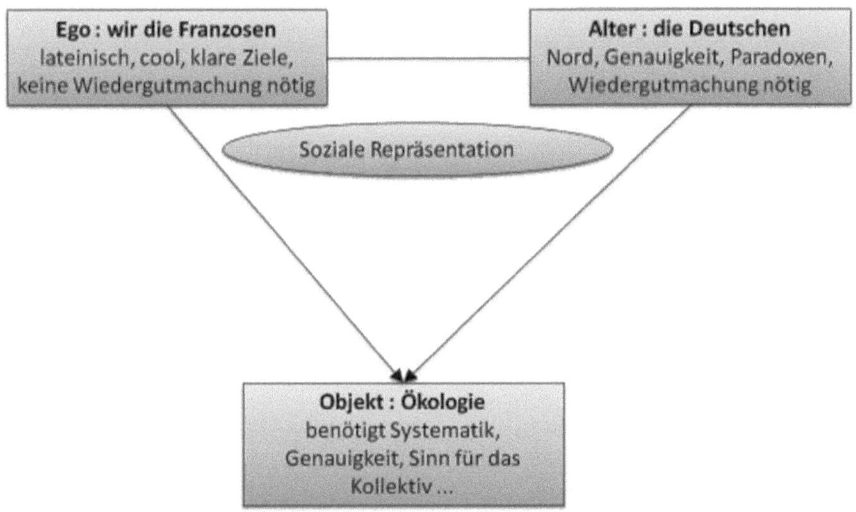

Es wurde nach dem Verhältnis von Frankreich und Deutschland zur Ökologie gefragt (dort wo die Pfeile dargestellt sind). In den Antworten haben wir aber Verschiedenes über die Beziehung der Länder und über soziale Repräsentationen von Ökologie erfahren. Es soll hier noch betont werden, dass wir in den Interviews gezielt nach einem Vergleich gefragt haben. Doch die Presse-Analyse zeigt bereits, dass Deutschland in Frankreich als ein Musterland dargestellt wird. In diesem Schema wird verdeutlicht, dass die Art und Weise wie Ökologie in Frankreich angenommen wird, vom deutsch-französischen Verhältnis abhängig sein kann. Hierzu ein Beispiel. In einer regionalen Zeitung (Le journal de la Vendée) ist im September 2008 ein Artikel über Windmühlen erschienen im Zusammenhang mit einem deutschem Offshore-Windmühlenprojekt an der französischen Küste. Es wurden in dieser Zeitung verschiedene Argumente gegen Windmühlen angeführt, eins davon war, dass sie aus Deutschland, Holland und Spanien kommen und nicht aus Frankreich. Zudem wurde daran erinnert, dass Kernkraft französisch sei. Die französische Souveränität wurde als angegriffen dargestellt, ähnlich wie es Keller (1998) schon im Zusammenhang zum Thema Müll gezeigt hatte.

5 Ausblick

Was passiert aber nun, wenn Ego und Alter ihren Platz wechseln, bzw. was glauben die Deutschen von Frankreichs Verhältnis zum Umweltschutz? Da es sich bei unserer Arbeit um eine deutsch-französische Studie handelt, haben wir auch in Deutschland Interviews geführt und genau dieselben Fragen gestellt. Allerdings ist der Rahmen des Interviews etwas anders gewesen. Als Französin Deutsche zu fragen, ob die beiden Länder einen Unterschied in Beziehung zur Umwelt haben, ist nicht dasselbe wie als Französin Franzosen dazu zu befragen. So haben sich viel mehr Deutsche nicht geäußert und gemeint, sie wüssten nicht, wie Frankreich mit Umweltfragen umgeht. Es ist möglich, dass es an unserer Herkunft liegt, doch die deutsche Presse in unseren Korpus hat sich auch nicht zu Frankreich geäußert. Ist der Vergleich für die Deutschen überhaupt relevant?

Es gibt dennoch in den deutschen Antworten viele Ähnlichkeiten mit den französischen. Frankreich wird in Erzählungen als rückständig hinsichtlich der Mülltrennung dargestellt. Die Energieproblematik wird auch von vielen (10 Befragten) erwähnt, aber diesmal bezieht sich die Antwort auf die Atomenergie, die in Frankreich sehr stark verbreitet ist. Dabei betont auch ein Mitarbeiter eines Verlages, dass die Franzosen „ein bisschen böse auf Deutschland sind, dass die jetzt da aussteigen wollen“. Andere Befragten nehmen den Vergleich nicht vor, und schlagen einen anderen vor: reiche und arme Länder, Europa/nicht Europa etc. Ein Drittel der Befragten glaubt, dass es zwischen den beiden Ländern keinen „großen“ Unterschied gibt. Mehrere erzählen auch von verschiedenen Reisen (nicht nur nach Frankreich), wo sie festgestellt haben, dass Frankreich „gut dabei ist“. Dies scheint zu bedeuten, dass der Vergleich mit Frankreich zum Thema Umwelt nicht besonders relevant ist. Doch einige Antworten scheinen wie ein Echo in Bezug auf Frankreich zu sein. So erzählen 5 Männer, wie Frankreich sich über solche Themen amüsiert, Deutschland nicht ernst nimmt usw. Einer erklärt wie die Franzosen den Ausdruck „Le Waldsterben“ benutzten, weil sie es nicht wahrnahmen. Sie beziehen es auf die französische Art das Leben zu genießen. Ein Anwalt erklärt z.B., dass die Franzosen sich schließlich heute doch um Umweltfragen kümmern, und gibt dafür einen Grund an:

> „Auf der anderen Seite ich glaube die Franzosen machen das nur deswegen weil die so auch nach dem Essen hinterher sind, das passt zusammen. Das gleiche trifft nämlich auch auf Italien zu, wenn man nämlich alles kaputt macht dann trifft es auch das Essen.“

In diesem Auszug wird außerdem Frankreich mit Italien verglichen, es wird die Nord/Süd-Dichotomie wieder relevant. Hier ist der französische Grund, die Umwelt zu schützen, das Essen, also eine Art das Leben zu genießen. Eine französische Befragte, die 8 Jahre in Deutschland gelebt hat, und so einen Blick aus beiden Richtungen hat, sagt schließlich:

> „Et puis je dirai aussi en Allemagne quand on est écologiste enfin, on est avant tout anti-nucléaire en France quand on est écolo euh, on mange du bio enfin voilà, donc l'écologie se situe même plus au même endroit."

Literatur

Billig, M. (2004): Studying the thinking society: social representations, rhetoric, and attitudes. In G. Breakwell, & D. Canter, Empirical approaches to social representations (S. 39-62). New York: Oxford University Press.

Bruner, J. (1994): The narrative construction of reality. Critical Inquiry , 18 (1), S. 1-21.

Chibret, R.-P. (1991): Les associations écologiques en France et en Allemagne. Une analyse culturelle de la mobilisation collective. Thèse de doctorat soutenue le 01/02/1991. Paris I.

Eder, K. (2000): L'environnement et le discours écologique : le cas de l'Allemagne. In M. Abélés, L. Charles, & H.-P. Jeudy (Eds), L'environnement en perspective. Paris: L'Harmattan, S. 191-208.

Ferry, L. (1992): Le nouvel ordre écologique. L'arbre, l'animal et l'homme. Paris: Bernard Grasset.

Keller, R. (1998): Müll - die gesellschaftliche Konstruktion des Wertvollen. Die öffentliche Diskussion über Abfall in Deutschland und in Frankreich. Opladen: Westdeutscher Verlag.

Kuckartz, U. (1997): Umwelt-Goldmedaille für Deutschland? Oder wie umweltbewusst sind die Deutschen im internationalen Vergleich? Papers der Forschungsgruppe Umweltbildung , 97 (137), S. 5-36.

Moscovici, S. (1961): La psychanalyse, son image et son public. Paris: Presses Universitaires de France.

Moscovici, S. (1998a): The history and actuality of social representations. In U. Flick (Ed.), The psychology of the social (S. 209-247). Cambridge: Cambridge University Press.

Moscovici, S. (1998b): Introduction. Le domaine de la psychologie sociale. In S. Moscovici (Ed.), Psychologie sociale (S. 5-22). Paris: Presses Universitaires de France.

Rudolf, F. (1998): L'environnement une construction sociale. Pratiques et discours sur l'environnement en France et en Allemagne. Strasbourg: Presses Universitaires de Strasbourg.

Sommer, C. M. (1995): Soziale Repräsentationen und Medienkommunikation. In U. Flick (Ed.), Psychologie des sozialen. Repräsentationen in Wissen und Sprache (S. 240-250). Hamburg: Rowohlt Taschenbuch Verlag.

Die Sterbehilfe-Debatte in Deutschland und Frankreich
Gesellschaftsproblem und sozialer Sachverhalt

Ruth Horn

Einleitung

Der vorliegende Artikel beschäftigt sich damit, warum die moralische Frage nach dem Selbstbestimmungsrecht des Todes zu einem bestimmten Zeitpunkt in einer Gesellschaft auftritt und wie sie behandelt wird. Dazu werden zwei Länder verglichen, in denen Sterbehilfe verboten ist, nämlich Frankreich und Deutschland. Mit Hilfe einer Analyse der verschiedenen Debatten und Praktiken wird versucht, die Gründe für Bitten nach Sterbehilfe besser zu verstehen, ohne jedoch das moralische Problem der Sterbehilfe lösen zu wollen. In einem ersten Schritt wird auf die unterschiedlichen Bedeutungen des Begriffs der „Euthanasie" im Wandel der Zeit hingewiesen und die unterschiedlichen sozialen, geschichtlichen und rechtlichen Hintergründe der französischen und deutschen Debatte untersucht. Anschließend werden die normativen Schwierigkeiten der Personen hinterfragt, die häufig mit Situationen am Lebensende konfrontiert sind, und in weiterem Sinne, die einer ganzen Gesellschaft. Es soll erfasst werden, warum manche Personen eine bestimmte Handlungsweise als „gut" und andere sie als „schlecht" beurteilen, und in wiefern diese Urteile sich durch soziale, historische, berufliche oder persönliche Bedingungen erklären lassen.

Die diesem Artikel zugrundeliegende Dissertation beschäftigt sich mit der Sterbehilfedebatte in Frankreich und Deutschland seit den 70er Jahren und deren Auswirkungen auf den heutigen ärztlichen Umgang mit Sterbenskranken. Ausgehend von der Annahme, dass die Argumente der Sterbehilfebefürworter oder -gegner nicht nur die Forderung nach dem Recht zu Sterben betreffen, sondern auf Handlungsunsicherheiten bezüglich des „richtigen" Umgangs mit Sterbenskranken hinweisen (Horn 2004), soll nun aus soziologischer Perspektive die moralische Frage der Sterbehilfe anhand einer vergleichenden Analyse zwischen Frankreich und Deutschland untersucht werden. Grund dieser Wahl ist, dass in beiden Ländern jede Handlung, die willentlich darauf abzielt ein Leben zu beenden, verboten ist, aber unterschiedliche Argumente benutzt werden und auch unterschiedliche ärztliche Praktiken beobachtet werden können.

Auf der Grundlage der Moralsoziologie Durkheims (Durkheim 1906), werden die moralischen Argumente, die seit den 70er Jahren in den Debatten diskutiert werden, beleuchtet und ihr Einfluss auf die aktuellen ärztlichen Praktiken aufgezeigt. Mehrere Fragen stellen sich in dem Kontext einer solchen Analyse: Welche Tatsachen und Ereignisse lassen eine solche Frage überhaupt in der Öffentlichkeit aufkommen? Zu welchem Zeitpunkt und in welchem Zusammenhang? Wer sind die hauptsächlichen Akteure und wie diskutieren sie das Problem? Welche Auswirkungen hat die Mediatisierung von Ereignissen, die im Rahmen der Sterbehilfe diskutiert werden? Wie spiegeln sich konkrete medizinische Probleme in der öffentlichen Debatte wider und welchen Einfluss haben sie auf die Entwicklung der Debatte?

1 Die Frage der Sterbehilfe

1.1 Die Selbstbestimmung des Todes: die Diskussion einer moralischen Frage

Im Zuge einer Reihe von technischen Innovationen, die die Lebensverlängerung von einigen Patienten ermöglichten, kamen in den 70er Jahren Debatten auf, die sich mit Grenzen medizinischer Eingriffe und dem veränderten Bezug zu Leben und Tod auseinandersetzen. Zum Beispiel können seither Personen, die früher verstorben wären, Dank Dialyse, Organtransplantation, künstlicher Beatmung oder anderen Reanimationstechniken am Leben erhalten werden. Obwohl das Leben vieler Personen dadurch gerettet werden kann, gab es aber immer wieder Fälle, in denen Personen nur rein „biologisch" überlebten, ohne jedoch ihre körperliche oder geistige Autonomie bewahren zu können. Manche der reanimierten Patienten lebten jahrelang im Koma weiter, ohne jemals wieder zu Bewusstsein zu kommen, wieder andere konnten nie mehr ihre vorherigen körperlichen oder geistigen Fähigkeiten erlangen. In Folge solcher Erfahrungen kam die Angst nach einem verlängerten Lebensende ohne jegliche Lebensqualität und abhängig von Maschinen auf. Vor allem diejenigen, die Angehörige oder Freunde unter solchen – als „schrecklich" empfundenen – Bedingungen sterben sahen, engagierten sich für das Recht, den Moment des Todes selbst bestimmen zu können. Genau genommen, kämpften sie aber vor allem gegen exzessive therapeutische Eingriffe ohne Heilungschancen.

Die Diskussion über das „Recht zu Sterben" und die Bedingungen des Lebensendes kam zuerst in den Vereinigten Staaten auf. Das Thema war nun nicht mehr nur Problem der Ärzte, sondern wurde von der breiten Bevölkerung diskutiert und in den Medien polemisiert. Die Möglichkeiten, Leben zu verlängern, wurden öffentlich in Frage gestellt und einige ärztliche Praktiken als „inakzeptabel" betrachtet. An diese Diskussion knüpften schließlich auch andere westliche Länder an. Im Zentrum der Kontroversen waren einerseits der Abbruch von lebenserhaltenden Maßnahmen und andererseits die zahlreichen Fragen, die durch eine solche Entscheidung aufgeworfen werden. Dabei handelte es sich besonders um folgende Fragen: Welche genauen Gründe rechtfertigen einen solchen Abbruch? Welche Kriterien müssen berücksichtigt werden, um eine solche Entscheidung zu treffen? Wer darf darüber entscheiden? In anderen Worten: es geht darum zu wissen, ob die Gesellschaft unter manchen Bedingungen und in manchen Situationen akzeptieren kann, dass Ärzte nicht alles in ihrer Macht Stehende in Bewegung setzen, um Leben zu erhalten oder ob sie darauf besteht, Leben in jedem Fall zu erhalten – auch wenn dies gegen den Willen der betroffenen Person oder der Angehörigen ist.

Bereits Durkheim (Durkheim 1996) beobachtete, dass die Veränderungen der modernen Gesellschaften traditionelle Werte und Normen ins Wanken gebracht haben. So kann nun anschließend daran behauptet werden, dass die Entwicklung der lebensverlängernden Techniken zunehmend das ärztliche *Ethos* in Frage stellte. Denn wenn bisher galt, dass ein Arzt in jedem Fall alle zur Verfügung stehenden Mittel ausschöpfen soll, um Leben zu erhalten, wurde nun mehr und mehr hinterfragt, ob dies in jedem Fall sinnvoll ist. Diese Infragestellung der ärztlichen Handlungsnormen hat zu neuen Formen der Arzt-Patienten-Beziehung geführt. Die erweiterten therapeutischen Möglichkeiten, aber auch die Unsicherheiten bezüglich der Konsequenzen eines lebensverlängernden Eingriffs haben zwei Fragen aufgeworfen: die nach der „richtigen" Entscheidung und die nach der „richtigen" Person, die diese Entscheidungen treffen darf. Bis zu welchem Punkt darf der Arzt Entscheidungen für seinen Patienten treffen? Bis zu welchem Grad ist er verantwortlich für das Leben des Patienten? Ab wann muss der Patient das Recht haben, seine Behandlungsoptionen selbst zu wählen? Um auf die neuen Probleme der zunehmenden „Medikalisierung" des Lebensendes eine Antwort zu finden, müssen nun neue Handlungsprinzipien definiert werden, die gesellschaftlich und moralisch anerkannt werden können.

Um der moralischen Unsicherheit auszuweichen, könnte es in einer modernen pluralistischen Gesellschaft zunächst am einfachsten erscheinen, nach dem jeweiligen Willen des Einzelnen zu handeln (Durkheim 1996: 405). Jedoch zeigt Durkheim, dass die individuelle Selbstbestimmung meist durch die Abhängigkeit vom Kollektiv begrenzt wird. Da das Individuum nur in der Gemeinschaft mit anderen existieren kann, ist auch seine Freiheit durch die Freiheit des Andern begrenzt. Durkheim drückt dies folgendermaßen aus: „Die Verpflichtungen des Individuums gegenüber sich selbst, sind in Wirklichkeit Verpflichtungen gegenüber der Gesellschaft" (Durkheim 1996: 395). Von diesem Standpunkt aus, ist die Freiheit des Individuums also durch seine Abhängigkeit von dem Andern bedingt, was wiederum die Authentizität seines freien Willen in Frage stellt. Vor diesem Hintergrund stellt sich nun die Frage, was erlaubt werden kann, wenn ein Individuum die Achtung seines „freien" und „unabhängigen" Wunsches zu Sterben fordert. Nicht zu vergessen ist dabei, dass das gesellschaftliche Zusammenleben von dem Schutz des Einzelnen abhängt, was sich am deutlichsten in dem universellen Tötungsverbot ausdrückt. Hier wird der individuelle Sterbewunsch also zu einem gesellschaftlichen Problem und besonders komplex, wenn ein Individuum nicht nur seinen Tod wünscht, sondern Beihilfe eines Dritten fordert, um sein Leben zu beenden.

Nun wird auch das Freiheitsprinzip nach John Stuart Mill (Mill 1990: 176-206; Ogien 2009) in Frage gestellt, welcher davon ausgeht, dass ein Individuum frei nach seinem Willen handeln kann, solange es nicht die Freiheit des Andern begrenzt.[1] Wenn dies auch auf einer moralischen und rein theoretischen Ebene gerechtfertigt werden kann, sind die Gegebenheiten in der Praxis jedoch komplexer. Zum Beispiel kann ein Patient, der unter starken Schmerzen leidet, seinen Tod wünschen, obwohl er dies unter anderen Umständen nicht tun würde. Wenn man davon ausgeht, dass die Freiheit in Wirklichkeit von einem Zusammenspiel verschiedener Zwänge und Verpflichtungen abhängt, dann muss auch hinterfragt werden, inwiefern Freiheit unter diesen Bedingungen überhaupt gelebt werden kann.

1.2 Aufklärung der moralischen Frage aus soziologischer Sicht

Um die Vorteile und Nachteile eines Systems, in welchem Sterbehilfe oder Beihilfe zum Suizid akzeptiert wird, zu beleuchten, wurden bisher vor allem Berichte und Studien (CCNE 27. Januar 2000: 14; Assemblée Nationale 30. April 2004: 178-185; Deutsches Ärzteblatt seit 1998) über die Situation in Belgien, Holland, der Schweiz, Oregon oder Washington veröffentlicht. Aber wenn man die Unsicherheit bezüglich des richtigen Umgangs mit Sterbenskranken und die Beziehungs- wie auch die Kommunikationsprobleme zwischen Ärzten und Patienten betrachtet, dann scheint die Fokalisierung alleine auf Sterbehilfe nicht gerechtfertigt. Die Probleme, die am Lebensende auftreten sind weitaus komplexer (Horn 2004). Deshalb verglichen wir die Debatte über das Lebensende und die konkreten Handlungen in zwei Ländern, welche aktuell jede Art von aktiver Sterbehilfe ablehnen, durchaus aber eine Debatte darüber führen.

In einem ersten Schritt wurden die Hintergründe der Sterbehilfedebatten in jedem der beiden Länder seit den 70er Jahren untersucht. Anhand einer Literaturanalyse konnten die veränderte Sinnbedeutung des Wortes „Euthanasie" und die damit in Verbindung gebrachten Praktiken nachgezeichnet werden. Außerdem wurden die verschiedenen Bedeutungen des Wortes aufgegriffen, die sich in den aktuellen internationalen Klassifikationen von Euthanasie widerspiegeln. Vor allem in philosophischen Debatten

1 Dieses Argument bezieht sich besonders auf die Aussagen von Ruwen Ogien. Indem der Philosoph das Konzept der „minimalen Ethik" auf der Grundlage von John Stuart Mill vertritt, argumentiert er auf der Basis des Freiheitsprinzips für das Recht, sich selbst zu schädigen.

wird zwischen „aktiver“ und „passiver“, „direkter“ und „indirekter“, „freiwilliger“ und „unfreiwilliger“ Euthanasie unterschieden. Mit Hilfe dieses Vergleichs können vor allem Kenntnisse über die verschiedenen moralischen Ideen, die im Zusammenhang mit diesem Begriff auftauchen, gewonnen werden.

Im Anschluss daran verglichen wir anhand verschiedener Gesetzestexte die legalen Rahmenbedingungen der Handlungen, die in einigen westlichen Ländern, vor allem in Frankreich und Deutschland, als Sterbehilfe verstanden werden. Obwohl diese beiden Länder eine ähnliche Gesetzeslage bezüglich des Verbots, den Tod einer Person herbeizuführen, haben, gibt es in jedem Land verschiedene juristische Prinzipien, welche einen großen Einfluss auf die jeweiligen Debatten und ärztlichen Verhaltensmuster haben.

Weiter haben wir die Entwicklung der französischen und der deutschen Debatten anhand von Pressedossiers seit 1975 nachgezeichnet. Diese Untersuchung hat gewisse Eigenheiten bezüglich des Umgangs mit dem Lebensende und der Forderung nach der Selbstbestimmung des Todes herausgestellt. Die in den Medien diskutierten Ereignisse und die dabei angeführten Argumente halfen, die verschiedenen Werte, Normen und moralischen Prinzipien einer jeden Gesellschaft zu beleuchten.

In einem zweiten Schritt ging es darum die Überzeugungen von Ärzten, die mit Situationen am Lebensende konfrontiert sind, zu untersuchen und ihre alltäglichen Verhaltensweisen zu beobachten. Diese Analyse zielte darauf ab zu verstehen, auf welche „Art ein abstraktes moralisches Problem sich in der Praxis manifestiert [und in unserem Fall auch in der Debatte] und wie es als solches wahrgenommen wird (oder nicht)“ (Bateman 2004: 393/Übersetzung Horn).

In diesem Rahmen haben wir eine ethnographische Arbeit teilnehmender Beobachtung durchgeführt. Diese umfasste von 2005 bis 2007 eine Hospitation in verschiedenen Krankenhäusern: in Frankreich die Begleitung zweier „mobiler“ Palliativteams und eines Teams auf einer Palliativstation; in Deutschland eine Hospitation auf zwei Palliativstationen, die jeweils über einen Konsiliardienst verfügten. Die Feldarbeit ermöglichte die direkte Beobachtung verschiedener Formen des Umgangs mit schwerkranken Patienten, zum einen innerhalb eines Palliativteams und zum andern auf verschiedenen anderen Stationen, welche die Palliativteams dann zur Hilfe holen, wenn sie ein Problem als spezifisch für das Lebensende wahrnehmen.

Zusätzlich zu diesen Beobachtungen wurden 41 Interviews (20 in Frankreich, 21 in Deutschland) mit unterschiedlichen Ärzten sogenannter „kurativer“ und palliativpflegerischen Stationen durchgeführt. Die bei diesen leitfaden-orientierten, semi-direktiven, Interviews angesprochenen Themen betrafen (1) die allgemeine Wahrnehmung der Situation von schwer- oder sterbenskranken Patienten; (2) die Wahrnehmung des Leidens der Patienten; (3) die therapeutischen Entscheidungen am Lebensende; (4) die Einstellungen und das Verhalten gegenüber Sterbewünschen oder –bitten, die von den

Patienten ausgesprochen werden; und (5) die Möglichkeiten sich mit dem Lebensende und dem Tod zu konfrontieren.

Die Beobachtungen wurden mit den Aussagen der Ärzte verglichen, um einerseits zu sehen welche Situationen von französischen und deutschen Ärzten als Situationen des Lebensendes wahrgenommen werden, und andererseits zu verstehen, in welchen Situationen schwierige Momente aufkommen und wie die Ärzte in diesen reagieren – vor allem welche Mittel sie dabei einsetzen.

2 Euthanasie: Wovon wird dabei gesprochen?

2.1 Die Bedeutung des Wortes und die darauf bezogenen Praktiken

Die Untersuchung der Debatte hatte gezeigt, dass die Diskussion über Euthanasie, was etymologisch der „gute Tod" bedeutet, besonders schwierig ist, da dem Begriff im Laufe der Zeit verschiedene Bedeutungen zukamen. War der „gute Tod" in der Antike der selbstbestimmte und heldenhafte individuelle Tod, so gewann ab dem Mittelalter der andere eine bedeutende Rolle in Bezug auf die Vorbereitung auf den Tod (*ars moriendi*) und die Begleitung des Sterbenden. Seitdem wurde eine dritte Person zunehmend als verantwortlich gesehen, einen Sterbenden zu begleiten – zunächst auf spiritueller Ebene und später auch auf medizinischer. Das Zusammenspiel der seelischen und körperlichen Leiden wurde zuerst von Thomas Morus und später expliziter von Francis Bacon aufgegriffen. Dem Arzt kam dabei zunehmend die Aufgabe der Schmerzlinderung zu. Anfang des 20. Jahrhunderts weitete sich die Idee des ärztlich begleiteten Todes von Sterbenskranken auf unheilbar Kranke im Allgemeinen aus. Einige Wissenschaftler und Ärzte forderten sogar, dass der Arzt nicht nur die schwer Leidenden, sondern alle hoffnungslos Kranken durch den Tod von ihrer Erkrankung „erlösen" sollte – und dies auch ohne Einwilligung der Kranken. Seitdem die Naziärzte auf brutalste Weise ein solches sogenanntes „Euthanasie-Programm" durchgeführt haben, werden diese Praktiken unweigerlich mit Tötung oder Mord gleichgesetzt. Obwohl die heutigen Sterbehilfedebatten der verschiedenen westlichen Länder die ganze Palette der unterschiedlichen historischen Bedeutungen des „schönen Todes" oder der „Euthanasie" widerspiegeln, wiegt die der Tötung am schwersten für die moralischen Überlegungen.

So werden auch erst nach den öffentlichen Anklagen der Nazi Euthanasien in der bioethischen und philosophischen Literatur binäre Klassifikationen eingeführt, welche jeweils eine als verboten und eine als erlaubt angesehene Handlung gegenüber stellen: seither wird geläufig unterschieden zwischen freiwilliger/unfreiwilliger, aktiver/passiver oder direkter/indirekter Euthanasie. Können diese Gegenüberstellungen in der Theorie unterschieden werden, so sind die Handlungen in der Praxis jedoch nicht immer klar voneinander zu unterscheiden und die moralische Bewertung der einen oder anderen Praktik hängt stark von der jeweiligen Situation, der Absicht des Handelnden und seiner Erfahrung ab. So sind denn auch die Meinungen bezüglich des richtigen Umgangs mit dem Lebensende sehr unterschiedlich innerhalb einer Gesellschaft und zwischen verschiedenen Gesellschaften.

Die eingeführten Klassifikationen deuten vor allem auf drei moralische Dimensionen der Sterbehilfeproblematik hin: die Einwilligung des Patienten, also sein Wille, die Unterscheidung zwischen Sterben „herbeiführen" und sterben „lassen" und die Absicht des Handelnden. Diese drei Dimensionen finden sich auf unterschiedliche Weise in den juristischen (oder nicht juristischen) Definitionen der Sterbehilfe wieder. Alle Länder verbieten und bestrafen die Tötung, das heißt jede Handlung die den Tod eines andern herbeiführt. Jedoch definieren nicht alle Länder die gleichen Handlungen als Tötung oder erkennen bestimmten Handlungen einen besonderen Status zu. Zum Beispiel wird in Holland die aktive, von einem Arzt unter bestimmten Umständen durchgeführte Sterbehilfe nicht der Tötung gleichgesetzt. In Belgien wird bei der Durchführung einer solche Handlung unter bestimmten Umständen von Strafverfolgung abgesehen, gleichwohl sie nicht grundsätzlich als straffrei gilt. Und in den meisten westlichen Ländern wird unterschieden zwischen den Handlungen, die den Tod herbeiführen und denen, die den Tod zulassen. Aber in Italien zum Beispiel wird ein solches Sterbenlassen einem Mord gleichgesetzt.[2] Das am häufigsten angeführte Argument, um diese Unterscheidung zu rechtfertigen, betrifft die Einwilligung des Patienten, aber nicht alle Länder geben ihm das gleiche Gewicht. In Holland zum Beispiel rechtfertigt die Patienteneinwilligung die Durchführung aktiver Sterbehilfe, aber in Deutschland, wo insbesondere seit der Verfassung von 1949 Wert auf die Achtung der Patientenautonomie gelegt wird,

2 Obwohl heute die meisten westlichen Länder einen Therapieabbruch auf Wunsch des Patienten als legal ansehen, betrachten manche Länder, wie es sich zum Beispiel beim italienischen Fall der Eluana Englaro zeigte, eine solche Praktik als „Mord". Die 39jährige Patientin war in Folge eines Verkehrsunfalls seit 17 Jahren im Zustand eines irreversiblen vegetativen Komas. Nachdem der Vater seit 10 Jahren um das Recht kämpfte, die künstliche Ernährung einzustellen, wie es nach Angaben der Familie der Wunsch der Patientin gewesen wäre, war Anfang Februar 2009 endlich eine Klink bereit, dies durchzuführen. 6 Tage später, am 9. Februar, wurde der Tod der Patientin öffentlich bekannt gegeben. Der von Anfang an heftig polemisierte Fall unterlag einem starken Druck von Seiten der katholischen Kirche, des Vatikan, des Präsidenten Silvio Berlusconi, des Präsidenten der Ärzteschaft, regionalen Politikern und einem geringen Teil der Bevölkerung, welche den Vater der Patientin schließlich auch als „schrecklichen Mörder" anklagten. Die daraufhin angeforderte Autopsie ergab jedoch, dass die Patientin eines natürlichen Todes starb, der in Folge der Nahrungseinstellung eintrat.

bleibt eine solche Praktik verboten. Und noch andere Länder, wie zum Beispiel Frankreich, ziehen vor allem die Handlungsabsicht des Arztes in Betracht und weniger die Selbstbestimmung eines Kranken.

2.2 Die Sterbehilfe-Debatten in Frankreich und Deutschland

In Frankreich drehte sich die Diskussion der 70er und 80er Jahre häufig um Anklagen gegen therapeutische Überbehandlungen von Ärzten und um dramatische Schicksale von Patienten, die für ihre „letzte Freiheit" kämpften, ihren Tod selbst zu bestimmen. Insgesamt verweisen diese Fälle auf eine „paternalistische" Tradition, nach der dem Arzt die alleinige Entscheidungsmacht zukommt und dieser sehr an dem therapeutischen Erfolg orientiert handelt. Die Medien, die stark von militanten Vereinen beeinflusst waren, haben eine wichtige Rolle dabei gespielt, das Problem in die Öffentlichkeit zu tragen. Seit der zweiten Hälfte der 70er Jahre wurde in der Presse viel über Sterbehilfe diskutiert (Fondation Nationale des Sciences Politiques 1975f), die mal als Tötung, mal als Mitleidshandlung definiert wurde. Um die immer stärker werdenden Forderungen nach aktiver Sterbehilfe zu dämmen, versuchte die Palliativbewegung sich als Alternative zu präsentieren und am 9. Juni 1999 wurde tatsächlich ein Gesetz über das Recht jedes Patienten auf Palliativversorgung erlassen (Gesetz n°99-477). Zunächst hofften die öffentlichen Verantwortlichen, dass dieses Gesetz ausreichen würde, die Spannungen innerhalb der Gesellschaft zu reduzieren. Jedoch bringt erst der Fall des Vincent Humbert und dessen enorme Mediatisierung im Jahr 2002 große Veränderungen mit sich.[3] Erst dieses Ereignis brachte die politisch Verantwortlichen zu einer echten ernsthaften Auseinandersetzung mit dem bis dahin eher vermiedenen Thema des Lebensendes. In Folge der heftigen Debatten um den Fall, setzte sich eine parlamentarische Arbeitsgruppe „bezüglich der Rechte sterbenskranker Patienten"

3 Der junge querschnittsgelähmte Mann hatte 2002 den damaligen Präsidenten Jacques Chirac in einem Brief um das Recht auf aktive Sterbehilfe gebeten, welches ihm verweigert wurde. Seine Mutter verabreichte ihm daraufhin eine tödliche Dosis von Barbituraten, woraufhin der Patient in ein Koma verfiel. Die zuständigen Ärzte hatten daraufhin versucht ihn zu reanimieren, bis der verantwortliche Arzt Dr. Chaussoy einwandte, keine exzessiven Eingriffe mehr zu unternehmen, da dies auch nicht der Wunsch des Patienten gewesen wäre. Jedoch unterließ er nicht einfach die wiederbelebenden Maßnahmen, sondern injizierte dem Patienten eine hohe Dosis Kaliumchlorid, eine Substanz die formell verboten ist, da sie zu einem direkten Herzstillstand führt. Nach dem Tod des Vincent Humbert wurde die Mutter, Marie Humbert, wegen „Verabreichung giftiger Substanzen" und Dr. Chaussoy, wegen „vorsätzlicher Vergiftung", unter Anklage gestellt. Die beiden Angeklagten, die von Beginn an zu ihren Handlungen und Absichten standen, riefen eine heftige ethische und juristische Debatte über Sterbehilfe hervor. Gestützt von einer Mediatisierung zugunsten der Mutter und des Arztes und einer öffentlichen Debatte wurde die Klage im Februar 2009 letztlich eingestellt.

(Commission d'information sur la fin de vie 2004) zusammen, deren Arbeit letztlich in einem Gesetzentwurf mündete, der am 22. April 2005 einstimmig vom Parlament angenommen wurde. Das nach dem Vorsitzenden der Arbeitsgruppe benannte „Gesetz Leonetti" stellt ganz klar fest, dass der Arzt das Recht habe „sterben zu lassen" und nicht wegen Unterlassung von Hilfeleistung strafbar gemacht werden könne. Eindeutig ermahnt das Gesetz jedoch, dass jede Handlung, die darauf abzielt ein Leben zu beenden, weiterhin streng verboten bleibt. Es handelt sich also um die legale Abgrenzung zwischen aktiver und passiver Sterbehilfe. Außerdem definiert das Gesetz die Bedingungen, unter welchen eine Person eine Behandlung (auch künstliche Ernährung) verweigern kann und hebt die Wichtigkeit kollegialer Entscheidungen hervor (Gesetz n° 2005-370, Artikel 4).

Auch in Deutschland gibt es keine gesetzliche Regelung zur aktiven Sterbehilfe, aber einen juristischen, im Grundgesetz und im Strafrecht verankerten Konsens darüber, dass jede Handlung, die auf den Tod einer Person abzielt, auch wenn diese darum bittet, verboten ist und einer Tötung gleichkommt. Aufgrund der von den Naziärzten ausgeführten „Euthanasie-Programmen" wird der Begriff heute nicht mehr verwendet und beinahe ausschließlich im Zusammenhang mit diesen Gräueltaten benutzt. Um dennoch eine offene Diskussion über bestimmte Praktiken am Lebensende zuzulassen, hat sich seit den Nachkriegsjahren der Begriff der Sterbehilfe durchgesetzt. Der Verweis auf „Hilfe" schließt von vornherein alle Handlungen aus, die gegen den Willen des Patienten sein Leben beenden. Jedoch legitimiert die Einwilligung des Patienten auch nicht die aktive Sterbehilfe, welche weiterhin als Tötung gesehen wird. Nach deutschem Recht ist aber jeder Behandlungsabbruch legitim und sogar verpflichtend, wenn der Patient das wünscht. Im Falle nicht kommunikationsfähiger Patienten ist der Arzt dazu angehalten, den Willen des Patienten anhand von früher mündlich oder schriftlich gemachten Äußerungen, religiösen oder weltanschaulichen Überzeugungen oder Aussagen Angehöriger zu ermitteln. Zentraler Punkt der deutschen Debatte ist die Achtung des individuellen Willens. In diesem Umfeld, das sowohl aktive Sterbehilfe als auch jede ärztliche Handlung, die dem Patientenwillen entgegensteht, ablehnt, wurde auch in den Medien nur selten über aktive Sterbehilfe diskutiert. Dies lässt auf die Vermutung schließen, dass aktive Sterbehilfe als Ausdruck letzter Selbstbestimmung vor allem dann thematisiert wird, wenn der Patientenwille nicht an vorderer Stelle steht. In den deutschen Medien wurden dagegen vielmehr Fälle diskutiert, in denen es darum ging den Patientenwillen zu ermitteln. Während der letzten Jahre ging es vor allem um den gesetzlichen Status von Patientenverfügungen, als Verlängerung des Patientenwillen, im Fall von Bewusstseinsverlust. Obwohl der Bundesgerichtshof bereits 2003 in einem Urteil (BGH XII ZB 2/03: 17. März 2003) die Verbindlichkeit solcher Willensäußerungen festlegte, wurde am 18. Juni 2009 ein Gesetz erlassen, dass klar die Verpflichtung der Ärzte festlegt, im Sinne solcher zu handeln (Deutscher Bundestag 2009).

3 Die konkreten Probleme am Lebensende

3.1 Die Frage nach dem „richtigen Umgang“ mit Sterbenskranken

Die Diskussionen über den „richtigen“ Umgang mit Sterbenskranken zeugen von den verschiedenen Bedeutungen, die dem Begriff „Euthanasie“ im Laufe der Geschichte zugeschrieben wurden. Wie bereits gezeigt wurde, prägten die Naziverbrechen, die unter diesem Begriff ausgeführt wurden, am stärksten die heutige Bedeutung. Das heißt, Euthanasie wird heute meist als eine Form der Tötung diskutiert, die auf Wunsch des Kranken erfolgt oder aber auch ohne seinen Willen.

Obwohl es scheint, dass in den Diskussionen als auch in der Praxis, in jeder Gesellschaft die verschiedensten Situationen mit dem Begriff der „Euthanasie“ beschrieben werden, so können alle unter zwei Kategorien zusammengefasst werden. Die erste betrifft die Frage nach dem Recht eine Behandlung abzubrechen und die zweite betrifft die Frage nach dem Recht eines medizinischen Eingriffs, der den Tod zur Folge haben kann. Die erste Kategorie kann verschiedene Situationen betreffen: (1) Ein Arzt verweigert eine therapeutische Überbehandlung, wenn diese keinen Erfolg mehr verspricht; (2) ein sterbenskranker Patient bittet um Behandlungsabbruch, um seine Leiden nicht zu verlängern; (3) ein Arzt bricht die Behandlung aus dem gleichen Grund ab, aber nicht auf Wunsch des Patienten hin, sondern entscheidet für einen Patienten, der nicht mehr kommunikationsfähig ist. Die zweite Kategorie kann folgende Situationen betreffen: (1) Die Schmerzen eines sterbenskranken Patienten können nicht gelindert werden und der Arzt steigert die Schmerzmittelgabe in dem Maß, dass der Tod beschleunigt werden kann. In diesem Fall kann der Arzt entweder in der Absicht handeln, die Schmerzen zu lindern oder in der Absicht, den Tod herbeizuführen, um dem Leiden ein Ende zu setzen. (2) Ein Patient kann wünschen, den Moment seines Todes selbst zu bestimmen und den Arzt zu bitten, ihm eine tödliche Spritze zu verabreichen oder ihm ein tödliches Mittel zur Selbsttötung zur Verfügung zu stellen.

Dilemmata bezüglich der therapeutischen Entscheidung im Falle einer unheilbaren Krankheit oder einer Behandlung ohne Erfolgschancen zeugen oft auch von einer mangelhaften Arzt-Patient-Kommunikation (Kettler 2005: 127-140). In ihrer Studie über den Umgang schwerkranker Personen mit ihrer Krankheit, beobachtet Deborah Messer Zlatin (Zlatin 1994), dass Patienten seltener den Wunsch äußern zu sterben, wenn sie einen guten Kontakt und häufigen Austausch mit ihrem Arzt haben und dieser den Willen des Patienten in seinen Entscheidungen respektiert. Ausgehend von ihren Beobachtungen hebt sie die Bedeutung der gemeinsamen Entscheidung von Arzt und Patient, wie auch des Respekts der Patientenautonomie hervor. Die Ergebnisse dieser Arbeit führen zu der Hypothese, dass Forderungen nach der „letzten" Freiheit, also nach dem selbstbestimmten Tod, auf eine gewisse Spannung des Arzt-Patient-Verhältnisses und der Kommunikation hinweisen.

Von den soziologischen Arbeiten (Elias 1982; Pierret/Herzlich 1990; Lamour et al. 1996; Hintermeyer 1981, 2003, 2004; Hocquart 1999; Castra 2003; Kaufman 2005), die sich mit Problemen beschäftigen, die in verschiedenen nationalen Kontexten am Lebensende auftreten, wurde der ethnographische Teil der vorliegenden Arbeit besonders geprägt von Barney G. Glaser und Anselm L. Strauss sowie von Isabelle Baszanger. Die beiden Studien, *Awareness of Dying* und *Time for Dying* (Glaser/Strauss 2005; 2007), die von Glaser und Strauss in den Vereinigten Staaten der 60er Jahre durchgeführt wurden, untersuchen den veränderten Umgang mit dem Tod, seitdem technische Fortschritte es zunehmend zulassen, Leben zu verlängern und den Zeitpunkt des Todes zu verzögern. Diese Arbeiten beschreiben, wie dem Tod innerhalb des Krankenhauses von den Pflegern und Ärzten oder den Patienten, bewusst oder unbewusst, begegnet wird und welche Interaktionen dabei ablaufen. Die beiden Soziologen zeigen die Bedeutung der verschiedenen biologischen, psychologischen und sozialen Bedingungen im Umgang mit Sterbenskranken auf.

In Frankreich veröffentlicht Isabelle Baszanger seit den 80er Jahren wichtige ethnographische Arbeiten über ärztliches Handeln, die Übertragung des ärztlichen Wissens und die Arzt-Patient-Beziehung vor dem Hintergrund schwerer Krankheiten. In einigen ihrer Studien (Baszanger 2004; 2002; 2000) beschäftigt sie sich besonders mit den Grenzen zwischen der sogenannten „kurativen" Behandlung und der Palliativpflege und vor allem mit dem Übergang von einer Behandlungsphase zur anderen, dass heißt von der Therapie einer Krankheit zu ihrer reinen Symptomkontrolle.

In der vorliegenden Arbeit wurden die Probleme untersucht, die sich den Akteuren ab dem Ende der kurativen Therapie bis zum Tod des Patienten stellen. Sehr wohl fließen in diese Analyse also gewisse Elemente der genannten Untersuchungen mit ein, wie zum Beispiel die Rolle des Bewusstseinsgrades über den Tod, die Veränderungen der Arbeitsbedingungen im medizinischen Umfeld oder die Übergänge von einer Behandlungsphase in die andere. Jedoch ist die Grundlage dieser Arbeit nicht die interaktionistische Handlungstheorie, sondern ein soziologischer Ansatz, der sich mit moralischen Fragen beschäftigt, die sich Ärzten in konkreten Situationen stellen. Dabei sollen ohne moralische Wertung die normativen Elemente ihrer Handlungsrechtfertigungen herausgestellt werden und diese auf die jeweiligen Debatten bezogen werden. Wir schließen uns Simone Bateman an, die in ihrem Artikel über die moralische Erfahrung als soziologischer Gegenstand Folgendes formuliert:

> „Das Bedeutende eines solchen Ansatzes ist es, nicht die moralische Qualität der von den Protagonisten vorgebrachten Lösung zu beurteilen, sondern zu beobachten, nach welchen Kriterien sie entscheiden und handeln, um ihre normativen Haltungen zu erkennen und zu analysieren, wie sie vorgehen, um über die beste (oder die am wenigsten schlechte) Weise zu entscheiden, das gestellte Problem zu lösen" (Bateman 2004: 393-394/ (Übersetzung Horn).

3.2 Die Praktiken am Lebensende in Frankreich und Deutschland

Die dokumentarische Analyse bezüglich dem Verlauf der öffentlichen Debatten und die der Praktiken im Krankenhausalltag, haben die Bedeutung der Autonomiefrage hervorgehoben. Zusätzlich wurden Elemente herausgestellt, die erklären, warum sich in einem Land bestimmte Probleme stellen.

Zunächst können wir hervorheben, wie sehr die Geschichte die Debatte eines Landes und das Verhalten der Personen beeinflusst. Obwohl die Erfahrung der Nazieuthanasien auch die französische Haltung gegenüber Sterbehilfe beeinflusst, hatte sie keinen Einfluss auf das traditionelle paternalistische Verhalten der Ärzte in Bezug auf die Achtung des Patientenwillens. So kann man beobachten, dass die französischen Ärzte sehr an therapeutischer Effizienz und Handeln orientiert sind, auch wenn der Patient nicht immer wünscht, weiter behandelt zu werden. Noch heute, nach dem Inkrafttreten des neuen Gesetzes über die Rechte Sterbenskranker, welches ausdrücklich passive oder indirekte Sterbehilfe (Therapieabbruch oder Schmerzbehandlung bei Sterbenskranken) legitimiert, zögern viele Ärzte die therapeutische Behandlung eines Sterbenskranken abzubrechen oder ihm eine ausreichend hohe Schmerzmedikation zu geben, da dies als unerwünschter Nebeneffekt den Eintritt des Todes beschleunigen kann – ohne dass dieser jedoch Handlungsziel ist.

In Deutschland dagegen zögern die Ärzte kaum, wenn es darum geht eine Behandlung auf Wunsch des Patienten zu begrenzen oder abzubrechen. Seit dem Machtmissbrauch der Naziärzte steht in Deutschland der Patientenwille im Mittelpunkt der Entscheidungen. Jedoch zögern einige Ärzte, lebenserhaltende Maßnahmen abzubrechen, wenn der Patient sich bezüglich der konkreten Situation nicht mehr klar mitteilen kann, obwohl er vielleicht sogar im Voraus eine mündliche oder schriftliche allgemeine Willenserklärung abgelegt hat. Diese Zurückhaltung drückt den Widerspruch aus, den ein Arzt mit Blick auf seine Berufspflicht, Leben zu erhalten, empfindet, wenn er eine Behandlung abbricht, um einen Patienten sterben zu lassen. Die einzige Rechtfertigung für diese Handlung scheint für die deutschen Ärzte der konkrete Patientenwille zu sein.

Weiter zeigt sich der Einfluss, der unterschiedlich zugemessenen Bedeutung der Patientenautonomie, im Umgang mit Sterbenskranken und allgemein in der Organisation diese zu behandeln und zu pflegen.

In Frankreich, wo der Patientenwille nicht unbedingte Priorität bei den Entscheidungen hat und wo Ärzte nicht immer unbedingt gewillt sind Behandlungen einzuschränken, konnte sich die Palliativpflege nur schlecht in das Krankenhausmilieu integrieren. Dies hängt von der schwierigen Beziehung zwischen den Ärzten, die auf kurativen Stationen tätig sind, und den Palliativärzten ab. Erstere waren seit Beginn der französischen Palliativbewegung sehr reserviert gegenüber dem neuen Behandlungskonzept, das auf sterbenskranke Patienten spezialisiert war, und gegenüber den Palliativärzten, die starke Kritik an dem üblichem Umgang mit diesen Patienten übten. Von Anfang an stellte sich die Palliativbewegung gegen den kurativen Behandlungsansatz bei Sterbenskranken und diskutierte die Unfähigkeit der meisten Ärzte, auf Bedürfnisse von Sterbenden einzugehen oder gar deren Praktiken, Leben absichtlich zu verkürzen. Als Reaktion darauf lehnten die meisten Krankenhausärzte es ab, dieses neue Konzept als eine medizinische Spezialisierung neben den andern anzuerkennen. In Folge wurden nur wenige Palliativstationen in den Krankenhäusern etabliert und die Einbindung solcher Teams auf mobile Palliativdienste beschränkt, die an eine andere Station (meist Onkologie oder Innere Medizin) angebunden waren, aber über keine eigenen Betten verfügten. Diese mobilen Teams („équipes mobiles“) kümmern sich um Patienten verschiedener Stationen, aber können nicht deren komplette Verpflegung übernehmen. Das Personal der kurativen Stationen ist somit häufig mit sterbenskranken Patienten konfrontiert, ohne dass es jedoch eine spezielle Ausbildung dafür hat. Der Mangel an Erfahrung, mit Situationen am Lebensende umzugehen und die Gewohnheit, Krankheiten zu therapieren, auch wenn dies nicht immer Erfolg verspricht, macht es oft schwierig die körperlichen und psychischen Leiden der Kranken zu lindern oder gar offen mit ihnen über den Tod zu sprechen. Die eher aktive Haltung der Therapeuten scheint eher noch den Anspruch zu erhöhen, den Patienten gegenüber dem Arzt haben. Manche Patienten, die ihre Leiden als unerträglich empfinden, sind somit der Ansicht, dass es auch die Aufgabe des Arztes sei, ihr Leben zu beenden.

In Deutschland hatte sich die Palliativmedizin sehr unterschiedlich entwickelt. Die deutsche Ärzteschaft, die seit dem 2. Weltkrieg sensibel für Fragen bezüglich exzessiver therapeutischer Eingriffe und des Patientenwillens ist, war sehr offen gegenüber der neuen Spezialisierung. Deswegen übten die Palliativärzte auch keine Kritik an ihren Kollegen anderer „klassischer“ Fachbereiche. Sie sehen den neuen Versorgungsansatz nicht als gegensätzlich zu den üblichen Praktiken, sondern als logische Kontinuität der Versorgung schwerkranker Patienten, ab dem Zeitpunkt, wo die anderen Fachbereiche dem Patienten keinen Nutzen mehr bringen. Die Palliativmedizin wurde somit auch wie alle anderen medizinischen Bereiche, als feste Station mit eigenen Betten, in die Krankenhausstrukturen eingebunden. Die Versorgung hoffnungslos Kranker, von einer Behandlungsphase in die nächste, ist damit innerhalb eines Krankenhauses gewährleistet. Auch sind die Ärzte kurativer Stationen, die nicht auf die Versorgung der letzten Lebensphase spezialisiert sind, seltener als ihre französischen Kollegen mit spezifischen Problemen solcher schwierigen Situationen konfrontiert, wie zum Beispiel Bitten um Sterbehilfe. Für die sterbenskranken Patienten bedeutet das wiederum, dass sie seltener als französische Patienten exzessiven ärztlichen Eingriffen ausgesetzt sind und rasch auf eine Palliativstation verlegt werden können, wo das Personal großen Wert auf ihre individuellen Bedürfnisse und Wünsche legt. Die individuell angepasste Pflege ist Teil des Palliativkonzepts und trägt dazu bei, dass Kranke ihre letzte Freiheit im Alltag erfahren und diese nicht in Form eines tödlichen ärztlichen Eingriffs erkämpfen müssen.

4 Sterbehilfe: Eine Frage, der die Gesellschaft nicht entkommt

Wie wir sehen konnten, ist die Frage nach dem selbstbestimmten Tod nur ein Aspekt der sehr komplexen Situation des Lebensendes, die unter anderem von dem Arzt-Patient-Verhältnis, der Organisation der Versorgung Sterbenskranker im Krankenhaus und ganz allgemein von der Achtung der Patientenautonomie in dem gesamten Versorgungssystem eines Landes abhängt. Ein zentrales Problem im Umgang mit Patienten in ihrer letzten Lebensphase ist, dass sie andere Bedürfnisse haben als zum Beispiel Patienten mit Aussicht auf Heilung. Unsere Beobachtungen zeigen, dass die letzte Lebensphase von Patienten oft mit weniger Komplikationen abläuft, wenn es einen fließenden Übergang von einer kurativen Versorgung zu einer Palliativversorgung gibt. Auch Ärzte sind durch eine enge Zusammenarbeit verschiedener Spezialisierungen sehr erleichtert und gewinnen an Handlungssicherheit. Die Anerkennung anderer Fachkompetenzen und die Wahrnehmung eigener Grenzen ermöglicht es einerseits Ärzten, Situationen zu vermeiden, die nicht ihrem alltäglichen Handlungsschema entsprechen, und andererseits Patienten, ihren Bedürfnissen entsprechend versorgt zu werden.

In anbetracht der unterschiedlichen Elemente, die einen Einfluss darauf haben, wie in einer Gesellschaft die Frage nach dem „Recht zu Sterben" beantwortet wird, stellt sich die Frage, warum in den beiden Ländern, die wir untersucht hatten, nur ein einziger Aspekt diskutiert wird. In Frankreich, zum Beispiel, dreht sich die Debatte bezüglich des Lebensendes weiterhin um das Recht auf aktive Sterbehilfe, obwohl ein neues Gesetz, das versucht auf zahlreiche andere Probleme zu antworten, noch nicht einmal allen Ärzten bekannt ist oder angewandt wird (Assemblée Nationale 2008). Würde ein Gesetz zur aktiven Sterbehilfe das Verhalten der Ärzte in Bezug auf die Achtung des Patientenwillens ändern? Und hätte es einen Einfluss auf die Organisation des Krankenhausalltags? Wenn man davon ausgeht, dass aktive Sterbehilfe Ausdruck absoluten Respekts des Patientenwillens ist, muss man fragen, ob die französischen Ärzte sie denn auch in diesem Sinne praktizieren würden. Anbetrachts ihrer „aktiven" Haltung, könnte die Möglichkeit, den Tod zu beschleunigen, für sie auch bedeuten, mit Hilfe medizinischer Techniken noch besser das Leben und den Tod ihrer Patienten zu beherrschen. Ebenso wird in Deutschland das neue Gesetz zur Patientenverfügung nicht alle Probleme ärztlicher Entscheidungen am Lebensende lösen. Man muss davon ausgehen, dass es (1) immer Fälle gibt in denen der „letzte Wille" des Patienten nicht klar bekannt ist oder schwierig auf eine konkrete Situation anzuwenden ist; (2) dass der Patientenwille in manchen Fällen nur schwer mit dem ärztlichen Gewissen vereinbar ist; und (3) dass es immer Kranke geben wird, die trotz der besten individuellen Versorgung wünschen, ihrem Leben mit Hilfe tödlicher Arzneimittel ein Ende zu setzen.

Die vorliegende Untersuchung zeigt, dass trotz der festgestellten Unterschiede zweier Länder mit ähnlicher Gesetzeslage, die Diskussionen hauptsächlich die Frage betreffen, ob ein Patient selbstbestimmt die Bedingungen seines Todes wählen darf. Jedes der beiden Länder zielt aufgrund unterschiedlicher Bedingungen des Sterbens und eines unterschiedlichen Verstehens der Autonomiefrage auf ein bestimmtes Thema ab – aktive Sterbehilfe für die einen, Patientenverfügungen für die andern. Also auch wenn man in jedem Land die Umstände und Bedingungen, die einen Patienten dazu veranlassen können, seinen Tod zu wünschen, verändert würden, dann gäbe es doch immer einige Wenige, die aus rein persönlichen Gründen um aktive Sterbehilfe oder Beihilfe zum Suizid bitten würden.

Zuletzt stellt man also fest, dass alle Versuche, auf Probleme bezüglich des Lebensendes und des Sterbens zu antworten, die dringliche, moralische Frage nicht letztgültig beantworten, ob der durch die Hand eines Andern herbeigeführte Tod eines Individuums akzeptiert werden kann oder nicht. Es ist möglich dass die Bitten nach Sterbehilfe zurückgehen, wenn man möglichst auf die Wünsche der Patienten eingeht, aber man wird niemals all diese Bitten vermeiden können. Tatsächlich scheint der „gute Tod" heute der ärztlich begleitete Tod zu sein, sei dies in Form der Beihilfe zum Suizid, einer tödlichen Injektion, einer Schmerzbehandlung oder einer Sterbebegleitung durch Pfleger und Ärzte.

Anbetrachts der individuellen Freiheit, die niemals unabhängig von äußerlichen und innerlichen Zwängen ist, stellt sich uns die folgende Frage: Bedeutet das Recht zu Sterben wirklich einen Fortschritt in der Achtung der Patientenautonomie? Dies ist eine Frage, der die Gesellschaft nicht entgehen kann. Nur eine bessere Kenntnis der Zusammenhänge und Hintergründe für bestehende Probleme in der letzten Lebensphase kann dazu beitragen, eine Antwort zu finden.

Literatur

Assemblée Nationale (2008): Rapport d'information fait au nom de la Mission d'évaluation de la loi n° 2005-370 du 22 avril 2005 relative aux droits des malades et à la fin de vie, unter Vorsitz von Jean Leonetti, Vol. 1 und 2, 2. Dezember.

Assemblée Nationale (2004), Rapport N° 1708 fait au nom de la Mission d'information sur l'accompagnement de la fin de vie, unter Vorsitz von Jean Leonetti, Vol. 1 und 2, 30. Juni.

Assemblée Nationale (2004): Commission d'information sur la fin de vie, unter dem Vorsitz von Jean Leonetti.

Baszanger, Isabelle/*Salamagne*, Michèle (2004): Sociologie et médecine ; Douleur ; Soins Palliatifs, in: *Lecourt*, Dominique: Dictionnaire d'histoire et philosophie de la médecine, Paris: PUF.

Baszanger, Isabelle/*Bungener*, Martin/*Paillet*, Anne (2002): Quelle médecine voulons nous ?, Paris: La Dispute

Baszanger, Isabelle (2000): Entre traitement de la dernière chance et palliatif pur: les frontières invisibles des innovations thérapeutiques, in: *Baszanger*, Isabelle/*Gaudillière*, Jean-Philippe/*Löwy*, Ilana (Hrsg.): Sciences Sociales et Santé, Spezialausgabe: Légitimer et réguler les innovations biomédicales, Vol. 18, N°2, S. 67-94.

Bateman, Simone (2004) : L'expérience morale comme objet sociologique, in : *Pharo*, Patrick (Hrsg.), L'année sociologique, Vol. 54, N°2, Paris: PUF.

BGH XII ZB 2/03, 17. März 2003.

Castra, Michel (2003): Bien mourir. Sociologie des soins palliatifs, Paris: PUF.

Comité Consultatif National d'Ethique (2000): Avis N°63 sur la „fin de vie, arrêt de vie, euthanasie", 27. Januar.

Deutscher Bundestag (2009): Stünker-Entwurf mit Mehrheit angenommen-Bundestag beschloss Gesetz zur Regelung von Patientenverfügungen, 19. Juni, http://www.bundestag.de/aktuell/archiv/2009/24808527_kw25_patientenverfuegung/index.html, abgerufen am 23.07.2009.

Deutsches Ärzteblatt (1998f): Dokumentation: Sterbehilfe, Euthanasie und Sterbebegleitung.

Durkheim, Emile (1906): Festlegung des moralischen Sachbestands, http://dx.doi.org/doi:10.1522/cla.due.det

Durkheim, Emile (1996) : De la division du travail social, Paris: PUF.

Elias, Norbert (1982): Über die Einsamkeit der Sterbenden in unseren Tagen, Frankfurt/Main: Suhrkamp.

Fondation Nationale des Sciences Politiques (1975f): Dossier de Presse „Euthanasie, fin de vie, soins palliatifs".

Gesetz n° 2005-370 relative aux droits des malades et à la fin de vie, in: Journal Officiel, N° 59, 23. April 2005, S. 7089.

Gesetz n°99-477 visant à garantir le droit à l'accès aux soins palliatifs, in: Journal Officiel, N° 132, 10. Juni 1999, S. 8487.

Glaser, Barney/*Strauss*, Anselm L. (2007): Time for Dying, Chicago: Aldine Publishing Company.

Glaser, Barney/*Strauss*, Anselm L. (2005): Awareness of Dying, Chicago: Aldine Publishing Company.

Hintermeyer, Pascale (2004): Audition von Pascal Hintermeyer, in: *Assemblée Nationale* (2004), Bericht N° 1708 im Namen der Mission d'information sur l'accompagnement de la fin de vie, unter Vorsitz von Jean Leonetti, Vol. 2, 30. Juni, S. 121-136.

Hintermeyer, Pascale (2003): Euthanasie. La dignité en question, Paris: Buchet/Chastel.

Hintermeyer, Pascale (1981) : Politiques de la mort, tirées du concours de l'Institut, Germinal an VIII Vendémiaire an IX, Paris: Payot.

Hocquart, Anita (1999): L'euthanasie volontaire, Paris: PUF.

Horn, Ruth (2004) : Le débat sur l'euthanasie en France depuis 1974: La mise à l'épreuve de la solidarité sociale par la visibilité de la souffrance, Abschlussarbeit des Diplôme d'Études Approfondies de Sociologie, unter der Leitung von Ph. Urfalino, Paris: EHESS.

Kaufman, Sharon R. (2005): And a Time to Die. How American Hospitals Shape the End of Life, New York: A Lise Drew Book/Scribner.

Kettler, Dietrich (2005): Palliativmedizin, in: *Thiele*, Felix (Hrsg.): Aktive und passive Sterbehilfe, München: Wilhelm-Fink Verlag, S. 127-140.

Lamour, Yvonne/*Herzlich*, Claudine/*de Hennezel*, Marie/*Fédida*, Pierre (Hrsg.) (1996) : La fin de vie. Qui en décide?, Paris: PUF.

Mill, John Stuart (1990): De la liberté, Paris: Gallimard.

Ogien, Ruwen (2009): La vie, la mort, l'État : Le débat bioéthique, Paris: Grasset.

Pierret, Janine/*Herzlich*, Claudine (1990): Malades d'hier, malades d'aujourd'hui. De la mort collective au devoir de guérison, Paris: Payot.

Zlatin, Deborah Messer (1994): Terminally ill persons' understanding of illness and treatment, Dissertation, University of Connecticut, 1994.

Historischer Perspektivenwechsel
Das deutsch-französische Geschichtsbuch: Vorgeschichte und Realisierung

Corine Defrance/Ulrich Pfeil

Im Sommer 2006 ist in Deutschland und Frankreich ein gänzlich neues Produkt erschienen mit dem Titel: „Histoire/Geschichte. Europa und die Welt seit 1945". Es handelt sich dabei um das erste deutsch-französische Lehrwerk für Geschichte, das für deutsche und französische Schüler von 18-19 Jahren bestimmt ist, die sich auf das Abitur oder das baccalauréat vorbereiten. Der zweite Band, der den Zeitraum von 1815 bis 1945 behandelt und für Schüler der 11. bzw. 12. Klassen in beiden Ländern konzipiert ist, wurde im April 2008 veröffentlicht. Der dritte und letzte Band des Lehrbuchs wird derzeit vorbereitet und soll 2010 erscheinen. Er richtet sich an Schüler der 10. bzw. 11. Klassen und behandelt den Zeitraum von der Antike bis zur Napoleonischen Ära.

Dieses bislang erste binationale Schulbuch (Defrance/Wysocki, Handelsblatt 23.8.2006) musste eine dreifache Herausforderung bewältigen: eine pädagogische, eine politische und eine wirtschaftliche, denn schließlich muss das Lehrbuch für die herausgebenden Verlage rentabel sein und den Erwartungen des Marktes entsprechen. Schon allein das Erscheinen dieses Bandes in zwei identischen Ausgaben, einmal auf Deutsch und einmal auf Französisch, zeugt davon, dass die politische deutsch-französische Herausforderung gemeistert wurde. Was die wirtschaftliche Dimension des Unterfangens angeht, so ist die Bilanz schwierig, da die Verlagshäuser nicht allzu viel über Umfang und Art des Umsatzes verlautbaren lassen. Mehr als 80.000 Exemplare des Bandes sollen bis heute bereits in beiden Ländern verkauft worden sein, doch sagen diese Zahlen nichts darüber aus, wie das Buch eingesetzt wird. Jene speziellen Zweige wie bilinguale oder europäische Sektionen, deutsch-französische Klassen, die so genannten Abi-bac-Züge, oder deutsch-französische Gymnasien, die per definitionem für binationale oder transnationale Elemente offen sind, haben sich auf breiter Ebene für das Lehrbuch entschieden. Doch wie sieht es in den allgemeinen Klassen der Gymnasien aus? Es hat den Anschein, als habe sich das Buch nicht durchsetzen können (Henri 2009: 30). Hierzu sei angemerkt, dass dieses Lehrwerk selbstverständlich nicht ausschließlich für französische Schüler, die Deutsch lernen und für deutsche Schüler, die Französisch lernen, gedacht ist.

Wir werden zunächst die Ursprünge dieses Projekts und die Verfahren der Umsetzung seit 2003 skizzieren und dabei deutlich machen, dass dieses Schulbuch am Ende eines langen transnationalen Dialogs zwischen Historikern steht, der bereits in der schmerzhaften Zwischenkriegszeit aufgenommen und unmittelbar nach der „deutschen Katastrophe" fortgesetzt wurde. Anschließend werden wir einige spezifische Aspekte dieses Lehrwerks analysieren und danach fragen, inwiefern ein solches Projekt auf die europäische Ebene transferierbar ist.

1 Nahe und ferne Ursprünge des deutsch-französischen Lehrbuchs

Die Idee, ein gemeinsames Geschichtsbuch für Schüler in deutschen und französischen Gymnasien zu konzipieren, entstand im Januar 2003, zu einem Zeitpunkt, da die deutsch-französischen Beziehungen angesichts der drohenden amerikanischen Intervention im Irak wieder enger geknüpft wurden. Die Ankündigung des Schulbuchs ist ein Element bei der Inszenierung der Feierlichkeiten anlässlich des 40. Jahrestages des Elysée-Vertrags, jenes Vertrags über die Freundschaft und bilaterale Zusammenarbeit, der von Adenauer und de Gaulle am 22. Januar 1963 unterzeichnet worden war (Defrance/Pfeil 2005).

Die Initiative für das Schulbuch ging vom „deutsch-französischen Jugendparlament" aus, das sich in Berlin anlässlich dieser Feierlichkeiten konstituierte. Es wurde vom Deutsch-Französischen Jugendwerk organisiert und versammelte 500 Gymnasiasten und Studenten aus Frankreich und Deutschland, die eine ganze Reihe von Vorschlägen unterbreiteten, darunter auch die Schaffung eines gemeinsamen Geschichtsbuchs. Die Jugendlichen forderten, „ein Geschichtsbuch mit gleichem Inhalt für beide Länder einzuführen, um durch Unwissenheit bedingte Vorurteile abzubauen".[1] Die jungen Leute hatten ihre Anliegen in Ausschüssen vorbereitet und stimmten dann im Plenum über jeden einzelnen Vorschlag ab. Die 12 verabschiedeten „Forderungen" – von insgesamt 15 – waren den politischen Autoritäten keineswegs durchweg genehm, sie wurden auch nicht alle umgesetzt. So fand beispielsweise die Forderung nach Ausstieg aus der Atomenergie kein Echo. Es ist wichtig, diesen Prozess der Entscheidungsfindung im Jugendparlament und die Art der erhobenen Forderungen zu unterstreichen, denn zuweilen wurde der Verdacht geäußert, dass die Schulbuchinitiative von Regierungskreisen „ferngesteuert" und als Vorschlag aus der Zivilgesellschaft verbrämt worden

1 Schlusserklärungen zur Zukunft der deutsch-französischen Beziehungen, Documents 58 (2003) 2, S. 64.

sei. Derlei Vorbehalte wegen einer möglichen politischen Einflussnahme wurden in den Kommentaren nach Veröffentlichung des ersten Bandes geäußert. Und doch handelte es sich niemals um eine „offizielle Berichterstattung", die von Politikern „diktiert" wurde; stets haben die Autoren unabhängig gearbeitet, und der Einsatz des Schulbuchs, das sich im Wettbewerb zu zahlreichen traditionellen Schulbüchern behaupten muss, beruht auf der freien Entscheidung der Lehrer. Natürlich reicht es nicht, an die Rolle des deutsch-französischen Jugendparlaments zu erinnern, um derartige Einwände auszuräumen. Wo liegen nun wirklich die ersten Anfänge dieser Initiative? Es sieht so aus, als ob die ersten Keime dafür im Berlin-Brandenburgischen Institut Genshagen gelegt und von den beiden damaligen Direktoren Brigitte Sauzay und Rudolf von Thadden gehegt worden wären (Riemenschneider 2007). Gewiss wurde das deutsch-französische Unterfangen dabei vom Balkan-Schulbuch inspiriert, jener ersten Veröffentlichung von gemeinsamem Unterrichtsmaterial, die 1997 auf Initiative des Zentrums für Demokratie und Versöhnung in Südosteuropa auf den Weg gebracht wurde. Dieses Lehrbuch geht zumindest zeitlich voraus, und es hat emblematische Bedeutung. Historiker aus elf verschiedenen Ländern des Balkan waren an diesem Projekt beteiligt, das seit 2003 in vier Bänden veröffentlicht wurde (vom Osmanischen Reich bis zum Zweiten Weltkrieg) und in verschiedenen Sprachen des Balkan ebenso wie auf Englisch erschienen ist.[2]

Wie auch immer, die Empfehlung der Jugendlichen wurde von Staatspräsident Jacques Chirac und Bundeskanzler Gerhard Schröder mit Begeisterung aufgenommen, haben sie doch sehr wohl verstanden, worum es dabei ging. Die Geschichte, also jene Disziplin, die in der Vergangenheit am stärksten instrumentalisiert wurde, um nationale Politiken zu legitimieren – man setzte sich gegen den anderen ab, um seine eigene Identität zu behaupten – (Jeismann 1997; Möller, Morizet 1996; Bauvois-Cauchepin 2002), sollte nun zum stärksten Symbol für die Versöhnung werden.

Der Weg dahin war mit Hindernissen gepflastert. Zunächst galt es, die Lehrpläne zu harmonisieren, bevor man in die konkrete Planung eines gemeinsamen Schulbuchs einsteigen konnte: dabei mussten sich zunächst 16 deutsche Bundesländer, in deren Hoheit Bildung und Kultur liegen, über ihre Lehrpläne für den Geschichtsunterricht beraten und diese miteinander abstimmen; danach ging es darum, eine Konvergenz zwischen den Programmen des zentralistischen Frankreichs und des föderalen Deutschlands zu erreichen (Claret 2006a, 2006b, 2006c). In der Euphorie, die auf das Erscheinen des ersten Schulbuchs folgte, bemerkte man nicht so recht, dass dieser Prozess der Harmonisierung nur unvollständig vollzogen worden war und die einzelnen Länder der Bundesrepublik das Geschichtsbuch zwar genehmigt, nicht jedoch grundsätzlich ihre

2 Vgl. http://www.cdsee.org

Lehrpläne entsprechend angeglichen hatten. Diese Situation erwies sich als Hindernis, wenn sich Lehrer für den Einsatz des Lehrwerks entscheiden sollen. Es sieht so aus, als ob diese nur sehr partielle Abstimmung der Lehrpläne – durch die Politiken – Ursache für die Schwierigkeiten bei der Erstellung des Dritten Bandes sei. So fragen die Autoren nach dem Sinn eines deutsch-französischen Schulbuchs, dessen Inhalt zu mehr als 40 Prozent nicht dem Programm der französischen Klasse der *Seconde* (vorletzte Gymnasialklasse) entspricht. Denn im Unterschied zum deutschen System ist der französische Lehrer verpflichtet, das gesamte Programm abzudecken, und hat nicht die Möglichkeit, spezifische Themen aus einem breiten Spektrum auszuwählen. Die Frage nach der Einhaltung des Lehrplans stellt sich für den dritten Band in anderer Weise als für die ersten zwei Bände, da es sich dabei um eine sehr große Zeitspanne handelt, nämlich von der Antike bis Napoleon. Während in den ersten beiden Bänden die Geschichte in ihrer Abfolge behandelt werden konnte, musste man sich nun auf eine Reihe offizieller Themen verständigen. Diese Arbeit wurde jedoch vorab nicht geleistet. Auf Grund dieser Schwierigkeit plädieren die französischen Verantwortlichen des Projekts derzeit dafür, diesen letzten Band des Lehrwerks auf jene speziellen Klassen zuzuschneiden (Abi-Bac-Klassen, deutsch-französische oder europäische Sektionen in den Gymnasien), in denen dieses Buch hauptsächlich eingesetzt wird. Dazu müssten sich die beiden Länder tatsächlich auf ein gemeinsames Programm für diese Klassen verständigen, was eine neuerliche Innovation in Sachen Kooperation in Bildung und Pädagogik bedeuten würde (Henri 2009:29f.).

Im Sommer 2003 wurde ein Steuerungskomitee eingesetzt, dessen wichtigster Auftrag darin bestand, ein Lastenheft für das künftige Schulbuch zu erstellen. Das Komitee setzte sich zusammen aus deutschen und französischen Historikern sowie Vertretern der zuständigen Ministerien beider Länder (Bildung, Auswärtige Angelegenheiten).[3] Zu den wichtigen Fragen in diesem Ausschuss gehörte die Funktion dieses Werkes: Sollte es, wie es hauptsächlich von französischer Seite vorgebracht wurde, vor allem ein Handbuch für Lehrer werden oder vielmehr, wie es die deutsche Seite wünschte, ein Lehrwerk, das sich an Schüler richtet? Die Frage wurde im Mai 2004 zu Gunsten des deutschen Anliegens entschieden, das anspruchsvoller war, weil dazu die pädagogischen Unterschiede zwischen dem deutschen und dem französischen System überwunden werden mussten.

3 Dieses Komitee bestand damals auf deutscher Seite unter der Koordination von Stefan Krawielicki, Michael Ott und Christine Klos aus Wilfried Burger, Stefan Krimm, Ursula Lange, Horst Möller, Rainer Riemenschneider, Andrea Schwermer, Rudolf von Thadden, Rolf Wittenbrock; auf französischer Seite unter Koordination von Jean-Louis Nembrini aus Yves Beauvois, Gérald Chaix, Jean-Pierre Dubois, Etienne François, Pierre Monnet, Yves Poncelet, Marcel Spisser, Michel Tarpinian.

Es erfolgte eine Ausschreibung für deutsche und französische Verlage, die sich als „binationale Tandems" bewerben sollten. Im März 2005 erhielten die Verlagshäuser Klett und Nathan den Zuschlag. Die beiden Verleger und Redaktionsleiter bildeten ihre Teams aus Oberstufenlehrern und auf französischer Seite aus Lehrern der Vorbereitungsklassen für die Grandes Ecoles. So wurde ein paritätisch zusammengesetztes Team aus 10 Personen konstituiert, das für den zweiten Band auf 12 Personen erweitert wurde.

Das Echo in den Medien war durchweg positiv. Allerdings haben nur wenige Kommentatoren daran erinnert, dass diese Initiative eine lange Vorgeschichte hatte. Denn tatsächlich geht das erste Projekt eines deutsch-französischen Geschichtsbuchs auf den Beginn der 1930er Jahre zurück. Zwar war es im damaligen historischen Kontext zum Scheitern verurteilt, doch die damals geführten Diskussionen ermöglichten es, an den Dialog zwischen deutschen und französischen Historikern anzuknüpfen: es war ein schwieriger, von Unterbrechungen gekennzeichneter Dialog, der jedoch nach dem Zweiten Weltkrieg zu einer vertieften Zusammenarbeit führen sollte (Defrance/Pfeil 2007:91-103).

In den Jahren 1931/32, als über dem von der Krise gelähmten Europa bereits der Wind des Nationalismus blies, nahm der Bonner Mediävist Fritz Kern Verbindung zu dem katholischen Intellektuellen Jean de Pange in Frankreich auf (du Réau 1993: 241-252) und schlug ihm vor, zusammen ein Projekt für ein gemeinsames Lehrbuch zu den deutsch-französischen Beziehungen zu erarbeiten, das zu einem Referenzwerk vor allem für die Hochschulen werden sollte. Sie entwarfen ein Lehrbuch in drei Bänden, das von der Zeit der Franken bis zu den Folgen des Ersten Weltkriegs reichen sollte.[4] Jedes Kapitel sollte gemeinsam von zwei Kollegen, einem deutschen und einem französischen, erstellt werden und die Unterschiede bei der Interpretation sollten klar benannt werden (Voss 1993: 417-438).

Die beiden Historiker wollten einen wichtigen Teil des Werkes kulturellen und wissenschaftlichen Fragen widmen. So sollte die Bedeutung des politischen Antagonismus' relativiert und der Austausch sowie die Konvergenz betont werden, um dadurch das Bild vom Erbfeind aufzulösen und den Frieden zu erhalten.

Die neuerliche Verschlechterung des politischen Klimas nach dem Aufstieg Hitlers zum Reichskanzler ließ dieses Vorhaben scheitern (Voss 1993, 419f). So wurde das erste Projekt eines gemeinsamen Lehrbuchs für Geschichte, das angesichts der Drohung eines unmittelbar bevorstehenden Konflikts entstand, 1933 durch genaue jene Spannungen zunichte gemacht, die es verhindern wollte.

4 Politisches Archiv/Auswärtiges Amt, Serie R, Bd. 70559 (Akte Kern), „Planskizze VII", ohne Datum.

Doch immerhin war ein Kontakt zwischen den Historikern beider Länder hergestellt, und noch 1935 trafen sich zwei Delegationen französischer und deutscher Historiker in Paris, um gemeinsam 39 Richtlinien für den Geschichtsunterricht zu erarbeiten. Selbstverständlich konnten nicht alle Schwierigkeiten ausgeräumt werden, und in den neuralgischen Punkten wie dem Versailler Vertrag und der deutschen Schuld am Ausbruch des Ersten Weltkriegs gingen die Interpretationen nach wie vor auseinander. Indem aber die wichtigsten Probleme erkannt und darauf hingewirkt wurde, dass widersprüchliche Interpretationen in den Schulbüchern beider Länder zu benennen sind, kam die wissenschaftliche Zusammenarbeit einen großen Schritt voran; der Aufstieg des Naziregimes und wachsender Hass sollten die Verwirklichung des Projekts jedoch verhindern (Riemenschneider 1990: 400 bis 407 und 1998: 71 bis 79).

Diese Empfehlungen sollten allerdings nach dem Zweiten Weltkrieg als Grundlage für erneute Diskussionen zwischen den Historikern beider Länder dienen. So wurde auf Initiative der französischen Militärregierung in Deutschland der Dialog wieder aufgenommen, ging es ihr doch darum, die deutschen Historiker „guten Willens“ so schnell wie möglich erneut in die internationale Gemeinschaft zu integrieren (Defrance 2008: 213-237). Diese Strategie bedeutete eine völlige Umkehr im Vergleich zum internationalen Boykott der deutschen Wissenschaft nach dem Ersten Weltkrieg (Schroeder-Gudehus 1978 und 1990: 858-885). Zwischen 1948 und 1950 wurden in Speyer in der Pfalz internationale Historikertreffen organisiert (Erbe 1950: 301f; Defrance 1994: 247-253), die Keimzelle für die Zusammenarbeit zwischen deutschen und französischen Historikern waren. Die in Speyer versammelten Historiker ergriffen diese erste Gelegenheit, um die Diskussion über Lehrbücher für die Schule wieder aufzunehmen (Bendick 2003: 71-103; Riemenschneider 1993: 142). Der Präsident der französischen Vereinigung der Geschichts- und Geografielehrer Edouard Bruley sowie Georg Eckert (Riemenschneider 2008: 115-131), künftiger Direktor des Instituts für internationale Schulbuchforschung, das 1951 in Braunschweig gegründet wurde, beschlossen, die 1935 unterbrochenen deutsch-französischen Gespräche wieder aufzunehmen und nationale Geschichtsschreibungen und Lehrwerke für die Schule einer erneuten Analyse zu unterziehen. 1951 formulierten die Historiker neue „deutsch-französische Empfehlungen“.[5] Ziel war es, einen für beide Seiten akzeptablen Kompromiss über den Modus zu finden, wie historische Erzählung darzustellen sei, und jene Aspekte zu betonen, die eine Annäherung erleichtern können. Tatsächlich waren die deutschen und

5 Vgl. Resolution. Dieser Text wurde E. Roland-Gosselin von Fritz Kern am 26. August 1948 übergeben; private Unterlagen von Pierre Riché (Paris).

französischen Geschichtslehrer Wegbereiter für die bilaterale Annäherung,[6] was späterhin allzu oft vergessen wurde, zuweilen von den Historikern selbst![7]

Noch heute gelten solche Begegnungen als geeignetes Mittel, um Konflikte zu besänftigen (Ropers 2000: 231) und aggressives Potenzial zwischen zwei Gesellschaften zu entschärfen. So hatte die UNESCO in ihrer Charta vom 16. November 1945 gefordert: „Da Kriege im Geist der Menschen entstehen, müssen im Geist der Menschen Schutzwälle für den Frieden errichtet werden." Die Experten sind der Ansicht, dass man historische Traumata nicht verdrängen kann und die Konfrontation mit der Vergangenheit unvermeidlich ist, um das „Bild vom Feind" auszulöschen (Müller-Fahrenholz 2000: 198). Mit Bezug auf dieses Prinzip entstehen viele Projekte zur Veröffentlichung von gemeinsamem Unterrichtsmaterial zwischen Ländern in einer Post-Konfliktsituation. Neben dem oben erwähnten Balkan-Schulbuch sei unter anderem auf das israelisch-palästinensische Lehrwerk und auf das Lehrbuch Südkorea-China-Japan hingewiesen.

Die deutschen und französischen Historiker und Oberstufenlehrer trafen sich weiterhin unter der Ägide des Instituts in Braunschweig, um die Schulbücher zu überarbeiten (Riemenschneider 1981:72- 82; d'Hoop 1980: 107-123). Hier sei präzisiert, dass es bei diesen Treffen nicht darum ging, über eine gemeinsame Version zu „verhandeln", sondern die Unterschiede herauszufiltern. Dies sollte zu einer Unterrichtspraxis führen, die als „multiperspektivischer" Ansatz bezeichnet wird, wobei unterschiedliche Sichtweisen dargestellt und erläutert werden.

Jenseits aller konjunkturell bedingten Unterschiede zeigen sich auch Kontinuitäten zwischen dem heutigen Lehrwerk und den früheren Ansätzen. Im Vergleich zum Lehrbuchprojekt von 1932 sind manche grundsätzlichen Ähnlichkeiten erkennbar. Dies gilt für die Idee, jedes Kapitel in einem binationalen Tandem zu verfassen, um so einen besseren Perspektivenwechsel zu ermöglichen, oder für die Vorgabe, das Werk von zwei Partnerverlagen gemeinsam herauszugeben, oder auch für den Umstand, dass dieses Projekt von der Zivilgesellschaft und nicht von Regierungsinstanzen initiiert wurde. Aber natürlich sind auch unleugbare Unterschiede festzustellen: es handelt sich nun-

6 „Die französischen und deutschen Historiker haben also nicht auf die Vereinbarung von 1954 gewartet, um gemeinsam nach der historischen Wahrheit zu suchen und sich darum zu bemühen, jedes von Leidenschaft gefärbte Urteil zu vermeiden", Bruley Edouard, „Treffen französischer und deutscher Lehrer", Le Monde 9. November 1954,

7 Kaelble, Hartmut, „Die Wissenschaft und die deutsch-französische Versöhnung nach 1945", www.futuribles.com/pAX/Kaelble.doc. Der Autor äußert sich darin zu den Historikern: „Erst in den 70er und 80er Jahren spielten die Wissenschaftler eine größere Rolle. Je weiter man zurückgeht, desto weniger ist ihr Einfluss wahrnehmbar. Und nachdem die wesentlichen politischen Entscheidungen, die zu einer Neuorientierung der deutsch-französischen Politik in den beiden Nachkriegsjahrzehnten führten, getroffen sind und die deutsch-französische Versöhnung bereits auf die Schienen gesetzt ist, wird ihr Wirken nicht mehr sichtbar."

mehr um ein deutsch-französisches Lehrbuch zur Geschichte Europas und der Welt und nicht mehr um ein gemeinsames Lehrbuch zur deutsch-französischen Geschichte; um ein Lehrwerk, das für Oberstufenschüler bestimmt ist und nicht um ein Handbuch für Fachspezialisten.

2 Die Geschichte Europas und der Welt gemeinsam schreiben und unterrichten

Das Lehrbuch eröffnet die Möglichkeit, eine neue Form deutsch-französischer Zusammenarbeit zu praktizieren, nämlich gemeinsam Geschichte zu schreiben und zu unterrichten.

2.1 Ein gemeinsames Lehrbuch schreiben

In jenen Fragen, die sehr sensibel hätten erscheinen können, wie der deutsch-französische Krieg von 1870 und die beiden Weltkriege, die im zweiten Band (Histoire/Geschichte 2008) behandelt werden, stellte sich eine sehr breite Konvergenz der Perspektive von deutschen und französischen Autoren heraus. Diese Kriegsthematik wurde in der Presse und von Politikern häufig als Richtmaß für die Bedeutung und den Erfolg dieses Lehrwerks zitiert. Aber besteht heute für ein deutsch-französisches Team die größere Herausforderung darin, drei Kriege zu behandeln, als den Prozess der Annäherung, der Versöhnung und der bilateralen Zusammenarbeit sowie der Schaffung Europas zu analysieren, wie dies unter anderem im ersten Band des Lehrwerks geschieht? Sicherlich nicht, denn dieses Lehrwerk ist kein Instrument im Prozess der deutsch-französischen Versöhnung. Darin liegt der grundlegende Unterschied zu anderen gemeinsamen Veröffentlichungen von Ländern in Post-Konfliktsituationen. Die Verwirklichung dieses deutsch-französischen Lehrwerks war nur möglich, weil die Aufarbeitung der Vergangenheit seit langen Jahrzehnten bereits von Forschern, Lehrern und der öffentlichen Meinung unternommen worden war. Wie es Pierre Monnet, Historiker und Mitglied des wissenschaftlichen Komitees, ausdrückte: „Die deutschen und französischen Historiker sind sich über die Gründe einig, die den Krieg von 1914-1918 ausgelöst haben. Die These, dass dies allein der deutsche Militarismus war, der sich in der Aggression gegenüber Frankreich entlud, ist schon seit gut 15 Jahren hinfällig.“ (Rollot, Le Monde 10.4.2008). Die jüngere und stark symbolträchtige gemeinsame Veröffentlichung von „La grande guerre. Une histoire franco-allemande", verfasst von den beiden großen Experten für den Ersten Weltkrieg Jean-Jacques Becker und Gerd Krumeich, zeugt vom Willen und der Kapazität der Historiker beider Länder, nationale Ansätze zu Gunsten einer multiperspektivischen Darstellung der Wahrnehmungen und Rezeptionen dieses Ereignisses zu überwinden, das späterhin für die deutsch-französischen Beziehungen so entscheidend war. Gleiches gilt für die großen dramatischen Ereignisse wie Zweiter Weltkrieg, Drittes Reich oder Vichy-Zeit, über die sich die Historiker beider Länder in ihren Einschätzungen ebenfalls verständigt haben. Diese dramatischen Epochen stellen heute kein Tabu mehr in den Beziehungen zwischen den Historikern beider Länder dar.

Dies heißt natürlich nicht, dass es keine wissenschaftlichen Kontroversen mehr gäbe und dass man zu einer einhelligen Interpretation der Geschichte gelangt wäre! Doch stehen sich bei diesen Debatten heute nicht mehr „nationale" Gemeinschaften von Historikern gegenüber. Die Frontlinien verlaufen heute zwischen unterschiedlichen Positionen der Vertreter verschiedener Ansätze, seien sie politischer, kultureller, sozialer oder ökonomischer Art; es besteht ein Gegensatz zwischen jenen, die eher die Rolle der Regierenden oder aber der gesellschaftlichen Kräfte betonen, zwischen jenen, die stärker die Elitekultur oder aber die Entwicklung einer Massenkultur in den Vordergrund rücken. So galten die größten Diskussionen innerhalb des Autorenkollektivs und des wissenschaftlichen Komitees der Frage, wie die einzelnen Themen zu gewichten seien. Nehmen wir ein Beispiel: der deutsche Historiker und Mitglied des wissenschaftlichen Komitees Horst Möller, Direktor des Instituts für Zeitgeschichte in München, bedauerte, dass „Picasso in seinem Jahrhundert" ebenso viel Platz einnimmt wie die Kultur von Weimar, und er ist auch der Ansicht, dass die Massenkultur gegenüber der klassischen Kultur einen zu hohen Stellenwert erhält. Die Autoren selbst haben dagegen Wert darauf gelegt, gerade die Bedeutung dieser populären Kultur zu unterstreichen.[8]

Dennoch gab es auch einige sensiblere Themen, vor allem im ersten Band: Dies betraf zum einen die Beziehung zu den Vereinigten Staaten, die von deutscher Seite als Protektor der jungen Bundesrepublik betrachtet wurden, von französischer Seite aber als eine Hypermacht, die zwar befreundet, aber dennoch immer noch des Imperialismus verdächtig ist; zum anderen betraf es den Kommunismus und die Volksdemokratien, die von den Deutschen weiterhin negativer gesehen wurden als von den Franzosen, was mit den unterschiedlichen nationalen Erfahrungen zusammenhängt. In diesen Fällen werden die divergenten Sichtweisen in einem eingefügten Kasten „Deutsch-französi-

8 Gespräch der Autoren mit Horst Möller, Daniel Henri und Guillaume Le Quintrec, April und Mai 2008.

scher Perspektivenwechsel" präsentiert.[9] Und gerade darin besteht der methodologische Mehrwert des Werkes.

Diese gemeinsame Arbeit führte auch dazu, dass die Themen anders gewichtet wurden als in traditionellen Lehrbüchern. So räumt das deutsch-französische Schulbuch der Geschichte des anderen (zum Thema der Entkolonialisierung für die Deutschen, zum Thema der Teilung und Wiedervereinigung Deutschlands für die Franzosen) und auch den deutsch-französischen Beziehungen im Vergleich zu herkömmlichen Lehrbüchern größeren Raum ein.

Im ersten Band war das letzte Kapitel, das den bilateralen Beziehungen seit 1945 gilt, Gegenstand heftiger Kritiken. Denn die allzu ausschließlich politische und diplomatische Perspektive schadete dem wirklichen Verständnis für den Prozess der Annäherung und Versöhnung in der Nachkriegszeit (Erbar 2006:623f). Die Bilanzseite unter der Überschrift „Deutsche und Franzosen seit 1945" ist bezeichnend für diesen Ansatz: Hier werden ausschließlich Staats- und Regierungschefs zitiert! Damit wurde die Gelegenheit verpasst, Schüler zum Nachdenken über die verschiedenen Akteure der internationalen und transnationalen Beziehungen, vor allem über die Rolle der Gesellschaften und der Mittler, anzuregen. Darüber hinaus wurden die Beziehungen zwischen Frankreich und der DDR in diesem Kapitel völlig übergangen. Die Schüler aus den neuen Bundesländern, die aus den Erzählungen ihrer Eltern von deren deutsch-französischen Erinnerungen hören, werden das Fehlen eines Teils ihrer Geschichte und ihrer Erinnerung nicht verstehen (Defrance/Pfeil 2006:82-87). Dabei steht doch genau diese Schaffung eines gemeinsamen Erinnerungserbes im Zentrum des deutsch-französischen Projekts.

Angesichts der Kritiken nach Erscheinen des ersten Bandes, wobei stellenweise bedauert wurde, dass die Präsentation mancher Kapitel nicht dem aktuellen Stand der Forschung entspräche (Marcowitz/Pfeil 2006), haben die Autoren in Band 2 nachgebessert. Hier ist die Diversität der Ansätze zu begrüßen: So werden sukzessive vergleichende Geschichte und Perspektivenwechsel, die Geschichte der Wahrnehmungen und Rezeptionen (im Dossier „Deutsche und Franzosen in der wechselseitigen Wahrnehmung", das dem 19. Jahrhundert gilt) sowie die Geschichte von Beziehungen und Transfers eingeführt. Geschichte wird abwechselnd in politischer, gesellschaftlicher und wirtschaftlicher, vor allem auch in kultureller und anthropologischer Perspektive dargestellt, wobei letztere besonders in den beiden Kapiteln zum Ersten Weltkrieg und zur Zeit nach Kriegsende den größten Raum einnehmen.

9 Vgl. insb. S. 127 des ersten Bandes (2006) zum Kommunismus und den Beziehungen zu den Vereinigten Staaten sowie S. 231 zur Globalisierung.

Die historiographischen Dossiers sind ein besonderer Trumpf dieses Lehrwerk und eine Innovation gegenüber 2006. Sie zeugen von einer stärkeren Berücksichtigung der jüngeren Entwicklungen in der historischen Forschung (so beispielsweise die Arbeiten von Ian Kershaw). Allerdings wurde das 19. Jahrhundert vernachlässigt, denn die Dossiers betreffen alle das 20. Jahrhundert: „War die Weimarer Republik zum Scheitern verurteilt?“, „Der Faschismus – ein universelles Phänomen?“, „Die Rolle Hitlers im Spiegel der Forschung“, „Totalitarismus – ein umstrittenes Analysemodell“. Hier hätte man sich auch Dossiers zum Kolonialismus oder zum Ersten Weltkrieg gewünscht. Ein solches Dossier zum „Großen Krieg“ hätte zeigen können, dass sich in der aktuellen Kontroverse nicht Deutsche und Franzosen gegenüberstehen, sondern dass die Trennungslinie innerhalb der französischen Historikerzunft verläuft, wobei auf der einen Seite die Brutalisierung der Gesellschaften in den Vordergrund gerückt wird, auf der anderen der Druck, unter dem die Menschen standen, die so als Opfer dargestellt werden.

2.2 Zusammenspiel von deutscher und französischer pädagogischer Praxis

Aufbau und Zusammenstellung des Lehrwerks sagen ebenfalls sehr viel aus über die deutsch-französische pädagogische Zusammenarbeit, wenn auch die Praxis in beiden Ländern noch ganz unterschiedlich aussieht. Etwa ein Viertel des Bandes besteht aus Text (was den deutschen Lehrern oft zu wenig ist), der andere Teil ist den verschiedenen Materialien vorbehalten, wobei Abbildungen und Karten großen Raum einnehmen (dies ist der Einfluss des französischen Modells). Zwar wurde die französische Art der Darstellung auf einer Doppelseite – links der Text, rechts Materialien und Übungen – beibehalten, doch sollen die Materialien nicht lediglich den Text illustrieren, sondern den Schülern ermöglichen, sich eine eigene Meinung zu bilden. Verschiedene Übungen für die Schüler, die zur Diskussion über aktuelle Probleme anregen oder sie mit künftigen praktischen Situationen konfrontieren sollen, entstammen eher der deutschen Tradition der „Diskussion“ in der Klasse. Man denke hier an die Übung:

> „Stellen Sie sich vor, Sie sollen den Festakt des Deutschen Bundestages und der Französischen Nationalversammlung zum 50. Jahrestag des Elysée-Vertrags (2013) planen“.

Stets geht es darum, eine Synthese zwischen dem französischen „Modell“, das stärker auf den Lehrervortrag ausgerichtet ist, und dem weniger autoritären deutschen „Modell“ zu finden, wo es dem Lehrer darum geht, die Kritikfähigkeit der Schüler zu fördern (Geiss 2006:100; Tiemann 2006:92).

Die historiographischen Dossiers, in denen die Schüler für unterschiedliche Möglichkeiten der Interpretation sensibilisiert werden sollen, spiegeln deutlich den Einfluss der deutschen Pädagogik wieder, wo die jungen Menschen Stellung zu Historikertexten beziehen sollen, während man in Frankreich die Kommentierung historischer „Quellentexte" verlangt. In den Dossiers zu „Methoden" (eine Textquelle interpretieren, einen Aufsatz schreiben, eine historische Karte, statistische Daten, eine Karikatur, eine Fotografie analysieren, Zeitzeugen befragen), die im zweiten Band häufiger vorkommen, sind in einigen Fällen die typischen Verfahren beider Länder vertreten. So sind die Analyse einer Karte oder das Verfassen eines Aufsatzes sicher eher typisch für die französischen Methoden, während das Dossier „Zeitzeugen befragen" auf Übungsformen verweist, die bislang in Deutschland häufiger praktiziert wurden als in Frankreich. Das Lehrwerk versucht so, Divergenzen zu überwinden, und bereitet ein günstiges Feld für pädagogische Transfers.

3 Das deutsch-französische Schulbuch als erste Etappe auf dem Weg zu einem gemeinsamen europäischen Lehrwerk?

Im Lastenheft, das am 26. Oktober 2004 erstellt wurde, wird als Ziel des Lehrbuchs präzisiert, dass es eine erste Etappe hin zu einem europäischen Schulbuch sein will (François 2006:301). Es geht darum, nationale Ansätze zu überwinden und den Weg für ein hypothetisches europäisches Lehrwerk zu bereiten, das 27 Perspektiven kombinieren würde.

Gewiss wurde so der Boden für eine europäische Zusammenarbeit in Sachen Schulbuch schon einmal geebnet, doch haben die multilateralen Versuche bislang vor allem die Schwierigkeit eines solchen Unterfangens deutlich gemacht. So wurde in den 1990er Jahren das „Euroschulbuch" lanciert (Geschichte Europas, 1997), das ein transnationales Panorama der europäischen Geschichte bietet. Allerdings konnte sich dieses Buch, das eher für Lehrer als für Schüler konzipiert und nicht auf die Lehrpläne abgestimmt war, auf dem Markt nicht durchsetzen.

In welcher Weise trägt nun dieses neue Lehrwerk „dazu bei, diese Grundlagen für ein gemeinsames historisches Bewusstsein zu schaffen, das über den nationalen Rahmen hinausreicht"?

Zunächst durch die eingeschobenen „Perspektivenwechsel", in denen die unterschiedlichen Sichtweisen dargestellt werden. So wird im zweiten Band mithilfe dieses Perspektivenwechsels den Schülern erklärt, warum die Erinnerung an den Ersten Weltkrieg, der in Frankreich und in Großbritannien immer noch als „Großer Krieg" bezeichnet wird, in Deutschland weniger präsent ist als in großen Teilen Europas.

Die Gesamtstruktur, vor allem des zweiten Bandes, lässt die Priorität des europäischen Ansatzes erkennen. So beginnt das Buch mit dem Kapitel „Vom Europa der Fürsten zum Europa der Völker? Nationale und liberale Bewegungen (1814 bis 1852)" und endet mit „Europa und seine Nationen: Konflikte und Herausforderungen (1815 bis 1945)". Dieses letzte Kapitel, das der europäischen Idee gewidmet ist, wurde auf die glückliche Initiative der Autoren hin ergänzt. Im Gesamtkonzept des Buches zeigt sich das Bemühen, die Aneinanderreihung nationaler Perspektiven so weit wie möglich zu Gunsten transversaler Analysen zurückzudrängen. Zwar sind im ersten Teil „Das Zeitalter der Nationen (1814 - 1914)", wo der politische Ansatz dominiert, solche „nationalen" Darstellungen zu finden, doch wird dieser abgerundet durch das explizit komparatistische Kapitel „ Deutschland und Frankreich – Antworten auf die Herausforderungen des 19. Jahrhunderts". Die Kapitel über den Ersten Weltkrieg und die Nachkriegszeit enthalten ein bemerkenswertes Panorama der soziokulturellen Entwicklungen, von denen alle europäischen Gesellschaften erfasst wurden. Der Autor dieser Kapitel entschied sich hier für einen anthropologischen Ansatz und machte deutlich, dass in den einzelnen europäischen Gesellschaften damals ähnliche Probleme herrschten, wenn sie sich mit der Gewalt des Krieges und der daraus entstehenden Brutalisierung der Gesellschaften oder der Erfahrung von Trauer auseinandersetzen mussten.

Im Ausland hat dieses Schulbuch allerdings unterschiedliche Kommentare hervorgerufen. In Asien gilt das deutsch-französische Experiment als Referenz, ja als „Modell" für die Versöhnung zwischen ehemaligen Feinden, was sogar dazu führte, dass dieses deutsch-französische Lehrbuch ins Japanische und ins Koreanische übersetzt und von einer progressiven Gruppe junger japanischer Forscher systematisch analysiert wurde (Nishiyama 2007 und 2009). Beim letzten „Rendezvous der Geschichte" im April 2009 in Tanger, wo das Projekt einer „Geschichte des großen Maghreb" verkündet wurde, die sowohl Algerien, Libyen, Marokko, Mauretanien und Tunesien mit einschließen soll, wurde auf Vorschlag des marokkanischen Historikers Mostafa Hassani Idrissi beschlossen, der maghrebinischen öffentlichen Meinung zunächst einmal die Erfahrung des deutsch-französischen Geschichtsbuchs vorzustellen, um sie von der Machbarkeit eines solchen trans- und supranationalen Projekts zu überzeugen (Riemenschneider 2009:49). Vor allem in Europa waren die Reaktionen zuweilen weniger enthusiastisch, insbesondere in Polen. So wurde der erste Band vor allem wegen des höchst unzureichenden Raums kritisiert, der den neuen Demokratien in Mittel- und Osteuropa nach dem Untergang der UdSSR eingeräumt wurde. Durch das Foto von Schröder – Chirac – Putin konnte leicht der Eindruck einer neuen Hegemonie der drei großen kontinentalen Mächte in Europa entstehen, während die Frage der deutsch-polnischen Grenze, die so lange umstrittene Oder-Neiße-Linie, praktisch nicht erwähnt wurde. Im zweiten Band hat die Karte Europas in der Zwischenkriegszeit, auf der in zweierlei Farben die liberalen Demokratien und ihre Umwandlung in diktatorische Regimes dargestellt werden, Empfindlichkeiten verletzt! (So wurde das Polen Pilsudskis im Jahre 1926 in derselben Farbe markiert wie Hitler-Deutschland 1933.) Ähnliches gilt für die Darstellung des Versailler Vetrages, der in Westeuropa mittlerweile als fataler Irrtum bezeichnet wird, weil er den Frieden nicht dauerhaft sichern konnte. So war der Erste Weltkrieg und sein Friedenschluss nicht zwangsläufig die „Ur-Katastrophe" des 20. Jahrhunderts (vgl. das Lastenheft des Schulbuchs), denn für viele Länder des früheren Osteuropas haben der „Grande Guerre" und die anschließenden Friedensverträge die Entstehung verschiedener Nationalstaaten erst ermöglicht! Und viele der neuen Staaten sind unschlüssig, ob sie nun, nachdem sie mit dem Ende der sowjetischen Vorherrschaft tatsächlich ihre Unabhängigkeit erlangt haben, stärker ihre nationale Identität behaupten oder sich vielmehr in die Europäische Gemeinschaft integrieren wollen.

Es ist kaum denkbar, dass ein von Historikern der 27 Unionsländer konzipiertes Schulbuch der nationalen Geschichte jedes einzelnen Landes den Platz einräumen kann, der ihm in diesen Unterrichtssystemen im Allgemeinen zukommt. Zumal dieser Platz zuweilen beträchtlich ist und von einem Land zum anderen stark variiert. So ist in Bulgarien der Unterricht in der Sekundarstufe hauptsächlich auf die Nationalgeschichte ausgerichtet. Man könnte sich natürlich ein – in Teilen – gemeinsames Lehrbuch vorstellen, das die Geschichte Europas und der Welt behandelt und darin für alle 27 Länder gleich wäre; es würde in jedem Land ergänzt durch einen stärker „national" orientierten Teil. Allerdings wäre das Problem der Gewichtung zwischen beiden Teilen sehr schwierig zu lösen. Und wie sollte diese gemeinsame Geschichte erzählt werden? Gibt es eine gemeinsame europäische Erzählung? Oder zumindest eine Konvergenz der verschiedenen Narrative?[10] Man beachte, dass die Verfasser des Lastenhefts von einem „gemeinsamen europäischen Bewusstsein" sprachen, nicht aber von einer „gemeinsamen europäischen Identität". Denn es wäre sehr riskant, eine „europäische Identität" zu umschreiben, die sich nicht – wie es die Nationen früher taten – durch den Ausschluss des Anderen definierte. Würde man dabei nicht Gefahr laufen – wie es bei Abfassung des europäischen Verfassungsvertrags und dessen Präambel zu beobachten war – Europa in Abgrenzung zu seinen Nachbarn zu definieren, wobei man sich auf vermeintlich geografische Kriterien bezieht – die in Wahrheit durchaus historisch konstruiert wurden – oder auf religiöse und kulturelle „Werte", die für Europäer gemeinsam gelten und die letztlich nur einen neuen „Nationalismus" auf europäischer Ebene schaffen würden (wie Eric Hobsbawn zeigte, entstand das europäische Bewusstsein, das „Europäertum" als „Rassenidentität" im Gefolge der Entdeckung der Neuen Welt: Le Monde

10 Vgl. zu dieser Problematik Frank Baasner (Hg.), Von welchem Europa reden wir? Reichweiten nationaler Europadiskurse, Baden-Baden 2008.

25.9.2008). Zudem sollte man nicht vergessen, dass jene Werte, die man heute als europäisch bezeichnet, wie etwa Toleranz, Freiheit oder Recht, nicht ausschließlich europäische Werte sind, und dass Kolonialismus, Nationalsozialismus und Kommunismus ebenfalls zu den Erfahrungen Europas gehören. So ist es also die Diversität, die Europa charakterisiert – gemäß dem britischen Historiker ist die Geschichte Europas seit Untergang des Römischen Reiches von Teilung geprägt. Und heute gilt dies für die Akzeptanz und die Achtung dieser Diversität. Genau dies sollte auch ein europäisches Lehrbuch widerspiegeln, wozu auch die infolge verschiedener Migrationsbewegungen entstandene kulturelle Diversität Europas gehören muss ebenso wie die Diversität der Erinnerungen, die Europa durchziehen und es teilen, in jeglichem Wortsinn, sowohl von Gemeinsamkeit als auch von Trennung.

Die Reaktionen auf den ersten Band, der ein bemerkenswertes Kapitel über „Die Erinnerungen an den Zweiten Weltkrieg" enthält, waren bereits bezeichnend für die Schwierigkeit dieses Unterfangens. So hat der Autor Daniel Henri unter anderem gezeigt, wie in Frankreich die heroische Erinnerung an den Krieg – in der Nachkriegszeit dominierte die Erzählung vom heldenhaften Widerstandskämpfer – in den 60er und 70er Jahren von der Erinnerung an das nunmehr alles beherrschende Gedenken an die Opfer der Shoah abgelöst wurde. Die heftige Reaktion der Vereinigungen früherer Widerstandskämpfer und der Stiftung Charles de Gaulle illustrierte diesen Erinnerungskonflikt in Frankreich. Gewiss haben sich diese Vereinigungen mit ihrer Kritik etwas getäuscht, denn die Entwicklung, die zu dieser Umkehr der Erinnerungen führte, ist unumstößlich. Vermutlich hat die Behandlung der Résistance als solche in Band zwei, wo dem deutschen Widerstand gegen den Nationalsozialismus ein nicht unbeträchtlicher Platz eingeräumt wurde, die Vereinigungen ehemaliger Widerstandskämpfer seither wieder besänftigt. Aber über diese doppelte Konfrontation von Aggressoren und Widerstandskämpfern, Henkern und Opfern hinaus gibt es heute eine andere Art von Erinnerungskonflikt, der Europa zutiefst spaltet. Im Europa der 27 erscheint es außerordentlich schwierig, die Erinnerung des Westens, in deren Zentrum die Einzigartigkeit von Auschwitz steht, und jene Osteuropas, die von der Erinnerung an den Kommunismus stigmatisiert ist, zusammenzuführen. So ist in der Geschichtsschreibung der letzten Jahre ein Wettbewerb der Opfer entstanden, der einen neuen eisernen Vorhang der Erinnerung durch den Kontinent gezogen hat, wofür die Formel „Gulag versus Shoah" steht (Droit 2007).

Bevor man also das Feld auf die Gesamtheit aller Länder der Europäischen Union erweitert, wäre es sehr lehrreich, den Gang des derzeit entstehenden deutsch-polnischen Geschichtsbuchs zu verfolgen. 2007 wurden mühsam erarbeitete gemeinsame Unterrichtsmaterialien zu den deutsch-polnischen Beziehungen zwischen 1933 und 1949 veröffentlicht und in einem Pilotexperiment bei deutschen Schülern in Sachsen und polnischen Schülern in Nieder-Schlesien eingesetzt. Das geplante Schulbuch, das 2008 von den Politiken auf den Weg geschickt wurde (hier handelt es sich nicht um eine Initiative aus der Gesellschaft heraus), soll zur Verbesserung der bilateralen Beziehungen beitragen, die von der Regierung Donald Tusk gewünscht wird. Denn, wie Wladislaw Bartoszewski, Beauftragter für die deutsch-polnischen Beziehungen, am 11. Februar 2008 erklärte: „In der Erinnerung liegt das Geheimnis unserer Fähigkeit oder unserer Unfähigkeit, uns in Zukunft miteinander zu verständigen" (Chauffour, Le Monde 20.2.2008). Das Schulbuch soll in zwei bis drei Jahren erscheinen.[11] Schon das Projekt weist große Unterschiede zum deutsch-französischen Lehrbuch auf: So wird das Werk für Schüler der Unter- und Mittelstufe und nicht für die Oberstufe bestimmt sein, und der erste Band reicht vom Mittelalter und der Frühen Neuzeit bis zur Französischen Revolution, das heißt, er behandelt den Zeitraum vor Entstehung der Nationenidee. Die an diesem Projekt beteiligten wissenschaftlichen Instanzen waren der Ansicht, dass diese weiter zurückliegende Vergangenheit besser für eine transnationale europäische Geschichtsschreibung geeignet sei, indem sie dem Osten des Kontinents einen eher angemessenen Platz einräumt (Strobel 2008:26f). Die Realisierung dieses Projekts dürfte besonders aufschlussreich sein, hat es doch bereits in beiden Ländern große Diskussionen hervorgerufen und in Teilen der polnischen öffentlichen Meinung sogar gewisse Ängste geschürt.

Von der Fähigkeit dieses Lehrbuchs, den Erinnerungskonflikt in Europa zu behandeln, ja zu überwinden, wird gewiss die Zukunft des Projekts eines europäischen Lehrwerks der 27 abhängen. Doch auch wenn das deutsch-französische Schulbuch dabei explizit als Referenz dient, weisen die beiden Unterfangen sehr unterschiedliche Charakteristiken auf. Während das deutsch-polnische Schulbuch im Grunde ein politisches Projekt ist, das zur deutsch-polnischen Versöhnung beitragen soll, war das deutsch-französische Schulbuch nicht Grundlage für die Verständigung, sondern vielmehr deren Krönung im Sinne des bislang höchsten Punktes, den die deutsch-französische „Verbindung" erreichte – dies heißt allerdings keineswegs, dass die Zusammenarbeit damit abgeschlossen wäre!

Übersetzung aus dem Französischen: Dr. Erika Mursa

Literatur

Bauvois-Cauchepin, Jeannie (2002): Enseignement de l'histoire et mythologie nationale; Allemagne – France, du début du XXe siècle aux années 1950, Bern: Peter Lang.

11 Presseerklärung des Ministeriums für Erziehung, Jugend und Sport des Landes Brandenburg und des polnischen Erziehungsministers, Nr. 194 (2008), 17. Mai 2008.

Becker, Jean-Jacques/*Krumeich*, Gerd (2008): La Grande Guerre. Une histoire franco-allemande, Paris: Tallandier.

Bendick, Rainer (2003): Irrwege und Wege aus der Feindschaft. Deutsch-französische Schulbuchgespräche im 20. Jahrhundert, in: Hochstuhl, Kurt (Hrsg.), Deutsche und Franzosen im zusammenwachsenden Europa 1945–2000, Stuttgart: Kohlhammer, S. 73-103.

Bruley, Édouard (1954): Les rencontres de professeurs français et allemands, in: Le Monde, 9 novembre 1954.

Chauffour, Célia (2008): Bientôt un manuel d'histoire commun germano-polonais? In: Le Monde, 20 février.

Claret, Florent (2006a): Die Geschichtsschulbücher in den deutsch-französischen Beziehungen. Auf dem Weg zu einem gemeinsamen Geschichtsbuch für beide Länder, Saarbrücken: Gollenstein.

Claret, Florent (2006b): Le manuel franco-allemand d'histoire, de l'utopie à la réalité, in: Lendemains 122/123, S. 235-240.

Claret, Florent (2006c): Von der Utopie zur Realität. Wie das deutsch-französische Geschichtsbuch geboren wurde, in: Dokumente Nr. 5, S. 57-61.

Defrance, Corine (1994): La politique culturelle de la France sur la rive gauche du Rhin, 1945–1955, Strasbourg: Presses Universitaires de Strasbourg.

Defrance, Corine (2008): Die internationalen Historikertreffen von Speyer. Erste Kontaktaufnahme zwischen deutschen und französischen Historikern nach dem Zweiten Weltkrieg, in: Pfeil, Ulrich (Hrsg.), Die Rückkehr der deutschen Geschichtswissenschaft in die „Ökumene der Historiker" nach 1945, München: Oldenbourg, S. 213-237.

Defrance, Corine/*Pfeil*, Ulrich (2006): Deutsche und Franzosen seit 1945. Vergleichende Herangehensweise als Mehrwert – zu Teil 5, in: Dokumente, Nr. 5 (2006), S. 82-87.

Defrance, Corine, Pfeil, Ulrich (2007): Au service du rapprochement franco-allemand. Dialogue d'historiens de part et d'autre du Rhin, in: Mink, Georges/Neumayer, Laure (Hrsg.), L'Europe et ses passés douloureux, Paris: La Découverte, S. 91-103.

Defrance, Corine/*Pfeil*, Ulrich (Hrsg.) (2005): Le Traité de l'Élysée et les relations franco-allemandes 1945 – 1963 – 2003, Paris: CNRS-Éditions.

Defrance, Corine/*Wysocki*, Monica von (2006): Versuch einer Renaissance. Eine Premiere mit Problemen: Das erste deutsch-französische Geschichtsbuch soll die bilateralen Beziehungen beleben, in: Handelsblatt, 23. August .

Droit, Emmanuel (2007): Le Goulag contre la Shoah: mémoires officielles et cultures mémorielles dans l'Europe élargie, in: Vingtième Siècle, Nr. 94, S. 101-120.

Erbar, Ralph (2006): Eine Geschichtsbuch für zwei Länder? Kritische Anmerkungen zum neuen deutsch-französischen Geschichtsbuch, in: Geschichte in Wissenschaft und Unterricht, Nr. 10, S. 623-624.

Erbe, Hans Walter (1950): Internationales Historikertreffen in Speyer, in: Geschichte in Wissenschaft und Unterricht, Nr. 1, S. 301.

François, Étienne (2006): Europäische „lieux de mémoire", in: Budde, Gunilla/Conrad,

Sebastian/Janz, Oliver (Hrsg.), Transnationale Geschichte. Themen, Tendenzen und Theorien, Göttingen: V&R, S. 290-303.

Geiss, Peter (2006): Multiperspektivität und Komplementarität. Das deutsch-französische Geschichtsbuch als Herausforderung für Autoren und Herausgeber, in: Dokumente Nr. 5, S. 97-102.

Henri, Daniel (2009): Gemeinsames Geschichtsbücher, gemeinsame Geschichte?, in: Eckert. Das Bulletin Nr. 5, S. 28-31.

Histoire de l'Europe (1997), Paris: Hachette.

Histoire/Geschichte. L'Europe et le Monde depuis 1945/ Europa und die Welt seit 1945 (2006), Paris: Nathan / Stuttgart: Klett.

Histoire/Geschichte. L'Europe et le Monde du congrès de Vienne à 1945/ Europa und die Welt vom Wiener Kongress bis 1945 (2008), Paris: Nathan / Stuttgart: Klett.

Hobsbawm, Eric (2008): L'Europe : mythe, histoire, réalité, in: Le Monde, 25 septembre.

Hoop Jean-Marie d' (1980): Un aspect des relations intellectuelles franco-allemandes contemporaines: la coopération dans la recherche et l'enseignement de l'histoire, in: Historiens et Géographes, Nr. 280, S. 107-123.

Jeismann, Michael (1997): La patrie de l'ennemi, Paris: CNRS-Éditions.

Kaelble, Hartmut (o.D.): La science et la réconciliation franco-allemande après 1945, in: www.futuribles.com/PAX/Kaelble.doc.

Marcowitz, Reiner/*Pfeil,* Ulrich (Hrsg.) (2006): Gemeinsames Geschichtsbuch, in: Dokumente, Nr. 5, S. 38-79.

Möller, Horst/*Morizet,* Jacques (Hrsg.) (1996): Franzosen und Deutsche. Orte der gemeinsamen Geschichte, München: Beck.

Müller-Fahrenholz, Geiko (2000): Heilt die Zeit alle Wunden? Vergebung in der Politik – Eine Friedensaufgabe, in: Senghaas, Dieter (Hrsg.), Frieden machen, Frankfurt/M.: Suhrkamp, S. 189-205.

Nishiyama, Akiyoshi (2007): Das deutsch-französische Geschichtsbuch in Japan: Ein Vorbild für Ostasien?, in: Eckert. Das Bulletin, Nr. 2 (2007), S. 59-60.

Nishiyama, Akiyoshi (2009): Ein Ziel in weiter Ferne? Das gemeinsame deutsch-französische Geschichtsbuch aus japanischer Sicht, in: Revue d'Allemagne et des pays de langue allemande, 41 (2009) 1, S. 105-123.

Réau, Élisabeth du (1993): Jean de Pange: un intellectuel catholique devant l'idée de rapprochement franco-allemand, in: Bock, Hans Manfred/Meyer-Kalkus, Reinhart/ Trebitsch, Michel (Hrsg.), Entre Locarno et Vichy. Les relations franco-allemandes dans les années 1930 (Band 1), Paris: CNRS-Éditions, S. 241-252.

Riemenschneider, Rainer (1981): An der Schwelle zur Wiederaufnahme der deutsch-französischen Schulbuchkonferenzen, in: Internationale Schulbuchforschung, Nr. 1, S. 72-82.

Riemenschneider, Rainer (1990): Verständigung und Verstehen. Ein halbes Jahrhundert Deutsch-französische Schulbuchgespräche, in: Dokumente, Nr. 5, S. 400-407.

Riemenschneider, Rainer (1991): Verständigung und Verstehen. Ein halbes Jahrhundert deutsch-französischer Schulbuchgespräche, in: Pandel, Hans-Jürgen (Hrsg.), Verstehen und Verständigung (Jahrbuch für Geschichtsdidaktik (2/1990), Pfaffenweiler S. 137-148.

Riemenschneider, Rainer (1998): Transnationale Konfliktbearbeitung. Die deutsch-französischen und die deutsch-polnischen Schulbuchgespräche im Vergleich, 1935–1997, in: Internationale Schulbuchforschung, Nr. 20, S. 71-79.

Riemenschneider, Rainer (2007): Un manuel scolaire peut-il être plurinational? L'exemple du manuel d'histoire franco-allemand, in: Verdelhan-Bourgade, Michèle/Bakhouche, Béatrice/Boutan, Pierre/Étienne, Richard (Hrsg.), Les manuels scolaires, miroirs de la nation?, Paris: L'Harmattan, S. 75-86.

Riemenschneider, Rainer (2008), Georg Eckert und das Internationale Schulbuchinstitut in Braunschweig, in: Pfeil, Ulrich (Hrsg.), Die Rückkehr der deutschen Geschichtswissenschaft in die „Ökumene der Historiker" nach 1945, München: Oldenbourg, S. 115-131.

Riemenschneider, Rainer (2009): Das deutsch-französische Geschichtsbuch und die maghrebinische Geschichte, in: Eckert. Das Bulletin, Nr. 5, S. 47–49.

Rollot, Catherine (2008): Français et Allemands écrivent ensemble l'histoire des guerres, in: Le Monde, 10 avril.

Ropers, Norbert (2000): Prävention und Friedenskonsolidierung als Aufgabe für gesellschaftliche Akteure, in: Senghaas, Dieter (Hrsg.), Frieden machen, Frankfurt/M.: Suhrkamp, S. 219-242.

Schroeder-Gudehus, Brigitte (1978): Les scientifiques et la paix. La communauté scientifique internationale au cours des années 20, Montréal: Presses de l'universté de Montréal.

Schroeder-Gudehus, Brigitte (1990): Internationale Wissenschaftsbeziehungen und auswärtige Kulturpolitik 1919-1933. Vom Boykott und Gegen-Boykott zu ihrer Wiederaufnahme, in: Vierhaus, Rudolf/vom Brocke, Bernhard (Hrsg.), Forschung im Spannungsfeld von Politik und Gesellschaft. Geschichte und Struktur der Kaiser-Wilhelm/Max-Planck-Gesellschaft, Stuttgart: DVA, S. 858-885.

Strobel, Thomas (2008): Startschuss für ein gemeinsames deutsch-polnisches Geschichtsbuch, in: Eckert. Das Bulletin, Nr. 3, S. 26-28.

Tiemann, Dieter (2006): Werk und wirkende Kraft. Das gemeinsame Geschichtsbuch aus fachdidaktischer Sicht, Dokumente Nr. 5, S. 92-96.

Voss, Ingrid (1993), Deutsche und französische Geschichtswissenschaft in den dreißiger Jahren, in: Bock, Hans Manfred/Meyer-Kalkus, Reinhart/Trebitsch, Michel (Hrsg.), Entre Locarno et Vichy. Les relations franco-allemandes dans les années 1930 (Band 1), Paris: CNRS-Éditions, S. 417-438.

Betrachtungen zum Mythos der deutsch-französischen Effizienz in Europa

Hélène Miard-Delacroix

Gäbe es nicht seit mehreren Jahrzehnten eine Forschungsrichtung, die politische Mythen und den Einfluss der Rollenbilder auf die internationalen Beziehungen wie in dem Fall des berühmten und stets wirkungsvollen „Rapallo-Mythos" (Fritsch-Bournazel 1974) erforscht, so könnte der Titel unseres Beitrags als Provokation aufgefasst werden. Allerdings nicht, weil hier Betrachtungen vorgeschlagen werden – denn eine Infragestellung und ein Bewertungsversuch können nur willkommen sein – sondern weil hier die deutsch-französische Effizienz für Europa als „Mythos" bezeichnet wird. Der Begriff Mythos hat zwei Bedeutungen, so dass es sich anbietet, unseren Gegenstand nach zweierlei Ansatzpunkten zu untersuchen. Die erste ist eindeutig provozierend, da die negative Konnotation des Worts impliziert, dass diese Leistung gar nicht existiert: Der Mythos bezeichnet einen Irrglauben. Oder anders gesagt: Wer behauptet, dass Franzosen und Deutsche gemeinsam in Europa etwas geleistet haben und dies noch tun, lügt. Die zweite Bedeutung ist anthropologisch: Der Mythos hat eine erklärende Funktion und kommt in dieser zum Einsatz. Er dient der Gesellschaft, die ihn erschafft und einsetzt, er begründet eine soziale Praktik und muss wiedergegeben werden, um weiterhin wirksam zu sein. Der Begriff Mythos zur Bezeichnung der Rolle Frankreichs und Deutschlands in Europa wurde im Hinblick auf die zweite Bedeutung gewählt, die hier zutreffend ist. Der Mythos beruht auf mündlicher Überlieferung, aber unterscheidet sich von der Legende, die sich auf Wunder beruft. Der Mythos gibt ein tatsächliches Ereignis verzerrt wider, es handelt sich um eine sagenhafte Erzählung, die üblicherweise eine Moral enthält (Girard 1972). Somit wird die Realität allegorisch inszeniert, was Riten und Einweihung, aber auch und vor allem die Mobilisierung von Einzelnen und Gruppen, wie in den sozialen politischen Mythen der Gegenwart (Reszler 1981; Girardet 1986) ermöglicht. Von Ernst Cassirer stammt die Herausstellung der Zweideutigkeit des Mythos mit einer einerseits analysierenden, die Realität rationell erklärenden Funktion und einer andererseits stark vereinfachenden Form, bei der die Analyse der Emotion weicht (Cassirer 1949). Inwiefern dieser Ansatz auf die deutsch-französische Zusammenarbeit in Europa zutrifft, soll Gegenstand der nachfolgenden Untersuchung sein.[1]

1

In den öffentlichsten Formen der großen deutsch-französischen Erzählung zeigen sich die einzelnen Züge, vor allem die Dauerhaftigkeit, die den Mythos begründen. So wurde in der gemeinsamen Erklärung zum 40. Jahrestag des Bestehens des Elysee-Vertrags am 22. Januar 2003 sehr feierlich eine Absichtserklärung für die Zukunft verkündet, die jedoch auf einer bereits gelebten Erfahrung beruht:

> „Deutschland und Frankreich sind sich ihrer gemeinsamen historischen Verantwortung im Dienste Europas bewusst (...), sie wollen *weiterhin* eine treibende Kraft sein, die Vorschläge einbringt und ihre Partner mitziehen kann, ohne diesen etwas aufzuzwingen (…). Unsere gemeinsame Zukunft ist von einer vertieften und erweiterten Europäischen Union nicht zu trennen."

Diese zentrale Botschaft formulierte Außenminister Joschka Fischer in seiner persönlicheren Rede vom Januar 2003 einige Tage zuvor ein wenig anders:

> „Lassen Sie mich hier nochmals klipp und klar sagen: Die deutsch-französische Zusammenarbeit ist der Kern und das Schwungrad der europäischen Entwicklung gewesen und wird dies – so behaupte ich – auch unter den Bedingungen der EU der 25 bleiben. Das ist die Erfahrung, die ich in den vergangenen vier Jahren gemacht habe: Wenn Deutschland und Frankreich sich einig sind, ist das nie exklusiv, gegen andere gerichtet gewesen, sondern hat immer als Schwungrad gewirkt."[2]

Der Mythos lässt sich zusammenfassend als Vorstellung von der deutsch-französischen Effizienz beschreiben, die darin besteht, Vorschläge zu unterbreiten und die anderen in Europa mitzuziehen. Diese Vorstellung lässt sich unterteilen in drei Hauptaussagen, die zusammen den Mythos bilden:

- die Meilensteine der europäischen Integration gehen auf das deutsch-französische Zweigespann zurück,
- es sind bilaterale Initiativen, die den entscheidenden Anstoß geben,
- die Rolle des deutsch-französischen Motors besteht darin, zum Nutzen aller in Europa Kompromisse voranzubringen.

---

1 Picht/Uterwedde/Wessels (1990) betrachteten das Thema im Spannungsfeld zwischen „Mythos und Realität".

2 Joschka Fischer, Deutscher Bundestag, 16.1.2003.

Dieses Gerüst beruht auf unbestreitbaren Tatsachen, die sich in der Maxime zusammenfassen lassen, „ohne deutsch-französische Einigung steht Europa still". Die Geschichte der letzten Jahrzehnte jedoch so darzustellen, als hätte die deutsch-französische Achse unverbrüchlich den gesamten Aufbau Europas initiiert und getragen, also als hätten Deutsche und Franzosen gemeinsam immer „Leistung gebracht", zeugt von einem Angelismus gepaart mit Idealismus. Tatsächlich hat dieser Motor nicht ständig eine solche Triebkraft gehabt, er kam punktuell zum Einsatz und in seiner Geschichte wechselten sich effiziente Phasen mit Phasen des Rückzugs ab. Folglich kann man diese Realität nur untersuchen, wenn man beginnt, sich von dem Sagenhaften, dem Klischee einer deutsch-französischen Zusammenarbeit aus spontaner Sympathie, zu trennen. Emotionen werden hierbei überschätzt.

In der zweiten Hälfte des 20. Jahrhunderts war die Zusammenarbeit weder ein Selbstzweck, noch ein Modell, das sich ohne weiteres auf den größeren Kreis der europäischen Gemeinschaft anwenden ließ, sondern ein Beitrag zur internationalen Zusammenarbeit, eine privilegierte Beziehung, die es bisweilen verstand, erfolgreich als Impulsgeber, Schwungrad und Antriebskraft zu wirken. Als es zu Beginn des 21. Jahrhunderts um die deutsch-französische Beziehung nicht allzu gut bestellt war, fragte man sich, ob das deutsch-französische Gespann in Europa entweder zum „Leadership oder Krisenmanagement" verdammt sei. Martin Koopmann hat hierzu an ein realistisches Prinzip erinnert, das die Bedingungen für die deutsch-französische Effizienz definiert:

> „Politisch führen können Akteure nur dann, wenn zwei wesentliche Kriterien erfüllt sind: Ihr Handeln muss von den übrigen Akteuren als legitim angesehen werden, und sie müssen über die Kapazität verfügen, kohärente Konzepte zu erstellen und umzusetzen" (Koopmann 2003: 32).

1.1

Die für das gemeinsame Handeln verwendete Terminologie ist Teil des Mythos als Erzählform und allegorische Inszenierung der Realität mit seiner Moral und seinen Riten, aber sie trägt auch zur Akzeptanz einer Sonderstellung der deutsch-französischen Beziehungen in Europa bei. In der Politik und mit einer mehr oder weniger kritischen Herangehensweise in der Forschung ist die langfristige Tendenz, die Schicksalsgemeinschaft der beiden Völker in den Vordergrund zu rücken, wobei insbesondere die Freundschaft und die Vertrautheit der führenden Politiker herausgestellt wird. Das hat zur Entstehung von mindestens vier Begriffen zur Bezeichnung der bilateralen Kooperation in Gemeinschaftsfragen geführt: Paar, Tandem, Achse-Paris-Bonn und Motor. Die Entscheidung, von „Effizienz" zu sprechen, legt den Begriff „Motor" nahe und erklärt sich durch den Wunsch, mehrere Merkmale verschwommen erscheinen zu lassen: Die emotionale Seite, den Verdacht der Ausschließlichkeit der Beziehung, die Betonung des Führungsanspruchs gegenüber den anderen und die Empfindlichkeiten, die alle Bestrebungen zur Bildung eines Direktoriums mit sich bringen. Sich für die Leistung zu interessieren macht es auch möglich, die Ausflüchte auszublenden, die durch einige Bilder, wie dem *Paar* in der Krise oder beim Turteln, verstärkt transportiert werden; ebenso wie die Fragen, wer vorne radelt und wer von dem *Zweigespann* nur Beifahrer ist; und die geostrategischen Erinnerungen und andere geometrische Assoziationen die bei dem Wort *Achse* mitschwingen. Man konnte zu Recht von dem „Dämon der Achse-Paris-Bonn" (Lappenküper 1998: 1749) sprechen. Auch wenn Einigen das Maschinenhafte an dem Begriff „Motor" nicht gefiel, der entweder läuft oder nicht, so ist es dennoch der neutralste Begriff. Er beschreibt die Problematik treffend und ist zudem weit entfernt von dem ebenfalls vereinfachenden und irreführenden Diskurs der „Aussöhnung" zweier Nationen, die auf der „Illusion [beruht], dass ihre Identität in Raum und Zeit feststeht" und „dass es Gegenseitigkeit in der Schuld gibt, Gleichheit im Verzeihen" (Grosser 2004: 27-28). Indem man im Übrigen dem Motor die Frage nach der deutsch-französischen Effizienz hinzufügt, zielt man auf das ab, was funktioniert sowie auf Anwendungen und direkte Ergebnisse.

1.2

Der Mythos der deutsch-französischen Effizienz in Europa als große erklärende Erzählung zeichnet sich dadurch aus, dass die Realität verzerrt wird und einige Aspekte ausgeblendet werden. So kaschiert die aus der gemeinsamen Erklärung von 2003 zitierte Aussage „eine treibende Kraft sein, die Vorschläge einbringt und ihre Partner mitziehen kann, ohne diesen etwas aufzuzwingen", dass für das gemeinsame Engagement der beiden Partner Deutschland und Frankreich natürlich nicht nur die Ergebnisse für die EU entscheidend sind, sondern der Nutzen, den sie selbst daraus ziehen. Tatsächlich war es so, dass die europäische Integration 1950 – abgesehen von der Tatsache, dass die Idee der Integration durch Verflechtung und gegenseitige Abhängigkeit die allmähliche Schaffung von Gemeinschaften ermöglichte – in erster Linie der Beilegung bilateraler Konflikte diente; durch die gleichgewichtsherstellende Integration ungleicher Partner konnte ein gemeinsamer Markt mit großem Wachstumspotential geschaffen werden.

Frankreich und Deutschland waren und sind noch stets grundverschieden, sowohl was ihre Auffassung von Wirtschaftspolitik, als auch ihre Vorstellung von Europa betrifft. Und diese unterschiedlichen Vorstellungen sind Teil der deutsch-französischen

Dialektik, die aus der Not entstand, Kompromisse zu finden, um voranzukommen. In Frankreich spaltete das Thema Europa von 1960 bis heute oftmals die Nation, während sich in der Bundesrepublik in den 50ern die Vorstellung eines Europas als Wertegemeinschaft durchsetzte. Eine Erklärung dafür könnte sein, dass Deutschland föderalistisch organisiert ist und Kompetenzteilung praktiziert.

Die Befürwortung des europäischen Projekts ist Bestandteil der westdeutschen Politikkultur geworden, mit einer seitdem beeindruckenden Kontinuität. Auf französischer Seite dagegen würde ein Blick aus der Gegenwart ein wenig die Wahrnehmung verzerren, wenn man davon ausgeht, dass die Spaltung der politischen Klasse und der Meinung der Franzosen zu Europa lediglich auf den Vertrag von Maastricht und seine Ratifizierung 1992 oder auf das Referendum von 2005 zum Verfassungsvertrag zurückgeht. Es genügt, an Jacques Chiracs „Aufruf von Cochin" 1978 zu erinnern, der dem Einfluss seiner grauen Eminenzen Pierre Juillet und Marie France Garaud zugeschrieben wird, und an den spöttischen und europafeindlichen Ton, den er im Juni 1979 anschlug, als er „dieses von deutsch-amerikanischen Interessen beherrschte Europa" anprangerte, was ihm mit nur 16% gegen 28% der Stimmen für Simone Veil eine bittere Wahlniederlage bei den Europawahlen einbrachte. Nichtsdestotrotz war es der gleiche Jacques Chirac, der damals bemerkte, dass „die Partei des Auslands" (hier UDF von Giscard d'Estaing) „die Unterwerfung Frankreichs vorbereite, und der Idee seiner Erniedrigung zustimme", der später ein Europäer aus Vernunft wurde; er bewies die Fähigkeit zum Kurswechsel in der Politik, als er einige Jahre später zu seiner entscheidenden Formel von 1974 zurückkam, wonach „Europapolitik nicht mehr Teil der Außenpolitik ist".[3]

1.3

In der Geschichte der deutsch-französischen Effizienz für den Aufbau Europas stellt man zu Recht die Rolle der Politiker, das heißt ihre Persönlichkeiten, Überzeugungen, und ihr Engagement heraus, die ein wesentliches Element geblieben sind. Tatsächlich war es bis in die 1990er Jahre so, dass die gemeinsamen Vorhaben nicht ohne die Entschlossenheit gelingen konnte, welche später fehlen sollte. Die Akteure neigten zwar weiterhin dazu, Europa durch ihre eigene Vision des Staats und der Demokratie zu sehen und auf Europa das Modell der Schwierigkeitsbewältigung zu übertragen (Ziebura 1997: 405), aber die Handlungsbereitschaft beruhte auf einem grundlegenden

3 Ansprache vor der Assemblée nationale, 5.6.1974.

Gleichgewicht zwischen der Wirtschaftsmacht Deutschlands und dem Führungswillen Frankreichs mit dem Zusatz der von außen auferlegten – und im Falle Deutschlands – selbstauferlegten Beschränkungen.

Die Verschiebung dieses Gleichgewichts durch die deutsche Wiedervereinigung verstärkte die Notwendigkeit zu Handeln, da Frankreich und Deutschland durch das Nichtwahrnehmen ihrer Rolle als treibende Kraft laut Joschka Fischer, ein „negatives Behinderungspotential"[4] entwickelt hatten.

1.4

Die Entscheidung, die „Effizienz" der deutsch-französischen Zusammenarbeit in Europa zu untersuchen, hat seinen Grund in der Fokussierung, und zwar nicht auf Emotionen sondern auf eine empirische Methode im Umgang mit Besonderheiten und zur Findung von Kompromissen. Von Anfang an bestand die Herausforderung darin, die gegenseitige Bedrohung und die widersprüchlichen Interessen in ein System umzuwandeln, das – zu aller Nutzen – sowohl die Einzelinteressen als auch das Allgemeinwohl berücksichtigte. Diese deutsch-französische Methode kann durch ihre drei wichtigsten Schritte beschrieben werden: Die Analyse der Punkte, die für beide unverzichtbar sind, das Erkennen der verschiedenen Interessen und Ansätze, die Bestimmung von praktischen Maßnahmen, die gemeinsam umzusetzen sind. Diese Methode hat sich in bilateralen Situationen und auch im europäischen Rahmen bewährt: Seit den 1950ern gelang es dadurch, als bedrohlich angesehene, aber für unumgänglich erachtete Entwicklungen wie die Wiedereingliederung des Saarlandes oder die Aufrüstung im Rahmen der Nato nach dem Scheitern der Europäischen Verteidigungsgemeinschaft 1954 zu entschärfen. Das Gleiche galt für den Umgang mit Herausforderungen wie der wirtschaftlichen Expansion und der Wiedererlangung der deutschen Souveränität sowie der Öffnung der Märkte und der Schaffung eines europäischen Raums für Landwirtschaft, Industrie und Handel.

1.5

Der Mythos der deutsch-französischen Effizienz erzählt von Beständigkeit und Dauerhaftigkeit, während die Realität dagegen von Höhen und Tiefen, Fortschritt und

4 J. Fischer, Gemeinsamer Vortrag mit H. Védrine in Blois, 10.9.2008, nicht veröffentlicht.

Stillstand gekennzeichnet ist. Im Gegensatz zum Mythos bedeutet Geschichte zu schreiben auch, vor dem Hintergrund einer Illusion von Dauerhaftigkeit eine Einteilung in Epochen vorzunehmen. Diese Illusion geht auf das zurück, was auch den Erfolg dieser Methode ausmachte: Ein stabiles Gleichgewicht, das so lange bestand wie die Teilung und die besondere Verantwortung Frankreichs für Deutschland. Der Kalte Krieg und die sowjetische Bedrohung hatten die Westeuropäer dazu gezwungen, alte Streitthemen zu begraben, hatten den Zusammenhalt gegenüber einer Bedrohung von außen leichter gemacht und für eine Stabilität gesorgt, die die Schaffung gemeinsamer Strukturen begünstigte. Das Ende des Kalten Krieges läutete einen Paradigmenwechsel ein, veränderte das Gleichgewicht der beiden Partner Frankreich und Deutschland und ihre Rolle in Europa.

Die Zeitspanne seit den 1960ern mit dem mythischen Elysee-Vertrag 1963 bis heute lässt sich in drei Phasen unterteilen, die nach den bilateralen und europäischen Schwierigkeiten im Zusammenhang mit de Gaulles Haltung zur Übertragung der Souveränität beginnen. Eine erste kurze Phase, in der der bilaterale Kern sehr viel Erfindungsgeist und Antriebskraft bewies, dauerte von Anfang der 1970er bis Mitte der 1980er Jahre. Eine zweite erfolgreiche und effiziente Phase des deutsch-französischen Motors, gefördert durch den Kommissionspräsidenten, Jacques Delors, begann Ende der 1980er Jahre und hielt bis zur Ausarbeitung des Vertrags von Maastricht 1991 an. Schließlich eine dritte Phase, in der sich der Übergang von der Wachstumsgemeinschaft zur Krisengemeinschaft vollzog und die von zahlreichen Differenzen und Meinungsverschiedenheiten zwischen Frankreich und Deutschland geprägt war.

Der Sinn einer solchen zeitlichen aber auch ein wenig vereinfachenden Unterteilung der „Effizienz" erschließt sich meistens, wenn diese Unterteilung verbunden wird mit einer Typologie der bilateralen und gemeinschaftlichen Arbeitsweisen.

Je nach vorherherrschendem Merkmal lassen sich so fünf verschiedene Varianten der deutsch-französischen Methode erkennen.

Eine erste beschäftigt sich mit dem Modellcharakter dieses Zweiergespanns, wobei der Begriff *Modell*[5] in der Tat zwei Bedeutungen hat, einmal das Vorbild und dann die verkleinerte Abbildung, das Miniaturmodell. Die Gründung des Europäischen Rats 1974 auf eine deutsch-französischen Initiative hin und nach der Vorlage des bilateralen Konsultationsmodus ist dafür ein gutes Beispiel, wie später die deutsch-französische Brigade für das Eurokorps.

Die zweite Variante beruht auf der Kompromissfindung, die darin besteht, dass verschiedene, aber vereinbare Interessen und Ansätze erkannt werden. So wurde zum Beispiel das Problem des Demokratiedefizits durch die direkte, allgemeine Wahl des Europäischen Parlaments 1979 gelöst. Die dritte Variante ist die des „Sprechers". Dabei

5 Anm. d. Ü: Deutsch im französischen Originaltext.

nimmt das deutsch-französische Duo die Zustimmung der anderen Partner vorweg und gibt vor, allein „die Stimme Europas“ zu verkörpern; Giscard d'Estaing und Schmidt haben dies mehrmals getan, insbesondere als sie beide sich im Februar 1980 zur afghanischen Krise äußerten und die Rückkehr Europas ankündigten. Bei der vierten Variante wirkt die bilaterale Zelle als Impulsgeberin, die eine praktische Stoßrichtung für gemeinsame Aktionen vorgibt und so die Partnern einen bereits ausgearbeiteten Entwurf verabschieden können. Dies trifft auf die Stellungnahmen im euro-arabischen Dialog und auf die Schaffung des EWS von 1978-1979 zu, die ein Musterbeispiel geworden ist. Schließlich die fünfte Variante, die sich durch die Trieb- und Beschleunigungskraft der beiden auszeichnet und die Gemeinschaft an einen Punkt bringt, an dem jede Umkehr schwierig ist. Der Einsatz von Kohl und Mitterrand, mit Unterstützung von Delors, für den Übergang von der Europäischen Einheitsakte von 1987 zur Wirtschafts- und Währungsunion (WWU) im Jahr 1991, ist nach wie vor das beste Beispiel für diesen geschlossenen, effizienten Umgang mit der neuen Situation, die durch die Wiedervereinigung entstanden war.

2

Nimmt man die Glanzleistungen der deutsch-französischen „Geste“ als Ausgangspunkt, so ist es interessant, die letzten vierzig Jahre erneut im Hinblick auf die Probleme und die Methoden zu untersuchen, um die Effizienz dieser beiden Länder für Europa möglichst genau bewerten zu können.

2.1

Nach der Gründungsphase in den ersten zehn Jahren nach dem Weltkrieg werden die 1960er zu Recht als ein Jahrzehnt des Rückschritts für die europäische Integration betrachtet. Der deutsch-französische Motor stand still, Optimisten werden angesichts des ungenutzten Potentials sagen, dass er im Leerlauf lief. Die von General de Gaulle 1965 praktizierte „Politik des leeren Stuhls“ stürzte sowohl Frankreich und Deutschland als treibende Kräfte als auch die supranationale Politik in eine Krise. Diese verlor dadurch mit einer zur Vorsicht gezwungenen Kommission und einem Rat, der de facto auf die Mehrheitsabstimmung zurückgriff, an Geschwindigkeit. Die Supranationalität war Dreh- und Angelpunkt jegliches Kompromisses zwischen Deutschland und Frankreich. Um zu verhindern, dass der General die Fusion der Exekutivorgane der drei Gemeinschaften ablehnte, machte Bundeskanzler Kiesinger dem französischen Staatspräsidenten ein Zugeständnis und schlug im Januar 1967 vor, das Mandat des ersten Kommissionspräsidenten Walter Hallstein nicht zu verlängern. Die Rolle der deutsch-französischen Beziehung beschränkte sich hier auf das Umschiffen von Problemen, im Wesentlichen durch Zugeständnisse der Deutschen. Es war eine Zeit des Stillstands und die Erfolge der Jahre 1967/68 wie das Inkrafttreten der Zollunion am 1. Juli 1968 waren lediglich die Folge früher getroffener Entscheidungen.

In der damaligen deutschen Außenpolitik – und seitdem in der Forschung – wird unwiderruflich Frankreich die Schuld in die Schuhe geschoben, während Deutschland als die Nachgebende dargestellt wird, die auf bessere Zeiten wartet.

Diese kamen in der Person des Kanzlers Willy Brandt, der, obwohl er die antiamerikanischen Bezeugungen des Generals nicht billigte, keineswegs unempfänglich für die Anziehungskraft dieses Mannes war, der „die Welt von Europa aus dachte" (Hildebrand in Möller/Vaïsse 2005: 117). Eine Handlungsmöglichkeit tat sich bei dem deutsch-französischen Gipfel im Februar 1968 auf, als der französische Staatspräsident zugestand, dass der Beitritt Englands zum Gemeinsamen Markt nicht für immer unmöglich bleiben würde und vorschlug, zu „sagen, dass Deutschland und Frankreich sich wünschen, England trete eines Tages dem Gemeinsamen Markt bei, aber die dafür benötigten Mittel bereitstellen müsse."[6]

Auf die Gefahr hin, das durch den Mythos überlieferte Bild einer schlechten Zusammenarbeit zwischen Brandt und Pompidou zu zerstören, ist zu sagen: Im Vergleich zu den vorangegangenen Jahren stellte diese Kooperation sehr viel eher einen Neuanfang dar mit der Eröffnung der Beitrittsverhandlungen, dem Übergang der EWG in die Schlussphase, der Erarbeitung eines Entwurfs für eine Wirtschafts- und Währungsunion und schließlich der Sondierung einer möglichen politischen Kooperation. Es sind deutsch-französische Kompromisse, die die Fortschritte der Konferenz von Den Haag im Dezember 1969 möglich machten und die Regel verdeutlichten, dass Europa ohne eine Einigung zwischen Deutschland und Frankreich nicht vorankam. Beide Männer arbeiteten effizient zusammen, obwohl sie verschiedene Ausgangspositionen und Interessen vertraten. Die bilaterale Kooperation war beispielhaft für diese oben erwähnte Kompromissvariante: Für Pompidou war es keine große Überwindung, den Beitritt Großbritanniens zur EWG zu akzeptieren, denn wie er selbst sagte, war die Angst vor einem möglichen Ungleichgewicht durch die Wirtschaftskraft Deutschlands Grund genug, der Erweiterung zuzustimmen.

---

6 Zitiert von Maurice Vaïsse in Möller/Vaïsse 2005: 111.

2.2

Die Effizienz der pragmatisch ausgerichteten, deutsch-französischen Methode erreichte im Mai 1974 durch den beinahe gleichzeitigen Einzug von Helmut Schmidt ins Kanzleramt und Valéry Giscard d'Estaings in den Elyséepalast einen ersten Höhepunkt. Beide waren Experten in Finanzpolitik und erprobten bereits seit mehr als zwei Jahren den improvisierten Dialog und suchten nach praktischen Lösungen für die Währungsturbulenzen. Gemeinsam besaßen sie sowohl die Legitimität als auch die Fähigkeit Projekte zu schmieden, die eine echte Führungskraft ermöglichten. Aber es ging darum, diese subtil einzusetzen, denn, obwohl von ihnen Taten erwartet wurden, fürchteten die kleinen Staaten gleichzeitig, Entscheidungen würden nun von den großen bestimmt und generell wenig zu ihrem Vorteil ausfallen. Dadurch setzte sich dieses Paar, das durch eine exklusive Verständigung zusammengeschweißt und entschlossen war, auf internationaler Ebene für Europa zu sprechen, der Kritik aus.

Die Fortschritte auf institutioneller Ebene (Schaffung des Europäischen Rates und Direktwahl des Europaparlaments) gingen schnell voran. Die beiden Staatschefs hatten die gleiche Vorstellung hinsichtlich der erforderlichen Konsultation der Staatschefs und der Machtausübung durch „Clearing“ beim Gipfel in kleiner Runde. Auf ihre Initiative konkretisierte sich 1974 das bereits von den neun Staaten eingeführte Prinzip der Schaffung eines Europäischen Rats, der zweimal pro Jahr zusammentrat, sowie das jährliche Treffen der fünf führenden Industrienationen, das später zum G7 wurde. Dieser Erfolg des Intergouvernementalen war für Schmidt unwesentlich, solange nur Konsultationen stattfanden. Der Pragmatismus bedeutete auch, dass diese beiden Männer, deren Positionen im Grunde nicht so weit auseinander lagen, den Streit zur Supranationalität beendeten, der fast schon religiöse Züge angenommen hatte. Schmidt sollte grundsätzlich die in Westdeutschland vorherrschende Option für die föderale Organisationsstruktur Europas verteidigen, aber er scheute sich nicht, in den Verhandlungen die Forderungen seiner Partei und seines Koalitionspartners FDP hinsichtlich der Demokratisierung der Institutionen zurückzustellen. Es stimmt zwar, dass sich Giscard d'Estaing 1979 für eine konföderale Organisation Europas aussprach, aber er gab sich im Hinblick auf die Gegebenheiten, vor allem auf nationaler Ebene, keinerlei Illusionen hin.

Ende der 1970er Jahre war es vor allem notwendig, die innergemeinschaftlichen Währungsbeziehungen im Hinblick auf die bereits fortgeschrittene wirtschaftliche Abhängigkeit zu stabilisieren. Wie effizient waren Giscard und Schmidt bei der Schaffung des europäischen Währungssystems? Ihr Vorteil war die Vorbereitungsarbeit, dank der sie die anderen Partner für ihr gemeinsames Unterfangen gewinnen konnten. Sie konnten ihnen geschickt einen auf bilateraler Ebene entwickelten Entwurf „verkaufen“ und setzten die Legitimität jedes einzelnen ein, um auf innenpolitischer und außenpolitischer Ebene ihr Image zu pflegen. Das gelang nur, weil vorab sämtliche rein deutsch-französischen Hindernisse ausgeräumt wurden, um die traditionellen Positionen der beiden Lager, den Vertretern des Monetarismus und den Anhängern einer Annäherung der Volkswirtschaften in Einklang zu bringen. So konnten die Erwartungen aller und auch der unterschiedliche Umgang mit der Inflation vereinbar gemacht werden.

Die Hauptauswirkung des EWS war das Ende des willkürlichen Umgangs der Staaten in der Wirtschaftspolitik. Eine komplexe Dynamik zielte auf die Schaffung eines Binnenmarkts ab, mit dem Ziel, die Arbeitslosigkeit zu senken, Regulierungsstrukturen zu verringern, die Konkurrenz zwischen den Mitgliedsstaaten zu intensivieren und die Nutzung der größenbedingten Kostenvorteile zu vereinfachen. Durch dieses Unterfangen beschleunigte sich die Währungsintegration, da man die Wechselkursverluste beseitigen wollte.

2.3

Das konstante Fortschreiten des Gemeinschaftsprojekts von 1984 hielt bis kurz vor der Vereinigung Deutschlands an und ist dem gleichzeitigen und vereinten Einsatz Helmut Kohls und François Mitterrands zu verdanken, die die gelungene Annäherung der Wirtschaftsdoktrinen seit 1983 und der Ziele im Gemeinschaftswesen für eine Wiederbelebung der europäischen Idee nutzten.

Aus der Sicht Frankreichs sollten diese Bemühungen zusammen mit der friedlichen Revolution von 1989/90 „verstärkt an Sinn und an offensichtlicher Notwendigkeit“ gewinnen (Védrine 1996: 393).[7] Dem französischen Präsidenten und seinem Team wurde vorgeworfen, versucht zu haben, die Wiedervereinigung Deutschlands zu behindern oder aufzuhalten, was je nach gesellschaftlichem Kreis in Deutschland zu einer Abkühlung der Begeisterung für den Nachbarn, zu Enttäuschung oder, auf lange Sicht, zu Groll führte. Forschungsarbeiten haben gezeigt, dass für Paris die Stabilität des Kontinents und der Erhalt der möglicherweise durch Verschiebung der Grenzen gefährdeten Gleichgewichte die Hauptsorge war (Bozo 2005). Die dadurch begründete Umsicht wurde als ein „Fallenlassen“ des bevorzugten Partners verstanden, wobei es sich im Grunde nur um eine unterschiedliche Auffassung der Hindernisse und Prioritäten handelte. Bei dem Treffen zwischen Kohl und Mitterrand in Latche am 4. Januar 1990 gelang es, zur deutsch-französischen Methode zurückzufinden: Die Analyse der

7 Nichtsdestotrotz waren die beiden Staatschefs nicht in allen bilateralen Fragen einer Meinung, das galt insbesondere für die Entwicklung von Konsultations- und Mitentscheidungsverfahren beim Einsatz der französischen Atomwaffen, zum Beispiel Hadès.

Standpunkte, Erkennen der verschiedenen Interessen und Ansätze, die Bestimmung von praktischen Maßnahmen, die gemeinsam umgesetzt werden sollen.

Die deutsch-französische Konsultation war schon in den letzten Jahren intensiver geworden, und auch wenn Kohl und Mitterrand anders als ihre Vorgänger nicht ohne Weiteres und auf Englisch miteinander telefonieren konnten, gab es sehr häufige Treffen und Gespräche, im Durchschnitt alle 20 Tage. Sie führten Treffen wie das deutsch-französische *Briefing*-Frühstück vor jedem europäischen Gipfeltreffen ein, an das sie sich hielten, und um sie herum erweiterte sich der Stab an Helfern der bilateralen Zusammenarbeit. Es gibt zahlreiche Beispiele für „forcing" gegenüber Mitgliedsstaaten, die zögerten, die Richtung der Einheitsakte weiterzuverfolgen, durch die neue Entscheidungsverfahren eingeführt werden sollten. In diesem Fall pflichteten die beiden Staatschefs dem Kommissionspräsidenten Delors voll und ganz bei und äußerten beispielsweise anlässlich des europäischen Rats in Luxemburg am 3. Dezember 1985: „Falls das mit zwölf nicht möglich ist, dann machen wir es eben mit weniger" (Védrine 1996: 396).

Das daraus entstehende Projekt (eine Währungsunion unter der Leitung einer einzigen europäischen Zentralbank) in der Form des Vertrags von Maastricht war ein Beispiel für gelungene Verhandlungen durch beiderseitige Kompromisse zwischen Frankreich und Deutschland, die das Projekt mit einer einfachen Methode vorantrieben: Parallel zu den Regierungskonferenzen (im Dezember 1990 in Rom) in Verbindung mit den Treffen der zwölf Minister des Wirtschafts- und Finanzrats (Ecofin), verhandelten Franzosen und Deutsche innerhalb des deutsch-französischen Rats für Wirtschaft und Finanzen, der eine geheime Gruppe beauftragte, vor jedem europäischen Treffen gemeinsame deutsch-französische Positionen auszuarbeiten. Die bilaterale Kooperation funktionierte so gut, weil Kohl und Mitterrand 1990 ihren Regierungen den Auftrag erteilten, das Projekt der europäischen Wirtschafts- und Währungsunion (WWU) zu verwirklichen, mit der klaren Anweisung: „Machen Sie." Was sie auch taten, zusammen und jeder für sich. Zwischen den Finanzministerien, den Staatskassen und den beiden Zentralbanken bildeten sich privilegierte Gesprächspartner heraus. Ein wichtiger Diskussionspunkt war die Frage der Unabhängigkeit der zukünftigen Europäischen Zentralbank (EZB). Für Deutschland war dies, analog zur Tradition der Bundesbank als einziger Währungshüterin, eine absolute Grundvoraussetzung für die Zustimmung zur gemeinsamen Währung. In Frankreich dagegen war das Finanzministerium für die Festsetzung des Zinssatzes zuständig, und eine unabhängige EZB bedeutete das Ende der Kontrolle der Zentralbank durch die Regierung. Waren es die Franzosen oder die Deutschen, die in dieser Angelegenheit nachgeben sollten? In jedem Fall entspricht es nicht der Wahrheit, dass Frankreich Deutschland den Euro als Preis für die Zustimmung zur Wiedervereinigung abgerungen hatte; aber dies bleibt ein Element der sagenhaften

Erzählung, das sich trotz der Aussagen der Beteiligten hartnäckig hält (Fischer 2007: 283-284).[8]

Zwar gab es 1989 einige Interferenzen und einiges Knirschen in den letzten Wochen, aber Helmut Kohl erklärte sehr früh, dass die Wiedervereinigung Deutschlands nur mit entsprechenden Fortschritten bei der europäischen Einigung denkbar sei. Er stimmte Mitterrand bei seinem Vorhaben voll und ganz zu, die EU vor dem Hintergrund großer internationaler politischer Änderungen stärker zusammenzuschweißen. Die Säulen mussten solide sein: Gemeinsame Wirtschafts- und Währungsunion mit dem Ziel einer gemeinsamen Währung, Gemeinsame Außenpolitik unter Miteinbeziehung der Frage der Verteidigung (GASP). Zwar hatte der Kanzler intern gegen Widerstand bei der Währungsfrage zu kämpfen, insbesondere aus den Reihen der CSU und seitens des Finanzministers Waigel, der ebenso wie die Bundesbank anfangs zögerte. In der deutschen Bevölkerung war die Zahl der Gegner der Währungsunion regelmäßig angestiegen, von 22% 1974 auf 57% 1988 (Noelle-Neumann/Köcher 1993: 1029). Auf französischer Seite wurde das Ziel, das wiedervereinigte Deutschland an die EU zu binden, vor allem von der „Strategie zur Europäisierung der Wirtschafts- und Finanzmacht Deutschlands" überschattet (Wirsching 2006: 515). Der Vormachtstellung der Mark musste im EWS ein Ende gemacht werden.

Die Verhandlung von Maastricht war somit ein Aufeinandertreffen von zwei Umstellungen und Ausdruck des gemeinsamen Wunsches, Europa zu vertiefen, wie zur Veranschaulichung des Ausspruchs einer der sieben Gründerväter, des Belgiers Paul-Henri Spaak, wonach „nicht jeder so viel geben muss wie sein Nachbar, aber so viel wie er hat". In diesem Fall bedeutete das, dass Deutschland die Mark und Frankreich die Kontrolle über die Zentralbank aufgeben musste.

Nach zahlreichen überraschenden Wendungen, insbesondere bei der Anhebung der Zahl der deutschen Abgeordneten im Europäischen Parlament, wobei der Kanzler den Eindruck erweckte, er werde gezwungen, verabschiedete der Europäische Rat im Dezember 1991 den Vertrag über die EU, der am 1. November 1993 in Kraft trat. In dieser wichtigen Phase des europäischen Aufbaus spielte Jacques Delors eine entscheidende Rolle, denn er verstärkte die Antriebskraft der deutsch-französischen Verständigung, vor allem indem er den kleinen Staaten half, dem Projekt materiell zu folgen. Seine Persönlichkeit ließ die Kommission zwischen 1985 und 1992 durch ihre „Präsidentialisierung" selbst zu einem Motor der Politik werden. Das hinderte die politischen Verantwortungsträger jedoch nicht daran, die Bereitschaft der Bevölkerung zur Integration zu überschätzen, wie die Schwierigkeiten der Ratifizierung des Vertrags von Maastricht in Dänemark und später Frankreich zeigten: In Dänemark scheiterte

8 „Das sich seitdem hartnäckig haltende Gerücht, dass Deutschlands Ja zur Gemeinschaftswährung die Gegengabe für die deutsche Einheit gewesen sei, entbehrt jeder Grundlage."

der Vertrag im Referendum, in Frankreich wurde er mit einer knappen Mehrheit von 51,05% angenommen.

Selbst bei den Staats- und Regierungschefs kann man von einem gewissen Zögern sprechen, da sie im Folgenden die Regierungsebene gegenüber der Europäischen Kommission stärkten. Die Ratifizierung des Vertrags von Maastricht 1992 ging einher mit einem Aufflammen der EU-Skepsis und des Souveränismus, gemäß der Regel, wonach in der Geschichte der europäischen Integration die Fortschritte hin zu mehr Supranationalität oder mehr Föderalismus stets von Kritik an der Brüsseler Bürokratie begleitet wurden. Im deutsch-französischen Vergleich war die EU-Skepsis in Frankreich stärker ausgeprägt. In Deutschland gab es mehr Kritik an der europäischen Bürokratie als an der Übertragung der Zuständigkeiten. In Frankreich stieß man sich insbesondere an dem Begriff der Subsidiarität, deren Grundsatz der Vertrag von Maastricht anerkennt. Dieses seltsame Wort entzieht sich offenbar jedem Verständnis, obwohl es einfach nur besagt, dass Entscheidungen möglichst problemnah getroffen werden müssen. In beiden Ländern sollte es sowohl diejenigen beruhigen, die um die Souveränität des Staates besorgt waren, als auch die, die die Befugnisse der regionalen Organe erhalten wollen. Das Gefühl der Ohnmacht und der Angst angesichts der als undurchsichtig und komplex wahrgenommenen Mechanismen sollte mit der Ratifizierung des Verfassungsvertrags 2005 einen neuen Höhepunkt erreichen.

2.4

Das lange Jahrzehnt zwischen den beiden polarisierenden und dramatisierten Ratifizierungen zeichnete sich durch das Schwinden der Übereinstimmungen zwischen Deutschland und Frankreich, durch die Verwässerung der jeweiligen europäischen Projekte und den Rückzug auf jeweilige Einzelinteressen aus, was die Problematik der Souveränität in den Vordergrund rückte.

Die Idee der Notwendigkeit einer führenden Avantgarde wurde zwar nicht aufgegeben, aber im Rahmen der EU-Erweiterung tauchte sie zusammen mit der Thematik der Flexibilität und der differenzierten Entwicklung je nach Bereitschaft und Vorbereitungsstand der Mitgliedstaaten auf. So schlugen Wolfgang Schäuble und Karl Lamers 1994 vor, dass ein harter Kern (Kerneuropa)[9] schneller voranschreite und stark integrierte, supranationale Strukturen annehme. Das „Schäuble-Lamers-Papier“ war schnell ebenso berühmt und umstritten wie das „Europa der verschiedenen Geschwindigkei-

9 Anm. d. Ü: Deutsch im französischen Originaltext.

ten". Die variable Geometrie für den Aufbau Europas war zudem mit unterschiedlichen Zugehörigkeiten zur Union, dem Schengen-Raum oder der Eurozone allmählich Realität geworden. Aber es ist nicht sicher, dass Frankeich und Deutschland den Apparat, der sich mit dem Problem der hohen sozialen Kosten in Europa, der Konkurrenz aus den Billiglohnländern und der Staatsverschuldung zu einer Krisengemeinschaft entwickelt hatte, stets weiter vorantreiben wollten.

Angesichts der Multipolarität der Welt nach 1990 war es nicht nur notwendig, Ziele neu festzulegen, sondern man musste auch zwei gegensätzliche Prozesse ins Auge sehen: Frankreich musste gegen seinen schwindenden Einfluss in der Welt und Europa kämpfen, zu einer Zeit, als Deutschland sich an sein wachsendes internationales Gewicht gewöhnen musste. Diese neue Situation bedeutete das Ende des bilateralen Gleichgewichts zwischen Wirtschaftsmacht und politischer Macht. Die Begegnung von zwei nunmehr gleichen Partnern auf Augenhöhe machte Kompromisse schwieriger, die größtenteils als Interessenkonflikte wahrgenommen wurden.

2.5

Wie sonst lässt sich die Entwicklung der Regierungskonferenzen erklären, bei denen sich die Antagonismen herauskristallisierten und zum Katastrophenszenario von Nizza im Dezember 2000 führten, bei dem die deutsch-französische Achse zu einem negativen Faktor wurde mit einer kontraproduktiven „Leistung"?

Bei den Regierungskonferenzen konnte man beobachten, wie bei den Diskussionen mehr und mehr um nationale Überlegungen gefeilscht und gestritten wurde. In der Zeit zwischen dem Vertrag von Maastricht 1992 und dem Vertrag von Amsterdam im Oktober 1997, waren die Erweiterung der Befugnisse des Parlaments und das Prinzip der Mitentscheidung bei einigen Themen die einzigen Punkte, in denen Deutschland und Frankreich übereinstimmten. In Nizza verhandelten mit Chirac und Schröder zwei etablierte Staats- und Regierungschefs miteinander, die den renationalisierten Gemeinsinn praktizierten. Dieser bestand darin, seinen nationalen Kommissar zu verlangen, die Zahl seiner Stimmen zu verteidigen, um auf die Entscheidungen Einfluss zu haben, und auf die Beibehaltung des Vetorechts zu bestehen. Kurzfristige nationale Interessen hatten Vorrang vor den Interessen der Union und die Frage der Neugewichtung der Stimmen im Rat wurde frontal abgelehnt. Der Konflikt war sehr deutsch-französisch. Dabei stand ein Deutschland, das eine Anerkennung seines neuen demographischen Gewichts und somit mehr als die bisherigen 10 Stimmen für die vier „großen" Länder (Deutschland, Frankreich, Italien, Großbritannien) verlangte, einem

Frankreich gegenüber, das an den im Sinne der Gründerväter festgesetzten Gleichgewichten und der Symbolik der deutsch-französischen Gleichheit festhielt.

Das Ergebnis von Nizza war eine Komplizierung des Entscheidungsfindungsprozesses mit einer doppelten Mehrheit. Durch die Aufrechterhaltung des Vetorechts bei wesentlichen Themen, das von jedem Land nach Belieben eingesetzt werden kann, gab die politische Führungsriege ein denkbar negatives Bild ab und es war unbestreitbar, dass Schröder und Chirac ohne vorhergehende Konsultation wenig Rücksicht auf den anderen Partner nahmen.

Es gibt zahlreiche Erklärungen für das fehlende Streben nach Alternativen zu den Modellen, deren Unzulänglichkeiten man erkannt hat: Vom Ende der Ost-West-Konfrontation, die als Motor für die Stärkung Europas gewirkt hatte, über den größten Druck der Medien und der öffentlichen Meinung von innen, die eine Verteidigung nationaler Interessen in Europa fordern, bis zur Vielzahl an Partnern, die die bilaterale Beziehung weniger exklusiv wirken lassen. Auch wenn der Motor nicht mehr lief, so gab es dennoch einige Ähnlichkeiten, wie die weit verbreitete Tendenz, Brüssel zu kritisieren, um für unbequeme Entscheidungen keine Verantwortung übernehmen zu müssen, oder wie die Diskrepanz zwischen der Politik und der nationalen Rhetorik, die dazu führte, dass die eigenen Zukunftsängste auf Europa übertragen wurden.

Auf diesem Tiefstand der deutsch-französischen Beziehungen gab es zwar ein paar Rettungsversuche, wie die Einführung des Blaesheim-Prozesses durch Chirac und Schröder Anfang 2001, den deutsch-französischen Kompromiss zur Gemeinsamen Agrarpolitik im Oktober 2002 kurz vor dem EU-Gipfel der 15, oder die bilateralen Initiativen für die GASP und die Zusammenarbeit im Bereich Polizei und Justiz. In dieser Zeit waren es die Außenminister Védrine und Fischer, die die enge Beziehung pflegten.

Die EU-Erweiterungen waren schwierig, obwohl es sich hier um vielfältige Herausforderungen handelte. Die Beitrittsverhandlungen stärkten das allgemeine Muster einer Zustimmung auf deutscher Seite, die jede Erweiterung als eine Bereicherung sah und des Zögerns von Seiten der Franzosen, für die jede Erweiterung die Aussicht minderte, Europa zu einer Weltmacht zu machen und gleichzeitig möglicherweise die Gefahr barg, den Einfluss Frankreichs in der EU zu schmälern. Bei der zweiten Erweiterung, diesmal nach Osten, standen sich wieder Deutschland und Frankreich gegenüber: Deutschland mit seiner unmittelbaren Wahrnehmung der Probleme und Interessen und auf der Suche nach Stabilität im Osten und ein Frankreich, das sich bemühte, die Umstrukturierung des Kontinents und das Ziel, Deutschland fest an Europa zu binden, unter einen Hut zu bekommen.

Dem in Lissabon im Dezember 2007 „geretteten" Verfassungsvertrag kam das gemeinsame, wiederbekräftigte Engagement Nicolas Sarkozys und Angela Merkels für Europa zu Gute und man empörte sich darüber, dass die Ratifizierung an einem Referendum in Irland scheiterte, in dem lediglich 1,5% der Gesamtbevölkerung der EU leben. In der Zwischenzeit hatte sich Frankreich für eine Ratifizierung durch das Parlament entschieden.

2008 schienen die beiden Länder nach dem Alleingang Frankreichs bei der Mittelmeerunion in Abkehr vom Barcelona-Prozess wieder zu gemeinsamen Aktionen zurückgefunden zu haben. Es wurde insbesondere die sechs-monatige Ratspräsidentschaft der EU und die Handlungsbereitschaft des Staatspräsidenten herausgestellt. Aber durch die Erweiterung auf 25, und dann auf 27 Staaten wurde die Bedeutung sowie die Effizienz des deutsch-französischen Tandems stets mehr und mehr relativiert und der Kraftaufwand, die anderen zu gemeinsamen Projekten zu bewegen, stets größer. Schließlich leidet die deutsch-französische Effizienz vor allem unter den verschiedenen Handlungsansätzen der Staaten in der Wirtschaft und einer unterschiedlichen Bereitschaft, die Maastricht-Kriterien angesichts der Finanzkrise 2008/09 aufrechtzuerhalten oder aufzuweichen.

3

Ein Paradoxon aus all diesen Jahrzehnten der deutsch-französischen Kooperation in Europa bleibt bestehen: In allen Bereichen wurde die enge Zusammenarbeit als Grundvoraussetzung für jeden Fortschritt Europas erachtet und gleichzeitig zeichnete sich diese enge Zusammenarbeit aber oftmals durch divergierende Ziele, verschiedene politische Maßnahmen, insbesondere im Bereich der Wirtschaftspolitik, in der Annäherungen meistens ein Kraftakt waren, aus. Des Weiteren war die intensive tagtägliche Zusammenarbeit nicht immer der Garant für den Erfolg gemeinsamer Strategien. Ist es nicht so, dass die deutsch-französische Effizienz per definitionem relativ ist, da sie sich im Grunde darauf beschränkt, dass es keine andere Mehrheit gibt als den deutsch-französischen Kern und ohne die Zustimmung der beiden Partner keine europäische Entscheidung möglich ist? Es wäre somit ein Mythos im negativen Sinne, ein Irrglauben oder schlimmer: eine Lüge?

Sicherlich nicht, denn abgesehen von der Tatsache, dass der Mythos eine große Erzählung ist, die die tatsächlichen Ereignisse verzerrt wiedergibt, ist er vor allem in seinem anthropologischen Sinn von Bedeutung. Als Begründer der „sozialen Praxis" der deutsch-französischen Beziehungen dient seine Wiedergabe vor allem der Aufrechterhaltung der Bemühungen. Der Mythos setzt Ikonen ein: So dienen die Bilder von dem Paar Adenauer und de Gaulle in der Kathedrale von Reims oder von Kohl und Mitterrand Hand in Hand in Verdun vor allem dazu, zu mahnen[10] und gleichzeitig eine stilisierte Realität anzupreisen. Ebenso wie bei den sozialen Mythen der Gegenwart,

10 Anm. d. Ü: Deutsch im französischen Originaltext.

beispielsweise in der Geschichte des Gewerkschaftswesens, ist die Hauptaufgabe der Mythen die Mobilisierung. Das ist die eigentliche Rolle des Rituals. Die Ritualisierung der Gipfel und der Treffen hat somit dreierlei Bedeutungen: Der Ritus hat eine feste und wiederholte Form, man unterwirft sich dem Ritus in seiner Funktion des Gemeinschaftszusammenhalts und erwartet von der Einhaltung des Ritus, dass die eintretende Wirkung ähnlich wie bei früheren Situationen ausfällt. Aber im Unterschied zu den historischen Mythen, die auch sehr mobilisierend wirken können, wie beispielsweise „Rapallo", ist der Mythos der deutsch-französischen Leistung positiv und erfüllt eine konstruktive und produktive Funktion.

Einer der Gründe ist der jeweilige Nutzen der gemeinsamen Handlung. So war die „deutsch-französische Verständigung entscheidend, zum einen als unerlässliche Bedingung, als Motor und als *Nutznießer* der europäischen Integration" (Védrine 1996: 403). In diesem Sinne war Europa ein Plussummenspiel, bei dem nicht nur der gemeinsame Gewinn größer als der Einsatz ist, sondern auch der Gewinn jedes Mitspielers oftmals größer als dessen Investition ist. Der Mythos dient dem Pragmatismus, und das ist unbestritten eine Leistung.

Literatur

Bozo, Frédéric (2005): Mitterrand, la fin de la guerre froide et l'unification allemande, Paris: O. Jacob.

Cassirer, Ernst (1949): Vom Mythos des Staates, Zürich: Artemis

Fritsch-Bournazel, Renata (1974): Rapallo. Naissance d'un mythe. La politique de la peur dans la France du Bloc National, Paris: FNSP-Colin.

Fischer, Joschka (2007): Die rot-grünen Jahre. Deutsche Außenpolitik – vom Kosovo bis zum 11. September, Köln: Kiepenheuer & Witsch.

Girard, René (1972): La violence et le sacré, Paris: Grasset.

Girardet, Raoul (1986): Mythes et mythologies politiques, Paris: Le Seuil.

Grosser, Alfred (2004): France-Allemagne, la vertu agissante d'une morale, in: Projet, hors série, 2004, S. 27-31.

Koopmann, Martin (2003): Leadership oder Krisenmanagement. Kommentar zu den deutsch-französischen Europainitiativen, in: Dokumente, Zeitschrift für den deutsch-französischen Dialog, 2/2003, S. 19-33.

Lappenküper, Ulrich (1998): Die deutsch-französischen Beziehungen 1949-1963: von der „Erbfeindschaft" zur „Entente élémentaire", 2 Bde, München: Oldenbourg.

Möller, Horst/*Vaïsse*, Maurice (Hrsg.) (2005): Willy Brandt und Frankreich, München: Oldenbourg.

Noelle-Neumann, Elisabeth, Köcher, Renate (Hrsg.) (1993): Allensbach-Jahrbuch der Demoskopie 1984-1992, Bd. 9, München: Saur.

Picht, Robert/*Uterwedde,* Henrik/*Wessels*, Wolfgang, (1990): Deutsch-französischer Bilateralismus als Motor der europäischen Integration: Mythos oder Realität? in: *Picht*, Robert/*Wessels*, Wolfgang (Hrsg.) Motor für Europa? Deutsch-französischer Bilateralismus und europäische Integration, Bonn: Europa Union Verlag, S. 17-46.

Reszler, André (1981): Mythes politiques modernes, Paris: PUF.

Védrine, Hubert (1996): Les mondes de François Mitterrand, Paris: Fayard.

Vogel, Wolfram (2005), Die deutsch-französischen Beziehungen, in: Adolf Kimmel/Henrik Uterwedde (Hrsg.), Länderbericht Frankreich, Wiesbaden: VS Verlag, S. 418-35.

Wirsching, Andreas (2006): Abschied vom Provisorium. Die Geschichte der Bundesrepublik Deutschland 1982-1989/90, München: DVA.

Ziebura, Gilbert (1997): Die deutsch-französischen Beziehungen seit 1945: Mythen und Realitäten, Stuttgart: Neske.

Übersetzung aus dem Französischen: Katia Bensaid

Grenzüberschreitender Journalismus im heutigen Europa

Sigrid Plöger

Europakompetenz scheint auf der Agenda länderübergreifender und binationaler Ausbildungsgänge an oberster Stelle zu rangieren, wenn man sich einmal die verschiedenen Angebote im Internet anschaut. Das gilt vor allem für den Mediensektor und darin speziell für Journalisten, die in ihrer Funktion als Mediatoren nicht nur über diese Fachkompetenz verfügen sollten, sondern sie zur Bewusstmachung eines Massenpublikums für Themen von Europadimension anwenden können.

Das Pariser Institut d'Etudes Politiques[1] geht sogar noch einen Schritt weiter: es hat im Juni 2009 mit dem Ziel, ein internationales Netzwerk unter renommierten Journalistenschulen zu schaffen, eine hochkarätige Tagung zum Thema der „Zukunft der Journalismusausbildung" mit Teilnehmern aus Spanien, China, Südafrika und England veranstaltet, auf der von deutschsprachigen Ausbildungsstätten allerdings nur die Schweizer Journalistenschule MAZ vertreten war.

Doch soll und kann in diesem Rahmen nicht auf die Journalistenausbildung weltweit eingegangen werden.

Ein Blick allein auf die deutschsprachigen Kooperationen gibt Aufschluss über Bemühungen und Tendenzen zur grenzüberscheitenden Öffnung in der Nachwuchsausbildung.[2] Als ein gelungenes Beispiel sei der jüngst gegründete anwendungsorientierte Ausbildungsgang der Schweizer Journalistenschule MAZ in Luzern und der Hamburg Media School und der Universität Hamburg erwähnt.[3]

---

1 http://www.sciences-po.fr/portail/fr-fr/actualites/actualites-en-videos/

2 Eine von der Deutschen Gesellschaft für Publizistik und Kommunikationswissenschaft (DGPuK) und dem Deutschen Journalistenverband (DJV) an der Universität Münster 2006 organisierte Tagung, die sich u.a. mit dem Thema der Internationalisierung von Journalistenstudiengängen im deutschsprachigen Raum beschäftigte, bestätigt diese Tendenz.

3 http://www.postgraduate.ch/MBA/Studium/Master_of_Arts_in_Journalism_3575.htm.
Der europäisch und interdisziplinär ausgerichtete Studiengang setzt auf Praxistraining, kombiniert mit Journalismus- und Medienforschung. Er schließt mit einem Dual Degree ab: dem Masters (MA) der Hamburg Media School und der Universität Hamburg sowie dem MAZ-Diplom. Träger sind die Schweizer Zeitungsverleger, der SRG, die Journalismusverbände, die Verlage Gruner+Jahr, Spiegel, Axel Springer.

Insbesondere im deutsch-französischen Raum gibt es dank der intensiven Arbeit auf institutioneller Ebene im Bereich der Fortbildung Angebote und Nachfrage im medienspezifischen Bereich. Dies hat das Deutsch-Französische Institut in einer 2003 veröffentlichten Studie über den Befund einer breiten Umfrage unter Deutschen und Franzosen dargelegt. Daraus wird deutlich, dass nach Meinung der Probanden „ein auffälliger Widerspruch zwischen bestehenden Progammen und gewünschtem Austausch“[4] vorliegt.

Sicher bieten eine Reihe von Institutionen wie das dfi, die Robert Bosch-Stiftung, das deutsch-französische Jugendwerk (DFJW) und andere mit mehr oder weniger Erfolg seit vielen Jahren zahlreiche interessante Möglichkeiten der Aus- und Fortbildung, von Workshops und Seminaren, Bildungsreisen und Austauschprogrammen, an um auf diese Weise eine Annäherung der Nationen über die Medien zu fördern.

Es wurden Programme zur Netzwerkschaffung wie *European journalists* geschaffen wie auch die Vereinigung von grenzüberschreitend tätigen Journalisten (IPI) in den Regionen Saarland, Rheinland-Pfalz/Mosel und Baden/Elsass. Die Journalistenvereinigung wurde gegründet mit dem Ziel, aktuelle Nachrichten und eine Datenbank zur Verfügung zu stellen. Die Ergebnisse lassen noch zu wünschen übrig. Fortbildungsprogramme von ARD, ZDF, France 2, France 3 mit dem CUEJ sollten entsprechend institutionell gefördert werden[5], so hieß es 2003 von parlamentarischer Seite anlässlich des 40. Jahrestages des Elysée-Vertrags[6]. Auch wenn die Pläne heute noch bestehen mögen, in der Realität gibt es diese Fortbildung für Journalisten nicht, wie die Personalabteilung und die Chefredaktion von France 3 bestätigen. Was jedoch auch ein Wunsch der Politiker war und heute regelmäßig praktiziert wird, ist ein reger Austausch von Beiträgen über den Rhein hinweg: So gibt es das Dreieckland-Magazin „Vis à Vis“ mit einer Berichterstattung von SWR, France 3 und dem Schweizer Fernsehen. Ferner werden innerhalb der Nachrichtensendung auf France 3 jeden Samstag unter der Rubrik „vent d'est“ 3-4 Beiträge zu grenzüberscheitenden Themen von anderen Sendern in den Nachbarländern übernommen.

Doch zurück zur Ausbildung: Wie oben gezeigt, gibt es eine Fülle von Studiengängen mit vereinzelten Kontakten im Ausland. Selten dagegen sind integrierte Ausbildungsgänge von assoziierten Hochschulpartnern, die Studierende mit einem Doppeldiplom entlassen. Der Grund für die „Zurückhaltung“ ist strukturell, institutionell bedingt, da Seminarzeiten und Curricula an deutschen und französischen Hochschulen

4 F. Baasner/K. Elbogen, Deutsch-französische Kooperationen in der Journalistenausbildung, Ludwigsburg 2003, S. 20.

5 http://www.hccfa.org/ktml2/images/uploads/8e.pdf.

6 Parlamentarier-Rat der Erklärung des Treffens der deutschen Länder und der französischen Regionen vom 27./28. Oktober 2003 in Poitiers. www.granderegion.net/fr/documents.../8_sommet_cpi.pdf.

sich nur schwerlichst miteinander vereinbaren lassen. Das Problem wird sich jedoch durch das neue Gesetz von 2009, das den französischen Universitäten mehr Freiheiten einräumt, in Zukunft möglicherweise ändern.

Aktuell gibt es fünf mit dem Qualitätslabel der Deutsch-Französischen Hochschule ausgestatteten integrierten Studiengänge im Mediensektor[7]:

So z.B. der Master *Europäische Medienkultur*, sowie der Master *European Film and Medias Studies* der Universitäten Weimar und Lyon II, der Master *Medienkommunikationskultur* in Frankfurt/Oder, Nizza und Sofia und der 2008 eingeführte Master *Medienkulturanalyse* der Partneruniversitäten Nantes (Fachbereich LEA) und Düsseldorf (Institut für Kultur und Medien). Alle fördern durch die Ausbildung den Mehrwert an Wissen über die Spezifika des Nachbarlandes und dessen Sprache, aber keiner bereitet speziell auf den Journalismus vor.

Doch wie steht es um den Ausbildungssektor in der Journalistik?

Unter den Angeboten überzeugt weniger die Quantität als die Vielfalt. Der Löwenanteil von Ausbildungsgängen reduziert sich auch heute noch vielmehr auf eine Universität als Projektträger mit wechselnden Kooperationspartnern, wie die Journalistenschule in Bordeaux zeigt, die neben anderen Hochschulen wie Hamburg z.B. punktuell auch mit russischen Partneruniversitäten Kooperationen eingeht[8]. Oder dem Institut Supérieur de Formation au Journalisme (ISFJ) in Lille mit den Beneluxländern[9] um nur einige zu nennen.

Anders dagegen verhält es sich bei dem 2003 von Radio France initiierten und in der Germanistik der Uni Paris III angesiedelten berufsorientierten einjährigen Master europäischer Journalismus mit Schwerpunkt auf Deutschland. Dieses auch 2009 noch erfolgreiche Fortbildungsprogramm stützt sich intensiv auf die Einrichtungen des DFJW und die Progamme der Robert Bosch Stiftung denn auf einen universitären Kooperationspartner in Deutschland[10]. Ziel ist es, Studierende mit politischen, wirtschaftlichen, rechtlichen und kulturellen Besonderheiten in einem historisch und staatsrechtlich anders gestalteten geographischen Raum vertraut zu machen und ihnen mithilfe von soliden Sprachkenntnissen den Weg in den Berufsalltag im Medien- und Kommunikations- oder Bibliothekssektor in Deutschland zu ebnen.

Entschieden konsequenter auf den Journalistenberuf ausgerichtet – und insofern in seiner Art einzigartig –, gestaltet sich der integrierte, nicht konsekutive *Master deutsch-französische Journalistik* des Frankreichzentrums der Universität Freiburg und der

7 www.deutschland-frankreich.diplo.de/-Deutsch-Franzosische-Hochschule,351-.html.
8 http://www.ubordeaux3.fr/fr/international/cooperation/double_diplome_avec_la_russie.html.
9 http://www.ipsi.rnu.tn/fr/cooperation.asp.
10 http://www.parisetudiant.com/etudes/master/master.php?master=366.

Straßburger Journalistenschule (CUEJ[11]). Auf die Besonderheiten dieser Ausbildung soll an dieser Stelle, insbesondere unter dem Blickwinkel der Funktion von bi-kulturellen Journalisten im heutigen Europa näher eingegangen werden.

Ein Meilenstein in der Journalistenausbildung

„Was wir wissen, wissen wir über die Massenmedien", so eine weitläufig bekannte Formel. Diese Formel einmal ernst genommen, gilt es auch für die Medienmacher sich ihrer Verantwortung bewusst zu sein und ihr Zielpublikum – Leser, Hörer und Zuschauer – aktuell, umfassend und verständlich mit Hintergrundinformationen zu versorgen.

> „Interessieren Sie sich für Informationen aus dem deutsch-französischen Raum – dann enthüllen wir Ihnen die Nachrichten und erzählen Geschichten".

Das könnte ein Slogan des europäischen Kulturkanals ARTE sein. Es ist jedoch vielmehr das Programm des Masters „deutsch-französische Journalistik", ein Joint-Venture-Programm des Frankreichzentrums (FZ) in Freiburg und des Centre universitaire d'enseignement du journalisme (CUEJ), also einer Ausbildung zwischen Theorie und Praxis. Dessen Credo ist es, dank gekreuzter Blicke Kulturmuster zu hinterfragen und Qualitätsjournalismus zu garantieren.

Der Studiengang richtet sich an Interessierte, die bereits einen beliebigen akademischen Abschluss vorweisen können und nach einer zweijährigen Ausbildung im journalistischen Bereich in einem deutsch-französischen Arbeitsfeld arbeiten wollen. Und davon gibt es viele! Etwa 10% der Interessenten, das heißt sechs Deutsche und sechs Franzosen, werden aufgenommen mit dem Ziel, Fachjournalisten heranzubilden. Die gibt es für Wirtschaft, Recht, Kultur und Sport. Die Studierenden dieses Masters werden ausgebildet für einen geografischen, kulturellen Raum, um aufzudecken und anzusprechen, was andere nicht wahrnehmen, weil sie darauf nicht geschult sind. Sie werden zu Enthüllungsjournalisten gemacht, die glaubwürdig sind, die medienethische Aspekte in den Vordergrund stellen statt nach scoops zu jagen; die einen pädagogischen Wert auch im Journalismus für machbar halten. Nicht transnationale Berichterstattung

11 Das CUEJ legt seine Studienschwerpunkte neben der Erlernung des Handwerks zum Journalisten auf die Spezialisierung neben dem „Master franco-allemand" in Richtung auf Europa und Urbanistik aus. Aufgrund der Präsenz der europäischen Institutionen wie Europarlament, Europarat und Europäischer Gerichtshof für Menschenrechte in Straßburg ist dies eine ideale Ausbildungsstätte mit Praxisbezug.

oder Einheitsbrei, der wie TV-Serien universell verstanden wird, ist angestrebt, sondern es gilt den Blick zu schärfen für das, was in dem jeweils anderen Land interessant und wissenswert zum besseren Verständnis und für eine europäische Zusammenarbeit notwendig ist. Eine Art „Karambolage“[12] von Journalisten. Den Blick hinter die Kulissen wagen, differenziert darstellen ohne zu beschönigen noch die Gegensätze zu leugnen und dennoch neugierig auf den anderen machen und die eigene Kultur hinterfragen lernen und somit Wahrnehmungsmuster verändern. Deswegen gibt es die Ausbildung.

Wie die Studierenden auf ihre künftige Aufgabe vorbereitet werden

Vertiefte Kenntnisse zur Mediengeschichte, Kultur, politischen und presserechtlichen Struktur, Strukturen der Verwaltung des Landes vermittelt von Gastprofessoren gehören ebenso zum Curriculum wie journalistische Arbeitsweisen in beiden Ländern in Form von Praktika. Dabei gilt es die Unterschiedlichkeit der Arbeitsweisen und Macharten, der Kommunikationsweisen und der verfolgten journalistischen Ziele festzustellen und damit umgehen zu lernen. Nachwuchsjournalisten wird vermittelt wie man ein Netz von Ansprechpartnern aufbaut, Netzwerke schafft, sich im anderen Land sinnvolle Informationen schnell bei wem einholen kann. Wo bei wem die Zuständigkeiten liegen. All das sind die Schätze für Journalisten, um gut und schnell zu berichten.

Auslandspraktika kommen Schlüsselfunktion zu: Erfahrungen konnten Deutsche in Frankreich sammeln bei den Regionalzeitungen im grenznahen Raum wie *l'Alsace* in Mulhouse und den *Dernières Nouvelles d'Alsace* (DNA) in Straßburg, aber auch bei der größten französischen Regionalzeitung *Ouest France* in Rennes und internationalen Medienunternehmen wie *Radio France Internationale* (RFI), *ARTE* und *Euronews*. Für die französischen Studierenden ist das Auslandspraktikum noch nicht Pflicht. Dennoch haben einige konstruktive Erfahrungen bei der *Frankfurter Rundschau,* der *Frankfurter Allgemeinen Zeitung,* dem *Hessischen Rundfunk,* dem *deutschen Depeschendienst* (DDP) gemacht, die für ihren weiteren Lebenslauf von grosser Bedeutung sind.

Auch die Projektarbeit im Tandem ist zentral für die Ausbildung. Das Prinzip ist einfach: Ein Thema, zwei Blickwinkel auf Deutschland und Frankreich. Breit angelegte Themen orientieren sich zum Beispiel an Schwerpunkten wie die Stadtplanung

12 Jeden Sonntag abend um 20Uhr gibt es auf ARTE die Sendung „Karambolage“, in der unterhaltsam aufbereitete deutsch-französische Eigenarten vorgestellt werden, durch die man die Kultur des anderen kennen lernt und über die eigene zum Nachdenken inspiriert wird. Siehe auch: Doutriaux, Claire: Karambolage. Kleines Buch der deutsch-französischen Eigenarten; München Knesebeck Verlag, 2006. http://www.arte.tv/de/europa/karambolage/104016.html.

in Berlin und das Städtebauprojekt Stuttgart 21, das Bahnhofsprojekt. Die Ergebnisse sind in Form sogenannter Dossiers aus Radio-, Fernsehelementen und Artikeln im Internet auf der Homepage der Schule[13] einzusehen. Ferner erlernen zu Studienbeginn die deutschen Studierenden ihr journalistischen Handwerk als TV-Reporter, indem sie über die französischen Filmfestspiele in Tübingen und über eine Messe im Raum Bordeaux berichten.

Es geht aber nicht immer so „spektakulär" zu. Dafür lassen sich in deutsch-französischen Tandems lebensnahe, gesellschaftlich relevante Themen ideal im Grenzgebiet behandeln.

In den hauseigen produzierten und an die Öffentlichkeit verkauften Zeitschriften der Journalistenschule „News d'Ill" und „Viva cité" und der Radiosendung „Faxo" wurden seit Bestehen der Ausbildung eine Fülle von Themen links und rechts des Rheins bearbeitet. Daraus im Überblick eine handvoll Praxisbeispiele, die einen diffenzierten Blick auf das aktuelle Deutschland wiedergeben:

1. Europapolitik illustriert und analysiert anhand von grenzüberschreitenden Erfahrungen wie die Wirtschaftskrise im Bankenvergleich: Kreissparkasse/Caisse d'Epargne[14] oder: die Attraktivität der Badener und der Elsässer im ökonomischen Regionenvergleich historisch aufgerollt bis heute mit dem Ergebnis, dass die Badener sich anpassen, mehr Ideen haben während die Elsässer sich auf ihren Lorbeeren ausruhen. „Erst Elsass vorn, dann überholt von der Dynamik der Badener"[15] oder die Problematik grenzüberschreitender Firmengründungen[16].
2. Zum Thema Dynamik ein weiteres Beispiel, das als Abschlussarbeit[17] vorgelegt wurde: ein Projekt von Winzern in Sasbachwalden und Andlau, Touristen ihre Rebstöcke zu zeigen und zur Verköstigung einzuladen. Wiederum ein Zeichen von Respekt und Akzeptanz, dass die Elsässer Winzer sich mit ihren deutschen Kollegen auf eine Messlatte legen lassen, wo doch noch vor wenigen Jahren deutscher Wein als schwefelhaltiges Zuckerwasser von Franzosen nur müde belächelt wurde.

---

13 http://mcsinfo.u-strsbg.fr.

14 „La vie en bleu pour les épargnants" und „Les écureuils d'outre-Rhin multiplient leurs provisions", News d'Ill No 95, janvier 2009, p. 12, 13.

15 Alsace-Bade-Wurtemberg: les lois de l'attraction. Depuis 150 ans, les économies des deux rives sont intimement liées. D'abord moteur, l'Alsace est rapidement dépassée par le dynamisme badois." News d'Ill No 95, janvier 2009, p. 4.

16 „Le difficile passage du Rhin. Malgré toutes les incitations, les entrepreneurs français restent peu nombreux à traverser la frontière." News d'Ill No 93, avril 2008.

17 Christiane Kleer, „Weintourismus in Baden und im Elsass." Abschlussarbeit April 2008.

3. Ein anderes Thema war die von Ministerin von der Leyen 2006 initiierte Debatte um die Zahl der Krippenplätze. Das CUEJ nahm die politische Diskussion zum Anlass, genauer hinzuschauen, wie sich die Situation im Grenzgebiet darstellt und das Thema auszuweiten auf die Frage der Arbeitsbedingungen von Müttern diesseits und jenseits des Rheins[18]. Dieser Vergleich ging auch landesweit durch die deutschen Medien. Frankreich wurde als Modelcharakter hingestellt. Die deutsch-französische Nachwuchjournalistengruppe hat aber wieder im Grenzraum herausgefunden, dass es auch in Freiburg vorbildliche Einrichtungen von Kindertagesstätten gibt wie z.B. an der Freiburger Universität[19]. Sie zeigen so, dass von den Angestellten und Eltern eine Initiative ausgehen muss, um Wünsche zu realisieren, wenn die Familienpolitik keine Staatspolitik wie in Frankreich ist.
4. Genau umgekehrt steht es bei nachhaltigen Energien: natürlich ist das grüne Freiburg prädestiniert für ein Umweltthema. Busscharen französischer Professioneller, Politiker und Neugieriger fahren zur Besichtigung ins Vaubanviertel, um sich Ideen zur Sonnenenergie – die sich dort wegen Überkapazität sogar zu Geld machen lässt – an- und abzuschauen. Nun soll ein ähnliches Viertel in Strasbourg gebaut werden mit Unterstützung der Gemeindevertreter! Und auch den notorischen Skeptikern fehlen mehr und mehr die Argumente. „Argumente", wie mir bei den Recherchen selbst zu Ohren kam, die darauf hinausliefen, dass nachhaltige Energien in Deutschland angewendet werden können, weil die gesellschaftliche Akzeptanz vorhanden sei, in Frankreich aber nicht und so bleibe man trotz positiven Eindrucks und großen Staunens dennoch lieber bei Heizöl und Elektroheizung.
5. Ganz ähnliche Erfahrungen haben wir bei dem Thema Verkehrspolitik sammeln können. Auch hier haben sich die französischen Kommunalpolitiker von links und rechts den Freiburgern Einiges abgeschaut und umgesetzt, worüber die jungen Journalisten bereits berichtet hatten. So gibt es jetzt ein für französische Verhältnisse sehr gut ausgebautes Netz an Fahrradwegen in der europäischen Metropole, dafür aber auch mehr Parkuhren und weniger Parkplätze. Die Ergebnisse

18 „Deux mères à contre courant. En Alsace, une Allemande s'épanouit au travail. Outre-Rhin, une Française fait face aux préjugés." Eine Recherche mit gekreuztem Blick ergab: eine deutsche Mutter in Frankreich sagt, das erste Jahr mit ihrem Kind war toll, das zweite gut, das dritte zuviel und sie froh war, das Kind in die „école maternelle" geben zu können, um ihrer Arbeit wieder nachzugehen.. Dies ein Loblied auf die französische Kinderbetreuung. Eine in Deutschland ansässige Französin berichtet über die Schwierigkeiten, Kind und Arbeitsplatz unter einen Hut zu bringen. News d'Ill No 90, mars 2007, p. 6.

19 „Des landaus dans l'entreprise", News d'Ill No 90, mars 2007, p. 9.

der Projektarbeit mit gekreuztem Blick auf solche Themen werden z.B. publiziert in Online-Ausgaben bei *Fudder*, dem Online-Magazin der Badischen Zeitung.

6. Auch verbraucherpolitische Fragen werden in beiden Ländern erörtert: So wurde 2007 dem interessanten Phänomen nachgegangen, warum die Franzosen in Kehl einkaufen, gar Häuser kaufen und sich dort niederlassen. Und welche Konsequenzen diese Entwicklung für die deutsche Grenzstadt haben wird. Ein Ereignis, das in der deutschen Presse gerade mal in der Süddeutschen Zeitung zur Kurzmeldung wurde, obwohl es doch ungeahnte gesellschaftspolitische und wirtschaftliche Konsequenzen birgt, da die Geschäfte wie Drogerien, Discounter, Reisebüros und selbst das öffentliche Schwimmbad ihren Umsatz zu etwa 80% aus französischer Kundschaft schöpfen![20] Die elsässischen und nationalen französischen Medien berichten in ihrer vollen Bandbreite darüber, dass man in Deutschland günstiger einkaufen kann. Sogar der Verbraucherminister wird ins Ländle gefahren, um vor laufender Kamera seinen Caddie mit gleichen Produkten in einem deutschen und einem französischen Supermarkt zu füllen, um festzustellen, dass ein Einkauf in Deutschland das Portemonnaie um 1/3 weniger belastet. Doch keiner sagt, warum das so ist. Gerade die Analyse ist doch interessant und wichtig zu vermitteln, weil sich dahinter zwei grundverschiedene Vertriebssysteme verbergen, die der jeweiligen Wirtschaftspolitik des Landes entsprechen.
7. Gezeigt wird auch, dass trotz der geographischen Nähe z.B. die deutschen Kranken- und Feuerwehrwagen ausser in der Grenzstadt Weissenburg im anderen Land nicht einschreiten dürfen[21], oder wie wir auf dem NATO-Gipfeltreffen in Strassburg/Kehl/Baden-Baden im April 2009 gesehen haben, die deutsche Polizei auf der Europabrücke stand und zusehen musste, wie in 50 m Entfernung, also in Sichtweite, black blocks das Zollgebäude, eine Apotheke und ein Hotel auf französischer Seite in Brand steckten. So nah und doch so fern... Das gilt auch für die beiden auszubildenden Organisationen.

20 Quelle: DNA Juni 2009 und Interviews mit Unternehmern aus Kehl.
21 Quelle: http://mcsinfo.u-strsbg.fr.

Zoom auf die Unterschiede bei einer internationalen Journalismusausbildung

2005 begann der integrierte, nicht-konsekutive und anwendungsbezogene Studiengang mit Doppeldiplom. Das erste Jahr der Ausbildung sind die Studierenden in Freiburg, das zweite in Straßburg, am CUEJ. Dieses Joint-venture Projekt ist im journalistischen Bereich nicht nur einzigartig, sondern in doppeltem Sinne ein Spezifikum, da es sich nicht nur um eine deutsch-französische Kooperation handelt, sondern auch um eine Kooperation aus Hochschule und Journalistenschule! Das birgt Probleme wie unterschiedliche Konzeptionen der Pädagogik, wenn sich Humboldtsche Bildungsideale denen von Decartes an französischen Hochschulen gegenüberstehen. Auch der Stellenwert der deutsch-französischen Ausbildung im Curriculum ist an der Straßburger Journalistenschule, die zu den sechs renommiertesten Frankreichs zählt, zweitrangig im Rahmen des Auswahlverfahrens, das darauf abzielt, ob die Kandidaten „journalistisch geeignet“ sind, den nötigen „Biss“ haben. Am FZ in Freiburg zielt die Auslese genau auf das interkulturelle Profil ab.

Auch basieren beide Systeme auf einem unterschiedlichen journalistischen Selbstverständnis: Meinungsjournalismus und Infotainement statt angelsächsischem Journalismus und sachlicher Information. Aber nicht nur die unterschiedliche Art Nachrichten aufzubereiten fällt ins Auge; es scheint vielmehr, Deutschland sei insgesamt für Franzosen nicht „sexy“ genug, um Bericht zu erstatten. Große Sender wie TF1 hatten mehrere Jahre ihre Korrespondentenbüros in Berlin geschlossen wegen mangelnden Interesses. Ein erfahrener Deutschlandkorrespondent, Pierre Thivolet, erklärte, dass das einzige Thema, das er seiner Redaktion „verkaufen“ konnte, der Mauerfall war. Das ist zwanzigjährige Geschichte. Heute ist zwar das Interesse der Franzosen an der deutschen Hauptstadt als Wochenendziel da, aber weiß man deswegen in Frankreich mehr über Deutschland? Oder in Deutschland mehr über Frankreich als die aktuellen Meldungen über Sarkozy und die reizvolle Präsidentengattin Carla Bruni, die lieber mit dem amerikanischen Präsidentenehepaar und dem spanischen Thronfolgerpaar gezeigt werden als mit Frau Merkel und Herrn Sauer, dessen Name dem französischen Präsidenten nicht einmal über die Lippen gehen will.

Und die Konsequenzen für die Medienpräsenz zeigen sich umgehend: Dieses Jahr sollte RFI das Berliner Büro schließen[22]!

---

22 http://rfiriposte.wordpress.com/worl/deutsch/ La nouvelle direction de „Radio France Internationale“ envisage la fermeture de six rédactions en langue étrangère dont la rédaction allemande. Une décision qui concerne également le studio de RFI à Berlin, la fréquence FM dans la capitale allemande et le site web. Ce qui équivaut à une mort annoncée d’une des vitrines les plus importantes de la France en Allemagne.

Zwischenbilanz und Berufsperspektiven

Den Blick schärfen, herausstellen, wie interkulturelle Begebenheiten journalistisch genutzt werden können, was den anderen interessiert und wie man es ihm in seiner Kultur und mit seiner Geschichte und seiner Sprache erzählt, damit er darauf aufmerksam wird, Unterschiede bewusst wahrnimmt und vielleicht sogar gesellschaftlich aktiv wird, das sind Inhalt und Ziel des Masters. Dabei entsteht kein einheitliches Deutschland- bzw. Frankreichbild, das die bestehenden Klischees bekräftigt oder genau das Gegenteil. Es gilt vielmehr, Themen unter Blickwinkeln von jungen Leuten interkulturell beleuchten zu lassen und ihnen das Handwerkszeug dafür zu vermitteln.

Anerkennung gibt es bereits von öffentlichen Stellen: EUCOR[23]-Mittel für die Mobilität und das Qualitätslabel der Deutsch-Französischen Hochschule (DFH) Saarbrücken. Diese Unterstützung ist wichtig für die Finanzierung und das Image. Eher symbolisch wichtig ist dagegen der Bartholdi-Preis[24] für besonders gelungene deutsch-französische universitäre Projekte in 2008.

Aber auch Profis sind auf den Studiengang aufmerksam geworden: der deutsch-französische Nachwuchs-Journalistenpreis ging 2009 an Maria Wimmer, eine Absolventin des Masters bei der Mittelbadischen Zeitung. Anfragen zur Zusammenarbeit von französischen Medienpartnern wie Radio Eurodistrict , dem Chefredakteur der Onlinezeitung babel.com. und der Zeitschrift Paris-Berlin sowie der Journalistengewerkschaft sind eingetroffen.

Internationales Ausmaß hat der Studiengang durch das Interesse des Goethe-Institut und der Alliance Française in Glasgow[25] erfahren: Die dortige Journalistenschule hat 2005 ein reges Interesse an der Beteilung am deutsch-französischen Studiengang bekundet. Sicher kann man behaupten, wer die kulturellen und sprachlichen Kompetenzen eines anderen Landes beherrschen gelernt habe, auch leichter Zugang zu anderen Kulturen hat. Von seiten der hiesigen Verwaltungsakteure wird eine Öffnung des Projekts auch grundsätzlich begrüßt, in Richtung auf ein Drittland mit einer zusätzlichen Sprache jedoch vorerst nicht angestrebt.

Es tut sich viel im Oberrheingebiet und die Nachwuchsjournalisten haben die Chance dabei zu sein, wenn jetzt das von regional relevanten Politikern vorangetriebene Modell des Eurodistrikts[26] Gestalt annimmt, wodurch die Bezirke links und rechts des Rheins politisch und administrativ miteinander kooperieren. Anders als bestehende

23 EUCOR ist eine europäische Konföderation der oberrheinischen Universitäten Basel, Mulhouse, Strasbourg, Karlsruhe und Freiburg. http://www.ub.uni-freiburg.de/eucor/.

24 http://www.prixbartholdi.com/.

25 http://www.goethe.de/INS/gb/gla/acv/lit/2005/de1013018v.htm.

26 http://www.eurodistrict.eu/fr/Accueil-2.html.

Medieninstitutionen wie die Lokalzeitung DNA – die ihre deutsche Ausgabe[27] einstellen will – stehen die mit dem Doppeldiplom ausgestatteten Fachjournalisten für deutsch-französische Fragen schon in den Startingblocks. Denn trotz Medienkrise ist der Markt für die Nachwuchsjournalisten des einzigartigen Masters „deutsch-französische Journalistik" günstig, da mit dem Eurodistrikt auch das Interesse am Nachbarland wächst!

Nach vier Jahren Existenz kann der Studiengang als erfolgreich eingestuft werden: Fast 100% der Absolventen haben befristete oder gar unbefristete Stellen und das nicht nur bei ARTE, wenn es auch der Hauptarbeitgeber geworden ist.[28]

Das Ziel, deutsche und französische Studierende praxisnah auf die journalistische Tätigkeit im grenzüberschreitenden Raum vorzubereiten und Blickwinkel und Blickwechsel zu schulen, konnte in Ansätzen realisiert werden und stößt auf großen Zuspruch bei den Studierenden, den öffentlichen Einrichtungen und Medienpartnern.

Durch ein Mehr an Wissen und Willen kann Unsichtbares sichtbar gemacht werden. Der Blick der Franzosen auf Deutschland und umgekehrt ändert sich durch die Zusammenarbeit der beiden Kulturen und ergibt somit Neues. In diesem Sinne ist Journalismus geradezu „Pionierarbeit" und ein Meilenstein in der europäischen Annäherung!

Was bleibt auf der Mikroebene zu tun, um die deutsch-französische Journalistenausbildung konkret voranzutreiben?

Als vorbildlich zu nennen für die kulturelle Annäherung auf der Ebene der Weiterbildung für Nachwuchsjournalisten, ist die Schaffung von Informationsplattformen, die Förderung des Networking und internationaler Fortbildungsprogramme. Um allerdings Zugang zu den Angeboten zu haben, müssen die jungen Leute schon Journalist sein. Doch sind sie erst einmal als fester oder freier Journalist in die Zwänge des schnelllebigen Redaktionsalltags eingebunden, sind sie schnell unwillkürlich aus dem Informationsnetz ausgegliedert. Besser scheint es deswegen, früher, also in der Aus-

27 Begründung, so der Chefredakteur Dominique Jung ist, dass es im Elsass kaum noch deutschsprachige Leserkundschaft gibt. Die Zeitung verstärkt auf dem deutschen Markt anzubieten, wird als ökonomisch nicht relevant betrachtet. Es soll auch keine Konkurrenz zu den Badischen Lokalzeitungen entstehen, so D. Jung anlässlich einer Pressekonferenz 2007.

28 So arbeiten sie u.a.: bei Arte-Kultur, Arte-Info, Onlineredaktion, bei Reuters in Zürich im französischsprachigen Dienst, im Saarländischen Rundfunk, bei der luxemburgischen Tageszeitung „L'Essentiel" bei France 3, bei der Saarbrücker Zeitung, der Mittelbadischen Zeitung und einem Fotomagazin in Hamburg. Die Chancen für die Franzosen schon als junger Journalist als Korrespondent zu arbeiten, sind auch deswegen groß, weil sie zu den wenigen zählen, die der deutschen Sprache und Kultur mächtig sind. Nur eine Absolventin hat sich entschieden, zu promovieren.

bildungsphase anzusetzen und zum Beispiel so interessante Bildungsreisen wie die vom dfi angebotenen nicht nur für junge französische Radiojournalisten anzubieten, sondern auch für einen Jahrgang im Master an Journalistenschulen mit der Auflage, unter professioneller Hilfe Bericht zu erstatten und einen Blickwechsel zu erzeugen. Auch die Förderung von Auslandspraktika sei als Mittel zum besseren Verständnis der Kulturen und journalistischen Arbeitsweisen an dieser Stelle erwähnt wie auch die Förderung von Netzwerken.

Sinnvoll wäre eine Übersicht darüber, was es heißt, in den verschiedenen europäischen Ländern Journalist zu sein: also Informationen über Rechte und Pflichten, über gewerkschaftliches Engagement, Gehaltsraster, Ausbildungsmöglichkeiten und vieles mehr. Diese Informationen könnten z.B. auf der von der Universität Lugano erstellten international ausgerichteten und mehrsprachigen Medienplattform „European Journalism Observatory“[29] beherbergt werden.

Um den Bekanntheitsgrad von bereits bestehenden Studiengängen zu erhöhen, bietet sich zu Werbezwecken eine Teilnahme an dem von der Deutsch-Französischen Hochschule jährlich Mitte November in Straßburg stattfindenden Forum „Europäische Stellenbörse und Studienmesse“ an, auf dem deutsche und französische Hochschulen und Arbeitgeber ausstellen und mit interessierten Kandidaten Interviews führen.

Um die Koordination von deutsch-französischen Journalismus-Studiengängen effizienter zu gestalten, sollte die internationale Koordination in einer Person verkörpert sein. Das heißt, es müssten grenzübergreifende universitäre Stellen vergeben werden.

Worauf muss auf der Makroebene in der Ausbildung von heute besonders geachtet werden, um die Europakompetenz zu fördern? Was hat sich im Mediensektor der letzten Jahre geändert?

Wie oben gezeigt gilt es, grundsätzlich mehr in die Ausbildung zu investieren, um gewappnet zu sein für die Art und Geschwindigkeit aktueller Kommunikationsformen und den Druck der Politiker und Medieneigner.

Doch damit nicht genug: Erschwerend ist in den letzten Jahren für die deutsch-französischen Mediatoren das Internet als Konkurrenz aufgetreten: Längst zu Geschichte geworden sind die Zeiten, da Redakteure für die Gestaltung der internationalen Presseschau in aller Frühe zum Flughafen fahren mussten, um sich mit den frisch

29 http://www.ejo.ch.

angekommenen Zeitungen zu versorgen. Die Redaktionen haben mit einem Mausklick sofortigen Zugang zu Informationen aus aller Welt und bei entsprechenden Abonnements Zugang zu allen Presseagenturen. So werden die Fachkräfte und Korrespondenten ausgehebelt. Denn ihre Geschichten über Aktuelles sind für Internetuser bereits schon Geschichte, da sie erst am nächten Tag in der Presse erscheinen. Gleiches gilt für die Europaberichterstattung: Brüssel ist DAS Kommunikationszentrum für den europäischen Austausch und Beamte und Politiker treffen sich dort zum Austausch. Das lässt die einst so begehrten Korrespondentenposten in Berlin und Paris blass aussehen. Denn die haben als ausländischer Journalist immer größere Schwierigkeiten in den Informationsfluss eingebunden zu sein, im Gegensatz zur einheimischen Presse mit „guten Kontakten". Es sei denn, sie sind schon in ihrer Ausbildung vorbildlich auf die Situation im Lande vorbereitet und zählen zu den tonangebenden Netzwerkern.

Zusammenfassung

So bleibt abschließend festzustellen, dass bezüglich der deutsch-französischen Zusammenarbeit den Instutionen ein grosses Lob auszusprechen ist, denn sie sorgen mithilfe von Fortbildungen zur Geschichte und Politik, Bildungsreisen und Sprachkursen für mehr Wissen über das Nachbarland. Doch andererseits sind Deutschland und Frankreich Zeugen von Medienkonzentration und drastischen Sparmaßnahmen, die laut Baasner und Elbogen zu einem „Outsourcing des Deutsch-Französischen nach Brüssel"[30] und Journalisten somit zu einer allgemeinereren, oberflächlicheren Berichterstattung zwingen, und Klischees zu vermitteln, da sie über Details nicht unbedingt informiert sind. Mit dem Problem der Finanzierung wird also zu allererst die kulturelle Dimension der Berichterstattung begraben. Doch diese Feststellung gilt nicht nur für Deutschland und Frankreich sondern betrifft alle Länder. Einer derart gestalteten Tendenz kann nur eine durch Qualitätsjournalismus geprägte grenzüberschreitende Ausbildung entgegenwirken.

30 F. Baasner/K. Elbogen, Deutsch-französische Kooperationen in der Journalistenausbildung, Ludwigsburg 2003, S. 47.

Beiträge und Rezensionen

Auf dem Weg zur Europäisierung Europas?

Eine Nachbetrachtung zu den Europawahlen 2009 in zeithistorischer Perspektive

Dietmar Hüser

Am 9. Juni 2009 fanden die 7. Direktwahlen zum Europäischen Parlament statt. Rund 375 Millionen Europäer in den 27 Ländern der Europäischen Union waren dazu aufgerufen, 736 Abgeordnete in die Straßburger Versammlung zu wählen. In der Gesamtschau lassen sich die folgenden Ergebnisse festhalten: dass Konservative und Christdemokraten europaweit tendenziell größeren Wählerzuspruch hatten als die Sozialisten und Sozialdemokraten, denen die Schaffung neuer Mehrheiten im Europa-Parlament nicht gelang;[1] dass die drei bislang größten Fraktionen eher geschwächt worden sind und dass in 22 von 27 Mitgliedstaaten „Regierungschef-Parteien" Verluste gegenüber der letzten Parlamentswahl erlitten haben; dass kleinere Parteien überdurchschnittlich gut abgeschnitten haben: von Ein-Punkte-Parteien wie der schwedischen Piratenpartei (7.1%, 1 Sitz) über EU-kritische, aber integrationsoffene Kräfte wie die Liste Dr. Martin in Österreich (17.7%, 3 Sitze) bis hin zu europhoben Parteien wie der United Kingdom Independence Party in Großbritannien (16.5%, 13 Sitze); dass sich die Grünen – Europe Ecologie in Frankreich mit 16.3%, die Grünen in Deutschland mit 12.1% – als Sieger fühlen durften: 9 Sitze mehr als 2004, obwohl das Europäische Parlament fast 50 Sitze weniger aufweist; schließlich, dass – bei allen nationalen Unterschieden – die Wahlbeteiligung mit durchschnittlich 43.2% schwächer war, als bei jeder vorhergehenden Europawahl seit den ersten Direktwahlen im Jahre 1979.[2]

Dass der Bild-Zeitung am Montag nach der Wahl keine bessere Schlagzeile einfiel als „Europa-Qual! Schlechteste Wahlbeteiligung aller Zeiten", darf da vielleicht nicht wundern. Doch auch in seriöseren Blättern fand sich das offenbar mäßige Interesse

---

1 In 11 von 16 rechtsregierten Ländern ging die Rechte als Siegerin aus den EP-Wahlen hervor, wie z.B. in Deutschland oder Frankreich. Dagegen war dies nur in 1 von 9 linksregierten Ländern der Fall, in der Slowakei, während in den anderen 8 Ländern die rechten Oppositionsparteien gewannen: in Spanien und Portugal z.B. oder in Österreich und Großbritannien, wo die Labour Party als drittstärkste Kraft auf 16% kam.

2 Die nachfolgend verwendeten statistischen Angaben für die Wahlbeteiligung an den Europawahlen von 1979 bis 2009 stützen sich auf die Daten, die das Europäische Parlament selbst zur Verfügung stellt: http://www.europarl.de/export/europawahl/Ergebnisse2009/WahlbeteiligungEP.html [28.06.09].

der Unionsbürgerinnen und -bürger breit thematisiert. Immer wieder auch mit dem kritischen Hinweis auf die hehren Absichten, die der EWG-Ministerrat von September 1976 mit der – wie es damals hieß – Einführung allgemeiner unmittelbarer Wahlen der Abgeordneten der Versammlung verbunden hatte.

1 Europäisierung Europas durch Wahlen 1979-2009 – Von der Hoffnung zur Ernüchterung

In der Tat: die Hoffnungen und Erwartungen bei den Befürwortern des Direktwahlprinzips in der europäischen Politik waren damals beträchtlich. So unterstrich z.B. der französische Premierminister Raymond Barre, als er im Sommer 1978 den Preis der Genfer Coudenhove-Kalergi Stiftung erhielt, *die* Herausforderung der Direktwahlen bestünde darin, das Demokratiedefizit eines bisher lediglich technokratischen, ökonomischen und diplomatischen Prozesses europäischer Einigung zu beheben (Dulphy/ Manigand 1999, 23). Und Außenminister Hans-Dietrich Genscher erklärte im Mai 1977 vor dem Deutschen Bundestag:

> „Zum ersten Mal wird ein Parlament entstehen, das europäisch legitimiert ist. ... Der Wahlkampf selbst wird das Thema Europa endgültig aus den Konferenzsälen der Experten und Regierungen heraustragen und zu den Bürgern bringen und ihnen bewußt machen, wie sehr ihre eigene Zukunft mit der Zukunft der Gemeinschaft verbunden ist" (Mittag / Hülsken, 2009, 105).

Politisierung, Demokratisierung, Legitimierung der Europäischen Gemeinschaft, Transnationalisierung des Wahlkampfs und der Parteien, Mobilisierung der Menschen für die europäische Einigung: darum sollte es für die Befürworter der Direktwahlen gehen. Auch darum, ein Europabewusstsein zu verankern und einer europäischen Öffentlichkeit Vorschub zu leisten. Nicht etwa einer „Experten-Öffentlichkeit der Berufseuropäer" (Novy 2005, 16), vielmehr einer Massen-Öffentlichkeit der EG-Bürger. Kurzum: es ging um die Europäisierung Europas durch Wahlen!

Europäisierung durch Wahlen einerseits verstanden im engeren Sinne elektoral als den Auf- und sukzessiven Ausbau europäischer Bezüge gegenüber nationalen bei Europawahlen. Europäisierung durch Wahlen andererseits verstanden in einem weiteren Sinne als ein zunehmendes europäisches Dimensionieren politischer, gesellschaftlicher, wirtschaftlicher und kultureller Zusammenhänge in den einzelnen Nationalstaaten. Das meint zugleich einen Prozess, der über administrative und institutionelle Anpassungsleistungen hinaus einen Wandel von Ideen, Mentalitäten und Weltsichten mit sich bringt, der ein Denken und Handeln der Menschen in Kategorien europäischer Zuordnung und eines europäischen Bewusstseins erlaubt. Ein Denken und Handeln, das sich seinerseits wieder in den nationalen Horizont, *„in the logics of domestic discourse, identities, political structures and public policies"* (Radaelli 2003, 30) rückprojizieren lässt.

Haben die europäischen Wahlen der letzten drei Jahrzehnte dies leisten können, wäre die Frage. Dazu wollen wir in einem ersten Schritt einige Schlaglichter werfen auf grundlegende Gesichtspunkte der allerersten Urnengänge zum Europäischen Parlament. Wie europäisch waren diese Wahlen? War dort, wo „Europa" drauf stand, auch wirklich „Europa" drin? Wir werden sehen, dass davon nur sehr bedingt die Rede sein konnte. Weiter wird geprüft, ob denn die institutionelle Vertiefung und räumliche Erweiterung des Projekts „Europäische Integration" seit Maastricht 1992/93 dies verändert haben. Sind die Europawahlen europäischer geworden? Hat die neue Qualität der EU-Institutionen einen Schub an Europäisierung und Legitimierung nach sich gezogen? Wir werden feststellen, dass dies kaum der Fall war, und die Konsequenzen aufzeigen, die sich daraus ergeben.

Danach soll es in einem zweiten Schritt um die Ursachen der genannten Defizite gehen. Um eher politische, elektorale und institutionelle Ursachen einerseits, die mit der spezifischen Art des Regierens auf der EU-Ebene zu tun haben, mit der ausgeprägten politischen Konsenskultur im Europäischen Parlament, mit noch immer national eingefärbten Wahlkämpfen und Parteiprämissen für Politik in Europa. In Anknüpfung an jüngere Forschungstrends, die sich mit medien-, kommunikations- und kulturwissenschaftlichen Aspekten von Europawahlen beschäftigen, konkret nach deren Stellenwert in nationalen Massenmedien, nach dominanten Europa-Diskursen und Symbol-Politiken oder nach den Formen europäischer Öffentlichkeiten fragen, sind andererseits ganz prinzipielle, eher vor-politische Ursachen ausbleibender Europäisierung aufzuzeigen. Deutlich wird, dass es bis heute an wichtigen Grundbedingungen für Europäisierungseffekte durch Wahlen fehlt, und damit auch an Grundbedingungen für wirkmächtige Demokratisierungs- und Legitimierungseffekte.

1.1 Die Wahlen 1979 - 1989 – Europäisierungstrends im „alten" Europa?

Bereits die Eingangszitate von Raymond Barre und Hans-Dietrich Genscher haben verdeutlicht, welche Hoffnungen die Befürworter der Europawahlen mit dem Ereignis im Jahre 1979 verbanden. Nicht nur in der „Großen Politik", auch im Wissenschaftsbetrieb. So schrieb der Bonner Politologe und Zeithistoriker Karl Dietrich Bracher seinerzeit, die lange verzögerten Direktwahlen zum Europäischen Parlament stellten einen vielleicht entscheidenden Schritt zur Verbindung von nationalstaatlicher und europapolitischer Legitimierung dar (Bracher 1980, 104).

Erfüllt haben sich diese Hoffnungen kaum. Schon damals nicht, wie ein Blick auf grundlegende Trends der 1979er Wahlen zum Europäischen Parlament offenbart. Außer in den Niederlanden verloren alle Regierungsparteien an Stimmen gegenüber der letzten nationalen Parlamentswahl. Nur dort und in Ländern, wo erst – wie in Großbritannien und Italien – vor wenigen Wochen Parlamentswahlen angestanden hatten, gingen die Oppositionsparteien als Sieger aus den Wahlen hervor: ganz klar, wie die CDU/CSU in der alten Bundesrepublik, ganz knapp Sozialisten und Kommunisten in Frankreich. Vielfach konnten kleine Parteien überdurchschnittlich zulegen: in Frankreich etwa die Trotzkisten mit 3.1% und die Grünen mit 4.5%, in Dänemark erzielte die Volksbewegung gegen die EG 21% der abgegebenen Stimmen. Die Wahlbeteiligung im Europa der 9 betrug durchschnittlich 62.0%: in jedem Land lag sie um einiges niedriger als bei den jeweils letzten Parlamentswahlen. In Ländern ohne Wahlpflicht zwischen 16.3% und 43.1%, in Frankreich um 22%, in der Bundesrepublik um 24.9% (Volle 1979, 283).

Plantu 1979

Es waren die Resultate der 1979er Wahlen, anhand derer Karlheinz Reif und Hermann Schmitt die sog. Theorie der *„second-order elections"* entwickelten (Reif / Schmitt 1980). Gemeint war die offenbar geringere Relevanz von europäischen verglichen mit wichtigen nationalen Urnengängen, den sog. *„first-order elections"*, für Wähler. Und dies mit der Konsequenz schwächerer Partizipation, häufiger Niederlagen für nationale Regierungsparteien und wiederholter Verluste von Großparteien insgesamt gegenüber kleinen, nicht zuletzt radikalen Parteien an den Rändern der Parteiensysteme. Es können kaum Zweifel daran bestehen, dass es sich 1979 um Sekundärwahlen im Sinne von Reif und Schmitt gehandelt hat. Die Hoffnungen auf Mobilisierung der EG-Bürger hatten sich jedenfalls nicht wirklich erfüllt. Eher vorsichtig bejahte deshalb wohl mancher Beobachter – der Tübinger Politologe Rudolf Hrbek z.B. – die allseits gestellte Frage, ob denn die erreichte Wahlbeteiligung als Legitimationsgrundlage für die Arbeit des direkt gewählten Parlaments ausreiche (Hrbek 1979, 99).[3]

1984 fand sich das Sekundärwahl-Modell, das bei allen folgenden Urnengängen zum Europäischen Parlament als Deutungsfolie dienen sollte, klar bestätigt. Fast überall verloren die Regierungsparteien verglichen mit den letzten nationalen Primärwahlen, ganz unabhängig davon, ob sie links oder rechts, pro-europäisch oder euro-skeptisch waren. Kleine Nicht-Regierungsparteien legten in der Regel zu, z.B. die Grünen in der Bundesrepublik mit 8.2%. Nicht zuletzt radikale Kräfte, wie der Front National in Frankreich, der 11.1% der abgegebenen Stimmen erzielte (Allen 1984, 688, 691; Hrbek 1984, 158f.). 1989 sah das kaum anders aus. Außer im spanischen Fall, wo sich die regierenden Sozialisten unter Felipe González durchsetzen konnten, erlitten die Regierungskräfte teils erhebliche Verluste. Die Grünen legten zu: in Frankreich kamen sie auf 10.6%, in Großbritannien auf 14.5%, blieben allerdings wegen des Mehrheitswahlsystems ohne Sitz. Auch der Trend zu überdurchschnittlich guten Ergebnissen europhober Parteien erfasste mehr und mehr Länder. In Frankreich stabilisierte sich der Front National mit 11.7%, in der Bundesrepublik erreichten die sog. Republikaner 7.1%. Die Wahlbeteiligung sank beide Male: 1984 auf 59.0%, 1989 auf 58.4%. Auch bei den Neumitgliedern Spanien und Portugal war die anfängliche Europa-Euphorie schon wieder verflogen (Hrbek 1989, 112).

Europäisierung Europas durch Wahlen? Es sah weiterhin nicht danach aus. Scheinbar schätzten zahlreiche EG-Bürger den Stellenwert der Europawahlen nach wie vor vergleichsweise gering ein. Worum ging es denn auch? – Um Direktwahlen für ein Organ mit arg spärlichen Befugnissen: ein Parlament ohne Wahlfunktion, mit minimaler Gesetzgebungs- und begrenzter Kontrollfunktion (Uterwedde 1979, 7-11). Um Wahlen, in denen überall nationale Parteien nationale Themen in den Vordergrund rückten (Hoffmann/Feist 1989, 15f.), gerade dort, wo – wie in der Bundesrepublik und anders als in Großbritannien oder Frankreich – die maßgeblichen politischen Kräfte die Direktwahl und die Europäische Integration vorbehaltlos unterstützten. Um Wahlen

3 Aus Allensbach-Umfragen geht hervor, dass auch drei Jahre nach den Europawahlen kein Mehr an Europa-Bewußtsein der Bürgerinnen und Bürger zu verzeichnen war (Boguslawski 1983, 14).

schließlich, die völlig im Schatten gerade erfolgter, zeitgleich stattfindender oder bald anstehender Urnengänge zu nationalen Parlamenten oder – wie in Frankreich – zum höchsten Staatsamt standen: Europawahlen als *„une sorte de coup pour rien avant les présidentielles"* wie dies der britische Politologe Roger Morgan schon für die 1979er Wahlen ausgedrückt hatte (Morgan 1979, 49). Eklatant blieb Europäisches jedenfalls Mangelware bei diesen ersten Wahlen zum Europäischen Parlament. Dies ist die Ausgangssituation in den langen 1980er Jahren der EG.

1.2 Die Wahlen 1994-2009 – Europäisierungsbedarf und -realität im „neuen" Europa

Es ließe sich nun argumentieren, dass eine umfassendere Europäisierung durch Wahlen, eine höhere demokratische Legitimation für das direkt gewählte Europa-Parlament in den frühen Jahren noch einigermaßen verzichtbar war. Es besaß ja im Europa der 9, der 10 und der 12 tatsächlich nur sehr beschränkte Kompetenzen. Seitdem aber hat sich die EG fundamental verändert. Fundamental verändert durch drei Erweiterungsrunden zu einer Union von zunächst 15 (1993), dann 25 (2004) und nunmehr 27 (2007) Staaten, d.h. die EU ist größer und heterogener, Entscheidungsprozesse sind damit komplizierter geworden. Und fundamental verändert mit der sukzessiven Vertiefung des europäischen Integrationsprozesses durch die Einheitliche Europäische Akte (1987), dann durch die Verträge von Maastricht (1993), Amsterdam (1999) und Nizza (2003), schließlich – nach dem Scheitern des sog. „Verfassungsvertrages" (2005) durch den Vertrag von Lissabon (2008ff.), der noch keine Geltungskraft hat.[4]

Ein zentraler Aspekt der institutionellen Reformdebatten, die in den 1980er Jahren an Schwung gewannen und 1986 in die Einheitliche Europäische Akte mündeten, betraf das Entscheidungsverfahren im Ministerrat. Fortan stand das Tor für qualifizierte Mehrheitsbeschlüsse im Ministerrat, das der Luxemburger Kompromiss genau 20 Jahre zuvor verschlossen hatte, wieder weit auf. In nationalstaatlicher Perspektive wechselte damit die „europäische Gefahr" die Front, die Verfahrenslogik begann zu kippen. Bislang – bei Einstimmigkeitsregel – war es das (angedrohte) Veto eines Mitgliedslandes, das allseits verstärktes Bemühen um Konsens nach sich zog. Die wenigen oder auch

4 Die Ratifikation sollte bis Ende des Jahres 2008 erfolgt sein, um ein Inkrafttreten am 1. Januar 2009 zu ermöglichen. Nach dem ablehnenden Referendum vom 13. Juni 2008 in Irland, das als einziger Mitgliedstaat eine Volksabstimmung über den Vertrag durchgeführt hat, konnte dieser Zeitplan nicht eingehalten werden. Im zweiten Referendum Anfang Oktober 2009 stimmten die Iren mit ja (67%), so dass nach der letzten Ratifizierung durch die Tschechische Republik der Vertrag 2010 in Kraft treten kann.

nur ein einziger „Veto-Spieler“ setzte die vielen anderen Mitglieder unter Druck. Nun – bei Mehrheitsregel – leistet das (angedrohte) Abstimmen nach dem Mehrheitsprinzip einer Konsenssuche Vorschub, da die Mehrheit handlungsbereiter Mitglieder Druck auf die wenigen oder einen einzelnen „Veto-Spieler“ ausübt. Die Minderheit läuft Gefahr, überstimmt zu werden: völlig neue Geschäftsgrundlagen.

Die Dynamik, die sich im Wechselspiel von Erweiterung und Vertiefung mittelfristig daraus ergab, führte in den folgenden Jahren zu einem Rückgang einstimmig zu entscheidender Materien. Zugleich allerdings zu „*opt-out*-Klauseln“ seit Maastricht 1993 sowie zu hochkomplexen, kaum mehr durchschaubaren Verfahren der „mehrfachen Mehrheit“ von Mitgliedstaaten und Unionsbürgern seit Nizza 2003. Aber auch die Befugnisse des Europäischen Parlaments – lange Zeit *das* Stiefkind institutioneller Reformen (Herz / Jetzlsperger 2008, 43) – haben sich im Rahmen dieser Vertiefungsschritte beträchtlich erweitert. Zwar wäre es vermessen, heute von einem “Vollparlament” im Sinne klassischer Funktionskataloge zu sprechen: weiter besitzt es kein Gesetzesinitiativrecht, weiter erfüllt es keine Wahlfunktion, weiter legitimiert es die EU-Kommission bestensfalls indirekt. Dennoch liegen Welten zwischen dem Europäischen Parlament von 1979 und dem von 2009. Es handelt sich um eine allemal gestärkte Institution, die mehr und mehr EU-Politik mitgestaltet, die den Alltag der Menschen in den Mitgliedstaaten mehr und mehr mitbestimmt.[5] Und dies durch erweiterte Budgetrechte, verstärkte Kontrollrechte gegenüber Kommission und Europäischem Rat, nicht zuletzt durch eine Ausweitung der legislativen Zuständigkeiten, die das Europäische Parlament nun in manchen Politikfeldern – nach Materien abgestuft – dem Ministerrat gleichstellt.[6]

Dass die neue Qualität des Institutionensystems, die Zunahme an EU-Politikfeldern und Mehrheitsbeschlüssen, einen erhöhten *Europäisierungs*bedarf Europas schafft, steht völlig außer Frage. Ebenso, dass ein gestärktes Europäisches Parlament einen erhöhten *Legitimations*bedarf hat (z.B. Lepsius 2004, 5). Von daher sind Europawahlen längst nicht mehr so sehr *„less at stake“*, nicht mehr so viel weniger bedeutsam verglichen mit Urnengängen auf nationaler Ebene. Doch teilen die EU-Bürger diesen Eindruck? Haben sich Europawahlen von „Sekundär-“ zu „Primärwahlen“ gemausert?

5 Mit seinen 736 Abgeordneten repräsentiert das Europäische Parlament als direkt gewähltes Organ die zweitgrößte Anzahl von Bürgerinnen und Bürgern weltweit. Nur in Indien wählen mehr Menschen in allgemeinen, freien, direkten und geheimen Wahlen ein Parlament (Wüst / Tausendpfund 2009, 3).

6 Sogenannte Mitentscheidungsverfahren, bei dem Parlament und Rat gleichberechtigt sind und jeweils in zwei Lesungen Änderungen an einem von der Kommission vorgeschlagenen Gesetzestext einbringen können. Bei Uneinigkeit müssen sich Rat und Parlament in einem Vermittlungsausschuss einigen. Im Vertrag von Lissabon sind weitere Ausweitungen des Mitentscheidungsverfahrens vorgesehen, unter anderem auf die Gemeinsame Agrarpolitik und die Zusammenarbeit in Strafsachen.

Ein kurzer Blick auf die Wahlen seit 1994 belehrt rasch eines Besseren. 1994 bildete die Bundesrepublik die große Ausnahme von der Regel, dass Regierungsparteien verlieren: die oppositionelle SPD setzte sich im damaligen deutschen „Superwahljahr" nicht gegen CDU/CSU durch. In Großbritannien erlebten die regierenden Konservativen unter John Major ein wahres Debakel, in Frankreich die regierenden Sozialisten: 14.5% für die Liste von Michel Rocard. 1999 erhielt die rot-grüne Schröder-Koalition einen ersten Europa-Denkzettel, in Großbritannien die Labour-Regierung unter Tony Blair. In Spanien behaupteten sich die Konservativen unter José María Aznar, in Frankreich die regierenden Sozialisten unter Lionel Jospin. Zugleich erreichten euro-skeptische Listen (Le Pen, Mégret, Pasqua, Saint-Josse, Laguiller, Hue) 40.9% der abgegebenen Stimmen. Insgesamt kamen Kommentatoren nicht um die Bilanz herum, dass *„les résultats ... semblent confirmer la validité du modèle de ‚second ordre' pour l'ensemble des quinze pays membres"* (Abrial / Pina 1999, 7).

2004 – nunmehr mit 25 Mitgliedstaaten – das gleiche Bild: überall stand die Wahl unter nationalen Vorzeichen, in 19 Ländern fanden sich die Regierungsparteien abgestraft (Mittag/Hülsken 2009, 118), wieder schöpften v.a. die euroskeptischen Gruppierungen ihr Wählerreservoir aus und legten zu. Hermann Schmitt, der für die Zeitschrift *West European Politics* sein 1979er Modell einem neuerlichen Test unterzog, musste die Eingangsfrage *„Still Second-Order?"* am Ende mit einem klaren „Ja" beantworten (Schmitt 2005, 668). Ebenso Pascal Perrineau, für den *„le modèle des élections secondaires ... s'est assez fidèlement appliqué"* (Perrineau 2005a, 12f.). Auch wenn die weniger festgefügten und übersichtlichen mittel- und osteuropäischen Parteiensysteme allgemeine Aussagen dort erschwerten. Die Europawahlen 2009 schließlich bildeten – wie anfangs aufgezeigt – keine Ausnahme von der Regel europäischer Sekundärwahlen.

Bei Europawahlen wurde und wird eher „expressiv" als „strategisch" gewählt. Nicht nur als Abstrafen tatsächlicher und potentieller Regierungsparteien, das *„voting with the boot"*, fällt ins Auge. Auch das *„voting with the heart"*,[7] die Tatsache, dass Wähler zuletzt vermehrt – ein Langzeitvergleich von 1979 bis 2004 belegt dies – dazu tendiert haben, für eurokritische bis europhobe Gruppierungen zu stimmen, um euroskeptische Signale an die heimischen Parteien zu senden (Manow 2006). Was nun die Wahlbeteiligung angeht, so nahm die Ernüchterung von Wahl zu Wahl zu. Legen wir – bei allen Länderunterschieden und Schwankungen durch Wahlpflicht, Koppeleffekte, etc. – die Gesamtwahlbeteiligung zugrunde, dann sank diese bei den Europawahlen sechs Mal in Folge: 62.0% im Jahre 1979, 1999 dann erstmals – da bewegen wir uns noch im Europa der 15 – unter der vielzitierten 50%-Marke, zuletzt 2009 noch 43.2%.

7 Zur Unterscheidung von „voting with the boot" (Denkzettelwahlen), „voting with the heart" (Herzenswahlen) und „voting with the head" (Kopfwahlen i.S.d. „rational choice", die freilich für Europawahlen am wenigsten einschlägig sind (Marsh 1998, 593).

Seit 2004 sind es vor allem die mittel- und osteuropäischen Neustaaten der EU, die das Ergebnis weiter drücken: im Schnitt lag hier der Mittelwert unter 30%, Schlusslicht war jeweils die Slowakei mit weniger als 20%.

Inzwischen sind die Beteiligungsraten vielerorts so gering, dass sie selbst als Testwahlen, als Probeläufe für nationale Urnengänge kaum mehr ernst zu nehmen sind. Fest steht: spätestens seit den späten 1980er Jahren sieht sich das integrierte Europa konfrontiert mit der paradoxen Situation stetig steigender Befugnisse des Straßburger Parlaments bei stetig sinkenden Beteiligungsraten an dessen Direktwahlen. Als habe sich der EU-Bedarf an Europäisierung und Legitimierung potenziert, das politische Interesse, der *„degree to which politics arouses a citizen's curiosity"* (Deth 1990, 278) aber noch mehr reduziert. Letztlich hat sich ansatzweise das bestätigt, was Karlheinz Reif in seiner Analyse der 1984er Europawahlen als Szenario für die Zukunft an die Wand gemalt hatte: dass nämlich Europawahlen Gefahr liefen, zu Wahlen dritter Ordnung zu verkommen, zu *„third-order-elections"*, die kaum mehr Relevanz besäßen als eine Meinungsumfrage (Reiff 1984, 253). Wohlgemerkt, damals lag die Wahlbeteiligung im Europa der 10 noch um 16 Prozentpunkte über der von 2009.

1.3 Zum Stand der Dinge in der EU-27 – Europäisierungsdefizite und Legitimationslücken

Alles in allem hat sich am Sekundärwahlcharakter im Zeitverlauf wenig geändert, es dominieren weiter nationale Determinanten für europäische Wahlen. Längst ist es deshalb gang und gäbe, den klar nationalen Anstrich und die niedrigen Partizipationsraten als besorgniserregendes Demokratie- und Legitimationsdefizit der Europäischen Union zu interpretieren. Allerdings sind dagegen auch immer wieder Einwände ins Feld geführt worden. Darunter durchaus erwägenswerte.

Drei Argumentationsschienen sind dabei auszumachen. Zunächst eine wahlsoziologische, die darauf verweist, dass sich ja auch bei nationalen Primärwahlen seit Jahren abnehmende Wahlbeteiligungen konstatieren lassen, dass die Stimmkonzentration auf Großparteien, Partei- und Milieubindungen gesunken, nicht-institutionalisierte politische Partizipationsformen zumindest in Westeuropa dagegen gestiegen sind. Auch, dass Wahlenthaltung nicht umstandslos mit Entpolitisierung gleichzusetzen ist, sondern ein jeweils national geprägter, allemal bewusster politischer Akt sein kann (Subileau / Toinet 1993, 193ff.; Muxel 2005, 55f.). Dann eine demokratietheoretische Argumentationsschiene, denn tatsächlich bewerten nicht alle Politologen niedrige Wahlbeteiligung – eher input-orientiert – als ein Krisensymptom, im Gegenteil sehen manche darin – eher output-orientiert – einen Ausdruck von Gleichgültigkeit, wenn nicht gar von

Zufriedenheit mit der Performanz des EU-Systems und der Qualität der politischen Ergebnisse (z.B. Scharpf 1999). Schließlich eine umfragezentrierte Argumentationsschiene, die darauf abhebt, dass sich aus den – seit 1973 erhobenen – Standardfragen des Eurobarometer keine mehrheitliche Ablehnung der EU-Integration ablesen lässt und dass zuletzt vielmehr die Zustimmungswerte wieder zugenommen haben, sowohl was die rational-ergebnisbezogene Zustimmung („bringt Vorteile"), als auch die affektiv-wertbezogene Zustimmung („ist eine gute Sache") anbelangt (Niedermayer 2009, 5).[8] Steigende Enthaltungsquoten seien demnach nicht zwangsläufig auf wachsende EU-Entfremdung zurückzuführen (Schmitt/van der Eijk 2003), es handele sich um kein Legitimations-, eher um ein Mobilisierungsproblem.

Dennoch lässt sich die Defizit-These kaum völlig von der Hand weisen. Ein vages, schwer greifbares Befürworten der EU, das die Eurobarometer-Umfragen seit Jahren und Jahrzehnten belegen, kontrastiert mit der mehrheitlichen Absage der EU-Bürger, dies bei Europawahlen konkret zum Ausdruck zu bringen. Sieben Europawahlen bislang: jedes Mal weniger Wähler an den Urnen trotz des Kompetenz- und Relevanz-Zuwachses der EU für den Alltag der Bürger. 2009 – außer in Ländern mit Wahlpflicht – fast überall eine Partizipation unter der 50%-Marke, eine Art demokratische Schmerzgrenze. Europäisierung Europas durch Direktwahl des Straßburger Parlaments? – Im Grunde: weiterhin Fehlanzeige! Oder, wenn überhaupt, dann nur in sehr eingeschränktem Maße und *„primarily due to an increasingly strong anti-European and anti-elite sentiment among European voters"* (Manow 2005, 22).

Bevor nach dem Warum gefragt wird, gilt es noch ein paar Sätze zu verlieren über das zunehmende Dilemma, das sich im „neuen Europa" verglichen mit den Jahren der ersten Direktwahlen zwischen 1979 und 1989 daraus ergibt. Entspricht doch der neuen Qualität der Institutionen eine neue Qualität mangelnder demokratischer Legitimität der EU. Zu einfach wäre, sich beruhigt zurückzulehnen mit dem Argument, diese Debatten, diese Defizit-Thesen, was Mobilisierung der Bürger, Legitimierung der EG- bzw. EU und Europäisierung der Wahlen angeht, begleiten das europäische Integrationsprojekt seit 1979 und haben doch einer Vertiefung der Strukturen keinen Abbruch getan: Das „Projekt Europa" nach 1945 war stets und bleibt ein Elitenprojekt!

Nur: 1979 war das Europäische Parlament ein ganz schwaches Organ und der Ministerrat entschied in zentralen Fragen einstimmig. D.h., die Minister der nationalen Regierungen, die aus direkt gewählten Repräsentativversammlungen hervorgegangen

8 Die Frage, ob denn die EU-Zugehörigkeit des eigenen Landes eine schlechte Sache sei, haben in den letzten 15 Jahren – bei allen Länderdifferenzen – im Schnitt nur zwischen 10% und 17% der Befragten bejaht; vgl. Eurobaromètre 70 (2008): L'opinion publique dans l'Union européenne, décembre 2008, S. 36, eingesehen unter: http://www.igfse.pt/upload/docs/gabdoc/2008/12-Dez/eb70_first_fr.pdf [28.06.09].

sind, konnten „nein“ sagen. Damit behielten die nationalen Parlamente die Kontrolle über EU-Beschlüsse und blieben zentrale Vektoren demokratischer Legitimation in den Entscheidungsprozessen. Beim Mehrheitsprinzip im Ministerrat sehen die Dinge allerdings anders aus. Besonders dann, wenn bei Mehrheitsbeschlüssen das Europäische Parlament keine Mitentscheidungsbefugnis hat (Herz/Jetzlsperger 2008, 118f.). Dann bleibt das Repräsentationsorgan der EU-Bürger außen vor. Aber auch die Parlamente der Länder, deren Vertreter im Ministerrat die Minderheitsposition vertreten, haben keine Chance mehr, dessen Entscheidungen zu steuern. Eine eindeutige, eine *formale* Legitimationslücke.[9]

Doch auch bei Rechtsakten, die zustimmungspflichtig sind, stellt sich – wenn auch anders – die Frage nach demokratischer Legitimität. Offenbar akzeptiert nur eine Minderheit der Bürger die EU als eine legitime Instanz politischen Handelns. Als generiere europäisiertes politisches Entscheiden keinen „Mehrwert“, erst recht keinen „Mehrwert“ für die nationale Politikebene, die weiter als primäres Bezugssystem dient (Sturm 2005, 103). Etlichen Menschen gilt die EU als ein komplexes Gebilde, in dem der Wert des Votums im Dunkeln bleibt. Umfragen zufolge glauben die meisten, der eigene Wahlzettel zähle ohnehin nichts in Europa. Doch nur *„quand ils ont le sentiment que leur voix compte“*, nur wenn Wählerinnen und Wähler an den *„valeur morale et pratique“* des allgemeinen Wahlrechts glauben, strömen sie auch an die Wahlurnen (Garrigou 2009, 3). So gesehen begründen Europäisierungsdefizite, Mobilisierungsprobleme und eine minimale Beteiligungsquote bei Europawahlen von etwas mehr als 40% dann doch ein Legitimationsproblem: eine zweite, eine *faktische* Legitimationslücke.

Stellt sich die Frage nach dem Warum. Warum eine formale und eine faktische Legitimationslücke der Europäischen Union? Warum keine wirksame Europäisierung Europas durch Wahlen?

2 Die Frage nach dem Warum – Politische und vor-politische Voraussetzungen einer Europäisierung Europas durch Wahlen

Wir könnten weit ausholen, wenn es um das Warum geht. Zum Beispiel einen Brückenschlag zwischen Geschichts- und Politikwissenschaften wagen und danach fragen, warum es der Europäischen Union bislang nicht gelingt, was manchem Natio-

9 Abzuhelfen wäre dem nur durch „eine Stärkung der parlamentarischen Integrationsverantwortung“ auf nationaler Ebene, um dies mit den Worten des Bundesverfassungsgerichts in seinem Urteil vom 30. Juni 2009 zu sagen (Knapp 2009). Oder durch eine Art „Vollparlamentarisierung“ der EU, wie dies im Mai 2000 der damalige deutsche Außenminister Joschka Fischer in seiner vielzitierten Rede an der Berliner Humboldt-Universität angedeutet hatte (Fischer 2000, 7).

nalstaat mit Nachholbedarf in Sachen kultureller Nationsbildung im 19. Jahrhundert geglückt ist: nämlich Nationalisierungseffekte aus Wahlen zu generieren? Frankreich seit 1848 wäre ein gutes Beispiel.[10] Alain Garrigou z.B. hat aufgezeigt, wie das Zur-Wahl-Gehen das Zur-Messe- und Ins-Café-Gehen verlängert hat. Bis in die kleinsten Örtchen hinein. Hatten schon die Wahlkämpfe die Nation ins Dorf getragen, so zeigte nun die Stimmabgabe der erwachsenen Männer vor den Augen der kommunalen Öffentlichkeit eine Form nationaler Zugehörigkeit. Spätestens am Wahlabend, nach Eintreffen der Resultate aus dem ganzen Land, hätte auch das letzte Gemeindemitglied festgestellt, dass sich der Urnengang im gesamten Hexagon gleichzeitig abspielt, dass Millionen unbekannter Menschen daran teilnehmen, dass die eigene Stimme in den Zähl- und Umrechnungsvorgängen sichtbar bleibt, dass die eigene Stimme die Sitzverteilung, die Mehrheitsbildung und die künftige Gesetzgebung beeinflusst (Garrigou 1992, 64f., 273ff.; ders. 2002, 20f., 259f.). Natürlich lässt sich das nicht 1:1 nach Europa „übersetzen", trotzdem verspricht ein solcher diachroner Vergleich aufschlussreiche Einblicke in das, was Michel Offerlé das *„apprendre à voter"* genannt hat: nämlich das Erfassen eines kausalen Nexus zwischen dem Wahlzettel und dem eigenen Lebensalltag (Offerlé 1993, 55, 63f.).

Wenn wir nun nach Europa zurückkehren und nach der ausbleibenden Europäisierung Europas durch Wahlen fragen, so sind zwei Ebenen idealtypisch zu unterscheiden. Eine erste *eher politische Erklärungsebene elektoraler und institutioneller Hintergründe*. Gemeint sind vor allem das für Wähler schwer zugängliche EU-Mehrebenensystem, dann der geringe Grad an Polarisierung und Personalisierung europäischer Politik, schließlich das faktische Nationalisieren der Wahlen zum Europaparlament durch die „Große Politik" und die Parteien in den einzelnen Mitgliedsländern. Und eine zweite *eher vor-politische Erklärungsebene grundsätzlicher Hintergründe*, die mit dem Wesen der EU und dem Fehlen einer transnationalen Öffentlichkeit zu tun haben und die offenbaren, dass es an zentralen Prämissen für Europäisierungseffekte hapert. Beginnen wir mit den elektoralen und institutionellen Hintergründen.

2.1 Das komplexe Mehrebenensystem der Europäischen Union

Transnationale und damit auch europäische Politik entsteht fast grundsätzlich aus vielschichtigen multilateralen Verhandlungen, da sich Entscheidungen nicht einseitig

10 Inzwischen liegen zahlreiche Arbeiten vor, die sich im Gefolge von Maurice Agulhon mit der kulturellen Praxis und lokalen Aneignung des allgemeinen Männerwahlrechts beschäftigt haben. Zur ländlichen Politisierung und kulturellen Nationsbildung im Frankreich des 19. Jahrhunderts vgl. den Forschungsbericht von Hüser 2001, 413-420, 429ff.

durch einen einzelnen Partner fällen lassen. Im Mehrebenensystem der EU sind verschiedene Akteure am Willensbildungsprozess beteiligt, Beschlüsse und deren praktische Umsetzungen erfolgen auf verschiedenen Ebenen. Bei grundlegenden Entscheidungen beratschlagen Parteien, Institutionen und Interessengruppen bereits lange im Vorfeld, so dass bei Abstimmungen das Ergebnis meist feststeht: möglichst alle sollen am Ende zustimmen können. Ein solches Verhandlungs- oder Konkordanzregime mit seinem Geflecht an Ausschüssen und Kommissionen erscheint vielen Beobachtern für das Zusammenspiel der europäischen Institutionen alternativlos zu sein (Haller 2009, 23).

Zugleich sind aber gravierende Nachteile zu verzeichnen. Bemängelt wird das hohe Einflusspotential schlagkräftiger Interessengruppen sowie eine insgesamt für Außenstehende geringe Transparenz der Entscheidungsprozesse, die manchen an die „Arkanpolitik des Absolutismus" erinnert (Bach 2008, 21). Durch die Zwänge zur Konsensfindung sind Mittelwegsmaßnahmen an der Tagesordnung, suboptimale Problemlösungen auf dem kleinsten gemeinsamen Nenner. Hinzu kommt, dass die seit jeher vergleichsweise hohen Transaktionskosten im integrierten Europa, mit der gestiegenen Anzahl an Verhandlungspartnern exponentiell angestiegen sind und das Suchen nach Kompromissen immer aufwendiger wird (Scharpf 1996, 8).

Gravierende Konsequenzen zeitigen darüber hinaus die Schwierigkeiten, einen Zusammenhang zwischen eigener Lebenswelt und europäischer Politik zu erkennen. Beim Regieren in der Europäischen Union lassen sich Beschlüsse und Verantwortungen für Außenstehende kaum konkret zuweisen, der Nexus zwischen Wahlakt, EU-Gesetzen und der Alltagsrelevanz europäischer Rechtsakte bleibt vage. Die Folge sind unsachgemäße Relevanzzuschreibungen. Denn trotz des Kompetenzzuwachses für das Europa-Parlament, trotz des Einflußgewinns der europäischen Politikebene auf die nationale halten doch die Unionsbürger subjektiv EU-Entscheidungen weiterhin für relativ belanglos. Kurzum: Das Mehrebenensystem mag alternativlos sein, es mag sich vielleicht sogar funktional bewährt haben, Europäisierungseffekte dürfte diese Form des Regierens freilich nur bedingt nach sich ziehen.

2.2 Die mäßige Polarisierung und Personalisierung europäischer Politik

Anders als üblicherweise im nationalen Rahmen bestimmen EU-Bürger nicht über die (parteipolitische) Orientierung einer Regierung mit, geschweige denn über einen Regierungschef. Es kann kaum die Rede sein von echten Richtungsentscheidungen, von klaren europapolitischen Alternativen oder von einem Regierungs-/Oppositions-Muster, wie es parlamentarische Regime in der Regel kennzeichnet. Besonders dann, wenn es sich um sog. Wettbewerbs- oder Westminstersysteme handelt, in denen sich

Regierung und Opposition mit harten Bandagen argumentativ bekämpfen. Auch der Parteien-Wettbewerb auf EU-Ebene weist ganz spezifische Züge auf, weit entfernt von den eingespielten nationalen Verhältnissen. Nicht unbedingt erlaubt das Votieren für eine bestimmte (nationale) Partei einen Rückschluss darauf, welche EP-Fraktion denn dadurch gestärkt wird. Die unmittelbare politische Wirkung der Stimmabgabe scheint zu verpuffen.

Auch die konkrete Arbeit des Europa-Parlaments spricht nicht eben für eine ausgeprägte politische Streitkultur. Diese wird, wenn überhaupt, eher gegenüber anderen EU-Organen sichtbar, etwa wenn Mitsprache bei der Nominierung eines Kommissionspräsidenten eingeklagt wird. Weniger aber im Parlament selbst. Der strukturbedingte Kampf um ein Mehr an Befugnissen erforderte von Beginn an breite Mehrheiten. Bei wichtigen Personal- und Sachentscheidungen hat sich in den letzten Jahren so etwas wie eine Große EU-Koalition zwischen den beiden stärksten Fraktionen Europäische Volkspartei / Europäische Demokraten und den Europäischen Sozialdemokraten herausgebildet. In der letzten Legislaturperiode haben die "Großfraktionen" in ca. 80% der Abstimmungen gemeinsam votiert. Schon seit längerer Zeit teilen sie sich hälftig das Amt des EP-Präsidenten (Niedermayer 2009, 7). Von Polarisierung keine Spur.

Ebenfalls in engen Grenzen hält sich nach wie vor der Personalisierungsgrad auf der europäischen Politikebene. Der seit den späten 1980er Jahren zu beobachtende Trend hin zu jüngeren, national weniger bekannten Kandidaten für das Europäische Parlament hat zwar positive Professionalisierungseffekte ausgelöst und einen neuen Typus von Abgeordneten hervorgebracht, der sich als Vertreter einer supranationalen Elite und Vehikel der europäischen Idee empfindet (Edinger 2009, 8). Einer massenmedialen Personalisierung hat dies jedoch nicht Vorschub geleistet. Der EU-Politik fehlt es an Köpfen (Schmitt 2005, 668f.). Aber Massenmobilisierung in Europa braucht Köpfe, braucht die Konfrontation zwischen Spitzenkräften im Kampf um Spitzenämter. Im Zeichen zunehmend enger Koppelung von Politik und Entertainment, von politischer und unterhaltender Kommunikation (Dörner 2001, 31-36), gilt es zu konstatieren, dass sich die EU-Politik bislang als völlig *„Politainment“*-inkompatibel erwiesen hat.

Alles in allem ein Mangel an Personalisierung und Polarisierung der EU-Politik, ein Mangel an greifbaren Alternativen, an Pro und Contra. Dass nationale EU-Referenden über das Projekt Europa die Partizipationsraten in die Höhe schnellen lassen (Perrineau 2005b, 234; Rosenberger / Seeber 2008, 93) unterstreicht nur diese Feststellung. An den beiden französischen Referenden beteiligten sich 1992 (69.7%) und 2005 (69.3%) fast 70% der Wahlberechtigten. Für jeden war am Wahlabend das persönliche Votum eindeutig lesbar und zurechenbar. Verglichen damit legen „normale“ Europawahlen fast schon nahe, es komme gar nicht darauf an, ob nun der Einzelne das Wahllokal aufsucht oder nicht, wer denn aus dem Urnengang als Sieger oder als Verlierer hervorgeht. Unter solchen Umständen sind Europäisierungseffekte durch Wahlen kaum zu erwarten.

2.3 Die Nationalisierung der Wahlkämpfe für europäische Institutionen

Die nationalen Rahmungen europäischer Wahlen sind bereits verschiedentlich erwähnt worden. Von Beginn an, seit 1979, spielten transnationale Parteienbünde und deren Minimal-Programme kaum eine Rolle (zur Hausen 2008, 168-197). Ihrer Vermittlungsfunktion zwischen den Menschen und den EU-Institutionen sind die europäischen Parteien – trotz gestiegener Handlungsoptionen in den letzten Jahren (Mittag 2009, 42, 45) – bisher kaum nachgekommen (Oppelland 2006, 469f.). Selbst der profunde Wandel der EG hat keine Europäisierung europaloser Wahlkämpfe bewirkt. Wenig hat sich geändert. Es dominieren weiter – mit Ausnahme der Grünen vielleicht nationale Parteien, nationale Spitzenpolitiker und nationale Debatten.[11] Europäisches bleibt peripher: Europa als Randthema (Niedermayer, 2005). Eine Chance hat es im Grunde nur dort, wo Europa-Debatten zu parteipolitisch relevanten „cleavages" auf nationaler Ebene führen, oder dort, wo es starken euro-phoben Parteien gelingt, im öffentlichen Raum europäische Themen zu besetzen.

Fraglos sind die politischen Parteien dafür selbst mitverantwortlich, tun sie doch eine Menge dafür, *„to make European elections second-order national elections"* (Marsh 1998, 607). Der Professionalisierung nationaler Wahlkampforganisation beispielsweise steht eine fast „anachronistische Kampagnenentwicklung" bei Europawahlen gegenüber: kürzere Dauer, weniger Experten, knappere Budgets (Mittag/Hülsken 2009, 109f.).[12] Und dies, obwohl die Einnahmen aus der staatlichen Wahlkampfkostenrückerstattung zuletzt konstant über den getätigten Ausgaben lagen und sich die Schatzmeister die Hände reiben durften: nicht nur die der „Plus-5%-Parteien". Schließlich erhält jede Partei mit mehr als einem halben Prozentpunkt pro Wählerstimme 4.25 Euro.[13]

11 Bei allem Bemühen etwa deutscher Parteien um Europäisierung der Europawahlprogramme seit 1979 (Binder / Wüst 2004; Wüst, 2005).

12 Das Wahlkampfbudget für die Bundestagswahlen 2002 lag für CDU, CSU, SPD, FDP, Grüne und PDS bei ca. 70 mio Euro, das für die Europawahlen 2004 bei 29.2 mio Euro.

13 Für eine Kleinst- und Ein-Punkte-Kraft wie die Tierschutzpartei summieren sich die knapp 290 tsd. Wählerstimmen im Jahre 2009 auf über 1.3 mio Euro. Bei den Europawahlen 2004 hatten die 22 politischen Gruppierungen zusammen ca. 32 mio Euro für den Wahlkampf investiert, mehr als 100 mio Euro flossen in die Kassen der 14 „Plus-0.5%-Parteien" zurück (Langenau 2004).

Zu fragen wäre, ob die bescheidenen Beteiligungsraten auch auf die wenig inspirierten Wahlkampagnen zurückzuführen sind. Ob es sich um eine Art *„self-fulfilling-prophecy"* aus den respektiven *„less-at-stake"*-Prämissen von Parteien, Medien, Bürgern handelt. Parteien, die Europawahlen relativ geringe Bedeutung beimessen, die meinen, mehr Einsatz zahle sich nicht aus, und die nationale Themen bedienen, um den Schaden zu begrenzen; Massenmedien, die bei Lesern, Hörern, Zuschauern wenig Interesse an Europa voraussetzen, das *Event* aus nationaler Warte begleiten und europäisch-vergleichende Berichte bestenfalls als Randnotizen einstreuen;[14] Bürger schließlich, die sich konfrontiert sehen mit lustloser Wahlkampfführung, mit gleichmütiger Medienvermittlung, und die bestärkt werden in dem Eindruck, Europawahlen seien doch tendenziell bedeutungslose Sekundärwahlen.

Noch dazu Sekundärwahlen, die ohne einheitliches Wahlsystem auskommen. Von einem „polymorphen Verhältniswahlsystem" spricht der Heidelberger Politologe Dieter Nohlen. Gemeint ist ein von Land zu Land verschieden modelliertes Verhältniswahlsystem, das – zumindest seit 1998 – gemeinsame Grundmerkmale aufweist, zugleich unterschiedliche technische Wahlvorschriften, die sich jeweils eng an die länderspezifischen Regelungen anlehnen (Nohlen 2007, 406). Konkret heißt das: weiter kein gemeinsamer Wahltag geschweige denn Wahlabend, keine gemeinsame Wahlkreiseinteilung, kein gemeinsames Wahlalter, kein gemeinsames Verrechnungsverfahren für Reststimmen, keine gemeinsamen Sperrklauseln, keine gemeinsamen Normen für die Rückerstattung der Wahlkampfkosten. Reformen in Richtung mehr Einheitlichkeit waren bislang schlicht nicht durchsetzbar. Im übrigen widerspricht das EU-Wahlsystem dem Grundsatz der Gleichheit. Die vertraglich fixierte Mandatskontingentierung zugunsten kleinerer und zulasten größerer Mitgliedsländer führt dazu, dass die Stimmwirkung pro Wähler höchst unterschiedlich ausfällt. Ganz im Sinne dieser degressiven Proportionalität liegt das Stimmgewicht eines – sagen wir – luxemburgischen Wählers um ein Vielfaches höher als das eines deutschen oder französischen.

Halten wir fest: Europäisches war – und ist – bei Europawahlen hoffnungslos unterrepräsentiert. Faktisch handelt es sich um 27 nationale Einzelwahlen zu einem Europäischen Parlament, dessen Zusammensetzung stark von den respektiven innenpolitischen Konstellationen gerade der bevölkerungsreichen Mitgliedstaaten abhängt. Auf dieser Folie ein ähnlich hohes Wahlengagement, eine ähnlich hohe Mobilisierung der Bürger wie bei Urnengängen im nationalen Rahmen zu erwarten, wäre ziemlich vermessen.

14 Lediglich in der Qualitätspresse (Frankfurter Allgemeine Zeitung, Süddeutsche Zeitung, Die Welt) kamen und kommen europäisch-vergleichende Berichte häufiger vor. 1979 machten solche Beiträge 15% der Berichterstattung aus, 2004 waren es 24% (Wilke / Reinemann 2005, 166, zit. n. Mittag / Hülsken 2009, 112).

Das gleiche gilt für Europäisierungseffekte, die es – im Umkehrschluss – nur geben kann: wenn das europäische Mehrebenensystem ein höheres Maß an Transparenz und an Zuweisbarkeit politischen Handelns gewährleistet; wenn nationale Medien europäischen Institutionen und Politikfeldern das Gewicht zubilligen, das diese sachlich für nationales politisches Handeln längst haben; wenn europäische Politik tatsächlich massenmedialisiert, stärker politisiert und personalisiert wird; wenn Regierungen aufhören, EU-Erfolge für sich zu reklamieren und Misserfolge nationaler Politik dem „Machtzentrum Brüssel" anzulasten; wenn Parteien aufhören, Europawahlen zu nationalisieren und einen engeren Konnex von europaweit agierenden Parteien und Personen zustande bringen; wenn Europawahlen als Richtungsentscheidungen mit europäischer Tragweite erfahrbar werden; wenn das Wählervotum unmittelbare Visibilität erhält und damit für Bürger auch Sinn macht.

Eingebettet sind diese institutionellen und elektoralen Hintergründe ausbleibender Europäisierung in einen allgemeineren Kontext europäischer Politik, der mit dem Wesen der Europäischen Union zu tun hat. Den Ausgangspunkt bilden Überlegungen, dass demokratische Legitimität nicht allein einer frei gewählten parlamentarischen Versammlung bedarf, sondern auch gewisser vor-politischer Voraussetzungen: der Existenz eines europäischen Demos mit transnationaler Tendenz, eines europaweiten Medien- und Kommunikationsraumes, einer gesamteuropäischen diskursiven bzw. deliberativen Öffentlichkeit. Vor-politische Voraussetzungen, die in Nationalstaaten als Garanten für das Funktionieren einer parlamentarisch repräsentativen Demokratie fungieren. Auch als Grundbedingung, die es – um mit Norbert Elias zu sprechen – einer unterlegenen Minderheit ermöglicht, das Mehrheitsvotum nicht als Fremdbestimmung zu verstehen (zit. n. Scharpf 1996, 4).

2.4 Das subtile Wesen der Europäischen Union und die Frage des europäischen Demos

Das Wesen der Europäischen Union beschäftigt seit Jahren Wissenschaftler verschiedener Fachdisziplinen. Rechtliche Grundlage sind Verträge zwischen den Mitgliedern, die „Herren der Verträge" und Träger der Souveränität bleiben. Gleichwohl üben die Mitgliedstaaten einen vertraglich festgelegten Teil der Souveränitätsrechte nur noch gemeinsam aus, können in diesen Bereichen nicht mehr als Einzelne entscheiden und sind an die gemeinsamen Beschlüsse gebunden. Demzufolge hat die EU einen dualen Charakter: einerseits ein „horizontaler" Verbund, ein Vertragsbündnis der Mitgliedstaaten, das auf intergouvernementaler Kooperation basiert; andererseits ein „vertikaler" Verbund, eine supranationale Willensbildungs- und Rechtsetzungsinstanz mit entsprechenden Organen und Instrumenten.

Die EU bildet eine Konstruktion eigener Art. Fast zweitrangig, ob wir das als „supranationalen Föderalismus“ (von Bogdandy 2003, 160f.) bezeichnen oder mit dem Bundesverfassungsgericht seit seinem Maastricht-Urteil im Oktober 1993 als „Staatenverbund“, in dem die Bindungen enger sind als die völkerrechtlichen Bezüge in einem Staatenbund, aber weniger eng als die staatsrechtlichen Bezüge in einem Bundesstaat. In seinem Lissabon-Urteil Ende Juni 2009 hat das Karlsruher Gericht noch einmal betont, dass die Grundordnung eines solchen Staatenverbundes „allein der Verfügung der Mitgliedstaaten unterliegt“ und dass „die Völker – das heißt die staatsangehörigen Bürger – der Mitgliedstaaten die Subjekte demokratischer Legitimation bleiben“ (BVerfG, 2 BvE 2/08).

Die EU mag viel mehr sein als eine Internationale Organisation, denn sie beeinflusst unmittelbar den Alltag der Bürger, greift in die nationalen Rechtsordnungen ein, verfügt über Entscheidungsverfahren, die es mittlerweile in etlichen Bereichen ermöglichen, einzelne Mitglieder zu überstimmen. Mehr als eine Internationale Organisation, deutlich weniger aber als ein Staat. Legen wir die Merkmale der klassischen Staatsdefinition nach Georg Jellinek zugrunde, dann treffen diese gar nicht oder bestenfalls indirekt auf die EU zu. Die *Staats-Gewalt* fehlt völlig. Für die Durchsetzung der Rechtsordnung verfügt die EU über kein eigenes Gewaltmonopol, sondern bedient sich der Exekutive der Mitglieder. Das *Staats-Gebiet* ist kein genuines, sondern ein abgeleitetes: das Territorium der Mitgliedsländer. Und das *Staats-Volk* lässt sich auch über die seit Maastricht eingeführte Rechtsfigur der Unionsbürgerschaft nur mittelbar herleiten. Die Unionsbürgerschaft ergänzt das nationale Staatsangehörigkeitsrecht, ersetzt aber keine nationale Staatsbürgerschaft. Die begründeten Rechte sind begrenzt und stehen fast symbolisch für *„la difficile émergence d'une citoyenneté européenne“* (Dulphy/Manigand 2004, 17). Pflichten gibt es keine, weder Steuer- oder Wehrpflicht, noch Schulpflicht oder Sozialstaatspflichten (Kaelble 2005, 318f.). In die Köpfe der Menschen haben Unionsbürgerschaft und Grundrechtscharta bislang kaum Eingang gefunden und zeitigen damit nur begrenzte Effekte als zivilgesellschaftliches Fundament der Europäischen Union (Gellner/Glatzmeier, 9f.).

Auch in einem weiteren Sinne kann von einem europäischen Demos, einem einzigen umfassenden europäischen Demos keine Rede sein. Seit langem, verstärkt seit dem Maastrichter Vertrag, vertreten Autoren die „No-Demos“-These und sehen darin den Kern des EU-Defizits an demokratischer Legitimation. Dem Politologen Peter Graf Kielmansegg zufolge sind keine guten Gründe ersichtlich, die es rechtfertigen, dass „die EU Rechtsetzungsmacht über mehr als 360 Millionen Bürger ausübt“ (Kielmansegg 2003, 49). Für die „No-Demos“-Verfechter lässt sich die demokratische Substanz der Europäischen Integration nur auf zweierlei Art und Weise garantieren: entweder durch die Abkehr von Mehrheitsbeschlüssen im Ministerrat bzw. durch die Rückkehr zur Option eines nationalen Vetos oder durch konsequente Horizonterweiterung des nationalen

Bewusstseins in Richtung eines europäischen Bewusstseins, das den Integrationsprozess flankiert und damit die demokratische Basis für EU-Entscheidungen hervorbringt (Seidendorf 2007, 20).

Ein europäisches Zusammengehörigkeitsgefühl könnte daraus erwachsen, der einhellige Gedanke, politische Mehrheitsentscheidungen der EU gleichberechtigt mittragen und verantworten zu wollen, die Akzeptanz und Einsicht unter Bürgern, einem gemeinsamen politischen Raum anzugehören und diesen politisch zu organisieren. Ähnlich hat dies schon Jürgen Habermas formuliert. Das Abgehen vom Einstimmigkeitsprinzip im Ministerrat erfordere ein Gemeinschaftsgefühl und ein Vertrauensverhältnis, das es Minderheiten erlaubt, in Mehrheitsentscheidungen einzuwilligen. Erst ein Bewusstsein gemeinsamer Mitgliedschaft schaffe „die Basis für das Gefühl, dass einer den anderen nicht über den Tisch zieht“ (Habermas 2004, 70).

Auf der Hand liegt freilich, dass transnationales Vertrauen, das die Erwartung impliziert, andere verhielten sich verlässlich und freundlich sowie die Annahme, dass fundamentale Werte geteilt und Konflikte in einem gesetzten Rahmen ausgetragen werden, auf tönernen Füßen steht. Erst recht in der erweiterten EU (Delhey 2004, 9). Auch, dass ein Gemeinschaftsgefühl, ein gemeinsames Bewußtsein für ein politisches Projekt Europa noch in den Kinderschuhen steckt. Sich im übrigen nach Mitgliedstaaten, nach Alters- und Sozialgruppen, nach Einkommenslage und (Aus-)Bildungsgrad recht verschieden ausprägt. Das liegt jedoch nicht allein an der Inexistenz eines europäischen Demos. Ebenso schlecht bestellt ist es um eine weitere vor-politische Voraussetzung für durchschlagende Europäisierungs-, Demokratisierungs- und Legitimierungseffekte: um europaweite Arenen der Meinungs- und Willensbildung, um einen Medien- und Kommunikationsraum sowie eine europäische Öffentlichkeit.

2.5 Die schwierige Suche nach einer gesamteuropäischen Öffentlichkeit

Ohne Öffentlichkeit und ohne Diskursfähigkeit lässt sich eine Demokratie ebensowenig denken wie ohne einen Demos. Wenn es um die demokratische Qualität eines politischen Systems geht, dann ist die Existenz eines frei gewählten Repräsentativorgans das eine. Das andere sind vorparlamentarische Meinungs- und Willensbildung, außerparlamentarische Diskussionen politischer Entscheidungen sowie die Rückkoppelung der Repräsentanten an die Repräsentierten. Demokratie meint mehr als Parlamentarismus und wird durch Parlamentarismus erst erreichbar, wenn entsprechende Prämissen vorliegen (Strohmeier 2007, 28).

Dies gilt nicht nur national. Die EU bedarf einer europäischen Öffentlichkeit, die über meist temporäre (populär-)kulturelle Arenen und Events – fraglos nicht zu unterschätzende gelebte Wirklichkeiten öffentlicher europäischer Kommunikation (Saxer 2006, 64) – hinausreichen. Eine solche deliberative politische Öffentlichkeit und eine daraus erwachsende transnationale Diskursfähigkeit sind aufs engste verknüpft mit einem Medien- und Kommunikationsraum, in dem europäische Akteure und europäische Bürger – zumindest als Möglichkeit – europäische Politik verhandeln, in dem sich europäische Gesellschaften Rechenschaft über sich selbst ablegen. Entstehen könnte ein solcher Raum auf zweierlei Art und Weise. Zum einen durch die spürbare Zunahme transnationaler Medien, die auf lange Sicht zur Ausbildung eines verdichteten, genuin europäischen Kommunikationsraums führt. Dies scheint – über Nischen im Medien-Ensemble hinaus – wenig aussichtsreich, schon aus sprachlichen Gründen. Entstehen könnte ein solcher Raum zum anderen durch eine wachsende Europäisierung national verankerter Massenmedien in den EU-Ländern.[15] Folge wäre ein Mehr an Bezugnahmen auf europäische Themen und Akteure, ein Mehr an wechselseitigen Brückenschlägen und Vernetzungen nationaler Medien. Dies scheint aussichtsreicher, jüngeren Studien zufolge sind seit den 1990er Jahren gewisse Europäisierungstrends zu verzeichnen (Pfetsch / Heft 2009, 37ff.). Wenn auch mit großen Differenzen von Land zu Land, von Medium zu Medium, von Thema zu Thema.[16] Die Berliner Kommunikationswissenschaftlerin Barbara Pfetsch spricht optimistisch von „Medien als Motoren europäischer Öffentlichkeit“ (Pfetsch / Heft 2009, 40).

Punktuell und tendenziell mag das stimmen. Auf breiter Front – bei allem Abschmelzen innereuropäischer Unterschiede seit den 1950er Jahren, bei allem Zunehmen innereuropäischer Austauschprozesse und gesamteuropäischer Erfahrungshorizonte, bei allem, was Europa in der Außenperspektive an Spezifika zu bieten hat (Kaelble 2005, 302-313) – sind wir davon aber noch ein Stück weit entfernt. Tatsächlich synchronisierte europäische Debatten, tatsächliche transnationale öffentliche Kommunikation gleicher europäischer Themen zur gleichen Zeit und mit gleicher Relevanz in den einzelnen EU-Ländern sind die Ausnahme. Selbst bilateral, wie die deutsche und französische Maastricht-Debatte 1992 offenbart (Thiemeyer 2009, 15). Die Regel bleibt, dass nationale Medien auch europäische Materien in nationaler Sprache, aus nationaler

15 Habermas spricht davon, dass – soll der europäische Demos den Anforderungen an nationale Demen genügen – wir „eine europaweite demokratische Meinungs- und Willensbildung [brauchen], die sich zwar in nationalen Arenen, aber unter wechselseitiger Beobachtung der in anderen Arenen stattfindenden Diskurse vollzieht“ (Habermas 2004, 71).

16 Von Land zu Land: höhere Europäisierungsgrade in Deutschland, Frankreich oder Spanien verglichen etwa mit Großbritannien; von Medium zu Medium: höhere Europäisierungsgrade einerseits bei überregionalen Qualitätszeitungen verglichen mit Regional- und Boulevardmedien, andererseits bei öffentlich-rechtlichen TV-Sendern verglichen mit privaten; von Thema zu Thema: höhere Europäisierungsgrade bei Themen zu europäisch integrierten Politikfeldern wie Agrarpolitik oder Währungspolitik verglichen mit Themen wie Bildungs- oder Rentenpolitik (Pfetsch / Heft 2009, 39).

Warte für nationale Publiken mit nationalen Lese-, Hör- und Sehgewohnheiten aufbereiten. Und ob allein das vermehrte Berichterstatten über Europa in nationalen Medien schon einer europäischen Öffentlichkeit im Sinne einer Massen-Öffentlichkeit Vorschub leisten kann: daran lassen sich berechtigte Zweifel anmelden.

Was es an europäischer Öffentlichkeit gibt, und dies seit den 1980er Jahren gewiss mit steigender Tendenz, sind Fach-, Spezial-, Experten-Öffentlichkeiten, die transnational interagieren. Dies geschieht auf unterschiedlichsten, teilweise hochgradig funktional ausdifferenzierten Arbeitsfeldern, beschränkt sich aber zumeist auch darauf. Solche europäischen Öffentlichkeiten gibt es im Wissenschaftsbetrieb der verschiedenen Fachdisziplinen, im Bildungs- und Kultursektor, in Parteien und Verbänden, in Industrie und Wirtschaft, etc. Es sind bereichsspezifische und themenzentrierte Teil-Öffentlichkeiten, die aber noch keine gesamteuropäische Öffentlichkeit begründen, keinen gesamteuropäischen Kommunikationsraum. Zumal es sich fast durchweg um Eliten-Öffentlichkeiten handelt, weniger um Bürger-Öffentlichkeiten. Im Grunde eine Chiffre für die Europäische Integration als Elitenprojekt, auch für eine „Trennlinie zwischen elitärer und populärer Öffentlichkeit“ (Gellner/Glatzmeier 2005, 13). Eine Kluft, die sich auch aus der empirischen Umfrage- und Wahlforschung ableiten lässt (Haller 2009, 18f.). An dieser Stelle gälte es vielleicht anzusetzen.

2.6 Ausblick – Nationalstaat und EU

Alles in allem bleibt festzuhalten, dass es sich bei der einleitend zitierten Klage über die geringe Partizipationsquote bei den Europawahlen 2009 keineswegs um eine neue Debatte handelt. Schon bei den Urnengängen der „langen“ 1980er Jahre gaben die relativ schwache Wahlbeteiligung und die tiefe nationale Einfärbung reichlich Anlass zur Sorge. Dort, wo „Europa“ drauf stand, war wenig „Europa“ drin. An diesem Tatbestand hat sich bei den Folgewahlen seit 1994 in einer vertieften und erweiterten EU kaum etwas geändert. Dem Mehr an Europäisierungsbedarf entsprachen keine nennenswerten Europäisierungseffekte durch Wahlen. Eher umgekehrt hat die neue Qualität der Institutionen seit Maastricht eine neue Qualität der konstatierten Defizite an Europäisierung und demokratischer Legitimation nach sich gezogen. Eine doppelte Legitimationslücke war die Folge: eine formale bei Mehrheitsentscheidungen im Ministerrat, die nationale Parlamente tendenziell ausbremsen; eine faktische bei europaparlamentarisch zustimmungspflichtigen Rechtsakten angesichts eines „Repräsentativorgans“, das auf einer Wahlbeteiligung von „40+x“ beruht.

Ein ganzes Bündel von Ursachen hilft die genannten Defizite erklären. Als institutionelle und elektorale Faktoren sind besonders das undurchsichtige Mehrebenensystem, die geringe Polarisierung und Personalisierung der EU-Politik sowie das parteipolitische Nationalisieren der Europawahlen hervorzuheben. Prinzipieller noch offenbarte das Fehlen eines gesamteuropäischen Demos und einer gesamteuropäischen Öffentlichkeit, dass es bis heute an unverzichtbaren Vorbedingungen für wirkmächtige Europäisierungs-, Demokratisierungs- und Legitimierungseffekte hapert. Nicht nur in einem weiteren, auch in einem engeren elektoralen Sinne wird eine Europäisierung durch Wahlen damit verhindert: das geringe transnationale Vertrauen, das geringe Zugehörigkeitsgefühl zur EU, das geringe Bewusstsein für ein politisches Projekt Europa korreliert mit geringen elektoralen Mobilisierungsraten. Im Umkehrschluss würde mehr Vertrauen, mehr Zugehörigkeitsgefühl, mehr Bewusstsein dazu führen, dass die Menschen dies auch an der Wahlurne dokumentieren und sich damit als Bürger eines größeren europäischen Ganzen *ausweisen*. Im wahrsten Sinne des Wortes.

Die „*carte d'électeur*" sei im Frankreich der zweiten Hälfte des 19. Jahrhunderts der erste Personalausweis unabhängig von einer bestimmten gesellschaftlichen Position gewesen, schreibt der Pariser Politologe und Wahlforscher Alain Garrigou (Garrigou 2002, 248). In einem Land, in dem damals niemand Zweifel hegte an der Existenz eines Demos, an einer sich ausweitenden nationalen Öffentlichkeit und Medienlandschaft, an einer auf Nationalisierung erpichten politischen Klasse, an einem republikanischen Modell mit – institutionell – klarem parlamentarischen Primat und – gesellschaftlich – entschieden meritokratischer Tendenz. Womöglich ist es aber auch unangebracht, die EU am Modell des Nationalstaats (Münch 2001, 200f.; Bach 2008, 24), die europäische Öffentlichkeit am Modell einer nationalen Öffentlichkeit zu messen (Kaelble 2002, 13f.). Die EU ist kein Nationalstaat und wird auch keiner werden. Da macht es wenig Sinn, Ansprüche zu stellen, die strukturell unerfüllbar sind. Noch bilden die Nationalstaaten die maßgeblichen politischen Referenzrahmen für Bürgerinnen und Bürger, die zentralen Garanten für gesellschaftlichen Interessenausgleich und sozialen Frieden im Innern (Lepsius 2005, 5). Aber ein bisschen mehr europäisierter Nationalstaat dürfte es schon sein, und ein bisschen mehr Europäisierung durch Europawahlen.

Literatur

Abrial, Stéphanie/*Pina*, Christine (1999): Les élections européennes de juin 1999 dans les quinze pays de l'Union: une consultation de „second ordre"?, in: Revue Française de Science Politique 49, S. 707-717.

Allen, David (1984): Die Direktwahlen zum Europäischen Parlament im Juni 1984, in: Europa-Archiv 39, S. 685-694.

Bach, Maurizio (2008): Kollektive Identität in Europa. Kritische Anmerkungen zu einem

Mythos der Gegenwart, in: Kadelbach, Stefan (Hrsg.), Europäische Identität, Baden-Baden: Nomos, S. 17-24.

Binder, Tanja/*Wüst*, Andreas M. (2004): Inhalte der Europawahlprogramme deutscher Parteien 1979-1999, in: Aus Politik und Zeitgeschichte B 17, S. 38-45.

von Bogdandy, Armin (2003): Prinzipienlehre, in: ders. (Hrsg.), Europäisches Verfassungsrecht. Theoretische und dogmatische Grundzüge, Berlin: Springer, S. 149-204.

Boguslawski, Alexander (1983): Direktwahl zum Europäischen Parlament und Europa-Bewußtsein. Eine demoskopische Bilanz drei Jahre nach der Wahl, in: Europa-Archiv 38, S. 7-14.

Bracher, Karl Dietrich (1980): Europa zwischen National- und Weltpolitik. Historische Wandlungen und politische Entscheidungen, in: integration 3/3, S. 95-107.

Delhey, Jan (2004), Transnationales Vertrauen in der erweiterten EU, in: Aus Politik und Zeitgeschichte, B 38, S. 6-13.

van Deth, Jan W. (1990): Political interest, in: Jenning, Myron Kent/van Deth, Jan W. (Hrsg.), Continuities in political action. A longitudinal study of political orientations in three western democracies, Berlin u.a.: de Gruyter, S. 275-312.

Dörner, Andreas (2001): Politainment. Politik in der medialen Erlebnisgesellschaft, Frankfurt/M.: Suhrkamp.

Dulphy, Anne/*Manigand*, Christine (1999): L'opinion publique française face à l'élection européenne de juin 1979, in: Journal of European Integration History 5, S. 23-39.

Dulphy, Anne/Manigand, Christine (2004): Introduction, in: dies. (Hrsg.), Les opinions publiques face à l'Europe communautaire. Entre cultures nationales et horizon européen, Frankfurt u.a.: Lang, S. 9-20.

Eder, Klaus/*Kantner*, Cathleen (2000): Transnationale Resonanzstrukturen in Europa. Eine Kritik der Rede vom Öffentlichkeitsdefizit, in: Bach, Maurizio (Hrsg.), Die Europäisierung nationaler Gesellschaften, Opladen: Westdeutscher Verlag, S. 277-305.

Eder, Klaus (2003): Öffentlichkeit und Demokratie, in: Jachtenfuchs, Markus/Kohler-Koch, Beate (Hrsg.), Europäische Integration, 3. Auflage, Opladen: Leske + Bu-drich, S. 85-120.

Edinger, Michael (2009): Wahlen zum Europäischen Parlament und die Rolle der Abgeordneten – Sprungbrett oder Abstellgleis?, Vortrag auf der Tagung „30 Jahre Direktwahlen zum Europäischen Parlament 1979-2009. Eine interdisziplinäre Bilanz", Ruhr Universität Bochum, 17.-18. April 2009, hier zit. nach dem Tagungsbericht von Stephan Seifen, 9 S., http://hsozkult.geschichte.hu-berlin.de/index.asp?id=2691&view=pdf&pn=tagungsberichte [16.08.2009].

Fischer, Joschka (2000): Vom Staatenverbund zur Föderation - Gedanken über die Finalität der europäischen Integration, Vortrag an der Humboldt-Universität zu Berlin am 12. Mai 2000, 10 S., http://www.hu-berlin.de/pr/veranstaltungen/reden [12.09.2009].

Garrigou, Alain (1992): Le vote et la vertu. Comment les Français sont devenus électeurs, Paris: Presses de la Fondation Nationale des Sciences Politiques.

Garrigou, Alain (2002): Histoire sociale du suffrage universel en France 1848-2000, Paris: Seuil.

Garrigou, Alain (2009): Elections sans électeurs – Une lente agonie démocratique, in: Le Monde diplomatique, Juillet 2009, S. 3.

Gellner, Winand/*Glatzmeier*, Armin (2005): Die Suche nach der europäischen Zivilgesellschaft, in: Aus Politik und Zeitgeschichte B 36, S. 8-15.

Gerhards, Jürgen (2000): Europäisierung von Ökonomie und Politik und die Trägheit der Entstehung einer europäischen Öffentlichkeit, in: Maurizio Bach (Hrsg.), Die Europäisierung nationaler Gesellschaften, Opladen: Westdeutscher Verlag, S. 277-305.

Gerhards, Jürgen (2002): Das Öffentlichkeitsdefizit der EU im Horizont normativer Öffentlichkeitstheorien, in: Kaelble, Hartmut/Kirsch, Martin/Schmidt-Gernig, Alexander (Hrsg.), Transnationale Öffentlichkeiten und Identitäten im 20. Jahrhundert. Frankfurt/M.: Campus, S. 135-158.

Gusy, Christoph (1998): Demokratiedefizite post-nationaler Gemeinschaften unter Berücksichtigung der EU, in: Zeitschrift für Politik 45, S. 267-281.

Habermas, Jürgen (2004): Ist die Herausbildung einer europäischen Identität nötig, und ist sie möglich?, in: ders., Der gespaltene Westen, Frankfurt/M.: Suhrkamp, S. 68-82.

Haller, Max (2009): Die europäische Integration als Elitenprojekt, in: Aus Politik und Zeitgeschichte B 23-24, S. 18-23.

zur Hausen, Clemens (2008): Der Beitrag der „Europaparteien" zur Demokratisierung der Europäischen Union, Marburg: Tectum-Verlag.

Helms, Ludger (1999): Turning indifference into a minor landslide. The 1999 european elections in Germany, in: German Politics 8, S. 161-166.

Herz, Dietmar/*Jetzlsperger*, Christian (2008): Die EU, 2. Auflage, München: Beck.

Hoffmann, Hans-Jürgen/*Feist*, Ursula (1989): Die Europa-Wahl 1989 – eine klassische Nebenwahl? Ergebnisse und Analysen der dritten Direktwahl des Europäischen Parlaments, in: Aus Politik und Zeitgeschichte B 43, S. 15-24.

Hrbek, Rudolf (1979): Die EG nach den Direktwahlen. Bilanz und Perspektiven, in: integration 2/3, S. 95-109.

Hrbek, Rudolf (1984): Direktwahl 84: Nationale Testwahlen oder „europäisches" Referendum?, in: integration 7/3, S. 158-166.

Hrbek, Rudolf (1989): Das Europäische Parlament nach der Direktwahl 1989 – Reduzierte Handlungsfähigkeit durch größere Vielfalt?, in: integration 12/3, S. 107-118.

Hüser, Dietmar (2001): Bauern und Franzosen, Integration und Eigensinn – Zur ländlichen Politisierung und kulturellen Nationsbildung im Frankreich des 19. Jahrhunderts, in: Archiv für Sozialgeschichte 41, S. 409-431.

Kaelble, Hartmut (2002): The historical rise of a european public sphere?, in: Journal of European Integration History 8, S. 9-22.

Kaelble, Hartmut (2005): Eine europäische Gesellschaft? in: Schuppert, Gunnar Folke/ Pernice, Ingolf/Haltern, Ulrich (Hrsg.), Europawissenschaft, Baden-Baden: No-mos, S. 299-330.

Kielmansegg, Peter Graf (2003): Integration und Demokratie, in: Jachtenfuchs, Markus/ Kohler-Koch, Beate (Hrsg.), Europäische Integration, 2. Auflage, Opladen: Leske + Budrich, S. 49-83.

Knapp, Ursula (2009): Bundesverfassungsgericht zum EU-Vertrag. Alle Verlierer haben gewonnen, in: Frankfurter Rundschau, 1.7.2009.

Langenau, Lars (2004): Großer Reibach für die Kleinen, Der Spiegel, 14.6.2004.

Lepsius, M. Rainer (2004): Prozesse der europäischen Identitätsstiftung, in: Aus Politik und Zeitgeschichte B 38, S. 3-5

Manow, Philip (2005): National vote intention and european voting behavior 1979-2004, MPIfG Discussion Paper 05/11, November 2005, 30 S., http://www.mpifg.de/pu/mpifg_dp/dp05-11.pdf [12.09.2009].

Manow, Philip (2006): Elektorale Effekte negativer Integration? Die Europäische Gemeinschaft und die Europawahlen 1979 bis 2004, in: Beckert, Jens/Ebbinghaus, Bernhard/Hassel, Anke/Marlow, Philip (Hrsg.), Transformationen des Kapitalismus. Festschrift für Wolfgang Streeck, Frankfurt/M.: Campus, S. 337-357.

Marsh, Michael (1998): Testing the second-order election model after four european elections, in: British Journal of Political Science 28, S. 591-607.

Marsh, Michael (2005): The results of the 2004 European Parliament elections and the second-order model, in: Niedermayer, Oskar/Schmitt, Hermann (Hrsg.), Europawahl 2004, Wiesbaden: VS Verlag, S. 142-158.

Mittag, Jürgen (2009): Europäische Parteien im Wandel, in: Aus Politik und Zeitgeschichte B 23-24, S. 42-46.

Mittag, Jürgen/*Hülsken*, Claudia (2009): Von Sekundärwahlen zu europäisierten Wahlen? 30 Jahre Direktwahlen zum Europäischen Parlament, in: integration 32/2, S. 105-122.

Morgan, Roger (1979): L'élection d'une assemblée très diversifiée, Revue politique et parlementaire 81, S. 48-55.

Münch, Richard (2001): Demokratie ohne Demos. Europäische Integration als Prozeß des Institutionen- und Kulturwandels, in: Loth, Wilfried/Wessels, Wolfgang (Hrsg.), Theorien europäischer Integration, Opladen: Leske + Budrich, S. 177-203.

Muxel, Anne (2005): Les abstentionnistes. Le premier parti européen, in: Perrineau, Pascal (Hrsg.), Le vote européen 2004-2005. De l'élargissement au référendum fran-çais, Paris: Presses de Sciences Po, S. 45-76.

Neller, Katja/*van Deth*, Jan W. (2006): Politisches Engagement in Europa, in: Aus Politik und Zeitgeschichte B 30-31, S. 30-38.

Niedermayer, Oskar (2005): Europa als Randthema. Der Wahlkampf und die Wahlkampfstrategien der Parteien, in: ders./Schmitt, Hermann (Hrsg.), Europawahl 2004, Wiesbaden: VS Verlag, S. 39-75.

Niedermayer, Oskar (2009): Europawahl 2009. Zusammenhänge, Ergebnisse und Folgen, FES, Internationale Politikanalyse, Juni 2009, 10 S.

Nohlen, Dieter (2007): Wahlrecht und Parteiensystem. Zur Theorie und Empirie der Wahlsysteme, 5. Auflage, Opladen/Farmington Hill: Verlag Barbara Budrich.

Novy, Leonard (2005): Über das Fehlen einer europäischen Öffentlichkeit, in: Neue Gesellschaft/Frankfurter Hefte, H.3, S.14-18.

Offerlé, Michel (1993): Un homme, une voix? Histoire du suffrage universel, Paris: Gallimard.

Oppelland, Torsten (2006): Das Parteiensystem der Europäischen Union, in: Niedermayer, Oskar/Stöss, Richard/Haas, Melanie (Hg.), Die Parteiensysteme Westeuropas, Wiesbaden: VS Verlag, S.455-475.

Perrineau, Pascal (2005a): La valse hésitation entre vote européen et vote national, in: ders. (Hg.), Le vote européen 2004-2005. De l'élargissement au référendum français, Paris: Presses de Sciences Po, S. 11-16.

Perrineau, Pascal (2005b): Le référendum français du 29 mai 2005. L'irrésistible nationalisation d'un vote européen, in: ders. (Hsrg.), Le vote européen 2004-2005. De l'élargissement au référendum français, Paris: Presses de Sciences Po, S. 229-243.

Pfetsch, Barbara/*Heft*, Annett (2009): Europäische Öffentlichkeit – Entwicklung transnationaler Medienkommunikation, in: Aus Politik und Zeitgeschichte B 23-24, S. 36-41.

Radaelli, Claudio M. (2003): The europeanization of public policy, in: ders./Featherstone, Kevin (Hrsg.): The politics of europeanization, Oxford: Univer-sity Press, S. 27-56.

Reif, Karlheinz/*Schmitt*, Hermann (1980): Nine national second-order elections, in: European Journal of Political Research 8, S. 3-44.

Reif, Karlheinz (1984): National electoral cycles and european elections, in: Electoral Studies 3, S. 244-255.

Rosenberger, Sieglinde/*Seeber,* Gilg (2008): Wählen, Wien: Facultas Universitätsverlag.

Saxer, Ulrich (2006): Europäischer Gesellschafts-, Medien- und Öffentlichkeitswandel. Eine kommunikationssoziologische Perspektive, in: Langenbucher, Wolfgang R./Latzer, Michael (Hrsg.), Europäische Öffentlichkeit und medialer Wandel. Eine transdisziplinäre Perspektive, Wiesbaden: VS Verlag, S. 62-92.

Scharpf, Fritz W. (1996): Demokratie in der transnationalen Politik, MPIfG Working Paper 96/3, November 1996, 18 S., http://www.mpifg.de/pu/workpap/wp96-3/wp96-3.html [14.09.2009].

Scharpf, Fritz W. (1999): Regieren in Europa. Effektiv und demokratisch? Frank-furt/M.: Campus.

Schmidt, Vivien A./*Radaelli*, Claudio M. (2004): Policy change and discourse in Europe. Conceptual and methodological issues, in: West European Politics 27, S. 183-210.

Schmitt, Hermann/*van der Eijk*, Cees (2003): Die politische Bedeutung niedriger Beteiligungsraten bei Europawahlen. Eine empirische Studie über die Motive der Nichtwahl, in: Brettschneider, Frank e.a. (Hrsg.), Europäische Integration in der öffentli-chen Meinung, Opladen: Westdeutscher Verlag, S. 279-302.

Schmitt, Hermann (2005): The European Parliament elections of June 2004: still second-order?, in: West European Politics 28, S. 650-679.

Seidenfeld, Stefan (2007): Europäisierung nationaler Identitätsdiskurse? Ein Vergleich französischer und deutscher Printmedien, Baden-Baden: Nomos.

Strohmeier, Gerd (2007): Die EU zwischen Legitimität und Effektivität, in: Aus Politik und Zeitgeschichte B 10, S. 24-30.

Sturm, Roland (2005): Was ist Europäisierung? Zur Eingrenzung des Nationalstaats im

Prozess der europäischen Integration, in: Schuppert, Gunnar Folke/Pernice, Ingolf/ Haltern, Ulrich (Hrsg.), Europawissenschaft, Baden-Baden: Nomos, S. 101-127.

Subileau, Françoise/*Toinet*, Marie-France (1993): Les chemins de l'abstention. Une comparaison franco-américaine, Paris: La Découverte.

Teschner, Jens (2005): Wahl-Kampf um Europa. Eine Einführung, in: ders. (Hrsg.), Wahlkampf um Europa. Analysen aus Anlaß der Wahlen zum Europäischen Parlament 2004, Wiesbaden: VS Verlag, S. 7-30.

Thiemeyer, Guido (2009): „Maastricht" in der öffentlichen Debatte. Eine deutsche und eine französische oder eine deutsch-französische Diskussion?, Manuskript, Mai 2009, 15 S, erscheint in: Hüser, Dietmar/Eck, Jean-François (Hrsg.), Medien – Debatten – Öffentlichkeiten in Deutschland und Frankreich im 19. und 20. Jahrhundert, Stuttgart: Steiner.

Uterwedde, Henrik (1979): Europa-Wahl und nationale Politik. Die Wahlen zum Europäischen Parlament im Juni 1979: europäische Perspektiven und innenpolitische Diskussion in Frankreich und der Bundesrepublik Deutschland, Ludwigsburg: DFI.

Volle, Angelika (1979/80): Die ersten Direktwahlen zum Europäischen Parlament, in: Die Internationale Politik, S. 278-289.

Wilke, Jürgen/*Reinemann*, Carsten (2005): Auch in der Presse immer eine Nebenwahl? Die Berichterstattung über die Europawahlen 1979-2004 und die Bundestagswahlen 1980-2002 im Vergleich, in: Holtz-Bacha, Christina (Hrsg.), Europawahl 2004. Die Massenmedien im Europawahlkampf, Wiesbaden: VS Verlag, S. 153-173.

Wüst, Andreas M. (2005): Deutsche Parteien und Europawahlen. Programmatische Schwerpunkte 1979-2004, in: Niedermayer, Oskar/Schmitt, Hermann (Hrsg.), Europawahl 2004, Wiesbaden: VS Verlag, S. 76-93.

Wüst, Andreas M./*Tausendpfund*, Markus (2009): 30 Jahre Europawahlen, in: Aus Politik und Zeitgeschichte B 23-24, S. 3-9.

Gilbert Zieburas Autobiographie
Die Grundlegung der sozialwissenschaftlichen Frankreichforschung in Deutschland

Adolf Kimmel

Gilbert Ziebura: Kritik der „Realpolitik". Genese einer linksliberalen Vision der Weltgesellschaft. Autobiographie. Berlin: LIT Verlag, 2009, 396 S.

Der Name Gilbert Ziebura ist nicht nur einer breiteren Öffentlichkeit unbekannt; selbst die meisten Studenten der Politikwissenschaft können mit ihm wohl nichts mehr anfangen. Dagegen ist sein Name allen, die sich mit französischer Politik und Zeitgeschichte beschäftigen, wohlvertraut, denn Gilbert Ziebura ist der Begründer der sozialwissenschaftlichen Frankreichforschung in Deutschland nach 1945. Nach seiner sich mit der deutschen Geschichtsschreibung zu den Ursachen des Ersten Weltkrieges kritisch auseinandersetzenden Dissertation (Ziebura 1955) legte er mit seinen Quellenbüchern zur IV. und V. Republik (Ziebura 1956/7 und 1960) das Fundament für die in den 60er Jahren einsetzende deutsche sozialwissenschaftliche Frankreichforschung. Mit seiner vielbeachteten und hochgelobten Habilitationsschrift über den französischen Sozialisten und Ministerpräsidenten der Volksfrontregierung 1936/7, Léon Blum (Ziebura 1963), der ersten, leider unvollendet gebliebenen Biographie, die wissenschaftlichen Ansprüchen genügt, avancierte er endgültig zum führenden Frankreichexperten „diesseits des Rheins". Seine Analyse der deutsch-französischen Beziehungen seit 1945 (Ziebura 1970) war zwar seinerzeit ein Pionierwerk und ist das am weitesten verbreitete seiner Bücher, aber auch durch seinen sehr kritischen Grundtenor das am meisten Anstoß erregende. Darüber kam es auch zu einem harten Streit mit seinem Freund Alfred Grosser und zur Trennung von der „Gesellschaft für übernationale Zusammenarbeit", „die mir so viel bedeutet hat" (263). Damit verbunden war der Verzicht, weiter in der von der Gesellschaft herausgegebenen Zeitschrift *Dokumente* zu publizieren.

Neben einer ursprünglich als Handbuch-Beitrag geschriebenen Geschichte Frankreichs von der Revolution bis zur Begründung der III. Republik (Ziebura 1979 und 1981) hat er in einer Reihe von Aufsätzen zur Geschichte, Gesellschaft und Politik Frankreichs (Ziebura 2003) der Frankreichforschung wichtige Impulse gegeben. Bei der Gründung des Frankreich Jahrbuchs wirkte er maßgeblich mit und förderte das Unternehmen mit seiner wissenschaftlichen Autorität, seiner umfassenden Sachkenntnis und seinen Anregungen. Schließlich hat er durch eine umfangreiche Vortrags- und publizistische Tätigkeit, vor allem in *Dokumente* und im *Vorwärts*, in einem konkret kaum bestimmbaren Ausmaß die deutsche öffentliche Meinung über die französische Politik und die deutsch-französischen Beziehungen beeinflusst.

Obwohl natürlich nicht nur für sie außerordentlich lesenswert, werden gerade die Frankreichforscher die Autobiographie ihres „Nestors, Mentors und Inspirators“[1] mit großem Interesse zur Hand nehmen. Für eine von kritischer Sympathie getragene Beschäftigung mit dem Nachbarn „jenseits des Rheins“ war er durch seine Herkunft und erste Sozialisation keineswegs prädestiniert. 1924 geboren, wuchs er in einer ursprünglich aus Schlesien stammenden katholisch-konservativen, national eingestellten Familie auf (seit 1931 in Berlin). Die Auseinandersetzungen um Oberschlesien (sein Vater nahm an der „Schlacht am Annaberg“ 1921 teil) und seine Teilung wurden als eine Ungerechtigkeit empfunden, für die nicht zuletzt Frankreich verantwortlich gemacht wurde, das von den Siegern die härtesten Bedingungen für den Abschluss eines Friedensvertrages forderte.

Knapp neun Jahre alt bei der „Machtergreifung“, wuchs Gilbert Ziebura in das nationalsozialistische Regime hinein. Der familiäre Hintergrund und die damit verbundene erste Sozialisation ließen ihn „die nationalsozialistische Umwelt als eine Form der Normalität begreifen“ (S.21). Seine schon vor 1933 begonnene Aktivität in der katholischen Jugendbewegung hat nach seinen eigenen Worten die in Jungvolk und HJ erfolgende „Integration in Staat, Gesellschaft und Ideologie des Nationalsozialismus erleichtert“ (S.34). Allgemeine Repression mit der Einrichtung der ersten KZs, Judenverfolgung und „Reichskristallnacht“ – „alles das ging an mir vorbei“ (S.45). Er nahm den Krieg als Heldenepos wahr und den Einberufungsbefehl am 7. Dezember 1942 begrüßte der Achtzehnjährige in seinem Kalender mit „endlich!“. Er war stolz und bereit, am propagierten Heldenepos teilzunehmen. Der Krieg, für den er, auch durch entsprechende Lektüren (Ernst Jünger, Walter Flex), „perfekt zugerichtet“ war (S.45), „wurde zum alles beherrschenden Meta-Ereignis meiner Jugend und zugleich der entscheidende Sieg der Naziideologie“ (S.39). Zum Nachdenken und zur Ernüchterung an der Front hatte er gar keine Gelegenheit, denn bereits am dritten Tag wurde er im November 1943 bei Smolensk schwer verwundet. „Zaungast des Niedergangs“ im Lazarett und im Abiturlehrgang für Schwerkriegsbeschädigte in Cottbus (August 1944 bis Februar 1945), unter gleichermaßen desillusionierten Lehrern und jungen Soldaten, öffneten sich ihm allmählich die Augen. Das soziokulturelle Milieu; das Fehlen alternativer Erfahrungen;

1 So die Herausgeber der Festschrift zu seinem 65. Geburtstag: Hartmut Elsenhans u.a. (Hg.): Frankreich – Europa – Weltpolitik. Festschrift für Gilbert Ziebura zum 65. Geburtstag, Opladen: Westdeutscher Verlag, 1989, S.15.

die Zugehörigkeit zu einer Generation, die nichts als den Nationalsozialismus kannte, die von ihm geprägt, verblendet und verführt wurde und von dem sie sich nur allmählich lösen konnte – diese inzwischen allgemein akzeptierten Erkenntnisse veranschaulicht Ziebura ebenso eindrucksvoll wie ehrlich am eigenen Schicksal.

Nach Kriegsende erfolgte die „zweite Sozialisierung“, als Student in Berlin und bei den ersten deutsch-französischen Studententreffen. Die „Enthüllungen über die Ungeheuerlichkeit der Judenvernichtung“ und die Bilder von der Befreiung der Konzentrationslager, vertieft durch die Lektüre von Eugen Kogons „SS-Staat“ erschütterten Zieburas bisheriges Weltbild nachhaltig und sie „stellten das Fundament meiner nun beginnenden zweiten Sozialisierung dar“ (S.60). In diesem wie in anderen Kapiteln verbindet er persönliches Erleben mit allgemeinen, der Gegenwart entnommenen Reflexionen (z.B. über Befreiung oder Niederlage; „Vergangenheitsbewältigung“ und Neuanfang; unpolitische Autoritätsgläubigkeit, Nationalismus). Wie nicht anders möglich, gelangte Ziebura nur schrittweise zu einer Neuorientierung. Der spätere prononciert liberale Linke wurde er nicht über Nacht, zumal sich in Westberlin bald ein militanter Antikommunismus bemerkbar machte, der auch ihn beeinflusste. Vom katholischen Glauben „tief durchdrungen“, sprach ihn zudem das C in der CDU an und er wurde im September 1945 Mitglied. Aber offenbar stand keine wirkliche Überzeugung hinter diesem Schritt, denn Ziebura blieb eine Karteileiche und entfernte sich bald immer weiter von den Positionen der Partei, an deren Aktivitäten er sich nie beteiligte. Nach einem Intermezzo als Volksschullehrer (aus finanziellen Gründen, konnte er nicht sofort studieren, da sein Vater aufgrund seiner NSDAP-Mitgliedschaft seine Anstellung als Beamter verlor), schrieb er sich zum Wintersemester 1946/7 an der wiedereröffneten Berliner Universität Unter den Linden (später Humboldt-Universität) für die Fächer Germanistik, die er bald durch Romanistik ersetzte, und Geschichte ein. Obwohl er „keinerlei direkte politisch-ideologische Beeinflussung durch die sowjetische Besatzungsmacht bzw. die SED bemerkte“ (S.74), wechselte er zum Wintersemester 1948/9 an die FU, da die „politische Großwetterlage“ (Währungsreform und Blockade) der Universität im sowjetischen Sektor keine Zukunft verhieß. Als Angehöriger der studentischen Gründergeneration engagierte er sich an vorderster Stelle in der studentischen Mitbestimmung, die ja an der FU weit stärker ausgebaut war als an den anderen Universitäten. Amüsiert liest man, wie einige Studenten, unter seinem „Kommando“ im Dekanat der Philosophischen Fakultät drei Tage und drei Nächte einquartiert, vergeblich einen imaginären Angriff von Honeckers FDJ erwarteten. Der ihn am nachhaltigsten beeindruckende Professor war Hans Rosenberg, obwohl er nur ein Jahr in Berlin lehrte. Im Unterschied zu den „in Deutschland dominierenden staatsfrommen Politikhistorikern“ ging es ihm „um reale gesellschaftliche Machtstrukturen“. Freilich dauerte es noch „eine Zeit, bis ich, nach Umwegen, die Fruchtbarkeit seiner Fragestellungen voll erfasste“ (S.84/5).

So wichtig die Studentenjahre in Berlin waren, entscheidend für die persönliche wie berufliche Entwicklung Zieburas war das erste deutsch-französische (katholische) Studententreffen im September 1947 in Überlingen.[2] Es

> „stellt einen Wendepunkt in meinem Leben dar; es gab der zweiten Sozialisierung einen völlig neuen Inhalt, indem es meine aus der Berliner Perspektive bestimmte Weltsicht öffnete" (S.94).

Noch mit den üblichen Vorurteilen angereist, war Ziebura bald fasziniert vom Projekt der Aussöhnung und vor allem von den Diskussionen. Meinungsunterschiede wurden nicht mit schönen Worten oder Formelkompromissen zugekleistert, sondern durchgefochten, „falls nötig mit aller Härte". Wer Ziebura auf Tagungen erlebt hat, stellt unschwer fest, dass ihn diese Diskussionskultur für sein ganzes Leben, bis ins hohe Alter, geprägt hat. Das Foto auf dem Umschlag des Buches vermittelt davon einen lebendigen Eindruck. Es entstanden Freundschaften über die Staatsgrenzen hinweg, eine damals neue und außergewöhnliche Erfahrung. Vor allem rückte Zieburas „Weltsicht" nach links. Er nahm mit Überraschung zur Kenntnis, dass man auch als gläubiger Katholik linke politische Positionen einnehmen konnte. Die Begegnung mit Arbeiterpriestern in Paris im September 1948 – es war sein erster Flug, aus dem blockierten Berlin –, die ihm das Elend eines ihm bis dahin unbekannten sozialen Milieus vor Augen führte, verstärkte noch diese Links-Entwicklung. Nach der Rückkehr aus Paris spiegelte sich in Zieburas Einstellung zu den wichtigsten politischen Fragen der deutschen Politik, die er in der linkskatholischen Zeitschrift *Michael* kommentierte, diese Entwicklung.

Schließlich hatte Ziebura bei diesen Begegnungen das Thema gefunden, das seinen späteren Beruf und sein wissenschaftliches Werk bestimmen sollte: Frankreich und die deutsch-französischen Beziehungen. Er gehörte zur ersten Gruppe deutscher Studenten, die dank eines Stipendiums der französischen Regierung schon 1950/51 in Paris studieren konnten. Während dieses Aufenthaltes, der dank eines weiteren Stipendiums um ein Jahr verlängert werden konnte, entstand die Dissertation, die bereits eine unverhohlene Kritik an der in der deutschen Geschichtswissenschaft damals herrschenden Auffassung über die deutsch-französischen Beziehungen vor dem Ersten Weltkrieg übte. Am 1. April 1955 erhielt er eine Assistentenstelle an der Deutschen Hochschule für Politik. Seine Lehrveranstaltungen behandelten die Bereiche, denen sein besonderes Interesse galt: französische Politik, deutsch-französische Beziehungen, Europapolitik. Ernst Fraenkel, dessen Assistent Ziebura war, war „die dominierende Gestalt im Lehr-

2 Der erste Teil dieses Kapitel (es ist das sechste, S.91-107) ist vorabgedruckt im Frankreich Jahrbuch 2003, S.153-165. Die Fotos in diesem Kapitel vermitteln besser als manche Beschreibung das Klima dieser und der folgenden Treffen.

körper“ und er „spielte die entscheidende Rolle“ für seine weitere wissenschaftliche Entwicklung (S.138). Erst Jahre später, nun selbst Professor, löste er sich vom Einfluss Fraenkels und „verfolgte eigene Wege“. In diesen Jahren veröffentlichte er, historische und politikwissenschaftlich-institutionelle Fragestellungen verbindend, die eingangs erwähnten Quellenbücher zur IV. und V. Republik und vor allem die Habilitationsschrift über Léon Blum. Aus heutiger Sicht weist er, überkritisch und zu ambitiös, auf die Schwächen hin, die dieses nach wie vor wichtige Werk nach seiner Auffassung aufweist (fehlende Analyse der sozialökonomischen Machtstrukturen, unzureichend gelungener Beitrag zur Theorie der Sozialdemokratie).

Wie hoch Ziebura als Wissenschaftler in der Zunft der Politologen geschätzt wurde, ist, nach zwei von ihm abgelehnten Angeboten, an der Berufung zum Professor am Berliner Otto-Suhr-Institut schon zum Wintersemester 1964/5 erkennbar. Allerdings mit einem Wermutstropfen für die Frankreichforschung verbunden: Der Ausrichtung des Lehrstuhls entsprechend musste sich Ziebura künftig vor allem mit den Internationalen Beziehungen beschäftigen und die Frankreichforschung entsprechend einschränken. Verbunden mit den zeit- und kräfteraubenden Auseinandersetzungen während der Studentenbewegung, der ein ebenso fesselndes wie deprimierendes Kapitel gewidmet ist, blieb nicht nur die Blum-Biographie „ein Torso“; auch manches geplante Buch zu anderen Problemen französischer Politik und Zeitgeschichte blieb ungeschrieben.

Zieburas Frankreichkompetenz war nicht nur in Fachkreisen bekannt, sondern war auch in politische Kreise vorgedrungen. So trat das Kanzleramt im September 1967 mit der Anfrage an ihn heran, ob er im wissenschaftlichen Sachverständigengremium des Planungsstabes mitzuarbeiten bereit wäre. Obwohl er die damals regierende Große Koalition ablehnte und ihm Bundeskanzler Kiesinger nicht sonderlich sympathisch war, war das Angebot für einen Politikwissenschaftler zu verlockend, um es abzulehnen. Das Kanzleramt erwartete von ihm vor allem, dass er die Europapolitik de Gaulles, die auf wenig Verständnis stieß und die gerade in der EWG zwei Krisen provoziert hatte („Politik des leeren Stuhls“, Nein zum britischen Beitrittsgesuch), erklären und daraus politische Handlungsoptionen ableiten würde. Aufgrund seiner „Verwicklung“ in die Studentenbewegung an der FU erwartete man von ihm auch Rat in der Frage, wie die Politik mit den rebellierenden Studenten umgehen sollte. Wenn es um die Analyse des Aufstands der französischen Studenten im Mai 1968 ging, der rasch zu einer Regimekrise eskalierte, war er ein besonders gefragtes Mitglied des Gremiums. Die Auszüge aus den Sitzungsprotokollen lassen erkennen, wie schwierig es war, im Falle Zieburas ganz besonders, den wissenschaftlichen Sachverstand für die politische Praxis fruchtbar zu machen. Die Überschrift dieses Kapitels sagt alles: „Das Elend der Politik-Beratung“.

Die Studentenbewegung hatte dazu beigetragen, bei Ziebura einen „Paradigmenwechsel“ herbeizuführen. Hans Rosenberg siegte über Ernst Fraenkel, wie er selbst formuliert. Der Versuch einer gesamtgesellschaftlichen Analyse, den er erstmals in einem umfangreichen Aufsatz über den französischen Hochimperialismus vor 1914 entwickelte,[3] bestimmte fortan seine Arbeiten. Allerdings war der Anspruch, eine von der Annales-Schule inspirierte „Totalgeschichte" zu schreiben,[4] so hoch, dass er allenfalls mit Einschränkungen umzusetzen war. Der Verzicht darauf, die als Fortsetzung des Buches über die „Entstehung einer bürgerlichen Gesellschaftsformation" (Ziebura 1979) angekündigten Bände zu schreiben, kann als Eingeständnis gewertet werden. In mehreren Aufsätzen (Ziebura 2003) versucht er aber mutig, „diesen hochgespannten theoretischen Erörterungen" zumindest annäherungsweise gerecht zu werden. Das Streben zu „neuen wissenschaftlichen Ufern" brachte allerdings auch „Trennungen" (Überschrift von Kap.12). Neben dem schon erwähnten Bruch mit der „Gesellschaft für übernationale Zusammenarbeit" kam es auch zu einem tiefgreifenden Dissens mit dem Forschungsinstitut der Deutschen Gesellschaft für Auswärtige Politik. Innerhalb der Politologenzunft war Ziebura mehr und mehr marginalisiert, wozu, wie er freimütig gesteht, seine „manchmal etwas rüde und ungeduldig vorgetragene Position" (266) beitrug.

Die andauernden, die wissenschaftliche Arbeit beeinträchtigenden Auseinandersetzungen im Otto-Suhr-Institut sowie das Scheitern eines für das OSI geplanten Sonderforschungsbereichs (Bestimmungsfaktoren der Außenpolitik) bewogen Ziebura schließlich, seine Alma Mater nach 25 Jahren zu verlassen und zum 1. April 1974 an die Universität Konstanz zu wechseln. Dort widmete er sich in Lehre und Forschung vorwiegend dem Zusammenhang von Gesellschaftsformation und Außenpolitik, wobei auf eine anspruchsvolle theoretische Fundierung und die Berücksichtigung ökonomischer Faktoren großer Wert gelegt wurde. Er verhehlt allerdings nicht, dass die daraus hervorgegangenen Publikationen nicht die erhoffte Beachtung fanden. „Schweren Herzens" verließ Ziebura die Universität Konstanz, an der er nach eigener Einschätzung seine wissenschaftlich intensivsten Jahre verbracht hatte und wechselte aus privaten Gründen zum Wintersemester 1978/79 an die Technische Universität Braunschweig.

Wie in Konstanz widmete sich Ziebura, der Ausrichtung seines Lehrstuhls gemäß, vor allem den internationalen Beziehungen. Zwei Bücher und zahlreiche Aufsätze sind der Ertrag. Wie seit seinen beruflichen Anfängen nimmt er auch immer wieder publizistisch Stellung (im *Stern,* im *Vorwärts* und anderen, meist links positionierten Zeitschriften). In diesen Kapiteln, in denen die kritische Auseinandersetzung mit den Entwicklungen der internationalen Politik im Mittelpunkt steht, wird der Titel des Buches, die

3 Wiederabgedruckt in der Aufsatzsammlung: Frankreich: Geschichte, Gesellschaft, Politik (Ziebura 2003), S.33-86.

4 So im Vorwort zum Sammelband: Wirtschaft und Gesellschaft in Frankreich seit 1789 (Ziebura 1975), S.11.

Kritik an der von ihm geradezu verabscheuten „Realpolitik“ besonders gut einsichtig. Seine scharfe Kritik an der Politik des amerikanischen Präsidenten Ronald Reagan trug ihm den Vorwurf des Anti-Amerikanismus ein, selbst von Hans Rosenberg, den er so verehrte.

In dieser letzten Phase seines Berufslebens wendet sich Ziebura auch wieder stärker Frankreich zu. Er hielt das Grundreferat auf der Tagung in Ludwigsburg im Februar 1985, als der Arbeitskreis für Frankreich-Forschung konstituiert wurde. Er beteiligte sich aktiv an der Gründung des „Frankreich-Jahrbuchs“, wurde Mitherausgeber und gab ihm in der Startphase mit seinem Renommee das wissenschaftliche Gütesiegel. In mehreren Aufsätzen (Ziebura 2003), von denen einige im „Frankreich-Jahrbuch“ erschienen, setzte er sich vor allem mit der Politik der sozialistischen Regierung unter Präsident Mitterrand auseinander. Er aktualisierte und erweiterte sein Buch über die deutsch-französischen Beziehungen, das allerdings – im Unterschied zur Erstauflage von 1970 – nur noch auf ein „begrenztes Echo“ stieß. In den letzten Jahren konzentrierte er sich, bei ebenso erfreulicher wie erstaunlicher geistiger Frische, auf die Abfassung seiner Autobiographie, wofür ihm die Leser sicher dankbar sind.

Ziebura wollte die Beschreibung seines Lebensweges und die Reflexion darüber mit den Entwicklungen der „großen“ (und auch weniger großen) Politik verknüpfen, „die Schnittstellen des Individuellen und Allgemeinen“ herausarbeiten. Ist ihm dieses „reichlich ambitiöse Unternehmen“ (S.1) geglückt? Es wurde schon darauf hingewiesen, dass die Schilderung seiner Jugend unter dem Nationalsozialismus eine überzeugende und ehrliche Antwort bietet auf die Frage, warum seine Generation in ihrer Mehrheit diesen (Irr)weg lange Zeit gegangen ist. Auch in der Darstellung der Schlüsselphase seiner Entwicklung, seiner Studentenzeit in Berlin und der deutsch-französischen Studententreffen in der unmittelbaren Nachkriegszeit gelingt die Durchdringung persönlicher Erfahrungen mit größeren Zusammenhängen sehr gut. Das Kapitel „Revolte und Reform“ behandelt zwar die Studentenbewegung nur an einer Universität, lässt aber die Bewegung insgesamt sehr gut verstehen. Als Berater von Bundeskanzler Kiesinger befindet er sich am Rande des Zentrums der politischen Macht, selbst wenn er die Entscheidungen natürlich nicht selbst treffen und wohl auch nur in geringem Maße beeinflussen kann. Nicht mehr so gut gelingt diese Verknüpfung in den letzten Kapiteln, über die Konstanzer und Braunschweiger Jahre. Er ist im Wesentlichen „nur“ noch Professor an einer mehr oder minder „normalen“ Universität und kommt mit dem politischen Geschehen nur noch selten in direkte Berührung. Die Autobiographie wird unvermeidlicherweise Kommentierung und Analyse vor allem der internationalen Politik.

Die Autobiographie bestätigt eindrucksvoll, dass Ziebura ein sorgfältig arbeitender, überaus kritischer und, trotz mancher unvollendeter Vorhaben, ein produktiver Wissenschaftler ist. Mit seinen wissenschaftlichen, theoretischen und politischen Positionen geriet er im Laufe der Zeit zwischen alle Stühle. Sein kämpferisches, streitbares Temperament, seine Ungeduld und sein, wie er selbst zugesteht, mitunter „rüder“ Ton in harten Diskussionen, die er so liebt, in denen es ihm aber immer um die Sache geht, haben dazu beigetragen, dass er ein geachteter Einzelgänger wurde und blieb. Da es ihm seine Liberalität verbot, seinen Doktoranden Themen „aufs Auge zu drücken“, an denen er selbst gerade arbeitete, konnte und wollte er zwar keine „Schule“ bilden, aber er ist gleichwohl der unbestrittene Vater der deutschen sozialwissenschaftlichen Frankreich-Forschung. Im Kreise seiner (wissenschaftlichen) Kinder und Enkel ist er bei ihrer Jahrestagung in Ludwigsburg immer herzlich willkommen.

Bücher Gilbert Zieburas über Frankreich und die deutsch-französischen Beziehungen:

1955 Die deutsche Frage in der öffentlichen Meinung Frankreichs von 1911 bis 1914, Berlin: Colloquium-Verlag, 223 S.
1956 Das französische Regierungssystem. Leitfaden von François Goguel. 2 Bde., Köln und Opladen: Westdeutscher Verlag, 107 und 185 S.
1960 Die V. Republik. Frankreichs neues Regierungssystem, Köln und Opladen: Westdeutscher Verlag, 333 S.
1963 Léon Blum. Theorie und Praxis einer sozialistischen Politik. Bd.1:1872-1934, Berlin: de Gruyter, 526 S. (Französische. Ausgabe Paris: Armand Colin).
1970 Die deutsch-französischen Beziehungen seit 1945. Mythen und Realitäten, Pfullingen: Neske, 200 S.
1975 Hrsg.: Wirtschaft und Gesellschaft in Frankreich seit 1789, Köln: Kiepenheuer & Witsch, 392 S.
1979 Frankreich 1789-1870. Entstehung einer bürgerlichen Gesellschaftsformation, Frankfurt/M.: Campus, 1979 (Auch als Beitrag im Handbuch der europäischen Geschichte, Bd. 5, Stuttgart: Klett-Cotta, 1981, S. 187-318).
1997 Die deutsch-französischen Beziehungen seit 1945. Mythen und Realitäten, Stuttgart: Neske, 565 S.
2003 Frankreich: Geschichte, Gesellschaft, Politik. Ausgewählte Aufsätze, Opladen, Leske + Budrich, 344 S.

Zivilgesellschaftliche Mittler im kurzen 20. Jahrhundert
Deutsch-französische Intellektuellengeschichten um Edmond Vermeil und Robert Minder

Dietmar Hüser

Längst ist es gang und gäbe, eine Geschichte der Internationalen Beziehungen nicht mehr auf eine „Große Politik der Kabinette" zu beschränken, sondern diplomatisches Handeln sehr viel breiter sozial- und kulturgeschichtlich zu verankern, auch sehr viel stärker zu transnationalisieren. Mehr als früher gerät dabei das grenzüberschreitende Interagieren von Menschen, Organisationen und Staaten ins Blickfeld sowie die übernationalen Strukturmuster und Austauschprozesse, die daraus im Zeitverlauf erwachsen sind.[1] Besonderes Augenmerk gilt in diesem Zusammenhang zivilgesellschaftlichen Akteuren und Akteursgruppen, denen eine hohe Relevanz als transnationale Mittler und maßgebliche Schrittmacher beim Aufbau von Kommunikationsstrukturen und Netzwerken unterhalb der offiziellen Politikebene zukommt. Sind lange Zeit verhärtete Fronten zwischen klassischen Diplomatiehistorikern und den Verfechtern einer Geschichte Internationaler Beziehungen bzw. einer Internationalen Geschichte zu konstatieren gewesen, so zeichnet sich nunmehr ein immer breiterer Konsens darüber ab, dass ein starres Gegenüberstellen von gouvernementalen und zivilgesellschaftlichen Akteursgruppen wenig Sinn macht. Bevorzugt wird ein Interdependenzmodell, in dessen Rahmen von Fall zu Fall auszuhandeln wäre, über welche Ressourcen und Einflüsse diese oder jene Akteure zu einem bestimmten Zeitpunkt verfügen.[2]

1 Vgl. Hartmut Kaelble, Zur Entwicklung transnationaler Öffentlichkeiten und Identitäten im 20. Jahrhundert. Eine Einleitung, in: ders. / Martin Kirsch / Alexander Schmidt-Gernig (Hg.), Transnationale Öffentlichkeiten und Identitäten im 20. Jahrhundert, Frankfurt / New York (Campus) 2002, S.7-33 (9).

2 Vgl. z.B. Wilfried Loth / Jürgen Osterhammel (Hg.), Internationale Geschichte. Themen – Ergebnisse – Aussichten, München (Oldenbourg) 2000; Eckart Conze / Ulrich Lappenküper / Guido Müller (Hg.), Die neuen Internationalen Beziehungen. Forschungsstand und Perspektiven in Deutschland, Köln (Böhlau) 2004; Reiner Marcowitz (Hg.), Nationale Identität und transnationale Einflüsse. Amerikanisierung, Europäisierung und Globalisierung in Frankreich nach dem Zweiten Weltkrieg, München (Oldenbourg) 2007. Für die unmittelbare Nachkriegszeit auf Deutschland und Frankreich bezogen vgl. Dietmar Hüser, Struktur- und Kulturgeschichte französischer Außenpolitik im Jahre 1945 – Für eine methodenbewußte Geschichte der internationalen Beziehungen, in: Historische Mitteilungen 16 (2003) S.155-170.

Im Bereich der transnationalen deutsch-französischen Kulturbeziehungen lassen sich aus den bisherigen empirischen Untersuchungen drei zentrale, grundsätzlich interdependente Akteursebenen herausfiltern.[3] Einmal institutionelle Akteursgruppen mit unmittelbarer funktionaler Anbindung an Prämissen auswärtiger Kulturpolitik und beträchtlichen, fast unvermeidlichen politischen Zwängen je nach dominant konfliktueller oder konsensueller Ausrichtung des bilateralen Verhältnisses zwischen Frankreich und Deutschland. Dann die formal organisierten Akteure und Einrichtungen mit grenzüberschreitendem Anspruch, verständigungspolitischen Motiven, zivilgesellschaftlichem Mobilisierungswillen, die trotz selbsterhobener Finanzquellen kaum völlig unabhängig von den jeweiligen politischen Konstellationen agieren können. Schließlich die informellen deutsch-französischen Netzwerke mit übernationalem Wertebewußtsein und begrenzten materiellen Ressourcen, dafür aber – in der Regel – mit hoher Autonomie gegenüber den Wechselfällen der „Großen Politik". Häufig waren es in der historischen Realität einzelne Persönlichkeiten, intellektuelle Mittlerfiguren, die solchen informellen grenzüberschreitenden Netzwerken und Interaktionsmustern den Stempel aufdrückten. Mittlerfiguren eben wie der Germanist und Publizist Edmond Vermeil (1878-1964) oder der Kulturhistoriker und Essayist Robert Minder (1902-1980), deren Leben und Wirken nun erstmals monographisch einem breiteren Lesepublikum zugänglich gemacht wird.

Edmond Vermeil, der zwischen den 1920er und 1950er Jahren als renommierter Germanist, als zivilgesellschaftlicher Grenzgänger, aber auch als Politikberater in Deutschlandfragen französische Vorstellungen über das Nachbarland erheblich mitgeprägt hat, steht im Mittelpunkt eines Buches, das die Politikwissenschaftlerin Katja Marmetschke vorlegt.[4] Es handelt sich um die publizierte Version einer von Hans Manfred Bock betreuten, im Jahr 2007 an der Universität Kassel verteidigten Dissertation. Seit vielen Jahren schon war die Autorin in dem skizzierten deutsch-französischen Forschungsfeld präsent, hat mit etlichen vorzüglichen, durchweg interdisziplinär angelegten Beiträgen wissenschaftliches Neuland erschlossen. „Feindbeobachtung und Verständigung" bindet manches davon prägnant zusammen, geht aber inhaltlich, methodisch und konzeptionell noch einmal weit darüber hinaus.

Zwar untersucht das Buch eine der bedeutenden deutsch-französischen Mittlergestalten des kurzen 20. Jahrhunderts, gleichwohl versteht es sich weder als klassische

3 Dazu Hans Manfred Bock, Transnationale Kulturbeziehungen und auswärtige Kulturpolitik. Die deutsch-französischen Institutionen als Beispiel, in: Ulrich Pfeil (Hg.), Deutsch-französische Kultur- und Wissenschaftsbeziehungen im 20. Jahrhundert. Ein institutionengeschichtlicher Ansatz, München (Oldenbourg) 2007, S.9-27 (19-26).

4 Vgl. Katja Marmetschke, Feindbeobachtung und Verständigung. Der Germanist Edmond Vermeil (1878-1964) in den deutsch-französischen Beziehungen, Köln (Böhlau) 2008.

Biographie noch als eine der zahlreichen, eher traditionell angelegten „Bilder-Studien“. Es geht gerade nicht darum, Vermeilsche Wahrnehmungsbrocken zu einem Bild zusammenflicken und es anschließend mit „Richtig-“ oder „Falsch-Kategorien“ an der historischen Realität zu messen (S.11f., 499). Vielmehr zielen Katja Marmetschkes Ausführungen darauf, systematisch und theoriegeleitet die Rahmenbedingungen, die Entstehungskontexte, die Vermittlungsmechanismen und die Verbreitungskanäle der Deutschlandanalysen Edmond Vermeils herauszuarbeiten sowie deren Konsequenzen im Spannungsfeld transnationaler Beziehungen und nationalidentitärer Zuschreibungen.

Und tatsächlich gelingt es, der Gefahr zu entgehen, monokausale 1:1-Zuordnungen und einseitige Ursache-Wirkung-Konnexe vorzunehmen. Um dem Spektrum möglicher Einflussfaktoren sowie deren Wirksamkeit beim Ausprägen fremdnationaler Deutungsmuster und Identitätszuweisungen adäquat Rechnung zu tragen, unterscheidet Katja Marmetschke idealtypisch vier miteinander verflochtene Konstruktionsrahmen (S.71ff.). Neben den jeweiligen Konjunkturen im außenpolitischen Verhältnis zwischen Frankreich und Deutschland als zentraler Matrix sind dies einmal die nationalidentitären Diskurse im beobachteten Land selbst, dann die nationalkulturellen Kontexte im Land des Betrachters, schließlich die konkreten Anlässe und politisch-gesellschaftlichen Gründe für das situative Aktualisieren gewisser Wahrnehmungsweisen. Das skizzierte Forschungsdesign, das die Autorin im einleitenden Methodenkapitel souverän aus den breiten politik-, geschichts-, kommunikations- und literaturwissenschaftlichen Theorie-Offerten für die eigenen Belange herausschält, dient in den folgenden, chronologisch angeordneten Hauptkapiteln überaus konsequent als Analysefolie für Denken und Handeln Edmond Vermeils, für Impulse, Inhalte, Vektoren und Wirkungen konkreter Deutschlandperzeptionen in verschiedenen Lebensabschnitten.

Denn dass angesichts der konfliktreich-wechselvollen deutsch-französischen Geschichte im kurzen 20. Jahrhundert die Parameter seiner Vorstellungen kaum dauerhaft konstant bleiben konnten, liegt auf der Hand. Zwar kam es nie zu einem radikalen Bruch in seiner Beschäftigung mit Deutschland (z.B. S.248), auch war sein „intellektuelles Gerüst“ zur Beobachtung des Nachbarlandes schon früh und stabil etabliert (S.292f.). Dennoch galt es immer wieder den Referenzrahmen neu abzustecken, immer wieder die individuelle Lebensgeschichte mit den beiden Nationalgeschichten, zentrale Momente der persönlichen Sozialisation und wissenschaftlichen Karriere mit markanten Ereignissen, Entwicklungen und Problemen in Frankreich wie in Deutschland abzugleichen.

Ungemein dicht und klar, das Analyseraster stets im Blick, analysiert Katja Marmetschke diese Anpassungsprozesse für die einzelnen Etappen des deutsch-französischen Verhältnisses: die Jahre vor 1914 und das Kriegserleben; die Zeit nach dem Versailler Friedensschluss, die Verständigungshoffnungen über die Locarno-Ära hinaus, die Ernüchterung nach der nationalsozialistischen Machtübernahme und die vehemente Kritik der deutschen Verhältnisse; der Westfeldzug im Mai/Juni 1940, die Besetzung von Paris, der Waffenstillstand, Vermeils Rückzug in die unbesetzte Zone und sein Zugang zur Résistance; die Flucht über ein Périgord-Dorf und Lyon nach London im Sommer 1943, die unmittelbare Einbindung in die frühen Nachkriegsplanungen der Résistance extérieure, die Edmond Vermeil Zugang zu künftigen außen- und deutschlandpolitischen Entscheidungsprozessen verschaffte und den Germanisten zum Spiritus rector der Bildungs- und Umerziehungspolitik in der französischen Besatzungszone werden ließ (S.454). Eifrig, fast übereifrig ging Vermeil dabei zu Werke, legte persönliche Dialog- und zivilgesellschaftliche Kooperationsbereitschaft an den Tag, vertrat aber alles in allem ein eher restriktives, am maximalistischen Diskurs der Pariser Akteure orientiertes Konzept. Auch wegen seiner politischen Ambitionen, die allerdings letztlich unerfüllt bleiben sollten: den Posten eines Hochkommissars in Deutschland übernahm 1949 sein früherer Germanistenkollege André François-Poncet (S.472).

Die Studie besticht durch das enge Verflechten theoretisch-methodischer Überlegungen mit sachlich-empirischen Ausführungen, durch gedankliche Tiefe und einen Detailreichtum, dem an dieser Stelle schwerlich Rechnung getragen werden kann. Trotz eines Umfangs von über 500 Textseiten sind kaum Längen zu verzeichnen, schildert die Autorin doch hinlänglich Bekanntes eher knapp und konzentriert sich auf lebensgeschichtliche, wissenschaftliche und intellektuelle Vermeil-Facetten, die selbst für Kenner der Materie viel völlig Neues oder erstmals quellengestützt Belegtes zu bieten haben. Die Rolle des Troeltsch-Oeuvres für Vermeils germanistisches Selbstverständnis wie für seine Deutschlandperzeption in der ersten Nachweltkriegszeit z.B., seine zivilgesellschaftlichen und publizistischen Tätigkeiten im spezifischen Straßburger Deutschlandkenner- und Intellektuellenmilieu, seine primär politisch motivierten Aktivitäten in antifaschistischen und antirassistischen Intellektuellenvereinigungen nach der Berufung an die Sorbonne 1934 sowie sein Einsatz für deutsche Exilanten in Paris oder auch seine frühen Kontakte zu christdemokratischen Widerstandszirkeln an der Universität Montpellier im Umfeld von Pierre-Henri Teitgen und René Courtin (S.441f.).

Edmond Vermeils letzter Lebensabschnitt war geprägt durch zunehmend kritisches Hinterfragen seines allumfassenden Erklärungsansatzes zur Deutung des Nachbarlandes. Gerade jüngere Deutschlandkenner, darunter manche seiner ehemaligen Schüler, hielten dies kaum mehr für zeitgemäß und schlugen in den 1950er Jahren neue Wege ein. Als „Nestor auf dem Abstellgleis" (S.482) erscheint Vermeil verglichen mit den Vertretern einer neuen Germanistengeneration, die nun auf den Plan traten und den Trend zunehmender Ausdifferenzierung, Spezialisierung und Professionalisierung der französischen Germanistik verkörperten. Als engagierte politisch-pädagogische Mittlergestalten standen freilich ein Alfred Grosser (Jg. 1925) oder ein Robert Minder (Jg.

1902) zugleich – wie Katja Marmetschke abschließend betont (S.498) – in der Kontinuität verständigungspolitischer Prämissen der Zwischenkriegszeit.

Mit Robert Minder hat sich ausgiebig Anne Kwaschik beschäftigt,[5] die nun die Druckfassung der von Peter Schöttler und Etienne François betreuten, im Jahr 2006 am Friedrich-Meinecke-Institut der Berliner FU verteidigten Dissertation vorlegt. Zahlreiche Parallelen zu Katja Marmetschke und der Vermeil-Studie fallen unmittelbar ins Auge. Beide Bücher reihen sich ein in die zivilgesellschaftliche Wende einer Geschichte der Internationalen Beziehungen und greifen exemplarisch zentrale deutsch-französische Intellektuellen- und Mittlerfiguren heraus. Beide sind dennoch keine klassischen Biographien, sondern lassen sich aus verschiedensten Blickwinkeln mit Gewinn lesen und setzen neue Maßstäbe im Untersuchungsfeld. Beide sind enorm breit archivalisch abgestützt und beruhen auf der erschöpfenden Auswertung verfügbarer Quellenmaterialien. Und beide sind interdisziplinär par excellence trotz deutlich erkennbarer Primärbezüge politikwissenschaftlicher Natur bei Katja Marmetschke, geschichts- und kulturwissenschaftlicher Natur bei Anne Kwaschik. Die Autorinnen gehören im übrigen derselben Forschergeneration an und hatten sich schon vor Einreichen der Dissertation einen Namen im Bereich der vergleichs- und transferhistorischen Forschung gemacht.

„Auf der Suche nach der deutschen Mentalität" besteht aus zwei Hauptkapiteln. Während der zweite Teil des Buches unter historiographischen Gesichtspunkten das 1948 erschienene französische Hauptwerk Robert Minders „Allemagnes et Allemands – Essai d'histoire culturelle" behandelt und nach seiner Relevanz als frühe Arbeit am kollektiven Gedächtnis der Nation (S.17) fragt, so zeichnet der erste Teil die Etappen des intellektuellen Lebensweges ab den prägenden persönlichen und akademischen Sozialisationserfahrungen der 1920er Jahre nach. Deutlich zutage treten die Schwierigkeiten, mit denen sich der deutschsprachige Elsässer nach der Rückkehr des Grenzlandes in die „République une et indivisible" immer wieder konfrontiert sah. Literarisches Französisch galt es sich mühevoll anzueignen, seine Zulassung für die Pariser Ecole Normale Supérieure ENS) verdankte Minder 1921 – nachdem er im Jahr zuvor sein Germanistikstudium bei Edmond Vermeil in Straßburg aufgenommen hatte – einem concours spécial, einer Sonderregelung für elsässische Kandidaten (S.36f.).

Umsichtig und sehr dichtmaschig beschreibt Anne Kwaschik die weiteren Stationen eines akademischen Werdegangs, der zunächst alles andere als linear verlief und Minder 1938, zwei Jahre nach Erscheinen seiner Straßburger Habilitation, auf eine ordentliche Professur an der Universität Nancy führte (S.93). Schon früh begann sein Einsatz für eine deutsch-französische Verständigung, was sich für die Pariser Germa-

5 Vgl. Anne Kwaschik, Auf der Suche nach der deutschen Mentalität. Der Kulturhistoriker und Essayist Robert Minder, Göttingen (Wallstein) 2008.

nistenzunft der 1920er Jahre nicht von selbst verstand. Als Mitbegründer der „Groupe d'information internationale" an der ENS knüpfte Minder erste Kontakte zu bedeutenden, nicht zuletzt deutschen Schriftstellern, suchte diese nach und nach auszuweiten und im Sinne seiner Rapprochement-Aktivitäten im Intellektuellenmilieu zu nutzen. Auf das militärische Debakel Frankreichs im Mai/Juni 1940 folgte die Versetzung an die Universität Grenoble, wo Minder dank seiner kritischen Haltung zu Pétain und entschiedenen Gegnerschaft zum Nationalsozialismus als Anlaufstelle für Emigranten und Verfolgte fungierte. Im Herbst 1943 bzw. Winter 1943/44 – eine genaue Datierung geben die Quellen nicht her – musste Minder dann selbst fliehen und den Weg in die Illegalität antreten. Bei allen materialbedingten Schwierigkeiten gelingt es Anne Kwaschik eindrucksvoll, die Kriegsjahre zu rekonstruieren, auch – vermutlich seit 1941 – den Brückenschlag zum Widerstandszirkel um Emmanuel Mouniers und der Zeitschrift *Esprit* (S.117).

Die Befreiung des Landes und die frühen Nachkriegsjahre bedeuten für Robert Minder einen doppelten Neuanfang. Denn einmal nimmt die Karriere in Frankreich endgültig Fahrt auf, allemal gilt der eng in die intellektuellen Nachkriegszirkel eingebundene Germanist seit dem beachtlichen Erfolg seiner „Allemagnes et Allemands" 1948 als einer der führenden Deutschlandkenner. 1951 erfolgt die Berufung an die Sorbonne, 1958 an das Collège de France. Zum anderen beginnt für den Elsässer eine fulminante zweite, eine „Deutschlandkarriere", spätestens mit der Aufnahme in die Mainzer Akademie der Wissenschaften und der Literatur im März 1951. Mehrere Erklärungsmomente kommen zusammen: sein perfektes muttersprachliches Deutsch, seine intime Kenntnis der deutschen Literatur(-szene), seine wichtige Rolle als „Freund der Dichter" in Kriegszeiten, seine scharfe Kritik an antisemitischen und nazistischen Überbleibseln im Nachkriegsdeutschland, zugleich seine zweifache Abgrenzung von deutschen wie auch von französischen Nationalismen (S.122, 156).

Fast paradox mutet das „Phänomen Minder" in den 1950er und 1960er Jahren an. In Frankreich galt der Germanist eher als einer der letzten bedeutenden Vertreter einer Disziplin, die sich in der Tradition eines Charles Andler die umfassende Erforschung des Nachbarlandes auf die Fahnen geschrieben hatte. Seine Reputation unter deutschen Germanisten dagegen ging zurück auf die brillanten Essays und erfolgreichen Suhrkamp-Bände zu Literatur und Kultur in beiden Ländern, auch auf die methodische Offenheit und literatursoziologischen Ansätze, die in Augen vieler das erstarrte akademische Geschäft nachdrücklich und zukunftsweisend belebten. Im „frappierend reibungslosen Zusammenspiel von Fremd- und Selbstbeschreibung" avancierte Robert Minder mehr und mehr zu einem „französischen Entwicklungshelfer" deutscher Mentalitäten, wie Anne Kwaschik schreibt (S.158), der zahlreiche Preise und Ehrungen einheimste, der eine beachtliche Medienpräsenz entfaltete. Als habe der Literaturbetrieb in den ersten drei Nachkriegsjahrzehnten eine solche Mittlerfigur gebraucht. Eine Figur, die sich als „französische Referenz" (S.218) seriös und pointiert, ideologiekritisch und differenziert mit dem deutschen literarischen und kulturellen Erbe zu befassen weiß.

Das Eingebundensein in den Pariser Hochschulalltag der 1950er Jahre, das wachsende Engagement im Nachbarland, auch die eigene Skepsis, was die Prämissen einer mehrbändigen kulturgeschichtlichen Synthese angeht, haben das Umsetzen des groß angelegten Deutschlandprojekts *„Allemagnes et Allemands"*, das Robert Minder seit den 1940er Jahren umtrieb und 1948 in die Publikation eines ersten Bandes mündete, dauerhaft beeinträchtigt. Als „unvollendetes Hauptwerk" (S.353) kennzeichnet die Autorin diesen Band, der im Mittelpunkt des zweiten, etwas kürzeren Hauptteils der vorliegenden Studie steht. Gefragt wird einmal nach den methodischen und epistemologischen Grundlagen von *„Allemagnes et Allemands"*. Dabei zeigt sich, wie breit sich Minder auf die damals aktuellsten geschichtswissenschaftlichen, soziologischen, psychologischen und ethnologischen Ansätze stützte, um seinen *„Essai d'histoire culturelle"* zu verfassen. Inspiriert nicht zuletzt durch die Annales-Schule der 1930er Jahre, liest sich das Buch mit seinem Fokus auf besonders bedeutungsvolle Orte, Symbole und Literaten – historiographisch betrachtet – fast wie ein Vorbote von Pierre Noras „Lieux de mémoire" aus den 1980er und frühen 1990er Jahren (S.240ff.). Nur bedingt erfüllt das Buch – trotz der stark regionalgeschichtlichen Dimensionierung – den Anspruch, traditionelle, quasi überhistorische nationale Argumentations- und Interpretationsmuster zu überwinden.

Eine weitere zentrale Frage hebt auf den Stellenwert von „Allemagnes et Allemands" im Oeuvre des Germanisten ab. Anders als bislang in der Forschung unterstreicht Anne Kwaschik die hohe Relevanz eines Projekts, mit dem sich Minder bis weit in die 1960er Jahre immer wieder beschäftigt hat. Nicht am Rande, sondern im Zentrum seines Lebenswerkes habe es gestanden. Und keineswegs stünden die unzähligen Essays, darunter manche bundesdeutsche Bestseller-Texte der Zeit, für den schrittweisen Minderschen Abgesang auf das ambitionierte Vorhaben. Vielmehr ließen sich die Beiträge auch – bei allen Selbstzweifeln ob der methodologischen Aporien der monumentalen kulturgeschichtlichen Gesamtdarstellung (z.B. S.358) – als Bausteine der ursprünglich geplanten Restbände lesen.

Immer wieder haben Historiker und Historikerinnen in den letzten Jahren beklagt, dass der Boom theoretischer und methodischer Auseinandersetzung mit Aspekten der transnationalen Geschichte in etlichen relevanten Arbeitsfeldern mit einem eklatanten Mangel an quellengesättigten empirischen Untersuchungen kontrastiere. Zumindest für das deutsch-französische Verhältnis im 20. Jahrhundert betreten die vorzüglich recherchierten Bände von Katja Marmetschke und Anne Kwaschik zu zentralen zivilgesellschaftlichen Mittlergestalten in vielerlei Hinsicht wissenschaftliches Neuland. Als intellektuellenhistorische Darstellungen, die eine eher aus politikwissenschaftlicher, die andere eher aus geschichts- und kulturwissenschaftlicher Perspektive, sind beide Standardwerke, die hohe Messlatten für nachfolgende Studien setzen. Es bleibt zu wünschen, dass die Bücher zahlreiche Leser finden und als Inspirationsquelle für künftige empirische Forschungen in diesem Bereich dienen.

Dokumentation

Chronik September 2008 – September 2009

Zusammengestellt von Katrin Sold, Programm Frankreich/deutsch-französische Beziehungen der Deutschen Gesellschaft für Auswärtige Politik (DGAP)

2008

September

1.9. Nach dem Ende der Sommerakademie des Parti socialiste (PS) vom 29.-31.8. in La Rochelle zeichnet sich ein Kampf um die Nachfolge des scheidenden Vorsitzenden François Hollande ab. Die ehemalige Präsidentschaftskandidatin Ségolène Royal sowie der Pariser Bürgermeister Bertrand Delanoë hatten im Vorfeld angekündigt, den Vorsitz der größten Oppositionspartei Frankreichs übernehmen zu wollen. Beide hatten ihre Partei in La Rochelle zur Geschlossenheit aufgerufen. Auf dem Parteitag in Reims im November 2008 soll der neue Vorsitzende gewählt werden.

9.9. Der europäische Luft- und Raumfahrtkonzern EADS will im Rahmen seines Sparprogramms „Power 8 Plus" bis zum Jahr 2010 eine Milliarde Euro einsparen, davon 650 Mio. Euro bei der Tochtergesellschaft Airbus. Dies soll unter anderem durch die Ausgliederung französischer Werke aus dem Konzern erreicht werden. Im Unterschied zu dem vorangegangenen Sparplan „Power 8" sollen jedoch keine Stellen abgebaut werden. Stattdessen sind Strukturveränderungen und die langfristige Verlagerung von Produktionseinheiten vorgesehen, um die Einsparungen sicherzustellen.

9.9. Nach einer erneuten Panne in der Atomanlage Tricastin in Südfrankreich beim Austausch von Brennstäben muss der Reaktor abgeschaltet werden. Es handelt sich um den vierten Vorfall in der Anlage Tricastin innerhalb von zwei Monaten. Nach Angaben des Stromkonzerns EDF sei jedoch keine Radioaktivität in die Umwelt gelangt und es habe keine Gefahr für die Mitarbeiter bestanden.

10.9. Chris Viehbacher wird Nachfolger von Vorstandschef Gérard Le Fur beim weltweit drittgrößten Pharmakonzern Sanofi-Aventis. Die Aktionäre des französischen Unternehmens bewerten diese Nachricht positiv, Sanofi-Aventis schließt mit einem Kursplus von rund 7 %.

11.9. Der Vorsitzende der rechtsextremen Partei Front National (FN), Jean-Marie Le Pen, kündigt seinen Rückzug aus der Politik für das Jahr 2010 an. Der Achtzigjährige, der insgesamt fünf Mal für das Amt des Staatspräsidenten kandidiert hatte und mehrfach für rassistische Äußerungen verurteilt worden war, empfiehlt seinen Anhängern als Nachfolgerin seine Tochter Marine Le Pen. Im Jahr 2002 hatte Jean-Marie Le Pen im ersten Wahlgang 16,9 % der Stimmen erhalten und war damit in die Stichwahl gegen Jacques Chirac eingezogen.

12.9. Papst Benedikt XVI. trifft erstmals nach seiner Wahl zum Kirchenoberhaupt im Jahr 2005 zu einem viertägigen Besuch in Frankreich ein. Er wird von Nicolas Sarkozy empfangen und hält eine Messe am Invalidendom in Paris, an der 250.000 Gläubige teilnehmen. Anschließend reist der Papst zum südfranzösischen Wallfahrtsort Lourdes weiter. Seit mehreren Jahren geht die Zahl der praktizierenden Katholiken sowie die Zahl der katholischen Taufen in Frankreich kontinuierlich zurück.

15.9. Im 19. Arrondissement in Paris kommt zum zweiten Mal innerhalb weniger Tage zu Übergriffen auf Jugendliche, die durch Messerstiche verletzt werden. Bereits am 6.9. waren drei jüdische Jugendliche angegriffen worden, sechs Verdächtige befinden sich derzeit in Polizeigewahrsam. Der Pariser Bürgermeister Bertrand Delanoë verurteilt die Übergriffe und fordert eine verstärkte Polizeipräsenz in dem als problematisch geltenden Viertel.

21.9. Die Abgeordneten des französischen Senats werden zu einem Drittel neu gewählt. In 38 Departements und 5 Überseeterritorien werden 114 neue Senatoren durch 50.720 Wahlmänner bestimmt. Das linke Lager kann mehr Mandate erringen als erwartet und geht gestärkt aus der Wahl hervor. Die konservative Regierungspartei UMP von Präsident Sarkozy kann jedoch die Mehrheit im Senat behaupten.

22.9. Der europäische Luft- und Raumfahrtkonzern EADS droht damit, die Entwicklung des Militärtransporters A400M einzustellen, sollten die sieben europäischen Käufer-Nationen dem Konzern nicht finanziell entgegenkommen. EADS wird wegen technischer Probleme die Transportflugzeuge nicht rechtzeitig liefern können und fordert seine Kunden auf, auf die deswegen anfallenden Strafzahlungen zu verzichten.

22.9. Das französische Parlament stimmt im Rahmen einer Sondersitzung für eine Verlängerung des Einsatzes französischer Truppen in Afghanistan im Rahmen der ISAF-Mission. Außerdem sollen die Truppen aufgestockt sowie zusätzliches Material nach Afghanistan entsandt werden. Die Abstimmung in der Nationalversammlung war nach der Institutionenreform im Juli 2008 erstmals nötig geworden. Zuvor lag die Entscheidungsbefugnis allein beim Präsidenten.

23.9. In Paris protestieren zehntausende Angestellte der Post gegen die geplante Teilprivatisierung des Unternehmens. Nach Regierungsplänen soll die Post bis zum Jahr 2010 in eine AG umgewandelt werden. Im Zuge der vollständigen Liberalisierung des EU-Postmarktes sollen schließlich 30 % des Unternehmens an die Börse gebracht werden. Die geplante Kapitalöffnung stößt in weiten Teilen der Gesellschaft und bei den Gewerkschaften auf Vorbehalte. Sie befürchten langfristig eine vollständige Privatisierung der Post, was sich auf die Mitarbeiterstruktur und den Service auswirken könne.

23.9 In seiner ersten Rede vor der UN-Vollversammlung in New York fordert Staatspräsident Sarkozy eine Vergrößerung des UN-Sicherheitsrats sowie eine Erweiterung der G8-Runde um die Länder China, Indien, Südafrika, Mexiko und Brasilien.

24.9. Nach der Überarbeitung des Datenbankprojekts Edvige auf Grund von massiven Protesten liegt nun das Projekt « Exploitation documentaire et valorisation de l'information relative à la sécurité publique » (EDVIRSP) vor. Daten dürfen demnach nur noch für fünf Jahre gespeichert werden, Erhebungen zum Gesundheitszustand und zur sexuellen Orientierung sind ausgeschlossen. Die Erfassung der Daten Minderjähriger bleibt erlaubt, die Angaben müssen jedoch gelöscht werden, sobald die Volljährigkeit erreicht ist und falls in den vorangegangenen zwei Jahren keine weiteren Straftaten hinzugekommen sind.

26.9. Frankreich wird auch im Jahr 2008 seine Haushaltsziele nicht erfüllen können. Die Staatsverschuldung liegt erneut oberhalb der im EU-Stabilitätspakt vorgesehen Obergrenze von 60 %. Das Staatsdefizit liegt im Jahr 2008 bei 2,7 % des Bruttoinlandsprodukts. Damit kann Frankreich seiner Zusage gegenüber der EU, das Defizit im Jahr 2008 auf 2,5 % zu senken, nicht nachkommen. In einer mittelfristigen Finanzplanung legt sich Frankreich nun auf das Erreichen eines ausgeglichenen Haushalts bis zum Jahr 2012 fest.

Oktober

1.10. Der ehemalige Wirtschaftsminister Gérard Larcher wird zum Senatspräsidenten gewählt, dem protokollarisch zweithöchsten Amt des Staates. Larcher, der die Nachfolge von Christian Poncelet antritt, hatte sich in einer internen Abstimmung der Mehrheitspartei UMP gegen den Ex-Premierminister Jean-Pierre Raffarin durchgesetzt.

3.10. Frankreich befindet sich zum ersten Mal seit 15 Jahren in einer Rezession. Nach dem negativen Wachstum im zweiten Quartal (-0,3 %) wird auch für das dritte und vierte Quartal ein Rückgang des Bruttoinlandprodukts erwartet. Experten sagen für das Jahr 2008 nur noch ein Wachstum von 0,9 % voraus und prognostizieren einen Anstieg der Arbeitslosigkeit auf 7,4 %.

4.10. Staatspräsident Sarkozy lädt die Staats- und Regierungschefs Deutschlands, Großbritanniens und Italiens zu einem Gipfeltreffen zur internationalen Finanzkrise ein. Im Beisein von EU-Kommissionspräsident Barroso, dem Präsidenten der Europäischen Zentralbank Trichet und dem Chef der Eurogruppe Juncker soll über ein gemeinsames Vorgehen der europäischen Staaten beraten werden. Entgegen vorheriger Berichte soll jedoch kein gemeinsames Notfallpaket beschlossen werden. Im Vorfeld des Gipfels war es zwischen Frankreich und Deutschland zu Unstimmigkeiten bezüglich des weiteren gemeinsamen Vorgehens gekommen, nachdem Bundeskanzlerin Merkel die Einrichtung eines europäischen Hilfsfonds abgelehnt hatte.

6.10. Der Nobelpreis für Medizin geht an die französischen Forscher Luc Montaigner und Françoise Barré-Sinoussi für die Entdeckung des Aids-Erregers HIV. Sie teilen den Preis mit dem deutschen Krebsforscher Harald zur Hausen, der die Auszeichnung für die Entdeckung der Papillomviren erhält.

7.10. Die Finanzminister der EU einigen sich auf einen Rettungsplan für die durch die Finanzkrise angeschlagenen Banken, um Bürger und Unternehmen vor den Auswirkungen der Finanzkrise zu schützen. Der französische Premierminister Fillon erklärt in Paris vor der Nationalversammlung, dass die französische Regierung sich vorbehält, angeschlagene Banken zwischenzeitlich zu verstaatlichen.

9.10. Der Literatur-Nobelpreis des Jahres 2008 wird von der schwedischen Akademie an den französischen Novellisten Jean-Marie Gustave Le Clézio verliehen. Die Jury würdigt den achtundsechzigjährigen Autor als „Verfasser des Aufbruchs, des poetischen Abenteuers und der sinnlichen Ekstase". Er war mit mehreren zivilisationskritischen, teilweise autobiografischen Romanen und Novellen bekannt geworden.

13.10. Wie die Regierungen anderer Staaten kündigt die französische Regierung ein Rettungspaket für die französischen Banken an. Diesem zufolge stehen bis zu 320 Milliarden Euro zur Garantie der Verbindlichkeiten der Banken zur Verfügung. Diese Garantie ist bis Ende 2009 begrenzt.

14.10. Im Rahmen eines Fußball-Länderspiels Frankreich gegen Tunesien kommt es beim Erklingen der französischen Nationalhymne zu Pfiffen und Protesten tunesische Fans. Mehrere Politiker, darunter Staatspräsident Sarkozy, äußern sich am Folgetag empört über die Vorfälle. Sportministerin Bachelot kündigt für die Zukunft einen sofortigen Abbruch des Spiels als Reaktion auf derartige Vorkommnisse und Schmähungen einer Nationalhymne an.

18.10. In Camp David, dem Landsitz des US-Präsidenten, trifft Staatspräsident Sarkozy mit dem amerikanischen Präsidenten Bush sowie EU-Kommissionspräsident Barroso zusammen. Sie einigen sich auf eine Reihe von weltweiten Gipfeltreffen zur Finanzkrise, die direkt nach der US-Wahl im November beginnen soll. Am ersten Treffen sollen nach einem Vorschlag Sarkozys neben den G8-Staaten auch die großen Schwellenländer China, Indien, Brasilien, Mexiko und Südafrika teilnehmen. Dabei gehe es um eine Reform des internationalen Finanzsystems sowie weiter konkrete Maßnahmen zur Bekämpfung der Finanzkrise.

19.10. In Paris protestieren Zehntausende Menschen gegen die von Bildungsminister Darcos angekündigten Reformen im Bildungssystem und die geplanten Einsparungen im öffentlichen Dienst. Laut dem Bildungshaushalt für 2009, der im November verhandelt werden soll, ist für das kommende Jahr die Streichung von 13.500 Stellen im öffentlichen Dienst geplant. Bereits 2007 und 2008 waren insgesamt 20.000 Stellen gestrichen worden.

21.10. Im Rahmen einer OECD-Ministertagung in Paris fordern der französische Minister für Budget-Fragen, Eric Woerth, und der deutsche Finanzminister Steinbrück ein strengeres Vorgehen gehen Steuerparadiese, zu denen auch die Schweiz zähle. Zu den Maßnahmen zählt beispielsweise eine künftige Erfassung von Kapitaleinkünften so genannter „Steuerausländer". Die Schweiz reagiert mit Protest auf ihre geplante Aufnahme auf die schwarze Liste der „Steuerparadiese" der OECD.

22.10. Nach Vorlage des Kommissionsberichts zur Institutionenreform unter seiner Führung, wird dem ehemaligen Premierminister Edouard Balladur von Staatspräsident Sarkozy der Vorsitz einer Kommission zur Erarbeitung einer Territorialreform übertragen. Die Regierung Sarkozy verfolgt dabei das Konzept einer Zusammenlegung von Regionen und Départements.

26.10. Der geschäftsführende Direktor des Internationalen Währungsfonds (IWF) Dominique Strauss-Kahn wird von einer Untersuchungskommission vom Vorwurf des Amtsmissbrauchs entlastet. Ihm war vorgeworfen worden, eine Mitarbeiterin des IWF, mit der er eine Beziehung unterhalten hatte, begünstigt zu haben. Strauss-Kahn wird vom Aufsichtsrat des IWF in seinem Amt bestätigt.

28.10. Angesicht der Auswirkungen der internationalen Finanzkrise kündigt Staatspräsiden Sarkozy umfassende Maßnahmen zur Stützung des Arbeitsmarkts an, darunter die Schaffung von 100.000 zusätzlichen Stellen im Rahmen eines „Contrat aidé". Mit dieser Maßnahme sollen Arbeitslose mit Hilfe von staatlichen Zuschüssen wieder in den Arbeitsmarkt integriert werden. Weitere Maßnahmen sollen eine Entfristung von Zeitverträgen und eine Umschulung entlassener Arbeitnehmer aus Mittelstandsbetrieben sein. Auch fordert Sarkozy eine erneute Diskussion der Ladenöffnungszeiten am Sonntag.

November

4.11. Mit den Stimmen der Abgeordneten der Mehrheitsfraktion UMP wird in erster Lesung in der Nationalversammlung ein „Gesetzentwurf zur Finanzierung der Sozialversicherung" (PLFSS) verabschiedet, der die Möglichkeit eröffnet, das Rentenalter im Privatsektor auf freiwilliger Basis auf siebzig Jahre anzuheben. Das Gesetz, das bei Opposition und Gewerkschaften auf heftigen Widerstand gestoßen war, muss nach seiner Verabschiedung in der Nationalversammlung nun noch vom Senat verabschiedet werden.

6.11. Im Kampf um den künftigen Vorsitz des Parti socialiste (PS) stellen sechs Kandidaten, darunter die ehemalige Präsidentschaftskandidatin Ségolène Royal und der Pariser Bürgermeister Bertrand Delanoë, ihre Leitanträge zum künftigen Kurs der Partei zur Wahl. Mit 29 % der Stimmen der abstimmungsberechtigten Parteimitglieder entscheidet Ségolène Royal die erste Etappe auf dem Weg zum Parteivorsitz für sich. Delanoë sowie die Bürgermeisterin von Lille, Martine Aubry, erringen mit ihren Anträgen je 25 % der Stimmen.

7.11. Im Rahmen des „Weimarer Dreiecks“ treffen in Paris Europastaatssekretär Jean-Pierre Jouyet, der deutsche Staatsminister für Europa, Günter Gloser, sowie der polnische Staatssekretär für EU-Koordination, Mikołaj Dowgielewicz, zusammen. Im Zentrum ihrer Gespräche stehen die Zukunft des Lissabon-Vertrags nach dem negativen Referendum in Irland, die Energieversorgung der EU sowie das Verhältnis zu Russland und anderen östlichen Partnerstaaten der EU.

15.11. Um mögliche Reaktionen auf die weltweite Finanzkrise zu diskutieren, kommen die Staats- und Regierungschefs der G20-Gruppe der wichtigsten Industrie- und Schwellenländer im Rahmen eines Weltfinanzgipfels in Washington zusammen. In seiner Funktion als amtierender EU-Ratspräsident fordert Nicolas Sarkozy eine deutliche Verschärfung der Regulierung des Finanzsektors. Auf diese Position hatten sich die europäischen Staats- und Regierungschefs bei einem Treffen am 7. November in Brüssel geeinigt. Den ursprünglich von Sarkozy eingebrachten Vorschlag der Schaffung einer Weltfinanzregierung hatten die Vertreter der übrigen EU-Mitgliedstaaten dagegen abgelehnt.

14.11. Im Rahmen eines EU-Russland-Gipfels in Nizza trifft Staatspräsident Sarkozy mit dem russischen Präsidenten Medwedew zusammen. Im Mittelpunkt der Gipfelgespräche stehen der Georgienkonflikt, die Sicherheitspolitik sowie die internationale Finanzkrise.

19.11. Einer richterlichen Anordnung zufolge muss sich der ehemalige Premierminister Dominique de Villepin ebenso wie fünf weitere Angeklagte vor einem Strafgerichtshof verantworten. Ihm wird Beihilfe zur Verleumdung vorgeworfen, da er im Jahr 2004 eine Rufmordkampagne gegen seinen Mitbewerber bei der Entscheidung für die Präsidentschaftskandidatur der UMP, Nicolas Sarkozy, lanciert haben soll. Villepin wird vorgeworfen, auf der Basis gefälschter Dokumente Ermittlungen gegen Sarkozy befördert zu haben. Im Jahr 2004 waren gefälschte Listen des Finanzinstituts Clearstream veröffentlicht worden, auf denen Sarkozy und andere Personen als Empfänger von Schmiergeldzahlungen im Rahmen von Waffengeschäften aufgeführt worden waren.

19.11. Die Nationalversammlung verabschiedet mit 335 zu 210 Stimmen ein Krisenbudget für das Jahr 2009. Statt mit 1 bis 1,5 % Wachstum wie bei Vorlage des Budgetentwurfs wird nun mit 0,2 bis 0,5 % Wachstum für das Jahr 2009 gerechnet. Die Regierung erwartet zudem deutlich sinkende Steuereinnamen.

20.11. Die ehemalige Gesundheitsministerin, Präsidentin des Europäischen Parlaments und Mitglied des Verfassungsrats, Simone Veil, wird mit 22 von 29 möglichen Stimmen zum Mitglied der Académie française gewählt, wo sie den Sitz des im Jahr 2007 verstorbenen ehemaligen Premierministers Pierre Messmer einnimmt. Simone Veil war 1927 in Nizza geboren und als Jüdin im Jahr 1944 gemeinsam mit ihren Eltern nach Auschwitz deportiert worden. Als Politikerin hatte sie sich aktiv für die Beziehungen zu Israel sowie für die Rechte von Frauen, darunter das Recht auf straffreien Schwangerschaftsabbruch, eingesetzt.

22.11. Die Mitglieder des Parti socialiste (PS) wählen mit einer knappen Mehrheit von 50,02 % der Stimmen die ehemalige Arbeitsministerin Martine Aubry zur künftigen Parteivorsitzenden. Die ehemalige Präsidentschaftskandidatin Ségolène Royal unterliegt knapp mit 49,98 %. Bereits im ersten Wahlgang am 21.11. war der Mitkandidat Benoît Hamon ausgeschieden. Der ehemals als Favorit geltende Bürgermeister von Paris, Bertrand Delanoë, hatte nach seiner Niederlage in der Abstimmung über die von den Kandidaten vorgelegten Leitanträge zum Parteiprogramm seine Kandidatur für den Parteivorsitz zurückgezogen.

24.11. Im Rahmen des 10. Deutsch-Französischen Ministerrats treffen in Paris Staatspräsident Sarkozy und Bundeskanzlerin Merkel zusammen. Im Mittelpunkt des Gesprächs steht die internationale Finanzkrise sowie die Klima- und Umweltpolitik. Zur Bekämpfung der Finanz- und Wirtschaftskrise sprechen sich die Vertreter beider Staaten für eine engere Abstimmung nationalstaatlicher Programme auf EU-Ebene aus.

25.11. Nach Protesten und einer Neuauszählung der Stimmen bestätigt der Conseil national des Parti socialiste den Sieg Martine Aubrys in der Stichwahl um den Parteivorsitz mit einer knappen Mehrheit von 102 Stimmen. Das Lager von Aubrys Gegnerin Ségolène Royal äußert weiterhin Zweifel an der Richtigkeit des Wahlergebnisses.

28.11. Der französische Anthropologe und Ethnologe Claude Levi-Strauss feiert seinen hundertsten Geburtstag. Der 1908 in Brüssel geborene Wissenschaftler gilt als Begründer des ethnologischen Strukturalismus, einer Methode in der ethnologischen und anthropologischen Forschung, die auf der Analyse von Beziehungssystemen und -mustern beruht. Sein berühmtestes Werk „Tristes tropiques“ ist ein Bericht seiner Forschungsreisen in Südamerika und seiner Studien über die indigene Bevölkerung.

Dezember

3.12. In einer Rede am Produktionsstandort des Automobilherstellers Renault in Douai kündigt Staatspräsident Sarkozy als Reaktion auf die weltweite Finanz- und Wirtschaftskrise ein Konjunkturprogramm in Höhe von 26 Milliarden Euro an. Dafür werde ein Anstieg des Haushaltsdefizits auf vier % in Kauf genommen, obwohl dieses die EU-Stabilitätskriterien verletze.

3.12. Eine Kommission unter dem Vorsitz von André Varinard legt Justizministerin Rachida Dati einen Vorschlag für eine Reform des Jugendstrafrechts vor, der unter anderem eine Festlegung des Alters der Strafmündigkeit und des Mindestalters für die Verhängung von Gefängnisstrafen auf zwölf statt bisher dreizehn Jahre vorsieht. Die Ministerin begrüßt den Vorschlag und kündigt eine Überarbeitung des Jugendstrafrechts bis März 2009 an.

5.12. Staatspräsident Sarkozy ernennt den bisherigen Generalsekretär der Regierungspartei UMP, Patrick Devedjian, zum Anti-Krisen-Minister. Er ist damit betraut, das angekündigte, 26 Milliarden Euro umfassende Konjunkturpaket der Regierung umzusetzen.

6.12. Im Rahmen einer Tagung des Conseil national des Parti socialiste (PS) stellt die neu gewählte Vorsitzende der Partei, Martine Aubry, die Mitglieder des Nationalsekretariats vor. Unter diesen findet sich kein Anhänger der in der Stichwahl um den Parteivorsitz unterlegenen ehemaligen Präsidentschaftskandidatin Ségolène Royal. Der dem linken Parteiflügel angehörende Benoît Hamon, der im November ebenfalls für den Parteivorsitz kandidiert hatte, wird zum Sprecher der Partei ernannt.

8.12. Arbeits- und Sozialminister Xavier Bertrand übernimmt vorübergehend den Posten des Generalsekretärs der UMP, der nach der Berufung Patrick Devedjians ins Kabinett vakant ist.

8.12. Im Rahmen einer Rede im Elysée-Palast zum sechzigsten Jahrestag der Erklärung der Menschenrechte fordert Staatspräsident Sarkozy den Rücktritt des Regierungschefs von Simbabwe, Robert Mugabe.

8.12. In London trifft Staatspräsident Sarkozy zu Beratungen über mögliche Reaktionen auf die Finanzkrise mit seinem britischen Amtskollegen Brown sowie EU-Kommissionspräsident Barroso zusammen. Im Vorfeld hatte die Tatsache, dass Bundeskanzlerin Merkel nicht an dem Treffen teilnimmt, in der Presse für Spekulationen über tiefergehende Unstimmigkeiten in der Reaktion auf die Krise gesorgt. Vertreter der französischen und der britischen Regierung fordern von der Bundesregierung mehr Investitionen zur Ankurbelung der Konjunktur.

11.12. In Brüssel findet das letzte EU-Gipfeltreffen unter französischer Ratspräsidentschaft statt. Die Staats- und Regierungschefs der EU-Mitgliedstaaten verabschieden ein gemeinsames Klimapaket, das die osteuropäischen Staaten sowie die energieintensiven Industriebereiche in ihrem Beitrag zur Umsetzung der Klimaziele entlasten soll. Auch ein Konjunkturpaket in Höhe von 200 Milliarden Euro als Reaktion auf die internationale Wirtschafts- und Finanzkrise wird verabschiedet. Das Paket umfasst in erster Linie die nationalen Konjunkturprogramme der Mitgliedstaaten. Zudem ebnen die Gipfelteilnehmer durch eine Zustimmung zu Zugeständnissen an Irland den Weg für ein erneutes Referendum über den Vertrag von Lissabon, den die Iren im Juni 2008 abgelehnt hatten. Staatspräsident Sarkozy lobt in einer Abschlussrede das Klimapaket als „historisch" und zieht eine positive Bilanz der französischen EU-Ratspräsidentschaft.

15.12. Der Staatssekretär für europäische Angelegenheiten, Jean-Pierre Jouyet, gibt nach dem letzten EU-Gipfeltreffen unter französischer Ratpräsidentschaft sein Amt ab. Er übernimmt künftig den Posten des Präsidenten der Finanzmarktaufsicht (AMF). Ihm folgt im Amt des Europastaatssekretärs der ehemalige Mitarbeiter Dominique de Villepins, Bruno Le Maire.

16.12. In einer Rede vor dem Europäischen Parlament in Straßburg zieht Staatspräsident Sarkozy eine positive Bilanz der französischen EU-Ratspräsidentschaft. Er hebt insbesondere die Zusammenarbeit der EU-Mitgliedstaaten in der Reaktion auf die internationale Wirtschafts- und Finanzkrise, die Rolle der EU als Vermittler im Georgienkonflikt sowie die Verabschiedung des Klimapakets hervor.

17.12. Der Energiekonzern Electricité de France (EdF) übernimmt für etwa 4,5 Milliarden US-Dollar knapp die Hälfte des Atomenergiegeschäfts des US-amerikanischen Energiekonzerns Constellation Energy. Davon wird eine Milliarde dem unter Liquiditätsschwierigkeiten leidenden US-Konzern bar bezahlt. EdF will in den USA künftig vier neue Atomreaktoren bauen lassen.

22.12. Bei einem Staatsbesuch in Brasilien nimmt Staatspräsident Sarkozy als EU-Ratspräsident am EU-Brasilien-Gipfel in Rio de Janeiro teil und spricht sich für einen Sitz Brasiliens als ständiges Mitglied im UN-Sicherheitsrat aus. Neben Brasilien gehören auch Deutschland, Japan und Indien zu den aussichtsreichen Bewerbern um einen ständigen Sitz im UN-Sicherheitsrat. Außerdem wird im Rahmen des Gipfels die Möglichkeit einer strategischen Partnerschaft zwischen Brasilien und der EU erörtert.

27.12. Nach dem Tod eines Herzpatienten wegen ausbleibender und dem Tod eines Kleinkindes wegen Fehlbehandlung in französischen Krankenhäusern entbrennt eine Debatte über Strukturprobleme und mangelnde finanzielle Ausstattung des Krankenhaussektors. Laut der Gewerkschaft der Notfallärzte bleiben viele Plätze in Intensivstationen, insbesondere an Feiertagen, auf Grund von Personalmangel ungenutzt.

2009

Januar

1.1. Staatspräsident Sarkozy trifft in Paris mit der israelischen Außenministerin Zipi Livni zusammen. Angesichts der israelischen Militäroffensive im Gaza-Streifen beraten beide über einen Ausweg aus der Krise. Sarkozy fordert einen sofortigen Waffenstillstand, um die Versorgungslage der Bevölkerung des Gaza-Streifens sicherstellen zu können, was Livni ablehnt und eine Einstellung des Raketenbeschusses Israels durch die Hamas zur Voraussetzung für einen Waffenstillstand macht.

5.1. Mit dem heutigen Tag tritt das Werbeverbot für die öffentlich-rechtlichen Sender in der Sendezeit zwischen 20 Uhr und 6 Uhr in Kraft. Auf Grund der fehlenden Werbeeinnahmen sind die öffentlich-rechtlichen Sender nun stärker auf Staatsmittel angewiesen. Zur Finanzierung wird eine Neuregelung der Besteuerung, darunter beispielsweise eine Internetsteuer, in Erwägung gezogen. Kritiker befürchten eine verstärkte

Einflussnahme des Staates auf die Programmgestaltung der Sender. Kritik löst zudem aus, dass der Senat bei Inkrafttreten des Gesetzes noch nicht darüber debattiert hatte.

7.1. Staatspräsident Sarkozy stellt in einer Rede vor dem Kassationsgericht Details einer geplanten Justizreform vor, nach der das Amt des unabhängigen Untersuchungsrichters abgeschafft und die Verantwortlichkeit für Ermittlung und Anklageerhebung auf die Staatsanwaltschaft übertragen werden soll. Kritiker befürchten eine Einschränkung der Unabhängigkeit der Gerichte und eine verstärkte politische Einflussnahme auf Verfahren, da die Staatsanwaltschaft direkt dem Justizministerium untersteht. Anlass für die Reform waren unter anderem mehrere Justizskandale in jüngster Zeit gewesen, die auf Irrtümer der Untersuchungsrichter zurückzuführen gewesen waren. Teile der Befugnisse der Untersuchungsrichter waren bereits durch eine Reform im Jahr 2001 an einen Haftrichter übertragen worden.

7.1. Bei einem Treffen im Rahmen einer von Staatspräsident Sarkozy und dem ehemaligen britischen Premierminister Tony Blair initiierten Gesprächsreihe unter dem Motto „Neue Welt, neuer Kapitalismus" in Paris diskutieren Nicolas Sarkozy und Bundeskanzlerin Merkel gemeinsame Grundlinien zur Reform der internationalen Finanzarchitektur. Diese soll auch Thema des G20-Gipfels sein, der im April stattfinden wird. Beide Staatschefs betonen dabei die Bedeutung einer engen Zusammenarbeit der europäischen Staaten.

11.1. Im Alter von 74 Jahren stirbt der Schauspieler, Regisseur, Drehbuchautor und Produzent Claude Berri. Er hatte im Jahr 1962 einen Oscar für seinen Kurzfilm „Le Poulet" gewonnen und war danach mit Filmen wie „Germinal" und „Zusammen ist man weniger allein" berühmt geworden. Sein größter Erfolg ist die Komödie „Willkommen bei den Scht'is", die im Jahr 2008 über 20 Mio. Zuschauer angezogen hatte.

12.1. Nach monatelangen Verhandlungen stimmt der Verwaltungsrat der italienischen Fluggesellschaft Alitalia einem Einstieg der französisch-niederländischen Fluggesellschaft Air France-KLM in das Unternehmen zu, die nun für etwa 320 Mio. Euro 25 % an Alitalia übernehmen wird. Die angeschlagene italienische Fluggesellschaft, die im August 2008 Insolvenz angemeldet hatte, war von einer Investorengruppe übernommen worden, welche die Sanierung des Unternehmens eingeleitet hatte. Der Verwaltungsrat von Air France-KLM hatte dem Geschäft bereits am 9.1. zugestimmt.

12.1. Staatspräsident Sarkozy kündigt die Erweiterung des Aufgabenfelds des Hohen Kommissars für Solidarität und Armutsbekämpfung, Martin Hirsch, um den Bereich Jugend an, der bisher in der Verantwortlichkeit des Staatssekretärs für Sport und Jugend, Bernard Laporte, gelegen hatte. Er reagiert damit nicht zuletzt auf Proteste von Schülern gegen eine von Bildungsminister Darcos geplante Reform des Lycées. Die teilweise gewalttätigen Proteste drückten, so Sarkozy, einen Unmut der Jugend aus, dessen sich die Politik annehmen müsse. Auf Grund der Kritik von Schülerseite war die Reform verschoben worden; Sarkozy kündigt jedoch eine Wiederaufnahme des Reformprozesses an.

15.1. Im Rahmen einer seit längerer Zeit angekündigten Kabinettumbildung übernimmt Brice Hortefeux das Ministerium für Arbeit, Soziales und Familie von Xavier Bertrand, der an die Spitze der Regierungspartei UMP wechselt. Das bisher von Hortefeux geführte Ministerium für Immigration übernimmt der ehemalige Politiker des Parti socialiste Eric Besson.

16.1. Nach einem Treffen zwischen Staatspräsident Sarkozy und dem geistlichen Oberhaupt der Tibeter, dem Dalai Lama, am Rande eines Gipfeltreffens im polnischen Danzig im Dezember 2008 zeigen sich die Beziehungen zwischen China und Frankreich weiterhin getrübt. Der chinesische Ministerpräsident kündigt eine Ende Januar beginnende Reise durch Europa an, im deren Rahmen der die Schweiz, Deutschland, Belgien, Spanien und Großbritannien, nicht aber Frankreich besuchen wird.

21.1. Im Rahmen der Debatte um eine Reform der parlamentarischen Arbeit kommt es in der Nacht auf den 21. Januar in der Nationalversammlung zu einem Eklat. Im Zentrum der Diskussion hatte die Reform des Artikels 13 gestanden, der vorsehen soll, dass Anträge auf Gesetzesänderungen von Parlamentariern künftig auch ohne Debatte zur Abstimmung gebracht werden dürfen. Kritiker sehen darin eine Einschränkung der Redefreiheit der Abgeordneten vor dem Parlament. Aus Protest singen die Abgeordneten des Parti socialiste (PS) die Nationalhymne, bevor sie den Saal verlassen. Mit den Stimmen der Regierungspartei UMP wird der Änderungsantrag verabschiedet.

22.1. Nach längeren Verhandlungen akzeptiert Justizministerin Rachida Dati auf Drängen von Staatspräsident Sarkozy den zweiten Platz der Wahlliste der Regierungspartei UMP für die Wahlen zum Europäischen Parlament in der Region Ile-de-France. Sie wird dafür ihr Ministeramt aufgeben. Den Spitzenplatz der Liste hat Landwirtschaftsminister Michel Barnier inne. Dati war als Justizministerin im Zusammenhang mit der geplanten Justizreform, welche die Schließung etlicher Gerichte vorsieht, immer wieder in die Kritik geraten.

23.1. Staatspräsident Sarkozy kündigt eine Unterstützung in Höhe von 600 Millionen Euro im Lauf von drei Jahren für die Printmedien in Frankreich an. Im Gegenzug sind grundlegende strukturelle Veränderungen vorgesehen. Diese gehen in weiten Teilen auf ein von den seit drei Monaten tagenden „Generalständen der Presse" vorgelegtes Grünbuch zurück. So sollen unter anderem die Druckkosten gesenkt und der Vertrieb gestärkt werden. Um verstärkt junge Leser an die Printmedien heranzuführen, erhält jeder Jugendliche unter 18 Jahren künftig ein Zeitungsabonnement seiner Wahl.

26.1. Der Aufsichtsrat des deutschen Unternehmens Siemens beschließt einen Ausstieg des Konzerns aus einem Joint-Venture-Vertrag mit dem französischen Atomkonzern Areva. Siemens hält sei dem Jahr 2001 34 % der Anteile an Areva. Der Vertrag umfasst den Bau von Reaktoren und Kernkrafttechnik. Als Grund für den Ausstieg werden mangelnde Möglichkeiten unternehmerischer Einflussnahme durch Siemens auf Grund der Stellung als Minderheitsaktionär genannt. Die Chefin des Areva-Konzerns

Anne Lauvergeon fordert nach Bekanntgabe des Ausstiegs eine Kapitalerhöhung durch den französischen Staat, der Hauptaktionär bei Areva ist.

Februar

2.2. Premierminister François Fillon stellt in Lyon das 26 Milliarden Euro schwere Konjunkturpaket der französischen Regierung vor. Die Investitionssumme soll in 1000 ausgewählte Projekte aus den Bereichen Forschung, Kulturerbe, Verteidigung, Infrastruktur und Wohnungsbau fließen. Unternehmen mit Staatsbeteiligung wie EDF, GDF Suez, RATP, SNCF und La Poste werden dazu angehalten, ihre Investitionen für das Jahr 2009 um vier Milliarden Euro aufzustocken. Die Regierung erhofft sich davon die Schaffung von Arbeitsplätzen und eine Verbesserung des Wirtschaftswachstums um 1,3 Punkte.

3.2. Der französische Stromanbieter Electricité de France (EDF) und der Atomkonzern Areva schließen einen weitreichenden Vertrag zur Urananreicherung ab. Der Auftrag von EDF umfasst über fünf Milliarden Euro und hat eine Laufzeit von 25 Jahren. Die neue Zentrifugenanreicherungsanlage Georges-Besse II im südfranzösischen Tricastin, die Areva seit dem Jahr 2006 für insgesamt drei Milliarden Euro errichten lässt und die noch 2009 in Betrieb gehen soll, wird die künftigen Uranlieferungen gewährleisten.

5.2. Staatspräsident Nicolas Sarkozy erörtert am Abend in einem 95-minutigen Fernsehinterview aus dem Elysée-Palast die bevorstehenden oder bereits eingeleiteten Maßnahmen zur Bewältigung der Weltwirtschaftskrise. Besondere Schwerpunkte liegen dabei auf der Verteidigung des Bankenrettungsplans von über 300 Milliarden Euro, dem Konjunkturpaket zur Sicherung der inländischen Arbeitsplätze und den Maßnahmen zur Stärkung der Kaufkraft. Die Maßnahmen werden außerdem im Mittelpunkt der Diskussion bei einem Gespräch zwischen Staatspräsident Sarkozy und den Gewerkschaften am 18. Februar stehen.

5.2. Der Minister für Immigration Eric Besson unterzeichnet in Paris einen ministeriellen Runderlass, nach dem illegale Einwandere im Gegenzug für das Anzeigen ihrer Schieber- und Schlepperbanden eine Aufenthaltsgenehmigung erhalten sollen.

7.2. Während der Münchner Sicherheitskonferenz heben Staatspräsident Nicolas Sarkozy und Bundeskanzlerin Angela Merkel die Bedeutung der nordatlantischen Allianz im Prozess internationaler Konfliktlösung hervor und verurteilen mögliche Alleingänge der USA. Anlässlich der Konferenz und der bevorstehenden Reintegration Frankreichs in die NATO unterstreicht Sarkozy die deutsch-französische Freundschaft und verkündet die Stationierung von 600 bis 700 deutschen Soldaten der deutsch-französischen Brigade in Schiltigheim nahe Straßburg. Es ist das erste Mal seit dem Zweiten Weltkrieg, dass ein deutsches Bataillon auf französischen Boden stationiert sein wird.

12.2. Eric Besson, Minister für Immigration, unterzeichnet einen ministeriellen Runderlass, der die Integration bereits im Heimatland fördern soll. Familienmitglieder, die sich um ein mindestens dreimonatiges Visum bemühen, müssen zuvor einen Test zur Ermittlung der Sprachkenntnisse im Französischen und der Kenntnisse der republikanischen Werte ablegen.

18.2. Die Europäische Kommission leitet gegen Frankreich und weitere fünf EU-Mitgliedstaaten ein Defizitverfahren ein, da deren Nettoneuverschuldung im Jahr 2008 mit 3,2 % über der vom Stabilitäts- und Wachstumspakt der EU vorgegebenen Drei-%-Marke liegt. Zudem hatte Haushaltsminister Eric Woerth bereits am Dienstag erklärt, dass das Staatsdefizit im Jahr 2009 die bisher angekündigten 4,4 % überschreiten werde.

18.2. Staatspräsident Sarkozy lädt die fünf größten Gewerkschaften und die drei wichtigsten Arbeitgeberverbände zu einem Sozialgipfel in den Elysée-Palast ein. Im Mittelpunkt der Diskussion stehen dabei Maßnahmen zur Schaffung von Arbeitsplätzen, zur Stärkung der Kaufkraft und damit zur Stabilisierung der Nachfrage. Die dafür notwendigen Mittel in Höhe von 2,6 Milliarden Euro sollen durch die Zinszahlungen, die dem Staat aus den gewährten Krediten an die Banken zufallen, finanziert werden. Die Gewerkschaften bewerten die Ergebnisse des Sozialgipfels als nicht ausreichend und rufen zu einem Generalstreik am 19. März auf.

19.2. Ein Tag vor Beginn der jährlich stattfindenden Landwirtschaftsaustellung stellt Staatspräsident Sarkozy die großen Leitlinien der französischen Agrarpolitik bis zum Jahr 2013 dar. Als Vorbereitung für die Gemeinsame Agrarpolitik (GAP) der EU, die 2013 in Kraft treten soll, möchte er auf nationaler Ebene durch eine neue Gesetzeslage die Modernisierung der Landwirtschaft und des Nahrungsmittelsektors vorantreiben und auf europäischem Niveau durch den Einsatz eines Expertenteams zur Stärkung gemeinsamer Entscheidungen beitragen.

22.2. Im Rahmen der Vorbereitungen des Londoner G20 Gipfels am 2. April 2009 trifft Staatspräsident Sarkozy auf Einladung von Bundeskanzlerin Merkel in Berlin mit Vertretern der übrigen EU-Mitgliedstaaten zusammen. Die Teilnehmer des Treffens sollen sich auf gemeinsame Positionen zu einer Reform der Weltwirtschaftsordnung einigen. Dabei werden sieben Prioritäten ermittelt, darunter die Stärkung des Internationalen Währungsfonds, eine verstärkte Überwachung der Marktteilnehmer, insbesondere der Hedgefonds, und die Austrocknen von Steueroasen.

24.2. Im Rahmen eines Treffens in Rom unterzeichnen Staatspräsident Sarkozy und der italienische Premierminister Berlusconi eine Vereinbarung über eine verstärkte Zusammenarbeit beider Länder im Bereich der Kernenergie. Italien ist Europas größter Stromimporteur und war vor mehr als 20 Jahren aus der Atomenergie ausgestiegen. Gleichzeitig unterzeichnen der italienische Stromerzeuger Enel SpA und der französische Stromlieferant EDF ein Partnerschaftsabkommen, das den Bau von vier Kernkraftwerken in Italien vorsieht.

25.2. Nach einem Treffen mit der Ministerin für Hochschulwesen und Forschung Valérie Pécresse und Vertretern der Hochschulen gibt Premierminister François Fillon bekannt, dass in den Jahren 2010 und 2011 keine Arbeitsstellen im Hochschulwesen gestrichen werden sollen.

27.2. Frankreich und Spanien unterzeichnen Abkommen über den Bau zweier Meeresautobahnen, die noch im Jahr 2009 fertig gestellt werden sollen. Indem so 100.000 Fernlastzüge pro Jahr auf dem Seeweg transportiert werden können, wird der Verkehr in den Pyrenäen reduziert. Die erste Strecke soll von Nantes-Saint-Nazaire bis nach Gijon in Nordspanien reichen, die zweite wird Nantes und Le Havre mit Vigo verbinden.

März

1.3. Zum Monatsbeginn treten erste Neuregelungen in Folge der am 21. Juli 2008 verabschiedeten Verfassungsreform in Kraft. Die Reform stärkt die Rechte des Parlaments, beispielsweise bei der Verabschiedung von Gesetzen oder der Entscheidung über eine Verlängerung von Auslandseinsätzen der Armee. Sie sieht darüber hinaus die Einführung eines Rederechts des Präsidenten vor dem Kongress sowie eine Neuregelung der Abstimmung über EU-Beitrittsverfahren vor.

3.3. Wirtschaftsministerin Christine Lagarde trifft ihren deutschen Amtskollegen Peer Steinbrück anlässlich einer Sitzung des deutsch-französischen Wirtschaftsrats in Paris. Beiden sprechen sich für schärfere Maßnahmen zur Bekämpfung von Steueroasen aus und fordern bis zum Weltfinanzgipfel am 2. April 2009 in London die Erstellung von Listen der Staaten, die bezüglich der Einhaltung internationales Finanzaufsichtsregeln sowie der Bekämpfung von Geldwäsche und Steuerhinterziehung nicht kooperieren.

3.3. Nach einer Anrufung des französischen Verfassungsgerichts durch Senatoren des Parti socialiste bezüglich der Reform der audiovisuellen Medien trifft dieses eine Entscheidung zu Gunsten des Reformvorhabens. Demnach liege kein Eingriff in die Unabhängigkeit und in die Freiheiten des öffentlichen Mediensektors vor. So wird wie im der Reform vorgesehen der Präsident des Hohen Rates für audiovisuelle Medien (*Conseil supérieur de l'audiovisuel*) künftig vom französischen Präsidenten ernannt.

5.3. Der ehemalige Premierminister Edouard Balladur legt den Ausschussbericht der Kommission für eine Reform der Gebietskörperschaften vor. In einem 20-Punkte-Programm werden Vorschläge zur Gebietsreform vorgelegt, die vor allem die Herabsetzung der Zahl der französischen *Régions* von 22 auf 15 vorsieht. Staatspräsident Sarkozy kündigt an, im Juli einen Gesetzentwurf zur Gebietsreform dem Parlament zu unterbreiten.

6.3. In der Streitfrage um den Status der lehrenden Wissenschaftler an französische Universitäten finden die Ministerin für Hochschulbildung und Forschung Valérie Pécresse und die vier Gewerkschaften eine Kompromiss. Der neue Gesetzestext, der voraussichtlich am 1. September 2009 in Kraft treten soll, sieht vor, dass sich jeder Wissenschaftler im Vierjahresrhythmus einer Evaluation durch den *Conseil national des universités* unterziehen muss. Ein Konsens für das Reformvorhaben in der Lehrerausbildung für die Primar- und Sekundarstufe bleibt bisher aus.

7.3. Nach langen Verhandlungen unterzeichnen der belgische Premierminister Herman Van Rompuy und der Generaldirektor der BNP Paribas, Baudouin Prot, den Vertrag zur Übernahme der belgischen Fortis Gruppe durch die französische Bank.

11.3. Staatspräsident Sarkozy bestätigt während einer Ansprache vor der Militärschule in Paris die Rückkehr Frankreichs in die integrierte Kommandostruktur der NATO. Während des NATO-Gipfels in Straßburg und Baden-Baden am 3. und 4. April 2009 soll die Vollmitgliedschaft offiziell verkündet werden. Frankreich hatte sich unter Präsident De Gaulle 1966 aus der Führungsstruktur der NATO zurückgezogen.

12.3. Im Rahmen des elften deutsch-Französischen Ministerrates in Berlin treffen sich Staatspräsident Sarkozy und die deutsche Bundeskanzlerin Merkel um den Europäischen Rat am 19. und 20. März 2009 und den Londoner Finanzgipfel am 2. April 2009 vorzubereiten. Beide unterstreichen die Bedeutung der deutsch-französischen Zusammenarbeit, die in dieser schwierigen Zeit weiter gefördert werden soll.

17.3. Eine Woche nach der Ankündigung einer Rückkehr Frankreichs in die integrierte Militärstruktur der NATO debattieren die Abgeordneten der Nationalversammlung über diesen Schritt. Premierminister François Fillon verknüpft seine Regierungserklärung mit der Vertrauensfrage, um so einen möglichst großen Rückhalt aus den eignen Reihen zu erzielen, wo die Absicht zur Rückkehr in die NATO bei einigen Abgeordneten auf Kritik stößt.

19.3. Zwischen 1,2 und 3 Mio. Menschen nehmen an zahlreichen Großkundgebungen in Paris und weiteren französischen Städten teil, um ihrer Unzufriedenheit mit der allgemeinen wirtschaftlichen und sozialen Situation Ausdruck zu verleihen. Die acht großen Gewerkschaften Frankreichs hatten zu den Protestmärschen aufgerufen. Premierminister François Fillon erklärt am Abend in einem Fernsehinterview, dass er die Besorgnisse der Bevölkerung angesichts der Weltwirtschaftskrise verstehe, Protestmärsche diese aber nicht lösen könnten. Fillon kündigt eine schnelle Umsetzung der beim Sozialgipfel am 18. Februar getroffenen Maßnahmen an, schließt weitere Konzessionen der Regierung jedoch aus.

26.3. Der Minister für Verteidigung Hervé Morin stellt das neue Verteidigungszentrums vor, das bis September 2014 in Paris entstehen soll. Geplant ist ein Verteidigungskomplex auf einem Areal von sechzehn Hektar im fünfzehnten Arrondissement von Paris, der alle militärischen und zivilen Angestellte des Verteidigungssektors beherbergen soll.

27.3. Der korsische Nationalist Yvan Colonna wird vom Pariser Schwurgericht zur maximalen Gefängnisstrafe von 22 Jahren Haft verurteilt. Yvan Colonna soll am 6. Februar 1998 Claude Érignac, den damaligen Präfekten von Korsika, in Ajaccio auf offener Straße erschossen haben. Colonna war erst am 4. Juni 2003 verhaftet worden. Ein erster Prozess hatte Ende des Jahres 2007 in Paris stattgefunden, an dessen Ende Colonna aufgrund von Indizienbeweisen für schuldig erklärt worden war.

29.3. Die Einwohner der im Indischen Ozean gelegenen Insel Mayotte stimmen bei einer Wahl dafür, der Insel den Status eines Departements zu verleihen. Mayotte stellt nun das 101. französischen Departement und damit einen Teil der EU dar. Durch diese Statusänderung versprechen sich die Inselbewohner größere Unterstützung und Anpassungen an das Mutterland, beispielsweise die Einführung der Mindestsicherung RMI (*revenu minimum d'insertio*n). Staatschef Sarkozy, der die Abstimmung zu einem Wahlkampfversprechen gemacht hatte, begrüßt die Entscheidung.

31.3. Wirtschaftsministerin Christine Lagarde und Haushaltsminister Éric Woerth bestätigen in einer Presseerklärung die von Insee veröffentlichten Zahlen zur öffentlichen Verwaltung. Demnach beträgt die Nettoneuverschuldung des öffentlichen Haushaltes 3,4 % des Bruttoinlandsprodukt (BIP) für das Jahr 2008. Die gesamten öffentlichen Schulden summieren sich auf über 1300 Milliarden Euro, was 68 % des BIPs entspricht, bzw. einer Nettoverschuldung von 61,3 %. Zukünftige Prognosen gehen von einem Anstieg auf 73 % für 2009 und 77 bis 78 % für die Periode 2010 – 2011 aus.

April

1.4. Arbeitsminister Brice Hortefeux und die Staatssekretärin für Familie Nadine Morano unterbreiten dem Ministerrat ein neues Gesetzesvorhaben zur Adoption. Die Gesetzesvorlage konzentriert sich insbesondere auf die Verbesserung der Situation von Kindern, die von ihren Eltern verlassen bzw. ausgesetzt wurden. Zugleich eröffnen Nadine Morano und Rama Yade, die Staatssekretärin für Menschenrechte im Außenministerium, ein Internetportal zum Thema Adoption. Die Regierungsplattform bündelt alle relevanten und verlässlichen Informationen, die vom Ministerium für Familie, dem Außen- und dem Justizministerium zum Thema Adoption bereitgestellt werden.

2.4. Vertreter der 20 größten Wirtschafts- und Industrienationen treffen sich zum Weltwirtschaftsgipfel in London. Die Politiker einigen sich auf eine striktere Regulierung der Finanzmärkte durch die Überwachung von Hedgefonds, ein gemeinsames Vorgehen gegen Steueroasen und die Distanzierung von protektionistischen Maßnahmen. Auf diese Weise soll das Vertrauen ins Bankensystem gestärkt werden. Zudem wird beschlossen, die Entwicklungsländer durch neue Kreditmöglichkeiten zu unterstützen. Gut 1000 Milliarden Dollar stehen hierfür zur Verfügung, wodurch unter anderem die Mittel des Internationalen Währungsfonds verdreifacht werden.

3.4. Am Abend finden sich alle Staats- und Regierungschefs der Mitgliedsstaaten der Nordatlantischen Allianz zum NATO-Gipfel-Treffen in Baden-Baden ein. Deutschland und Frankreich laden zu einem zweitägigen Treffen in Baden-Baden, Straßburg und Kehl ein, dessen Verhandlungsschwerpunkte auf künftigen Afghanistanstrategie und den Beziehungen zu Russland liegen. Zudem bietet der Gipfel Anlass zur Rückkehr Frankreichs in die integrierte Kommandostruktur der NATO. Kurz vor dem Gipfel empfängt der französische Staatschef Nicolas Sarkozy den amerikanischen Präsidenten Barack Obama zu einem ersten gemeinsamen Treffen.

4.4. Alle Museen und nationalen Monumente in Frankreich sind ab heute für alle Jugendlichen unter 26 Jahren der Europäischen Union und alle französischen Lehrkräften kostenlos zugänglich. Der französische Staat setzt sich damit dafür ein, ein jüngeres Publikum für das nationale Kulturerbe zu begeistern. Laut Kulturministerin Christine Albanel sei dies eine wichtige Etappe auf dem Weg zur Demokratisierung des kulturellen Lebens.

21.4. Der Hohe Rat für Integration legt Einwanderungsminister Eric Besson einen Bericht zur Integration von Einwanderern vor. Initiiert wurde der Bericht von seinem Vorgänger Brice Hortefeux aus Anlass von Schmähungen der französischen Nationalhymne während eines Fußballspiels Frankreich-Tunesien. Der Bericht fordert eine verstärkte Eingliederung von Einwanderern durch Kurse für Migranten, in denen die Geschichte Frankreichs und die Bedeutung der republikanischen Symbole (Nationalhymne und Nationalflagge) vermittelt werden sollen. Der Hohe Rat für Integration schlägt vor, den Unterricht durch regelmäßige Tests, von der Ankunft bis zur Erneuerung der Aufenthaltbescheinigung oder einer Einbürgerung des Migranten zu begleiten. Einwanderer sollen sich so mit den republikanischen Symbolen besser identifizieren können. Ein schlechtes Abschneiden in den Tests soll beispielsweise eine Familienzusammenführung jedoch nicht verhindern.

23.4. Auf dem G8-Umweltgipfel in Syracuse (USA) fordert der Staatsminister für Umwelt, nachhaltige Entwicklung und Raumplanung Jean-Louis Borloo mehr Engagement seitens der USA. Er fordert die USA auf, wie die EU die Ziele einer Reduktion der Treibhausgasemissionen um 20 % bis 2020 und um 80 % bis 2050 zu definieren. Borloo schlägt vor, dass die Industriestaaten sich dazu verpflichten, die Entwicklung von Eigenenergien in Entwicklungsstaaten vollständig zu finanzieren.

24.4. Der Vorsitzende der Assemblée nationale Bernard Accoyer übergibt in Peking dem chinesischen Staatschef Hu Jintao einen Brief von Staatspräsident Nicolas Sarkozy, mit einer Einladung für ein Treffen der Staatschefs in Paris sowie der Ankündigung des Besuchs des französischen Premiers François Fillon anlässlich der Inbetriebnahme eines EPR-Reaktors Mitte August in Taiska. Accoyers Besuch in China ist der erste Besuch eines Präsidenten der Assemblée nationale seit 27 Jahren. Er unterschreibt ein Memorandum über den interparlamentarischen Austausch beider Länder. Die französische Staatssekretärin für Handel Anne-Marie Idrac kündigt ebenfalls in Peking eine Reihe weiterer Handelstreffen mit ihrem Partner Chen Deming an.

28.4. Die Ablehnung des Gesetzes Hadopi durch eine kaum besetzte Assemblée nationale wirft die Frage nach einer Beschränkung der Abgeordnetentätigkeit auf ein Mandat auf. Viele der UMP-Abgeordneten bezweifeln jedoch, dass ein Verbot eines Doppelmandats dem Fernbleiben in der Assemblée nationale Abhilfe verschaffen kann. Viele möchten auf ihre Tätigkeit auf regionaler Ebene nicht verzichten und betonen die Vereinbarkeit von Parlamentsmandat und Mandat auf regionaler Ebene.

29.4. Am 13. Februar 2009 war in Frankreich die Misshandlung eines Jugendlichen jüdischen Glaubens, Ilan Halimi, durch eine Gruppe Jugendlicher im Département Haute-Seine bekannt geworden. Gegen den mutmaßlichen Anführer der Bande, Youssouf Fofana, beginnt nun der Strafprozess vor dem Cour d'Assises mineurs in Paris. Fofana droht eine lebenslange Freiheitsstrafe.

29.4. Staatspräsident Nicolas Sarkozy präsentiert in der Cité de l'Architecture et du Patrimoine in Paris seine Pläne für das Projekt „Grand Paris". Die Arbeiten sollen im Jahr 2012 beginnen und werden sich über 10 Jahre erstrecken. Teile des Projekts sind der Ausbau des Verkehrssystems und die Konstruktion einer 130 km langen, automatisch geführten Untergrund-Bahn, die die Flughäfen von Roissy und Orly mit verschiedenen Wirtschaftszentren von Paris verbinden soll. Des Weiteren sind 70 000 neue Wohnungen vorgesehen, die Pflanzung von einer Millionen Bäumen in Roissy sowie eine Aufwertung der Seine. Sie soll künftig als „Hafen von Groß-Paris" fungieren. Die Kosten für die Umbauten der Transportwege sollen sich auf 35 Milliarden Euro belaufen.

30.04. Bei zwei aus Mexiko zurückkehrenden französischen Touristen besteht der Verdacht einer Infektion mit dem Schweinegrippe-Virus H1N1. Sie werden in Paris in ein Krankenhaus eingeliefert. 32 weitere Verdachtsfälle liegen zurzeit in Frankreich vor. Die Weltgesundheitsorganisation tagt heute, um über eine weitere Erhöhung der Alarmstufe zu entscheiden.

Mai

5.5. Ein Monat vor den Wahlen zum Europäischen Parlament am 7. Juni hält Staatspräsident Sarkozy eine Rede im Rahmen der Wahlkampagne der UMP in Nîmes. Er plädiert für ein Europa im Sinne der Gründungsväter, d.h. ein Europa, das beschützt und sich gleichzeitig offen zeigt. Bedingungen hierfür sind die Ratifizierung des Lissabon-Vertrags, definierte Grenzen für Europa sowie eine „wahre europäische Debatte". Sarkozy begrüßt die bestehenden Partnerschaften mit der Türkei und Russland und fordert unter anderem die Einführung einer CO_2-Gebühr.

5.5. Senatspräsident Gérard Larcher (UMP) präsentiert die Reform der Geschäftsordnung des Senats Gesetzesvorhaben werden zukünftig auf der Grundlage des durch einen Ausschuss veröffentlichten Textentwurfs diskutiert, und nicht, wie vorher üblich, auf Grundlage der Regierungsvorlage. Teil der Reform wird auch eine monatlich stattfindende Befragung der Minister durch die Abgeordneten sein. Diese Befragung soll eine Stunde dauern und einer Stärkung der Kontrolle der Regierung durch das Parlament dienen.

15.5. Auf einem Treffen des deutschen und französischen Ministers für europäische Angelegenheiten, Günter Gloser und Bruno Le Maire, in Nürnberg spricht Le Maire von der Notwendigkeit, die deutsch-französischen Beziehungen neu zu gestalten. Nach der vertanen Chance einer Neugestaltung nach der deutschen Wiedervereinigung sei es nun an der Zeit, dass beide Länder ihre Verantwortung nachkommen, Europa durch Projekte und politische Visionen voranzubringen.

19.5. Nach 16 Wochen geht ein Streik an französischen Universitäten zu Ende. Die von den Dozenten ausgehende Protestbewegung hatte sich auf die Studenten ausgeweitet und sich vor allem gegen das im Jahr 2007, kurz nach der Wahl Sarkozys beschlossene „Gesetz über die Autonomie der Universitäten" gerichtet. Neben einem schrittweisen Übergang zur Autonomie der Universitäten in Finanz- und Personalfragen ist eine Evaluierung der Professoren durch die Universitätspräsidenten in dem Gesetz vorgesehen. Reformgegner befürchten einen Stellenabbau.

26.5. Das französische Landwirtschaftsministerium publiziert eine Statistik über den stetig sinkenden Weinkonsum der französischen Bevölkerung. 2008 hatten die Franzosen im Schnitt 43 Liter konsumiert, vier Liter weniger als im Vorjahr. In den Sechziger Jahren waren es noch 120 Liter gewesen. Des Weiteren weist die Studie darauf hin, dass die größten Weinkonsumenten zwischen 50 und 64 Jahre alt sind, während junge Erwachsene weniger Wein konsumieren.

27.5. Die Parteivorsitzende der PS, Martine Aubry, trifft zum ersten Mal seit ihrem knappen Sieg bei der Wahl um den Parteivorsitz im November 2008 mit ihrer Konkurrentin Ségolène Royal zusammen. Die Beziehung beider Verantwortungsträgerinnen hatte sich durch den umstrittenen Wahlausgang stark verschlechtert, was die innerparteilichen Streitigkeiten verstärkt hatte. Nun wollen sie, im Anbetracht der näher rückenden Europawahl, Einigkeit demonstrieren.

27.5. Der Pariser Bürgermeister a.D. Jean Tibéri wird zu drei Jahren Unwählbarkeit und zehn Monaten Freiheitsstrafe auf Bewährung verurteilt, außerdem wird ihm eine Geldstrafe von 10 000 Euro auferlegt. Vor zwölf Jahren war der Wahlskandal im fünften Pariser Arrondissement aufgedeckt worden, bei dem in den Jahren 1995 (Bürgermeisterwahl) und 1997 (Parlamentswahl) fiktive Wähler auf den Wahllisten platziert worden waren. Zwar sei der Amtsträger nicht direkt am Wahlbetrug beteiligt, doch als Mitwisser involviert gewesen. Ebenso wie seine Ehefrau, die ebenfalls als Mitwissende verurteilt wurde, weist er diese Anschuldigung zurück und legt Berufung ein.

Juni

1.6. Die französische soziale Mindestsicherung RMI (*revenu minimum d'insertion*) wird nach zwanzigjährigem Bestehen durch den sogenannten RSA (*revenu de solidarité active*) ersetzt. Dadurch sollen die Kaufkraft der Geringverdiener gesteigert und Anreize zur Arbeitssuche geschaffen werden. Die Maßnahme, Geringverdienern einen

Lohnzusatz anzubieten, hatte in den 33 Testregionen zu erfolgsversprechenden Ergebnissen geführt. Dennoch üben Skeptiker Kritik an der Reform, die zu einem Paradigmenwechsel führen könne und eine Duldung zu geringer Löhne statt eines Appell an die soziale Verantwortung von Unternehmen befördere.

1.6. Eine Maschine der französischen Luftfahrtgesellschaft Air France stürzt auf der Strecke zwischen Rio de Janeiro und Paris über dem atlantischen Ozean ab. Die Unfallursache bleibt zunächst ungeklärt, auch das Wrack des Flugzeuges wird nicht gefunden. Bei dem Absturz kommen alle 228 Passagiere und Mitglieder des Kabinenpersonals ums Leben, darunter auch 28 Deutsche.

4.6. Zum ersten Mal in seiner Geschichte lässt der Senat unter Senatspräsident Gérard Larcher (UMP) 5,4 Mio Euro seiner Haushalts von 2008 (315 Millionen Euro) in das Staatsbudget zurück fließen. Symbolisch soll dieser Schritt zu erkennen geben, dass der Senat gewillt ist, seine Ausgaben zu drosseln. So hatte sich Larcher ebenso gegen eine Aufstockung des Senatsbudgets um 5,5 Millionen Euro ausgesprochen.

4.6. L'Oréal feiert sein 100-jähriges Bestehen. Der französische Marktführer im Bereich Kosmetik hatte 23 Jahre lang eine zweistellige Wachstumsrate verzeichnen können, sieht sich aber nun im Zuge der weltweiten Wirtschaftskrise gezwungen, finanzielle Einsparungen in der Unternehmensgestaltung vorzunehmen. Gründe sind der Gewinnrückgang um 26,6 % und ein kaum ansteigender Umsatz im ersten Trimester dieses Jahres.

6.6. Der amerikanische Präsident Barack Obama gedenkt mit Nicolas Sarkozy, Gordon Brown, Prince Charles und Stephen Harper dem 65. Jahrestag der Landung der Alliierten in der Normandie. 9000 Personen, darunter 2000 Amerikaner, nehmen an den Festlichkeiten teil. Es handelte sich um das erste bilaterale Treffen des amerikanischen und des französischen Präsidenten seit dem Amtsantritt Obamas.

9.6. Bei den Wahlen zum Europäischen Parlament erzielt die UMP mit Staatspräsident Sarkozy 29 Abgeordnete (28% der Stimmen) und ist somit stärkste Partei. Überraschend war das starke Wahlergebnis der grünen Partei „Europe Écologie“ um Parteiführerer Cohn-Bendit, die 14 Abgeordnete (10%) stellt, und damit genauso viele Plätze erhält wie die sozialistische Partei PS (23%), großer Verlierer dieser Wahl. Die Partei MoDem erhält 12% der Stimmen. In Frankreich und Deutschland, wie auch in nahezu ganz Europa (Ausnahmen bilden Slowenien und Griechenland), gingen die rechten Parteien gestärkt aus dem Wahlkampf hervor.

9.6. Bei einem Treffen der europäischen Finanzminister in Luxemburg fordert Premierminister Fillon ein gemeinsames europäisches Konzept zur Regelung des öffentlichen Finanzwesens. Ein Teil des Plans soll die Schaffung einer EU-Kasse zur Bekämpfung der Finanzkrise (Caisse européenne d'amortissement de la crise financière (CEACF)) sein, welche die durch die Krise verursachten Staatsdefizite der Mitgliedsstaaten der Eurozone isoliert betrachten soll. Frankreich sieht hierin die Möglichkeit eines

Abbaus der durch die Krise entstandenen Schulden. Der Vorschlag Fillons wird von Deutschland, dessen Verschuldung niedriger ausfällt, abgelehnt.

11.6. Bei einem Besuch von Bundeskanzlerin Angela Merkel im Élysée-Palast sprechen sich Staatspräsidenten Sarkozy und Merkel für eine Unterstützung des amtierenden EU-Kommissionspräsidenten Barosso aus. Beide fordern jedoch mehr Engagement seitens des Präsidenten sowie ein aussagekräftiges Programm für seine mögliche zweite Amtszeit. Die Nominierung des Präsidenten soll erst nach der Konstituierung des Europäischen Parlaments, die Ernennung der Kommissare sogar erst nach der Ratifizierung des Lissabon-Vertrags erfolgen.

12.6. Das Gesetz zum Schutze kreativen Schaffens im Internet (loi Hadopi) tritt nach der Prüfung durch das französische Verfassungsgericht nur partiell in Kraft. Am 10. Juni hatte das Gericht die Bestimmungen für verfassungswidrig erklärt, die eine Strafe im Gesetzestext vorsehen und somit nicht dem Richter, sondern der Verwaltungsbehörde die Kompetenz erteilt, Sanktionen zu verhängen. Die Regierung kündigt eine baldige Ergänzung des Gesetzes an, das während der letzten Monate für große Unstimmigkeiten innerhalb der Parteien gesorgt hatte.

16.6. Staatspräsident Sarkozy und der ehemalige Präsident Chirac nehmen im Rahmen eines Staatsbesuchs in Gabun an der Beisetzung von Staatspräsident Omar Bongo teil, der das afrikanische Land 41 Jahre lang regiert hatte..

21.6. Zum 28. Mal findet in Frankreich die Fête de la Musique statt. Das Thema der diesjährigen Veranstaltung ist „50 Jahre Französischer Chanson“. 20 000 Konzerte werden im Rahmen des jährlich stattfindenden Musikfestes organisiert.

22.6. Staatspräsident Sarkozy hält vor dem Kongress in Versailles eine Rede zu den zentralen Themen der Zukunft Frankreichs. Neben Frage der Bildungs- und Umweltpolitik sowie der Reform der französischen Gebietskörperschaften präsentiert er den Entwurf eines neuen Wachstumsmodels für Frankreich. Die hohe Verschuldung stellt vor allem die Frage nach einer finanziellen Staatsanleihe. Seit 1793 hatte diese Ansprach eines Präsidenten vor dem Kongress durch die im Jahr 2008 durchgesetzte Institutionenreform zum ersten Mal wieder stattgefunden. Die sozialistische Partei PS hatte ihre Präsenz verweigert.

23.6. Der französische Haushaltsminister Éric Woerth und der deutsche Finanzminister Peer Steinbrück treffen sich auf der durch Frankreich und Deutschland organisierten Versammlung der Organisation für wirtschaftliche Zusammenarbeit und Entwicklung (OECD) und der EU. Zentrales Thema der Gespräche ist die Einleitung von Sanktionen gegen Steuerparadiese. Im Anschluss an die im letzten Jahr in Paris stattfindende Versammlung hatten sich die Gegner der Sanktionen, Österreich, Luxemburg und die Schweiz, den Forderungen der OECD gebeugt. Im September dieses Jahres wird die nächste Versammlung in Mexiko stattfinden.

24.6. Staatspräsident Sarkozy benennt im Rahmen einer umfassenden Kabinettsumbildung acht neue Minister und Staatssekretäre: Michel Mercier (MoDem): Minister für ländliche Gebiete und Raumplanung, Henri de Raincourt (UMP): zuständig für die Beziehungen zum Parlament, Christian Estrosi (UMP): Minister für Industrie, Pierre Lellouche (UMP): Staatssekretär für europäische Angelegenheiten, Nora Berra (UMP) : Staatssekretärin für die ältere Generation, Benoist Apparu (UMP) : Staatssekretär für Stadtplanung, Marie-Luce Penchard (UMP) : Staatssekretärin für die Überseegebiete, Frédéric Mitterrand (UMP) : Kulturminister. Roger Karoutchi verlässt die Regierung ebenso wie Dati, Barnier, die ehemalige Kulturministerin Christine Albanel und weitere vier Staatssekretäre.

30.6. Mit dem Ziel, die Kommunalwahlen im nächsten Jahr vorzubereiten, tagt heute zum ersten Mal das „Comité de la Majorité" unter Vorsitz des UMP-Mitglieds Jean-Claude Gaudin. Als symbolisches Element der Politik der „Ouverture" wurde das Comité von Staatspräsident Sarkozy im Jahr 2009 initiiert und hat die Koordinierung ihm zugewandter Parteien als Zielsetzung.

Juli

6.7. Im Rahmen eines britisch-französischen Gipfeltreffens machen Staatspräsident Sarkozy und Premierminister Brown ihre gemeinsame Position in der Debatte um das iranische Atomprogramm deutlich. Beide äußern zudem Zweifel an der Rechtmäßigkeit der Wiederwahl des iranischen Präsidenten Ahmadinedschad.

7.7. Martin Hirsch, Vorsitzender des Ausschusses für Jugend, legt ein Grünbuch zur Neugestaltung der Jugendpolitik vor, das 57 Vorschläge zur Verbesserung der Bildungs- und Berufssituation junger Menschen im Alter von 16 bis 25 Jahren enthält. Der Ausschuss schlägt vor, dass das Parlament alle fünf Jahre neue Ziele, Mittel und Reformen in der Jugendpolitik debattiert, während zugleich der interministerielle Ausschuss für Jugend die Umsetzung der Maßnahmen überwacht. Ein weiterer Vorschlag ist die Einführung eines Entwicklungsbuches für jedes Grundschulkind, das die Kompetenzen des Kindes aufzeigt und so eine gezielte Aus- und Weiterbildung ermöglicht. Zudem soll eine vom Bildungsministerium unabhängige öffentliche Einrichtung zur Hochschulberatung entstehen.

10.7. Nach einem Beschluss des Aufsichtsrats des französischen Bahnunternehmens SNCF wird der französisch-britisch-belgische Schienenkonzern Eurostar, der beispielsweise den Eurotunnel zwischen Frankreich und Großbritannien betreibt, in eine Gesellschaft europäischen Rechts umgewandelt. Ermöglicht hatte diese Entscheidung die Entscheidung des britischen Unternehmens British Rail, seine Anteile an die SNCF statt an die Deutsche Bahn zu verkaufen.

14.7. Nach den Auseinandersetzungen zwischen Staatspräsident Sarkozy und dem Militär letzten Jahres, wurde der diesjährige französische Nationalfeiertag unter dem

Vorzeichen der Versöhnung abgehalten. Im letzten Jahr wurde der Nationalfeiertag durch das Drama von Carcassonne und der Polemik Sarkozys, welcher das Militär mit „Amateurdasein" beschrieb, überschattet. Dies hatte letztlich zum Abtreten des Generals Bruno Cuche geführt. Ehrengäste waren dieses Jahr der indische Premierminister Manmohan Singh sowie der deutsche Bundespräsident Horst Köhler, anlässlich der Feier des 20jährigen Bestehens der deutsch-französischen Brigade. Auch in diesem Jahr ist es wie in den Jahren zuvor zu Auseinandersetzungen zwischen Polizei und Randalierenden gekommen.

August

16.8. Die seit 16 Wochen im Iran inhaftierte französische Universitätsdozentin und Sprachlehrerin Clotilde Reiss wird gegen Zahlung einer Kaution aus dem Teheraner Evin-Gefängnis entlassen. In der französischen Botschaft in Teheran wartet sie auf ihre Ausreise nach Frankreich. Bis zu einer Urteilsverkündigung durch das iranische Revolutionsgericht wird die Anklage gegen sie jedoch aufrechterhalten. Reiss war wegen Spionage und Aufstachelung zu Massenprotesten im Rahmen der Proteste gegen die iranische Präsidentschaftswahl angeklagt worden. Die Anklage war in Frankreich auf massive Kritik gestoßen.

22.8. Der Präsident des Conseil régional des Elsaß, Adrien Zeller (UMP), stirbt im Alter von 69 Jahren an den Folgen eines Herzinfarktes. Der ehemalige Staatspräsident Jacques Chirac bezeichnet Zeller, der von 1986 bis 1988 Staatssekretär für Sozialversicherung gewesen war, als einen „überzeugten Europäer". Seine Überzeugung von einer notwendigen Aufwertung der Regionen hatte er zuletzt im Rahmen der Vorbereitung der künftigen Reform der Gebietskörperschaften zum Ausdruck gebracht.

25.8. Im Rahmen des ersten Ministerrats nach der Sommerpause kündigt Staatspräsident Nicolas Sarkozy drei große Reformvorhaben an. Erstens, die Reform der Gebietskörperschaften sowie die Neuanordnung der Wahlkreise und zweitens die Neuorganisation der Staatsanleihen und die Einführung der Klimasteuer im Kontext des Klimagipfels in Kopenhagen Ende des Jahres. Die dritte Reform betrifft die Arbeitssituation der unter 25-Jährigen, welche durch die Wirtschaftskrise besonders betroffen sind. Die Neuordnung der Wahlkreise dürfte dabei am schwierigsten zu realisieren sein, da diese Reform vorsieht, die Anzahl der Abgeordneten um die Hälfte zu reduzieren. Schon jetzt löst dieser Reformvorschlag heftige Kritik bei den Oppositionsparteien aus. Sarkozy möchte jedoch an seinen Reformplänen festhalten.

31.8. Staatspräsident Sarkozy trifft in Berlin mit Bundeskanzlerin Merkel zusammen, um den Weltfinanzgipfel von Pittsburgh (USA) am 24. und 25. September vorzubereiten. Beide verlangen, dass das Eigenkapital von Banken in dem Maße steigen müsse, wie sie risikobehaftete Papiere besäßen. Außerdem seien striktere Regeln für Bonuszahlungen notwendig. Sarkozy und Merkel bereiten einen gemeinsamen Brief an den schwedischen Premierminister Fredrik Reinfeldt vor, um den Druck auf die schwedische EU-Ratspräsidentschaft vor dem nächsten Treffen der G20-Finanzminister am 4. und 5. September zu erhöhen.

September

4.9./5.9. Heute haben sich die G20-Finanzminister auf einem Vorbereitungstreffen für den nächsten Finanzgipfels in Pittsburgh (USA) in London getroffen. Die von Frankreich und Deutschland gewünschte Höchstgrenze für Managergehälter wurde nicht erreicht, jedoch auch nicht gänzlich verworfen. Beide Länder bleiben weiter dran. Vor allem die USA und Großbritannien hatten sich gegen eine Höchstgrenze ausgesprochen. Auf dem Gipfel wird das umfangreichste Ausgabenprogramm in der Geschichte beschlossen, um der Finanzkrise zu begegnen. Den Finanzmärkten sollen umgerechnet 817 Milliarden Euro zur Verfügung gestellt werden. Zukünftig sollen Hedgefonds strenger reguliert und Steueroasen auf eine schwarze Liste gestellt werden.

10.9. Frankreichs Milchbauern rufen zum allgemeinen Milchstreik ab dem Folgetag auf. Sie wollen damit gegen das ihrer Meinung nach wenig effiziente Vorgehen der EU-Kommission bei der Bewältigung der schwierigen Situation am europäischen Milchmarkt protestieren und planen einen Lieferboykott. Der Milchstreik konzentriert sich am ersten Tag auf die Regionen Normandie, Bretagne und Loire, wo etwa 60 % der französischen Milchindustrie angesiedelt ist. Aus Protest gegen das starke Absinken der Milchpreise erklären sich die beiden, neben Frankreich, größten Milch-Produktionsländer der EU, Deutschland und die Niederlanden, mit dem Boykott der Franzosen solidarisch.

10.9. Nach wochenlangen Diskussionen kündigt Staatspräsident Sarkozy heute die Einführung einer Klimasteuer für fossile Brennstoffe (Erdöl, Erdgas und Kohle) ab 1. Januar 2010 an. Diese solle durch eine Reduzierung der Einkommenssteuer oder durch staatliche Hilfe für einkommensschwächere Haushalte ausgeglichen werden. Die Höhe der Steuer soll bei 17 Euro pro Tonne CO_2-Ausschuss liegen und liegt so deutlich unter den von der Expertenkommission um Michel Rocard vorgeschlagenen 32 Euro. Das Ziel der Gebühr ist es, Unternehmen und Haushalte dazu anzuleiten, ihren Umgang mit fossilen Brennstoffen, die CO_2 ausstoßen, progressiv zu verändern und Energie zu sparen.

11.9. Der Fotograf Willy Ronis stirbt im Alter von 99 Jahren in seiner Geburtstadt Paris. Der mit vielen Preisen ausgezeichnete Künstler hatte in seinen Werken in erster Linie Szenen des alltäglichen Lebens dokumentiert. Besonders bekannte Photographien sind unter anderem „Grève chez Citroën-Javel“ (1983) und „Le petit Parisien“ (1952). „Willy Ronis hat für jeden von uns die Poesie des Alltags festgehalten“, würdigt Frankreichs Kulturminister Frédéric Mitterrand den Verstorbenen.

13.9. Der französische Einwanderungsminister Éric Besson (UMP) lehnt die Anwendung des DNA-Gesetzes zur Familienzusammenführung von Einwanderern ab. Das Gesetzt hatte vorgesehen, DNA-Tests an potenziellen Einwanderern durchzuführen, um die Verwandtschaft von Immigranten im Rahmen einer Familienzusammenführung sicherzustellen. Begründet wird das Gesetz mit dem häufigen Vorkommen gefälschter Papieren bei Einwanderern. Schon bei seiner Einführung durch Thierry Mariani (UMP) im Oktober 2007 hatte das Gesetz deutliche Kritik hervorgerufen. Besson erklärt nun, das Gesetz habe dem Image Frankreichs im Ausland geschadet. Der eigenhändige Beschluss Bessons, ohne das Parlament vorher zu informieren, wurde von vielen Abgeordneten jedoch scharf kritisiert. Premierminister Fillon versprach, das Thema erneut mit dem Parlament zu debattieren.

14.9. Die Assemblée national nimmt ein neues Gesetz an, dass Bürgern erlaubt, das Verfassungsgericht anzurufen, um über die Verfassungskonformität eines Gesetzes zu befinden. Dieses Gesetz war bereits während der Verfassungsänderung vom Juli 2008 ausgebreitet worden. Nach Aussage von Justizministerin Michèle Alliot-Marie stellt das Gesetz einen Fortschritt im Schutz der Grundfreiheiten und in der Realisierung des Rechtsstaats dar.

15.9. Nachdem der ursprüngliche Gesetzesentwurf im Juni vom französischen Verfassungsgericht wegen eines Verstoßes gegen Artikel 11 der Menschenrechtserklärung von 1789 bemängelt worden war, verabschiedet die französische Nationalversammlung eine überarbeitete Fassung des Hadopi-Gesetzes. Das Verfassungsgericht hatte in seiner Entscheidung vor allem kritisiert, dass für die Sperrung des Internetanschlusses eines Anschlussinhabers nach dreimaligem Urheberrechtsverstoß kein richterlicher Beschluss vorgesehen als Bedingung vorgesehen ist. Vielmehr hätte nach dem alten Entwurf die neu eingerichtete Behörde *Haute autorité pour la diffusion des oeuvres et la protection des droits sur Internet* (kurz: Hadopi) selbständig agieren können und wäre keiner weiteren Kontrollinstanz unterstellt. Nach der neuen Fassung ist für die endgültige Sperrung eines Internetanschlusses ein richterlicher Beschluss erforderlich. Das Gesetz wird mit 285 Stimmen gegen 225 Stimmen angenommen. Nach einer weiteren Kontrolle durch ein paritätisch besetzte Kommission (sieben Abgeordnete und sieben Senatoren), soll das Gesetz am 21. September dem Senat und am 22. September der Assemblée National nochmals zur Abstimmung vorgelegt werden.

21.9. In Paris beginnt der Prozess um die Clearstream-Affäre um Staatspräsident Sarkozy und Ex-Außen-, Innen- und Premierminister Dominique de Villepin. Sarkozy wirft seinem Parteinkollegen vor, falsche Vorwürfe gegen ihn erhoben zu haben. Die Affäre hatte 2004 begonnen, als Namen diverser Persönlichkeiten aus Wirtschaft und Politik, darunter Sarkozy, auf einer Liste mit angeblichen Inhabern heimlicher Konten bei der luxemburgischen Bank Clearstream erschienen waren. Die Daten hatten sich bald darauf als Fälschung erwiesen. Als Außenminister hatte de Villepin den damaligen Staatspräsidenten Jacques Chirac aufgefordert, die Namen auf der Liste zu prüfen. Sarkozy wirft de Villepin daher „Verleumdung durch wahrheitswidrige Anschuldigungen“ vor.

23.9. In der Verleumdungsaffäre Clearstream legen die Verteidiger des ehemaligen Premier-, Innen- und Außenministers Dominiques de Villepin Einspruch gegen die Vorwürfe der „Verleumdung durch wahrheitswidrige Anschuldigungen" von Staatspräsidenten Sarkozy ein. Die Vorwürfe gegen de Villlepin seien eine schlimme Verletzung seiner Unschuldvermutung nach Artikel 9 der Menschrechtsverordnung, wonach jede Person bis zur Rechtssprechung als unschuldig angesehen wird. Da der Staatschef in Frankreich strafrechtliche Immunität besitzt, kann der Klage von de Villepin während Sarkozys Mandat nicht nachgegangen werden.

24.9. Vor dem UN-Sicherheitsrat stellt Staatspräsident Sarkozy die französische Position in der neu entfachten Debatte über nukleare Abrüstung vor. Dabei zeigt er Unterschiede in der Vorgehensweise mit den USA auf, welche zu Spannungen in den bilateralen Beziehungen beider Staaten, auch hinsichtlich der 8. NVV- Überprüfungskonferenz (Vertrag über die Nichtverbreitung von Kernwaffen) im Jahr 2010 führen könnten. Sarkozy hatte Obamas Zusammenhang zwischen nuklearer Abrüstung und Nichtverbreitung und der Entstehung von nuklearem Terrorismus angezweifelt und verwies hierbei auf Staaten, wie Nordkorea und den Iran, die seit Jahren das internationale Regelwerk der Abrüstung hintergehen, obwohl mächtige Staaten ihre Waffenarsenale reduzieren. Nukleare Abrüstung müsse des Weiteren durch die Bereiche Nichtverbreitung und Nutzung von Atomenergie zu zivilen Zwecken unterstützt werden. Schon bei der letzten NVV-Überprüfungskonferenz war es zu Unstimmigkeiten (Nichtverbreitung versus nukleare Abrüstung) zwischen den 190 Mitgliedsstaaten gekommen.

29.9. Staatspräsident Nicolas Sakorzy präsentiert in Avignon die neue Sozialhilfe (*Revenu de solidarité active pour les jeunes, RSA jeunes*) für junge Erwachsene unter 25 Jahren. Diese sollen, wenn sie zwei Jahre Vollzeit oder drei Jahre zu 75 % gearbeitet haben und arbeitslos werden oder ihre Arbeitszeit reduzieren müssen, 450 Euro pro Monat bekommen, sobald ihre Ansprüche auf Arbeitslosengeld erschöpft sind. Die Kosten für die Umsetzung der RSA jeunes belaufen sich auf 250 Millionen Euro für 160 000 Jugendliche. Neben dem RSA jeunes sollen weitere Maßnahmen zur Berufsorientierung der Jugendlichen ergriffen werden. Sarkozy äußert den Wunsch, dass künftig jedem Jugendlichen zwischen 16 und 18 Jahren ein geeigneter Bildungsweg oder eine Arbeitsstelle vorgeschlagen wird.

30.9. Im Ministerrat wird der Gesetzesvorschlag für den Haushalt 2010 vorgestellt. Das Staatsdefizit wird sich im Jahr 2009 nach Aussage von Premierminister Fillon auf rund 140 Milliarden Euro statt vorgesehener 130 Milliarden Euro, das heißt 8,3 %, belaufen. Einer Wachstumsannahme von 0,75 % folgend, soll das Staatsdefizit für das kommende Jahr auf 115 Milliarden Euro gedrückt werden. Das Minus, verursacht durch die Kosten der Sozialversicherungen wird sich im Jahr 2010 auf 30 Milliarden Euro erhöhen, nach 24 Milliarden Euro im Jahr 2009. Vor diesem Hintergrund gibt die Regierung ihre Prioritäten für 2010 bekannt. Sie möchte gezielt den Wettbewerb fördern, indem sie zum Beispiel sehr kleine Betriebe von Sozialabgaben befreit oder Maßnahmen für den Berufseinstieg von Jugendlichen fördert.

Sozioökonomische Basisdaten im internationalen Vergleich

	1961-1973	1974-1985	1986-1990	1991-1995	1996-2000	2004	2005	2006	2007	2008	2009*
Wachstum des Bruttoinlandsprodukts (in %)											
Frankreich	5,4	2,4	3,3	1,2	2,8	2,5	1,9	2,2	2,2	0,7	-3,0
Deutschland	4,3	2,0	3,3	2,2	2,0	1,2	0,8	3,0	2,5	1,3	-5,4
EU-15	4,8	2,1	3,3	1,6	2,8	2,3	1,8	2,9	2,7	0,7	-4,0
EU-27	:	:	:	:	:	2,5	2,0	3,1	2,9	0,9	-4,0
Entwicklung der Verbraucherpreise (in %)											
Frankreich	4,7	10,5	3,1	1,9	0,9	1,9	1,8	2,2	2,0	2,7	0,3
Deutschland	3,4	4,4	1,5	2,8	0,8	1,3	1,5	1,3	1,7	2,2	0,5
EU-15	4,6	10,1	4,1	3,8	1,7	1,9	2,1	2,2	2,2	2,8	0,6
EU-27	:	:	:	:	:	2,1	2,2	2,2	2,3	3,0	0,8
Handelsbilanzsaldo insgesamt (in % des BIP)											
Frankreich	:	-1,9	-1,3	-0,1	2,5	0,5	0,0	-0,1			
Deutschland	:	3,4	6,2	1,9	1,0	5,2	5,2	5,1			
EU-15	:	-1,1	0,2	0,5	1,6	1,4	1,2	1,1			
EU-27	:	:	:	:	1,3	1,2	0,9	0,9			
Leistungsbilanzsaldo (in % des BIP)											
Frankreich	0,0	-1,8	-1,6	0,0	1,9	-0,6	-1,8	-2,1	-2,8	-3,8	-4,3
Deutschland	0,8	0,8	4,2	-1,2	-0,9	4,8	5,3	6,3	7,6	6,6	3,6
EU-15	0,4	-0,6	0,0	-0,5	0,4	0,7	0,0	-0,1	-0,1	-0,7	-1,3
EU-27	:	:	:	:	:	0,3	-0,2	-0,5	-0,6	-1,2	-1,6
Bruttoanlageinvestitionen, real (prozentuale Veränderung gegenüber dem Vorjahr)											
Frankreich	7,6	0,0	6,0	-1,1	4,7	3,6	4,4	4,7	4,9	0,5	-5,9
Deutschland	3,9	0,1	5,1	1,9	2,4	-0,3	1,1	7,7	4,3	4,4	-10,3
EU-15	5,6	0,3	5,7	-0,1	4,6	2,8	3,3	5,9	4,7	-0,6	-10,7
EU-27	:	:	:	:	:	3,0	3,6	6,2	5,4	0,0	-10,5
Reale Lohnstückkosten (prozentuale Veränderung gegenüber dem Vorjahr)											
Frankreich	-0,2	0,2	-1,2	-1,5	-0,3	-0,5	-0,3	-0,5	-0,4	0,3	0,6
Deutschland	-0,6	-0,4	-0,6	0,0	-0,1	-1,1	-1,5	-1,7	-1,4	0,5	3,8
EU-15	0,0	-0,3	-0,7	-0,7	-0,4	-0,9	-0,5	-0,8	-0,7	0,7	1,9
EU-27	:	:	:	:	:	-1,4	-0,6	-1,1	-0,8	0,7	1,8
Reallöhne pro Kopf (prozentuale Veränderung gegenüber dem Vorjahr)											
Frankreich	5,2	2,1	1,0	1,1	1,3	1,5	1,3	1,2	0,5	0,1	1,0
Deutschland	5,5	1,1	1,6	3,1	1,5	0,1	-1,0	0,2	-0,4	-0,2	0,5
EU-15	5,0	1,4	1,6	1,2	1,1	0,9	0,4	0,7	0,6	0,5	1,1
EU-27	:	:	:	:	:	0,6	0,5	0,4	0,6	0,4	1,1
Finanzierungssaldo (+ / -) des Gesamtstaats (in %)											
Frankreich	0,4	-1,7	-2,4	-5,0	-2,6	-3,6	-2,9	-2,3	-2,7	-3,4	-6,6
Deutschland	:	-2,3	-1,4	-2,8	-1,7	-3,8	-3,3	-1,5	-0,2	-0,1	-3,9
EU-15	:	-3,6	-3,2	-5,0	-1,7	-2,8	-2,4	-1,3	-0,8	-2,2	-6,0
EU-27	:	:	:	:	:	-2,9	-2,4	-1,4	-0,8	-2,3	-6,0
Verschuldung des Gesamtstaats (in % des BIP) (am Ende der Periode)											
Frankreich	:	30,6	35,2	55,5	57,3	64,9	66,4	63,7	63,8	68,0	79,7
Deutschland	17,7	39,5	41,3	55,6	59,7	65,6	67,8	67,6	65,1	65,9	73,4
EU-15	:	51,0	52,7	69,6	63,1	63,3	64,2	62,9	60,4	63,9	75,0
EU-27	:	:	:	:	:	62,2	62,7	61,3	58,7	61,5	72,6

Quelle: http://ec.europa.eu/economy_finance/publications/publication15050_de.pdf
Stand: 22.04.2009 Statistischer Anhang zu „Europäische Wirtschaft“: Frühjahr 2009, hg. von der Europäischen Kommission, Generaldirektion Wirtschaft und Finanzen.

Gesellschaftliche Basisdaten Frankreichs

	1970	1980	1990	2000	2005	2006	2007	2008
Bevölkerung (in 1000)[1]	51016	54029	56893	59267	61400	61771	62106*	62449*
- unter 20 Jahren (in %)	32,8	30,4	27,5	25,4	24,9	24,8	24,6	24,5
- zwischen 20 und 64	55,1	55,6	58,4	58,5	58,7	58,7	58,8	58,8
- 65 und älter	12,1	14,0	14,1	16,1	16,4	16,5	16,6	16,7
Erwerbsbevölkerung (in 1000	21099	23105	24853	25852	27637	27869	27843	:
Erwerbstätige (in 1000)	20589	21638	22648	23261	24921	25141	25628	:
- Männer	10498	13473	13121	12844	13496	13575	13613	:
- Frauen	5702	8430	9527	10418	11425	11566	12015	:
Arbeitslose (in 1000)	510	1467	2205	2590	2624	2352	2215	:
Arbeitslosenquote (in %)	2,4	6,3	8,9	10,0	9,5	8,6	8,0	8,3
Jahresnettogehälter[2] (in €)	2446	8037	16631	20440	22842	23261	:	:
SMIC[3] (in €) (Stundenlohn brutto)	0,52	2,08	4,77	6,41	8,03	8,27	8,44	8,71
Arbeitskonflikte (in 1000) (verlorene Arbeitstage)	1742[4]	1674	693	810	151[5]	116	128	:

1 Zahlen beziehen sich jeweils auf das Jahresende.

2 Salaires nets annuels moyens: Gehälter nach Abzug der Sozialabgaben, aber vor Abzug der Steuern. Die Statistik bezieht sich auf Vollzeitbeschäftigte der Wirtschaft (ohne öffentlichen Dienst).

3 SMIC = Salaire minimum interprofessionnel de croissance: gesetzlicher, durch Regierungs-verordnung festgelegter Mindestlohn.

4 Verlorene Arbeitstage aufgrund von Streiks in privaten und öffentlichen Unternehmen (ohne Landwirtschaft und öffentlichen Dienst, unter Einschluss von SNCF).

5 Ab 2005 neue Statistik: Verlorene Arbeitstage je 1000 Arbeitnehmer, ausschließlich private Unternehmen (ohne Landwirtschaft).

* vorläufige Schätzung

Quellen: Bevölkerungsentwicklung: Population et Sociétés N° 454, Mars 2009; Erwerbsbevölkerung, Erwerbstätige, Arbeitslosenquote: INSEE Première N° 1206, Août 2008; Arbeitslose: INSEE – Tableaux de l'économie française 2008, S. 47; Jahresnettogehälter: INSEE – Tableaux de l'économie française 2007, S. 95 und 2008, S. 59; SMIC: INSEE – Tableaux de l'économie française 2008, S. 63; Arbeitskonflikte: INSEE – Annuaire Statistique de la France, versch. Ausg.; DARES – Premières Synthèses N° 27.3, Juillet 2008 und N° 18.2 Avril 2009.

Zusammensetzung der Regierung Fillon nach Umbildung im Juni 2009

Premierminister	François Fillon	UMP
Minister		
Staatsminister, Ökologie, Energie, nachhaltige Entwicklung und das Meer	Jean-Louis Borloo	UMP/PR
Inneres, Überseegebiete und Gebietskörperschaften	Brice Hortefeux	UMP
Auswärtige und europäische Angelegenheiten	Bernard Kouchner	PS
Wirtschaft, Industrie und Beschäftigung	Christine Lagarde	UMP-nah
Immigration, Integration, nationale Identität und solidarische Entwicklung	Éric Besson	PS
Staatsminister, Siegelbewahrerin, Justiz und Freiheit	Michèle Alliot-Marie	UMP
Ernährung, Landwirtschaft und Fischerei	Bruno Le Maire	UMP
Arbeit, Sozialpartnerschaft, Familie und Solidarität	Xavier Darcos	UMP
Bildung, Regierungssprecher	Luc Chatel	UMP
Hochschulen und Forschung	Valérie Pécresse	UMP
Verteidigung	Hervé Morin	UDF-Nouveau Centre
Gesundheit und Sport	Roselyne Bachelot-Narquin	UMP
Kultur und Kommunikation	Frédéric Mitterrand	PS
Haushalt, öffentliche Finanzen, öffentlicher Dienst und Staatsreform	Eric Woerth	UMP
Industrie	Christian Estrosi	UMP
Ländlicher Raum und Raumordnung	Michel Mercier	Modem
Umsetzung des Konjonkturprogramms	Patrick Devedjian	UMP
Parlamentsbeziehungen	Henri de Raincourt	UMP
Staatssekretäre		
Europäische Angelegenheiten	Pierre Lellouche	UMP
Familie und Solidarität	Nadine Morano	UMP
Verkehr	Dominique Bussereau	UMP
Ökologie	Chantal Jouanno	UMP
Nachhaltige Entwicklung	Valérie Létard	UDF-Nouveau Centre
Kooperation und Frankophonie	Alain Joyandet	UMP
Außenhandel	Anne-Marie Idrac	früher UDF
Verteidigung und Kriegsveteranen	Hubert Falco	UMP

Entwicklung der Hauptstadtregion	Christian Blanc	UDF-Nouveau Centre
Handel, Handwerk, KMU, Tourismus, Dienstleistungen und Konsum	Hervé Novelli	UMP
Überseegebiete	Marie-Luce Penchard	UMP
Sport	Rama Yade	UMP
Justiz	Jean-Marie Bockel	PS
Städtepolitik	Fadela Amara	
Beschäftigung	Laurent Wauquiez	UMP
Zukunftsforschung und digitale Wirtschaft	Nathalie Kosciusko-Morizet	UMP
Inneres und Gebietskörperschaften	Alain Marleix	UMP
Ältere Generation	Nora Berra	UMP
Wohnungswesen und Stadtentwicklung	Benoist Apparu	UMP
Sonstige Ämter		
Hoher Kommissar für aktive Solidarität gegen Armut und für die Jugend	Martin Hirsch	UMP

Quelle: Portal der französischen Regierung, Premierminister

Deutschsprachige Literatur zu Frankreich
Ausgewählte Neuerscheinungen 2008/2009

Bearbeitet von der Frankreich-Bibliothek am Deutsch-Französischen Institut

A. Frankreich: Wirtschaft, Gesellschaft, Politik

1. *Allgemeines*
2. *Politik und Gesellschaft*
3. *Wirtschaft*
4. *Kultur/Bildung/Medien*
5. *Intellektueller Dialog/Philosophie*
6. *Internationale Beziehungen/Sicherheitsfragen*
7. *Geschichte*
8. *Recht/Rechtsvergleiche*

B. Deutsch-französische Beziehungen

1. *Allgemeines*
2. *Geschichte*
3. *Politische Beziehungen*
4. *Kulturbeziehungen*
5. *Gesellschaft/Bildung/Information*
6. *Grenznahe Beziehungen/Jumelages*
7. *Wirtschaftsbeziehungen*

C. Vergleichende Studien

D. Unveröffentlichte Dissertationen, Diplom-, Bachelor- und Magister-/ Masterarbeiten

E. Bibliographische Arbeiten

F. Übersetzungen aus verschiedenen Wissenschaftsbereichen

A. Frankreich: Wirtschaft, Gesellschaft, Politik

A 1. Allgemeines

Frankreich-Themen 2007. Hrsg. v. Ulla Brunkhorst u. Martin Koopmann. - Baden-Baden: Nomos, 2009. - 170 S. (DGAP-Schriften zur internationalen Politik; [2/2008]).

Frankreich-Themen 2008. Hrsg. v. Ulla Brunkhorst u Katrin Sold - Baden-Baden: Nomos, 2009. - 209 S. (DGAP-Schriften zur internationalen Politik; [3/2009]).

Kuss-Setz, Michael: Lust auf Frankreich: Leben, Urlaub, Arbeit, Freizeit; der große Frankreichratgeber. - Überarb. Neuaufl. - Freiburg/Br.: Interconnections, 2008. - 224 S. (Jobs und Praktika; 30).

Vive la France: Studien zur französischen Geschichte und Politik: Günther Fuchs zum 70. Geburtstag. Hrsg. v. Eckhardt Fuchs u. Udo Scholze. – Leipzig: Leipziger Univ.-Verl., 2009. – 190 S.

Willms, Johannes: Frankreich. - München: Beck, 2009. - 191 S. (Die Deutschen und ihre Nachbarn).

A 2. Politik und Gesellschaft

Baasner, Frank: Reformpolitik unter Staatspräsident Sarkozy: ein Angriff auf republikanische Grundwerte? - Ludwigsburg: Deutsch-Französisches Institut, 2009. - 15 S. (Aktuelle Frankreichanalysen; 23)

Bard, Christine: Die Frauen in der französischen Gesellschaft des 20. Jahrhunderts. - Köln ...: Böhlau, 2008. - X,341 S. (L'Homme: Schriften; 14)

Dély, Renaud: Links von der PS: Frankreichs linker politischer Rand organisiert sich neu. - Paris: Friedrich-Ebert-Stiftung, 2009. - 7 S. (Frankreich-Analyse). *Online verfügbar unter http://www.fesparis.org/Images/Upload/Dely%20ohne.pdf*

Despentes, Virginie: King Kong Theorie. A. d. Frz.. von Kerstin Krolak. - Berlin: Berliner Taschenbuch-Verl., 2009. - 172 S. (BvT; 573)

Die DGFiP, die neue französische Finanzverwaltung. - Berlin: Französische Botschaft, 2008. - 4 S. (Steuer-Info). *Online verfügbar unter http://www.botschaft-frankreich.de/IMG/pdf_Steuerinfo_DE_DGFiPdec08.pdf*

Gorawantschy, Beatrice: Frankreichs politischer Jahresauftakt 2009: politische Neujahrswünsche und Regierungsumbildung. - Paris: Konrad-Adenauer-Stiftung, 2009. - 4 S. (Länderbericht). *Online verfügbar unter http://www.kas.de/wf/doc/kas_15508-544-1-30.pdf.*

Gorawantschy, Beatrice; Caro, Céline: Senatswahlen in Frankreich: Konservative behaupten Mehrheit, Linke verzeichnet Zugewinne. - Paris: Konrad-Adenauer-Stiftung, 2008. - 6 S. (Länderbericht). *Online verfügbar unter http://www.kas.de/wf/doc/kas_14675-544-1-30.pdf.*

Grunberg, Gérard: Die ungewisse Zukunft der Sozialistischen Partei Frankreichs. - Berlin: Deutsche Gesellschaft für Auswärtige Politik, 2009. - 14 S. (DGAP-Analyse: Frankreich;

2009, No. 1). *Online verfügbar unter http://www.dgap.org/midcom-serveattachmentguid-1ddfe92f3d03e5afe9211dd8b3ae9cfac4f6ed46ed4/2009-01_dgapana_f_grunberg_soz_part_www-1.pdf*

Guénard, Tim: Boxerkind: überleben in einer Welt ohne Liebe. A.d. Frz. von Eliane Hagedorn und Bettina Runge. - Augsburg: Weltbild, 2008. – 302 S.

Hillebrand, Ernst: Die Sozialistische Partei Frankreichs nach dem Parteitag von Reims. - Berlin: Friedrich-Ebert-Stiftung, 2009. - 16 S. (Internationale Politikanalyse). *Online verfügbar unter http://library.fes.de/pdf-files/id/ipa/06212.pdf*

Hillebrand, Ernst; Kreuder-Sonnen, Christian: „Espoir Banlieue" – ein Marshall-Plan für die französischen Vorstädte? - Paris: Friedriche-Ebert-Stiftung, 2009. – 5 S. (Frankreich-Analyse). *Online verfügbar unter http://www.fesparis.org/Images/Upload/Plan%20Banlieue.pdf*

Hillebrand, Ernst: Super-Sarko rettet die Welt: Nicolas Sarkozy und die Finanzkrise. - Paris: Friedrich-Ebert-Stiftung, 2008. - 4 S. (Frankreich-Analyse). *Online verfügbar unter http://www.fesparis.org/Images/Upload/Super%20Sarko.pdf*

Laura D.: Mein teures Studium: Studentin, 19 Jahre, Nebenjob: Prostituierte. A. d. Frz.. von Sabine Herting. 2. Aufl. - München: Bertelsmann, 2008. – 252 S.

Ludwig, Katharina: Citoyen sans-papiers: irreguläre MigrantInnen als politische AkteurInnen in Frankreich. – Frankfurt/Main: Lang, 2008. - 135 S. (Politik und Demokratie; 12). Zugl.: Wien, Univ., Dipl.Arb, 2007

Michel, Edouard: Verfassungsreform in Frankreich: eine neue Rolle für das Parlament? - Berlin: Wissenschaftliche Dienste des Deutschen Bundestages, 2008. - 4 S. (Analysen und Gutachten / Deutscher Bundestag / Wissenschaftliche Dienste (Deutschland); 26/08). *Online verfügbar unter http://www.bundestag.de/wissen/analysen/2008/verfassungsreform_in_frankreich.pdf*

Müller, Isabelle: Phönixtochter: die Hoffnung war mein Weg Frankfurt/Main: Krüger, 2009. - 281 S.

Picaper, Jean-Paul: Nicolas Sarkozy und die Beschleunigung der Politik. - Merzig: Gollenstein, 2008. - 437 S. (Malstatter Beiträge)

Religion und Laicité in Frankreich: Entwicklungen, Herausforderungen und Perspektiven. Hrsg. v. Benedikt Kranemann et al. - Erfurt: Echter, 2009. - 165 S. (Erfurter theologische Schriften; 37)

Riechel, Mark: Französische Kriminalpolitik: mediale und gesetzgeberische Anknüpfung an Kriminalitätsfurcht. - Hamburg: Kovač. -2008. - XVI, 498 S. (Strafrecht in Forschung und Praxis; 131). Zugl.: Bremen, Univ., Diss., 2007/2008

Sarkozy, Nicolas: Der Staat und die Religionen. A d. Frz. übers. von Gaby Wurster - Hannover: Lutherisches Verlagshaus, 2008. - 232 S.

Der Staat in der Postdemokratie: Staat, Politik, Demokratie und Recht im neueren französischen Denken. Hrsg. v. Michael Hirsch et al. - Stuttgart: Steiner, 2009. - 229 S. (Staatsdiskurse; 4).

Die verunsicherte Französische Republik: Wandel der Strukturen, der Politik – und der Leitbilder? Hrsg. v. Joachim Schild u. Henrik Uterwedde. - Baden-Baden: Nomos, 2009. - 223 S.

Wolff, Jörg; Caro, Céline; Jehle, Kathrin: Europawahlen in Frankreich: Sieg der UMP, historischer Rekord der Grünen. - Paris: Konrad-Adenauer-Stiftung, 2009. - 9 S. (Länderbericht / Konrad-Adenauer-Stiftung). *Online verfügbar unter http://www.kas.de/wf/doc/kas_16746-544-1-30.pdf.*

A 3. Wirtschaft

Daniel, Jean-Marc: Reaktion auf die Krise: die Europäisierung der französischen Wirtschaftspolitik. - Berlin: Deutsche Gesellschaft für Auswärtige Politik, 2009. - 13 S. (DGAP-Analyse: Frankreich; 2009, No. 2). *Online verfügbar unter http://www.dgap.org/midcom-serveattachmentguid-1de3adf548902623adf11dea707ad4a38cbf8a9f8a9/2009-02_dgapana_france_www.pdf*

Nußer, Horst: Das Industrieland Frankreich. 3., erw. Aufl. bearb. von Lucien Dupont. - München: Nusser, 2008. - 146 S. (Materialien zur Wirtschafts- und Sozialgeographie; [N.F.]; 90)

Percebois, Jacques: Französische Energiepolitik: von der Unabhängigkeit zur Interdependenz. - Berlin: Deutsche Gesellschaft für Auswärtige Politik, 2008. - 12 S. (DGAP-Analyse: Frankreich; 2008, No. 9). *Online verfügbar unter http://www.dgap.org/midcom-serveattachmentguid-1ddc2058a611198c20511dd9336c33ac8b5bdbfbdbf/dgap-analyse_2008_09_percebois.pdf*

Timbeau, Xavier: Illusion der Bewegung: eine Bilanz der französischen Wirtschafts- und Sozialpolitik. - Berlin: Deutsche Gesellschaft für Auswärtige Politik, 2008. - 12 S. (DGAP-Analyse: Frankreich; 2008, No. 8). *Online verfügbar unter http://www.dgap.org/midcom-serveattachmentguid-1dda997612bbda4a99711dd9564d1f9d922ee82ee82/dgapanalyse_2008_08_timbeau.pdf*

Uterwedde, Henrik: Sarkozys Wirtschafts- und Sozialreformen: eine Zwischenbilanz. - Ludwigsburg: Deutsch-Französisches Institut, 2009. - 15 S. (Aktuelle Frankreichanalysen; Nr. 22). *Online verfügbar unter http://www.dfi.de/de/pdf/afa/afa22.pdf*

A 4. Kultur / Bildung / Medien

Berschin, Helmut; Felixberger, Josef; Goebl, Hans: Französische Sprachgeschichte. 2., überarb. und erg. Aufl. - Darmstadt: Wiss. Buchges., 2008 . - 413 S.

Berufsbildung in Frankreich: Kurzbeschreibung. Hrsg. v. Europäisches Zentrum für die Förderung der Berufsbildung (Cedefop). - Luxemburg: Amt für amtliche Veröffentlichungen der EG, 2008. - 95 S. *Online verfügbar unter http://www.trainingvillage.gr/etv/Upload/Information_resources/Bookshop/511/5190_de.pdf*

Blichmann, Annika: Schulreform und Reformschule in Frankreich: die „Ecole élémentaire Vitruve" im Horizont der Geschichte. - Jena: IKS, 2008. - 147 S. (Pädagogische Studien und Kritiken (PSK); 7)

Bowinkelmann, Pia: Schattenwelt: die Vernichtung der Juden, dargestellt im französischen Dokumentarfilm. – Hannover: Offizin, 2008. – 434 S. Zugl.: Hannover, Univ., Diss., 2004

Frankreich: eine literarische Entdeckungsreise. Hrsg. v. Christian Schärf. – Frankfurt/Main: Fischer-Taschenbuch-Verl., 2009. - 219 S. (Fischer: Fischer Klassik; 90210)

Fröb, Sarah: Die sichersten Autos der Welt kommen aus Frankreich: Konzepte der Ironie und Stereotypie anhand eines Renault-Werbespots. - Saarbrücken: VDM-Verl. Müller, 2008. - 115 S.

Hoppe, Bürte: Enzyklopädie Tour de France. - Göttingen: Verl. Die Werkstatt, 2008. - 448 S.

Kontakte, Konvergenzen, Konkurrenzen: Film und Literatur in Frankreich nach 1945. Hrsg. v. Dirk Naguschewsk u.Sabine Schrader . - Marburg: Schüren, 2009. - 233 S. (Marburger Schriften zur Medienforschung; 7)

Maillard, Arnaud: Karl Lagerfeld und ich: 15 Jahre an der Seite des Modezaren. A. d. Frz. übers. von Ursula Held. - München: Heyne, 2009. - 255 S.

Struve, Karen: Écriture transculturelle beur: die Beur-Literatur als Laboratorium transkultureller Identitätsfiktionen. -Tübingen: Narr, 2009. - 336 S. (Edition lendemains; 10). Zugl.: Bremen, Univ., Diss., 2007

Sucher, C. Bernd: Gefährliche Franzosen. - Berlin: Matthes & Seitz, 2009. - 237 S. (Suchers Leidenschaften)

A 5. Intellektueller Dialog / Philosophie

Die französische Philosophie im 20. Jahrhundert: ein Autorenhandbuch. Hrsg. v. Thomas Bedorf u. Kurt Röttgers. - Darmstadt: Wiss. Buchges., 2009. - 400 S.

Literaturtheorie und sciences humaines: Frankreichs Beitrag zur Methodik der Literaturwissenschaft. Hrsg. v. Rainer Zaiser. - Berlin: Frank & Timme, 2008. - 256 S. (Romanistik; 2)

Meyer, Anneke: Zeichen-Sprache: Modelle der Sprachphilosophie bei Descartes, Condillac und Rousseau. - Würzburg: Königshausen & Neumann, 2008. - 221 S. (Contradictio; 10). Zugl.: Hannover, Univ., Diss., 2007

Die Philosophie des 18. Jahrhunderts; 2. Halbbd. 2. Frankreich. Hrsg. v. Johannes Rohbeck. Völlig neu bearb. Ausg. - Basel: Schwabe, 2008. - XIV S. - S. [469] – 1044. (Grundriss der Geschichte der Philosophie)

Das Ricœur-Experiment: Mimesis der Zeit in Literatur und Film; [Vorträge in der Sektion Paul Ricœur und die Memesis der Zeit in Literatur und Film ... des XXX. Deutschen Romanistentages an der Universität Wien im September 2007]. Hrsg. v. Jörg Türschmann u. Wolfram Aichinger. - Tübingen: Narr, 2009. - 199 S. (Edition Lendemains; 6).

A 6. Internationale Beziehungen / Sicherheitsfragen

Baum, Wilhelm: Paris und die Kultur der Moderne in Österreich: österreichisch-französische Kulturbeziehungen 1880 – 1970. - Klagenfurt ...: Kitab-Verl., 2009. - 287 S.

Boyer, Yves: Herausforderung Sicherheit: französische Perspektiven zur Europäischen Sicherheits- ud Verteidigungspolitik. - Berlin: Deutsche Gesellschaft für Auswärtige Politik, 2009. - 12 S. (DGAP-Analyse: Frankreich; 2009; 3). *Online verfügbar unter http://www.dgap.org/midcom-serveattachmentguid-1de519dad1a82a0519d11deb29bff63aaf5f93d-f93d/2009-03_dgapana_f_boyer_esvp_www.pdf.*

Brincker, Gesa-Stefanie; Netzer, Nina: EU-Ratspräsidentschaft in Zeiten der Krise: Einflussfaktoren auf den rotierenden EU-Vorsitz am Beispiel Frankreichs und Tschechiens. - Berlin: Friedrich-Ebert-Stiftung, 2009. - 11 S. (Internationale Politikanalyse). *Online verfügbar unter http://library.fes.de/pdf-files/id/ipa/06573.pdf.*

Frankreich in Europa. Hrsg.v. Deutsch-Französischen Institut in Verbindung mit Frank Baasner et al. Red. Henrik Uterwedde - Wiesbaden: VS Verl. für Sozialwiss., 2009. - 283 S. (Frankreich Jahrbuch; 2008).

Hitzinger-Hecke, Brigitte: Mein Europa ist überall: wie haben Spanier, Franzosen und Briten die Welt geprägt? - Norderstedt: Books on Demand, 2008. - 437 S.

Kempin, Ronja: Frankreichs neuer Nato-Kurs: Sinneswandel, Pragmatismus, Politik für Europa? - Berlin: Stiftung Wissenschaft und Politik, 2009. - 25 S. (SWP-Studie; S 2/2009). *Online verfügbar unter http://www.swp-berlin.org/common/get_document.php?asset_id=5713*

Kempin, Ronja: Modernisierung der französischen Sicherheits- und Verteidigungspolitik: das Weißbuch „Verteidigung und nationale Sicherheit“ und seine Umsetzung. - Berlin: Stiftung Wissenschaft und Politik, 2008. - 4 S. (SWP-aktuell; 68/2008). *Online verfügbar unter http://www.swp-berlin.org/common/get_document.php?asset_id=5186*

Kempin, Ronja; Overhaus, Marco: Kein großer Sprung in der Entwicklung der ESVP: Lehren aus der französischen EU-Ratspräsidentschaft. - Berlin: Stiftung Wissenschaft und Politik, 2009. - 4 S. (SWP-aktuell; 1/2009). *Online verfügbar unter http://www.swp-berlin.org/common/get_document.php?asset_id=5631*

Klose, Fabian: Menschenrechte im Schatten kolonialer Gewalt: die Dekolonisierungskriege in Kenia und Algerien 1945 – 1962. - München: Oldenbourg, 2009. - X, 346 S. (Veröffentlichungen des Deutschen Historischen Institut London/ Publications of the German Historical Institute London; 66). Zugl.: München, Univ., Diss., 2007

Ratka, Edmund: Frankreichs Identität und die politische Integration Europas: der späte Abschied vom Nationalstaat. - Baden-Baden: Nomos, 2009. - 117 S. (Münchner Beiträge zur Europäischen Einigung; 21)

Shaik, Nasrin: Kulturtransfer: Frankreich und die DDR; Spuren Frankreichs in der Kunst der Dresdner und Leipziger Schule 1945-1989. – Saarbrücken: VDM-Verl. Müller. – 102 S.

Steinkamp, Volker: Die Auswärtige Kulturpolitik als Instrument der französischen Außenpolitik. - Berlin: Deutsche Gesellschaft für Auswärtige Politik, 2009. - 12 S. (DGAP-Analyse: Frankreich; 2009, No. 5). *Online verfügbar unter http://www.dgap.org/midcom-serveattachmentguid-1de8806c0b43afa880611deab1cff3fcc5db889b889/2009-05_dgapana_f_steinkamp_kultur_www.pdf*

Strassel, Christophe: Eine Wirtschaftsregierung für Europa: französische Utopie oder europäische Notwendigkeit? - Paris: Friedrich-Ebert-Stiftung, 2009. - 6 S. (Frankreich-Analyse). *Online verfügbar unter http://www.fesparis.org/Images/Upload/Strassel.pdf*

Stroh, Alexander: Kommunale Dreieckspartnerschaften: Studie zur Zusammenarbeit mit Burkina Faso. - Bonn: Servicestelle Kommunen in der Einen Welt, 2008. - 56 S. (Material / Servicestelle Kommunen in der Einen Welt; Nr. 32). *Online verfügbar unter http://www.service-eine-welt.de/images/text_material-1152.img*

Vertrauen im interkulturellen Kontext. Hrsg. v. Elias Jammal. – Wiesbaden; VS-Verlag, 2008. - 264 S. (VS research: Perspectives of the other)

Windrow, Martin: Die französische Fremdenlegion. - Königswinter: Lempertz: 2008. - 112 S.

A 7. Geschichte

Autié, Léonard: Leónard, der Coiffeur der Königin: Galantes, Frivoles und Extravagantes am Hofe der Marie Antoinette. Hrsg. v.Carolin Fischer. Aus d. Franz. übertragen von Annette Lallemand. - Berlin: Ed. Ebersbach, 2009. - 263 S.: Ill.

Aux Français, sur le 14 Juillet: un pamphlet de la Révolution française; an die Franzosen, über den 14. Juli. Hrsg. v. Karl-Heinz Kuhn. - Tönning ...: Der Andere Verlag: 2009. - 77 S.

Bedeutende Frauen: Französische Dichterinnen, Malerinnen, Mäzeninnen des 16. und 17.Jahrhunderts. Hrsg. v. Margarete Zimmermann u. Roswitha Böhm. – München ...: Piper, 2008. - 332 S. (Serie Piper; 4906)

Bennewitz, Susanne: Basler Juden - französische Bürger: Migration und Alltag einer jüdischen Gemeinde im frühen 19. Jahrhundert. – Basel: Schwabe, 2008. - 434 S. (Basler Beiträge zur Geschichtswissenschaft; 179). Zugl.: Basel, Univ., Diss., 2005

Bock, Helmut: 1789 - die große Revolution der Franzosen: „Freiheit“ - ohne „Gleichheit“? - Berlin: Helle Panke, 2009. - 52 S. (Pankower Vorträge; 128)

Bock, Helmut: Wer bedroht wen?: bürgerliche Revolution und soziale Empörung. Berlin: Helle Panke, 2008. - 64 S. (Pankower Vorträge; 110)

Braun, Guido: Von der politischen zur kulturellen Hegemonie Frankreichs 1648-1789. - Darmstadt: Wiss. Buchges., 2008. - 288 S. (Deutsch-Französische Geschichte; 4)

Cramer, Franz Anton: In aller Freiheit: Tanzkultur in Frankreich zwischen 1930 und 1950. - Berlin: Parodos-Verl., 2008. - 216 S.

Ehlers, Joachim: Geschichte Frankreichs im Mittelalter. - Vollst. überarb. Neuausg. - Darmstadt: Wiss. Buchges., 2009. - 448 S.

Emmanuel Joseph Sieyès: Was ist der Dritte Stand?: kleine politische Schriften. Hrsg. v. Oliver Lembcke u. Florian Weber – Berlin: Akad.-Verl., 2009. – 270 S. (Schriften zur europäischen Ideengeschichte; 3)

Euler, Heinrich: Napoleon III. in seiner Zeit. - Hamburg: Kovač, 2008. (Schriftenreihe Studien zur Geschichtsforschung der Neuzeit; ...). Zugl.: Würzburg, Univ., Habil.-Schr., 1961

Fuchs, Günther; Scholze, Udo; Zimmermann, Detlev: „Von hier und heute...“: Scheidewege französischer Zeitgeschichte; Valmy, eine Vorbemerkung; Sedan; Père-Lachaise ... - Leipzig: Leipziger Univ.-Verl., 2009. - 279 S.

Görgen, Anabelle: Exposition internationale du Surréalisme, Paris 1938: Bluff und Täuschung - die Ausstellung als Werk; Einflüsse aus dem 19. Jahrhundert unter dem Aspekt der Kohärenz. – München: Schreiber, 2008. - 312 S. Zugl.: Braunschweig, Hochschule für Bildende Künste, Diss., 2003

Gottschalk, Maren: Königinnen: fünf Herrscherinnen und ihre Lebensgeschichte. - Weinheim…: Beltz & Gelberg, 2008. - 234 S.

Haupt, Heinz-Gerhard: Kleine Geschichte Frankreichs. Hrsg. v. Ernst Hinrichs. - Stuttgart: Reclam, 2008. - 507 S. (Reclams Universal-Bibliothek; Nr. 17057)

Hein-Mooren, Klaus-Dieter: Französische Revolution. - Bamberg: Buchner, 2009. - 152 S. (Buchners Kolleg: Themen Geschichte)

Histoire de l'histoire de l'art en France au XIXe siècle: [colloque, Paris, Institut National d'Histoire de l'Art, INHA et Collège de France, 2 - 5 juin 2004]. Hrsg. v. Roland Recht. - Paris: La Documentation Française, 2008. - 527 S.

Hoffmann, Michael: Die französischen Konservativen in der katholischen Provinz: Parteigenese und politische Kultur im Doubs (1900-1930). - Frankfurt/Main …: Lang, 2008. - VIII, 187 S. (Moderne Geschichte und Politik; 22)

In the embrace of France: the law of nations and constitutional law in the French satellite states of the revolutionary and napoleonic age; (1789 - 1815); acts of the international conference held at Tilburg University on 27 & 28 April 2006. Hrsg. v. Beatrix Jacobs et al. - Baden-Baden: Nomos: 2008. - 175 S.

Jurewitz-Freischmidt, Sylvia: Galantes Versailles: die Mätressen am Hofe der Bourbonen. Ungekürzte Taschenbuchausg., 2. Aufl. - München …: Piper, 2008. - 606, [12] S. (Serie Piper; 4494)

Klinkenberg, Michael F: Das Orientbild in der französischen Literatur und Malerei vom 17. Jahrhundert bis zum "fin de siècle". - Heidelberg: Winter: 2009. - 662 S. (Studia Romanica; 145)

Langue et politique en France à l'époque des Lumières. Hrsg. v. Sybille Große. - Frankfurt/Main: Domus Ed. Europaea, 2008. – 217 S. (Franzistische Studien aus Wissenschaft und Unterricht; 2)

Letter, Paul: Napoleon: Leben und Wirken über Zeit- und Raumgrenzen hinaus. - Berlin: Frieling, 2008. -144 S. (Frieling Biographien)

Link, Andrea: Die Rückkehr zur bürgerlichen Revolution in Paris und Bordeaux (1793 - 1794): die präthermidoriale Reaktion als Indiz für politische Grundüberzeugungen. - Hamburg: Kovač, 2009. (Studien zur Geschichtsforschung der Neuzeit; 59). Zugl.: Mainz, Univ., Diss., 2008

Logemann, Cornelia: Heilige Ordnungen: die Bild-Räume der „Vie de Saint Denis" (1317) und die französische Buchmalerei des 14. Jahrhunderts. - Köln …: Böhlau: 2009. - 511 S. (Pictura et poesis; 24). Zugl.: Hamburg, Univ., Diss. 2005

Louis Begley: Der Fall Dreyfus: Teufelsinsel, Guantánamo, Alptraum der Geschichte. – Frankfurt/Main: Suhrkamp, 2009. - 247 S

Melbo, Max: Die Königsfälschung: Louis XIV. - das Kardinalsbaby. - Berlin: Osburg, 2009. - 462, [24] S.

Melters, Monika: Die Kolossalordnung: zum Palastbau in Italien und Frankreich zwischen 1420 und 1670. – Berlin …: Deutscher Kunstverl., 2008. - 424 S. (Kunstwissenschaftliche Studien; 148). Zugl.: München, Techn. Univ., Habil.-Schr., 2006/2007

Mit Hunger und Durst zwischen Bangen und Hoffen: das abenteuerliche und schicksalhafte Leben des Josef Strohmeier aus Büsserach. Hrsg. v. Walter Studer. - Breitenbach: W. Studer, 2008. - 94 S.

Moderne auf der Flucht: österreichische KünstlerInnen in Frankreich 1938 - 1945; [anlässlich der Ausstellung Moderne auf der Flucht/Les Modernes s'Enfuient. Österreichische KünstlerInnen in Frankreich 1938 - 1945/Des Artistes Autrichiens en France 1938 - 1945 im Jüdischen Museum der Stadt Wien, 4. Juni bis 7. September 2008] = Les modernes s'enfuient. [Jüdisches Museum Wien. Hrsg. v. Andrea Winklbauer]. - Wien: Turia + Kant, 2008. - 222 S.

Moser, Christian; Fuhrer, Hans Rudolf: Der lange Schatten Zwinglis: Zürich, das französische Soldbündnis und eidgenössische Bündnispolitik, 1500 – 1650. - Zürich: Verl. Neue Zürcher Zeitung, 2009. - 333 S.

Münch, Reinhard: Vive l'Empereur - Leipzig: Pro Leipzig: 2008. - 112 S.

Müßig, Ulrike: Die europäische Verfassungsdiskussion des 18. Jahrhunderts. -Tübingen: Mohr Siebeck, 2008. - IX,167 S.

Napoleon und seine Zeit: Kärnten - Innerösterreich – Illyrien. Hrsg. v. Claudia Fräss-Ehrfeld . - Klagenfurt: Verl. des Geschichtsvereines für Kärnten, 2009. - 424 S. (Archiv für vaterländische Geschichte und Topographie; 96)

Napoleon: Feldherr, Kaiser und Genie; [Katalog zur Ausstellung: Napoleon. Feldherr, Kaiser und Genie; Schallaburg Kulturbetriebsges.m.b.H., 16. Mai bis 1. November 2009]. [Schriftleiter: Matthias Pfaffenbichler]. - Schallaburg, 2009. - 269 S.

Die Napoleonischen Kriege. Hrsg. v. Joachim Hack. Genehmigte Sonderausg. - Königswinter: Lempertz, 2008. - 224 S. (Brandenburgisches Verlagshaus)

Nies, Volker: „Apaisement" in Asien: Frankreich und der Fernostkonflikt 1937-1940. - München: Oldenbourg, 2009. – 580 S. (Pariser Historische Studien; 93)

Pestalozzi, Johann Heinrich: Schriften zur Französischen Revolution. Mit einer Einl. und Anm. neu Hrsg. v. Daniel Tröhler. - Zürich: Verl. Pestalozzianum, 2009. - 244 S. (Ausgewählte Werke / Johann Heinrich Pestalozzi; 4)

Pomplun, Jan-Philipp: Die britischen Militäraktionen gegen Haiti 1793 – 1798. - Göttingen: Optimus, 2008. - 109 S. Zugl.: Berlin, Techn. Univ., Mag.Arb, 2008

Rageth, Simon: Sold und Soldrückstände der Schweizer Truppen in französischen Diensten im 16. Jahrhundert. - Bern: Eidgenössische Militärbibliothek: 2008.- 74 S. (Schriftenreihe der Eidgenössische Militärbibliothek und des Historischen Dienstes; 32)

Reinalter, Helmut: Aufklärung und Moderne: 27 Studien zur Geschichte der Neuzeit; zum 65. Geburtstag des Autors. Hrsg. v. Christian Ehalt et al. – Innsbruck …: StudienVerl., 2008. - 415 S. (Interdisziplinäre Forschungen; 21)

Sachslehner, Johannes: Napoleon in Wien: Fakten und Legenden. - Wien …: Pichler, 2008 . - 207 S.

Sammler, Ingrid: Höfische Festkultur im Zeitalter Ludwigs XIV. Frankfurt/Main …: Lang, 2009. - 141 S. (Dialoghi; 12)

Schmidt, Stefan: Frankreichs Außenpolitik in der Julikrise 1914: ein Beitrag zur Geschichte des Ausbruchs des Ersten Weltkrieges. – München: Oldenbourg, 2009. – 434 S. (Pariser Historische Studien, 90).

Schubert, Hermann: Anthropometrische Geschichte der Fränzösischen Revolution.- München: VEW, Verl. Europäische Wirtschaft, 2008. - 196 S. Zugl.: München, Univ., Diss, 2008

Sternberger, Jürgen: Die Marschälle Napoleons. - Berlin: Pro Business, 2008. - 214 S.

Strindberg, August: Unter französischen Bauern: eine Reportage. – Frankfurt/Main: Eichborn, 2009. - 259 S. (Die andere Bibliothek; 290)

Tauber, Christine: Manierismus und Herrschaftspraxis: die Kunst der Politik und die Kunstpolitik am Hof von François Ier. - Berlin: Akad.-Verl., 2009 . - 419 S. (Studien aus dem Warburg-Haus; 10). Zugl.: Konstanz, Univ., Habil.-Schr., 2005

Thamer, Hans-Ulrich: Die französische Revolution. 3. Aufl. - München: Beck, 2009. - 123 S. (Beck'sche Reihe; 2347: C. H. Beck Wissen)

Von Schweden bis Südafrika: Vorträge der Internationalen Hugenotten-Konferenz in Emden 2006 = From Sweden to South Africa. Hrsg. v. Andreas Flick u. Walter Schulz. - Bad Karlshafen: Verl. der Dt. Hugenotten-Ges., 2008 . - 362 S. (Geschichtsblätter der Deutschen Hugenotten-Gesellschaft e.V.; 43)

A 8. Recht / Rechtsvergleiche

Adelmann, Nina: Die Grenzen der Inhaltskontrolle allgemeiner Versicherungsbedingungen: Entwurf einer Regelung für ein europäisches VVG. - Karlsruhe: VVW, Verl. Versicherungswirtschaft, 2008. - XXXVI,203 S. (Versicherungsrecht: Schriftenreihe der Zeitschrift Versicherungsrecht; 41). Zugl.: Mannheim, Univ., Diss., 2008

Apel, Linda-Martina: Wissenschaftseigene Verfahren und Institutionen zur Vermittlung, Aufklärung und Sanktionierung in Fällen wissenschaftlichen Fehlverhaltens: rechtsvergleichende Untersuchung zwischen Deutschland, Dänemark und Frankreich. – Baden-Baden: Nomos, 2009. – ca. 512 S. (Interdisziplinäre Schriften zur Wissenschaftsforschung; 7)

Bach, Ivo: Grenzüberschreitende Vollstreckung in Europa: Darstellung und Entwicklung, Vergleich, Bewertung. -Tübingen: Mohr Siebeck, 2008. - XXIV,542 S. (Studien zum ausländischen und internationalen Privatrecht; 209). Zugl.: Mainz, Univ., Diss., 2007/2008

Bartfeld, Sven: Das Sachleistungsvertragskonzept der Verbrauchsgüterkaufrichtlinie im deutschen, englischen und französischen Recht . - Baden-Baden: Nomos, 2009. - 342 S. (Deutsches, europäisches und vergleichendes Wirtschaftsrecht; 58). Zugl.: Heidelberg, Univ., Diss., 2008

Beranek, Axel: Die Parteifähigkeit: ein Institut an der Nahtstelle von materiellem Recht und Prozessrecht. - Baden-Baden: Nomos, 2009. - 187 S. (Internationales und europäisches Privat- und Verfahrensrecht; 5). Zugl.: Heidelberg, Univ., Diss., 2008

Berresheim, Daniel S.: Europäischer Informationsverhaltenskodex der Realkreditwirtschaft. - Baden-Baden: Nomos, 2008. - 444 S. (Nomos Universitätsschriften: Recht; 569). Zugl.: Bonn, Univ., Diss., 2007

Birkmann, Andrea: Die Anknüpfung der originären Inhaberschaft am Urheberrecht: ein Vergleich der Rechtslage in Deutschland, Frankreich und den USA unter Berücksichtigung internationaler Konventionen. – Baden-Baden: Nomos, 2009. - 310 S. (Abhandlungen zum Urheber- und Kommunikationsrecht des Max-Planck-Instituts für Geistiges Eigentum, Wettbewerbs- und Steuerrecht, München;52). Zugl.: München, Univ., Diss., 2007

Bolle, Caroline: A comparative overview of the mandatory bid rule in Belgium, France, Germany and the United Kingdom. – Baden-Baden: Nomos, 2008 - 323 S. (Studien zum Handels-, Arbeits- und Wirtschaftsrecht; 125). Zugl.: Hamburg, Univ., Diss., 2007

Bunge, Jürgen: Zivilprozess und Zwangsvollstreckung in Frankreich und Italien: eine systematische Darstellung mit Glossaren und Bibliographien. - Berlin: Duncker & Humblot, 2008. - 349 S.

Cavaillès, Philip: Der Unternehmenskauf in der Insolvenz: Rechtsvergleichung zwischen dem deutschen und französischen Insolvenzrecht. – Hamburg: Kovač, 2009. – LIX,273 S. (Insolvenzrecht in Forschung und Praxis; 46). Zugl.: Freiburg/Br., Univ., Diss., 2009

Danwitz, Thomas von: Europäisches Verwaltungsrecht. - Berlin ...: Springer: 2008. - XXXI, 720 S. (Enzyklopädie der Rechts- und Staatswissenschaft: Abteilung Rechtswissenschaft)

Düsel, Jens: Gespaltene Loyalität: Whistleblowing und Kündigungsschutz in Deutschland, Großbritannien und Frankreich. - Baden-Baden: Nomos, 2009. - 461 S. (Arbeits- und Sozialrecht; 111). Zugl.: Frankfurt/Main, Univ., Diss., 2008

Endrös, Florian: Produkthaftung in Frankreich: Probleme bei der Harmonisierung durch Richtlinie. - Frankfurt/Main: Verl. Recht und Wirtschaft, 2009. - XXI, 293 S. (Abhandlungen zum Recht der internationalen Wirtschaft; 75). Zugl.: Bielefeld, Univ., Diss., 2007

Fischer, Sonja: Schutz der Entscheidungsfreiheit im Rahmen der Verkaufsförderung: ein Vergleich des deutschen, französischen und englischen Rechts. - Hamburg: Kovač: 2008. - XLVIII, 282 S. (Studien zum Gewerblichen Rechtsschutz und zum Urheberrecht; 45). Zugl.: Bayreuth, Univ., Diss., 2008 u.d.T.: Schutz der Entscheidungsgrundlage und des Entscheidungsprozesses im Zusammenhang mit Maßnahmen der Verkaufsförderung

Fraedrich, Jennifer: Rechtsformneutrale Unternehmensbesteuerung durch Körperschaftsteueroption: eine rechtsvergleichende Arbeit über die Realisierbarkeit in Deutschland. - Bonn: Dt. Anwaltverl., 2008. - 216 S. (Schriftenreihe des Deutschen Anwaltverlags; 3). Zugl.: Bonn, Univ., Diss, 2007

Ganz, Sarah: Das Tragen religiöser Symbole und Kleidung in der öffentlichen Schule in Deutschland, Frankreich und England: eine rechtsvergleichende Untersuchung unter Berücksichtigung der EMRK. - Berlin: Duncker & Humblot, 2009. – 341 S. (Schriften zum Internationalen Recht; 181). Zugl.: München, Univ., Diss., 2007/2008

Geiger, Christoph: Insolvenz einer GmbH nach deutschem Recht und einer Société à responsabilité limitée nach französischem Recht: Kompetenzverteilung zwischen Geschäftsführer und Insolvenzverwalter - Baden-Baden: Nomos, 2009. - 220 S. (Schriften zum Insolvenzrecht; 28). Zugl.: Köln, Univ., Diss., 2008

Geyer, Stefan: Den Code civil „richtiger“ auslegen: der zweite Zivilsenat des Reichsgerichts und das französische Zivilrecht. - Frankfurt/Main: Klostermann, 2009. - XVII,388 S. (Rechtssprechung; 29). Zugl.: Köln, Univ., Diss., 2006

Gros, Sébastien: Die Leitungshaftung in der französischen société à responsabilité limitée (SARL) und in der deutschen Gesellschaft mit beschränkter Haftung (GmbH): eine rechtsvergleichende Untersuchung. - Frankfurt/Main ...: Lang, 2008. - 496 S. (Europäische Hochschulschriften: Reihe 2, Rechtswissenschaft; 4783). Zugl.: Dresden, Techn. Univ., Diss., 2008

Grünig, Karla-Maria: Die urheberrechtliche Einordnung von Websites unter Berücksichtigung der französischen Diskussion von Multimediawerken. - Göttingen: Cuvillier, 2008. - 347 S. Zugl.: Hamburg, Univ., Diss., 2008

Hager, Günter: Rechtsmethoden in Europa. - Tübingen: Mohr Siebeck, 2009. - XVII,367 S.

Hahn, Christopher: Integrationsstufen des angelsächsischenTrusts innerhalb der Heimatrechtsordnung am Beispiel der Schweiz, Frankreich sowie Liechtenstein und Monaco: eine rechtsvergleichende Analyse am Beispiel des aktuellen Integrationsprozesses und Überlegungen für Deutschland de lege ferenda. -Frankfurt/Main ...: Lang, 2009. (Europäische Hochschulschriften: Reihe 2, Rechtswissenschaft; 4882). Zugl.: Leipzig, Univ., Diss., 2008

Höfer, Simone: Die Umsetzung europäischer Richtlinien im Privatrecht: die Klauselrichtlinie in Deutschland, Großbritannien und Frankreich. - Hamburg: Kovač, 2009. - XVIII,353 S. (Schriftenreihe Studien zum Zivilrecht; 63). Zugl.: Heidelberg, Univ., Diss., 2008

Hohensinn, Sabine: Eltern haften für ihre Kinder!: eine rechtsvergleichende Untersuchung im Hinblick auf die Reform des Schadenersatzrechts. - Wien: Manz, 2009. - XXXIV,329 S. (Veröffentlichungen des Ludwig-Boltzmann-Institutes für Gesetzgebungspraxis und Rechtsanwendung; 19). Zugl.: Salzburg, Univ., Diss., 2008

Holzapfl, Carolin: Sachaufklärung und Zwangsvollstreckung in Europa. - Baden-Baden: Nomos, 2009. - 249 S. (Nomos-Universitätsschriften: Recht; 605). Zugl.: Freiburg/Br., Univ., Diss., 2008

Jacobi, Alexander: Die Haftung für Bestandteile und Produkte des menschlichen Körpers nach französischen und deutschen Produkthaftungsnormen. - Saarbrücken: Alma Mater, 2009. - XIII,262 S. (Saarbrücker Schriften zu Recht und Praxis; 11). Zugl.: Berlin, Humboldt Univ., Diss., 2008

Jänig, Ronny: Die aktienrechtliche Sonderprüfung: eine rechtsvergleichende Untersuchung zur ausserordentlichen Kontrolle der Verwaltung im deutschen, schweizerischen, französischen, englischen und niederländischen Aktienrecht. 2., unveränd. Aufl. - Baden-Baden: Nomos, 2008. - 486 S. (Wirtschaftsrecht und Wirtschaftspolitik; 193). Zugl.: Göttingen, Univ., Diss., 2004

Junker, Abbo: Betriebsübergang in Europa: Symposium aus Anlass des 10-jährigen Bestehens der Schriften zum Arbeitsrecht und Wirtschaftsrecht. - Frankfurt/Main ...: Lang, 2009. - X,99 S. (Schriften zum Arbeitsrecht und Wirtschaftsrecht; 50)

Klingel, Katharina: Die Principles of European Law on Personal Security als neutrales Recht für internationale Bürgschaftsverträge: ein Vergleich mit dem französischen und dem deutschen Recht. - Tübingen: Mohr Siebeck: 2009. - XXVII,346 S. Zugl.: Potsdam, Univ., Diss., 2008

Kohn-Löffelmann, Cordelia: Insolvenzanfechtung in Europa: Vergleich der Anfechtungsvorschriften von Deutschland, der Schweiz und Frankreich. - Hamburg: Kovač, 2008. - 264 S. (Insolvenzrecht in Forschung und Praxis; 30). Zugl.: Regensburg, Univ., Diss., 2008

Kramer, Susanne: Vom lästigen Publikum zum mündigen Darsteller: die Entwicklung der Beteiligungsrechte im Recht der öffentlichen Vorhaben seit dem 19. Jahrhundert in Deutschland, Frankreich und England. - Frankfurt/Main ...: Lang, 2008. - 175 S. (Europäische Hochschulschriften: Reihe 2, Rechtswissenschaft; 4743). Zugl.: Frankfurt/Main, Univ., Diss., 2008

Listl, Susanne: Einheitliche Richtlinien zur Sicherheit von Transfusionen in der EU. - Hamburg: Kovač, 2008. - XII,273 S. (Schriftenreihe Medizinrecht in Forschung und Praxis; 10). Zugl.: Regensburg, Univ., Diss., 2007 u.d.T.: Listl, Susanne: Komparative Analyse nationaler Regelung zur Sicherheit von Blutprodukten und Transfusionen in der Europäischen Union vor dem Hintergrund gemeinschaftlicher Harmonisierungsbestrebungen

Mahnke, Alexander: Grundrechte und libertés publiques: eine rechtsvergleichende Betrachtung des Grundrechtsschutzes in der Bundesrepublik Deutschland und in der V. Französischen Republik. - Hamburg: Kovač, 2009. - LXII, 374 S. (Schriftenreihe Verfassungsrecht in Forschung und Praxis; 67). Zugl.: Bochum, Univ., Diss., 2007

Mellech, Kathrin: Haftung für Fehlverhalten Minderjähriger nach deutschem und französischem Recht. - Frankfurt/Main ...: Lang, 2008. - 134 S. (Europäische Hochschulschriften: Reihe 2, Rechtswissenschaft; 4773). Zugl.: Hannover, Univ., Mag.Arb, 2007/2008

Nesselrode, Hermann: Ertragsbesteuerung der Land- und Forstwirtschaft in Europa: Vorgaben des Beihilferechts, der Grundfreiheiten und der Gemeinsamen Agrarpolitik für die Agrarsteuerordnungen Deutschlands, Frankreichs und des Vereinigten Königreichs. – Baden-Baden: Nomos, 2009. - 330 S. (Europäisches Wirtschaftsrecht; 52). Zugl.: München, Univ., Diss., 2006/2007

Peifer, Markus: Das Recht der Kapitalgesellschaften in Frankreich. - Berlin: Logos Verl., 2008. - 490 S.

Pfeiffer, Thomas; Heß, Burkhard; Huber, Stefan: Rechtsvergleichende Untersuchung zu Kernfragen des Privaten Bauvertragsrechts in Deutschland, England, Frankreich, den Niederlanden und der Schweiz: Kurzfassung der Forschungsergebnisse in allgemeinverständlicher Sprache; Abschlussbericht. - Filderstadt: Weinmann, 2008. - XVI,394 S. (Schriftenreihe des Bundesministeriums für Ernährung, Landwirtschaft und Verbraucherschutz: Reihe A, Angewandte Wissenschaft; 520)

Rex, Christine: Der Strafgrund der Brandstiftung: eine rechtsvergleichende Untersuchung zum deutschen, österreichischen, schweizerischen und französischen Strafrecht. - Göttingen: Cuvillier, 2008. - XIV,157 S. Zugl.: Salzburg, Univ., Diss., 2008

Richter, Thomas: Die BGB-Gesellschaft im Vergleich zu den französischen Zivilgesellschaften: unter Berücksichtigung der aktuellen Rechtsprechung des Bundesgerichtshofs. - Baden-Baden: Nomos, 2009. -324 S. (Schriftenreihe zum deutschen und internationalen Wirtschaftsrecht; 23). Zugl.: Erlangen-Nürnberg, Univ., Diss., 2007

Riesenkampff, Justus: Inhalt und Schranken des Eigentums an Werken der Baukunst: unter besonderer Berücksichtigung des Urheberrechts. - Baden-Baden: Nomos, 2009. - 221

S. (Schriftenreihe des Archivs für Urheber- und Medienrecht (UFITA); 253). Zugl.: Heidelberg, Univ., Diss., 2007

Rodríguez-Rosado, Bruno: Abstraktionsprinzip und redlicher Erwerb als Mittel zum Schutze des Rechtsverkehrs. - Frankfurt/Main ...: Lang, 2009. - 172 S. (Schriften zur Entwicklung des Privatrechtssystems; 4). Zugl.: Köln, Univ., Diss., 2007

Rückert, Sabrina: Die Einführung der obligatorischen Buchführung: eine rechtshistorische Untersuchung über die Anfänge und die Entwicklung des Bilanzrechts in Frankreich und Deutschland. - Berlin ...: LIT Verl., 2009. - X,201 S. (Augsburger Schriften zur Rechtsgeschichte; 15). Zugl.: Augsburg, Univ., Diss., 2009

Scheiwe, Kirsten; Schuler-Harms, Margarete: Aktuelle Rechtsfragen der Familienpolitik aus vergleichender Sicht. - Baden-Baden: Nomos, 2008. - 224 S. (Schriften zum deutschen und europäischen Sozialrecht; 16)

Scherzer, Robert: Die Sicherung von Forderungen der am Bau Tätigen aus rechtsvergleichender Sicht: unter besonderer Berücksichtigung des Forderungssicherungsgesetzes. - Baden-Baden: Nomos, 2009. - 279 S. (Schriften zum Baurecht; 5). Zugl.: Berlin, Humboldt-Univ., Diss., 2008

Seif, Ulrike: Recht und Justizhoheit: Historische Grundlagen des gesetzlichen Richters in Deutschland, England und Frankreich. - 2. korr. u. erg. Aufl.- Berlin: Duncker & Humblot, 2009, 598 S. (Schriften zur Europäischen Rechts- und Verfassungsgeschichte; 44). Zugl.: Würzburg, Univ., Habil, 1999/2000

Sohns, Achim: Das europäische Wettbewerbsrecht und die Steuerung der Gesundheitssysteme in Frankreich, Großbritannien und der Bundesrepublik Deutschland. - Berlin: Pro Business, 2008. - 266 S. Zugl.: Hannover, Univ., Diss., 2008

Späth, Annette: Die gewerbliche Erbensuche im grenzüberschreitenden Rechtsverkehr. - Jena: JWV, Jenaer Wiss. Verl.-Ges., 2008. - 377 S. (Studien zum internationalen Privat- und Verfahrensrecht; 19). Zugl.: Passau, Univ., Diss., 2008

Der Staat als Nachfrager: öffentliches Auftragswesen in Deutschland und Frankreich; Referate des 12. deutsch-französischen Juristentreffens am 28. und 29. Juni 2007 in Freiburg im Breisgau. Hrsg. v. Uwe Blaurock. - Tübingen: Mohr Siebeck, 2008. - VI,159 S. (Rechtsvergleichung und Rechtsvereinheitlichung; 13)

Stroschein, Birka Vanessa: Parteizustellung im Ausland: eine systemvergleichende Untersuchung des Gemeinschafts- und Staatsvertragsrechts unter Einbeziehung des deutschen, französischen, englischen und US-amerikanischen Zustellungsrechts. - Frankfurt/Main ...: Lang, 2008. - XII,289 S. (Studien zum vergleichenden und internationalen Recht; 153). Zugl.: Köln, Univ., Diss., 2007

Štruc, Tatjana: Die in den Zivilprozess integrierte Mediation im französischen Recht: ein Vorbild für die gerichtsnahe Mediation in Deutschland? - Berlin: Duncker & Humblot, 2009. - 266 S. (Schriften zum Prozessrecht; 211). Zugl.: Freiburg/Br., Univ., Diss., 2007

Theorien der Verfassungsreform. Hrsg. v. Susumo Shikano et al. – Wiesbaden: VS Verl., 2009. – 276 S. (Jahrbuch für Handlungs- und Entscheidungstheorie; 5)

Tiemann, Konstantin: Privatisierung öffentlicher Unternehmen in Deutschland und Frankreich: ein verfassungs- und wettbewerbsrechtliches Problem, dargestellt am Beispiel des Bankensektors. - Frankfurt/Main: Lang, 2009. - 426 S. (Europäische Hochschulschriften: Reihe 2, Rechtswissenschaft; 4864). Zugl.: Berlin, Freie Univ., Diss., 2008

Verfassungsrevision: Überlegungen zu aktuellen Reformbemühungen. Hrsg. v. Michael Thaler u. Harald Stolzlechner. - [Wien]: Sramek, 2008. - XIII, 107 S. (Öffentliches Recht)

Vers un nouveau procès pénal?: [Premières Rencontres de Droit Pénal Franco-Allemand; colloque du 27 juin 2007] = Neue Wege des Strafprozesses? Institut Droit et Économie des Dynamiques en Europe (ID2), Faculté de Droit de l'Université Paul-Verlaine de Metz. [Responsable scientifique: Jocelyne Leblois-Happe]. Paris: Société de Législation Comparée, 2008. - 215 S. (Colloques / Société de Legislation Comparée; 9)

Verwaltungsrecht in Europa: Bd. 2: Frankreich, Polen und Tschechien. Hrsg. v. Jens-Peter Schneider. – Osnabrück: Universitätsverl., 2009. – 494 S. (Schriften zum Europäischen und Internationalen Recht; 14,2)

Weiss, Michael: Goldene Aktien im Lichte der Rechtsprechung des EuGH: unter besonderer Berücksichtigung des harmonisierten Übernahmerechts. - Baden-Baden: Nomos, 2008. - 345 S. (Heidelberger Schriften zum Wirtschaftsrecht und Europarecht; 44). Zugl.: Heidelberg, Univ., Diss., 2007/2008

Wild, Maximiliane-Stephanie: Die Anwaltliche Verschwiegenheitspflicht in Deutschland und Frankreich - Frankfurt/Main: Lang, 2008. - 357 S. (Schriften zum internationalen Privat- und Verfahrensrecht; 5). Zugl.: Kiel, Univ., Diss., 2008

Zoller, Anne Sabine: Vorläufige Vollstreckbarkeit im Schweizer Zivilprozessrecht: unter Berücksichtigung des deutschen, englischen und französischen Rechts. - Zürich ...: Schulthess, 2008. - LVII,257 S. (Zürcher Studien zum Verfahrensrecht; 157). Zugl.: Zürich, Univ., Diss.

B. Deutsch-französische Beziehungen

B 1. Allgemeines

Bäcker, Werner: Nur der Tod kann dich befreien ...: mein Leben als Fremdenlegionär und Fluchthelfer. - Graz: Ares-Verl.: 2008. - 175 S.

Calla, Cécile: Tour de Franz: mein Rendezvous mit den Deutschen. A. d. Frz.. von Brigitte Lindecke. - Berlin: Ullstein, 2009. – 203 S. (Ullstein Taschenbuch; 26862)

Deutsch-französische Freundschaft: es begann vor 50 Jahren; Amitié franco-allemande. - Berlin: Presse- und Informationsamt der Bundesregierung: 2008 - 48 S. *Online verfügbar unter http://www.bundesregierung.de/Content/DE/Publikation/Bestellservice/__Anlagen/2008-12-30-broschuere-deutsch-franzoesische-freundschaft,property=publicationFile.pdf*

Dreher, Christiane: Zwischen Boule und Bettenmachen: mein Leben in einem südfranzösischen Dorf. – 2 Aufl. - Köln: Kiepenheuer & Witsch, 2009. – 235 S.

Frankreich am Rhein: die Spuren der Franzosenzeit im Westen Deutschlands. Hrsg. v. Kerstin Theis et al - Köln: Greven, 2008. - 302 S.

Hugues, Pascale: Marthe & Mathilde: eine Familie zwischen Frankreich und Deutschland. - Reinbek bei Hamburg: Rowohlt, 2008. - 286 S.

Kelter, Jochen: ein Ort unterm Himmel: Leben über die Grenzen; Essays und Texte. - Frauenfeld: Waldgut, 2008. - 147 S. (Waldgut Lektur: Essay; 20)

Klimm, Peter: 50 französische Erinnerungsorte in der Pfalz: eine Spurensuche. - Mannheim: Wellhöfer, 2008. - 139 S.

Rohner, Heinrich Bernhard: Mein Leben in der Legion: Autobiografie. Frankfurt/Main: Frankfurter Literaturverl.: 2009. - 272 S.

Tour de France: eine historische Rundreise; Festschrift für Rainer Hudemann. Hrsg. v. Armin Heinen et al. - Stuttgart: Steiner, 2008. - 520 S. (Schriftenreihe des deutsch-französischen Historikerkomitees; 4).

Ziebura, Gilbert: Kritik der „Realpolitik“: Genese einer linksliberalen Vision der Weltgesellschaft; Autobiografie. - Berlin: LIT Verl., 2009. - 396 S. (Bibliographien zur Zeitgeschichte; 1).

B 2. Geschichte

„Es gibt ausgezeichnete Köpfe hier“: das preußische Hamm um 1800. Hrsg. v. Maria Perrefort u. Rainer Ditté. - Bönen: Kettler, 2008. - 196 S. (Notizen zur Stadtgeschichte; 14)

Alésia et la bataille du Teutoburg: un parallèle critique des sources; actes du colloque franco-allemand organisé par l'Ecole Pratique des Hautes Études, la Römisch-Germanische Kommission de l'Institut Archéologique Allemand et l'Institut Historique Allemand, avec le concours de la Deutsche Forschungsgemeinschaft, du Ministère de l'Enseignement Supérieur et de la Recherche, du Centre National de la Recherche Scientifique et de l'Université Franco-Allemande. Hrsg. v. Michel Reddé. - Ostfildern: Thorbecke, 2008. - 345 S. (Beihefte der Francia: 66)

Alles in Scherben!...?: Film - Produktion und Propaganda in Europa 1940 - 1950; CineFest - V. Internationales Festival des deutschen Film-Erbes. Hrsg.v. CineGraph - Hamburgisches Centrum für Filmforschung. Red. Johannes Roschlau et al. - München: ed. text + kritik im Richard-Boorberg-Verl.: 2008. - 168 S.

Jacque, James: Der geplante Tod: Deutsche Kriegsgefangene in amerikanischen und französischen Lagern 1945 - 1946. - Selent: Pour le Mérite, 2008. - 480 S.

Barocktanz im Zeichen französisch-deutschen Kulturtransfers: Quellen zur Tanzkultur um 1700. Hrsg. v. Stephanie Schroedter. - Hildesheim ...: Olms, 2008. - 485 S.

Berr, Hélène: Pariser Tagebuch: 1942 – 1944. – München: Hanser, 2009. - 317 S.

Bicentenaire de la Faculté de droit de Strasbourg: 1804-2004. - Strasbourg: Presses Univ. de Strasbourg, 2008. - 206 S. (Annales de la Faculté de Droit de Strasbourg; NS; 9) (Collections de l'Université Robert Schuman)

Campioni, Giuliano: Der französische Nietzsche. - Berlin ...: de Gruyter, 2009. - VI,346 S.

Cullin, Michel; Driessen Gruber, Primavera: Douce France?: Musik-Exil in Frankreich 1933 – 1945. - Wien ...: Böhlau, 2008. - 508 S.

Décaillot, Anne-Marie: Cantor et la France: correspondance du mathématicien allemand avec les Français à la fin du XIXe siècle. - Paris: Kimé, 2008. - 342 S. (Philosophie, épistémologie)

Desel, Jochen; Flick, Andreas: Sie hatten Calvin im Gepäck: Calvin und die Hugenotten in Deutschland; Begleitbuch zur Ausstellung im Deutschen Hugenotten-Museum in Bad Karlshafen 11. Juli bis 31. Oktober 2009. - Bad Karlshafen: Verl. der Deutschen Hugenotten-Ges., 2009. - 86 S. (Geschichtsblätter der Deutschen Hugenotten-Gesellschaft; 44)

Drolshagen, Ebba D.: Der freundliche Feind: Wehrmachtssoldaten im besetzten Europa. - München: Droemer, 2009. - 347 S.

Erbe, Günter: Dorothea Herzogin von Sagan (1793–1862): eine deutsch-französische Karriere. – Köln: Böhlau, 2009. – 256 S.

„Es gibt ausgezeichnete Köpfe hier“: das preußische Hamm um 1800. Hrsg. v. Maria Perrefort u. Rainer Ditté. - Bönen: Kettler, 2008. - 196 S. (Notizen zur Stadtgeschichte; 14)

Frankreich oder Italien?: Konkurrierende Paradigmen des Kulturaustausches in Weimar und Jena um 1800. Hrsg. v. Edoardo Costadura et al. - Heidelberg: Winter, 2008. – 289. (Ereignis Weimar-Jena; 21)

Göggelmann, Walter: Gerechtigkeit und Frieden schaffen: Gustav Werners Einsatz für Bildung und Versöhnung. - Heidelberg: Winter, 2009. - 200 S. (Veröffentlichungen des Diakoniewissenschaftlichen Instituts an der Universität Heidelberg; 38)

Gresch, Eberhard: Die Hugenotten: Geschichte, Glaube und Wirkung. 4., überarb. Aufl. - Leipzig: Evang. Verl.-Anst., 2009. - 247 S.

Gügel, Dominik: Labhards Napoleon III: der Kaiser vom Bodensee. - Konstanz: Labhard: 2008. - 82 S.

Hansi: Mein Dorf: das Elsass, wie es einstmals war. - Stuttgart: Urachhaus, 2008. - [37 S.]

Helmina von Chézy: Leben und Kunst in Paris seit Napoleon I. Hrsg. v. Bénédicte Savoy. - Berlin: Akad.-Verl., 2009. - XXIII,763 S.

Herrgott, Alexandre A.: Adieu, mein Elsass!: ein elsässisches Familienschicksal vor dem Hintergrund zweier Weltkriege. - 2. Aufl. - Kehl: Morstadt, 2009. - 186 S.

Hitlers Verbrechen: eine Ausstellung der französischen Besatzungsmacht 1945/1946 = Crimes hitlériens. Bearb. von Hans-Georg Merz et al. - Stuttgart: Kohlhammer, 2008. - 127 S..

Jostkleigrewe, Georg: Das Bild des Anderen: Entstehung und Wirkung deutsch-französischer Fremdbilder in der volkssprachlichen Literatur und Historiographie des 12. bis 14. Jahrhunderts. - Berlin: Akad.-Verl., 2008. - 446 S. (Orbis Mediaevalis: Vorstellungswelten des Mittelalters; 9). Zugl. teilw.: Erlangen-Nürnberg, Univ., Diss., 2005 u.d.T.: Vertraute Nachbarschaft und kontingente Fremdheit

Kaufmann, Denise; Kaufmann, Jules: Glück, ganz besonderes Glück: der Überlebenskampf eines badisch-elsässichen Ehepaars jüdischen Glaubens im besetzen Frankreich. Ins Dt. übers., bearb. und erg. v. Karl Britz. - Haigerloch: Schubert, 2008. - 103 S.

Klarsfeld, Beate; Klarsfeld, Serge: Endstation Auschwitz: die Deportation deutscher und österreichischer jüdischer Kinder aus Frankreich; ein Erinnerungsbuch. - Köln ...: Böhlau, 2008. - 187 S.

Krieg und Umbruch in Mitteleuropa um 1800: Erfahrungsgeschichte(n) auf dem Weg in eine neue Zeit. Hrsg. v. Ute Planert . - Paderborn ...: Schöningh, 2009. - 384 S. (Krieg in der Geschichte; 44)

Kurtz, Eugène: Zwangsrekrutiert: ein Elsässer in Hitlers Armee. - Freiburg/Br. ...: Herder, 2008. - 519 S.

Leu, Johann Friedrich: Meine Reise nach Frankreich: Edition mit einem historischen Kommentar. Hrsg. v. Wolfgang Fleischer. - Augsburg: Wißner-Verl., 2009. - 248 S. (Documenta Augustana; 20)

Lin, Yuhsien: Heinrich von Kleist und die Französische Revolution: das Erdbeben in Chili, die Verlobung in St. Domingo und Michael Kohlhaas. - Marburg: Tectum-Verl., 2008. - 119 S.

Marquart, Lea: Goethes „Faust" in Frankreich: Studien zur dramatischen Rezeption im 19. Jahrhundert. - Heidelberg: Universitätsverl. Winter, 2009. - 544 S. (Ereignis Weimar-Jena; 27). Zugl.: Freiburg/Br. Univ., Diss., 2008

Mein Kaiser: Goethe und Napoleon; Begegnung zweier Legenden. Hrsg. v. Richard Mede. - Warendorf: Schnell Buch u Druck, 2008. – 48 S.

Moderne und Antimoderne: der Renouveau catholique und die deutsche Literatur; Beiträge des Heidelberger Colloquiums vom 12. bis 16. September 2006. Hrsg. v. Wilhelm Kühlmann. – Freiburg/Br. …: Rombach, 2008. - 608 S. (Rombach Wissenschaften: Reihe Catholica; 1)

Das Münchener Abkommen und die Intellektuellen: Literatur und Exil in Frankreich zwischen Krise und Krieg. Hrsg. v. Martine Boyer-Weinmann et al. - Tübingen: Narr, 2008. - 319 S. (Edition Lendemains; 5)

Napoleon in Bayern: 1809 - Schicksalsjahr zwischen Krieg und Frieden. - Regensburg: Stadt Regensburg, Kulturreferat, 2009. - 84 S. (Kulturführer Regensburg; 8)

Napoleon und das Königreich Westphalen: Herrschaftssystem und Modellstaatspolitik. Hrsg. v. Andreas Hedwig. - Marburg: Elwert, 2008. - 399 S. (Veröffentlichungen der Historischen Kommission für Hessen; 69)

Niggemann, Ulrich: Immigrationspolitik zwischen Konflikt und Konsens: die Hugenottenansiedlung in Deutschland und England (1681 - 1697). - Köln ...: Böhlau, 2008. - XII, 627 S. (Norm und Struktur; 33). Zugl.: Marburg, Univ., Diss., 2007 u.d.T.: Niggemann, Ulrich: Immigrationspolitik im Konflikt

Päßler, Ulrich: Ein „Diplomat aus den Wäldern des Orinoko": Alexander von Humboldt als Mittler zwischen Preußen und Frankreich. - Stuttgart: Steiner, 2009. – 244 S. (Pallas Athene; 29). Teilw. zugl.: Mannheim, Univ., Diss., 2007

Philibert-Charrin, Stift trifft oft: der Skizzenblock eines Zwangsarbeiters. Mit einem Essay v. Jürgen Strasser und einem Nachw. v. Thomas Wizany. - Wien: Lehner, 2008. - 158 S. (Edition Milo: Texte und Studien; 5)

Piquet, Nathalie: Charbon, travail forcé, collaboration: der nordfranzösische und belgische Bergbau unter deutscher Besatzung, 1940 bis 1944. - Essen: Klartext, 2008. - 374 S. (Veröffentlichungen des Instituts für soziale Bewegungen: Schriftenreihe C, Arbeitseinsatz und Zwangsarbeit im Bergbau; 6). Zugl.: Bochum, Univ., Diss., 2007

Révolution française et monde germanique. Hrsg. v. Françoise Lartillot u. Reiner Marcowitz. - Paris: L'Harmattan, 2009. - 217 S. (De l'allemand)

Der Salon als kommunikations- und transfergenerierender Kulturraum = Il salotto come spazio culturale generatore di processi comunicativi e di interscambio. Hrsg. v. Rita Unfer Lukoschik . - München: Meidenbauer: 2008. - 333 S. (Interkulturelle Begegnungen; 3)

Schaaf, Günter: Als Zwangsarbeiter in Frankreich: persönliche Erlebnisse 1945-1948; mit einer Vorbemerkung. - Berlin: Zeitgut Verl., 2008. - 242 S. (Sammlung der Zeitzeugen; 64)

Schaar, Sebastian: Christian Friedrich Frenzel (1780 - 1864): Erinnerungen eines sächsischen Infanteristen an die napoleonischen Kriege. - Dresden: Thelem, 2008. - 200 S. (Bausteine aus dem Institut für Sächsische Geschichte und Volkskunde; 11)

Scheck, Raffael: Hitlers afrikanische Opfer: die Massaker der Wehrmacht an schwarzen französischen Soldaten. A. d. Engl. von Georg Felix Harsch. – Berlin ...: Assoziation A, 2009. - 196 S.: Ill.

Die Schlacht bei Minden: Weltpolitik und Lokalgeschichte. Hrsg. v. Martin Steffen. - Minden: Bruns, 2008. - 252 S.

Schulz, Matthias: Normen und Praxis: das europäische Konzert der Großmächte als Sicherheitsrat, 1815 – 1860. - München: Oldenbourg, 2009. - XII,726 S. (Studien zur internationalen Geschichte; 21). Teilw. zugl.: Rostock, Univ., Habil.-Schr., 2002

Seelisch, Hans-Erich: Sammlung: Briefe aus Nordafrika. - [Neubiberg]: Größl, Univ. der Bundeswehr München: 2008. - [ca. 25] Bl.

Seibt, Gustav: Goethe und Napoleon: eine historische Begegnung. 3. Aufl. - München: Beck, 2009. - 287 S.

Spenlé, Virginie: Die Dresdner Gemäldegalerie und Frankreich: der „bon goût“ im Sachsen des 18. Jahrhunderts. - Beucha: Sax-Verl.: 2008. - 342 S. Zugl.: Dresden, Techn. Univ. und Paris, École Pratique des Hautes Études, Diss., 2006

Stratmann, Paul: Ein Münsteraner in französischer Kriegsgefangenschaft: Tagebuchnotizen 1945 - 1948, Radierungen, Gedichte und Briefe. Hrsg. v. Marianne Stratmann. - Bochum ...: Europ. Univ.-Verl., 2009. – 123,XXI S. (Zeitzeugen - Zeitdokumente; 12)

Walz, Dieter; Münch, Reinhard; Schmidt, Wolf-Dieter: Auf Napoleons Spuren durchs Sachsenland im Kriegsjahr 1813. - Leipzig: Passage-Verl., 2008. - 232 S.

Weill, Ernest: Die Loreley oder der verfluchte Mythos: Lebenserinnerungen eines elsässischen Juden 1915-1945. - Gießen: Haland & Wirth im Psychosozial-Verl., 2008. - 168 S.

Welck, Stephan von: Franzosenzeit im Hannoverschen Wendland (1803 - 1813): eine mikrohistorische Studie zum Alltagsleben auf dem Lande zwischen Besatzungslasten und Sozialreformen. - Hannover: Hahn, 2008. - 333 S. (Schriftenreihe des Heimatkundlichen Arbeitskreises Lüchow-Dannenberg; 17)

Wittendorfer, Frank; Stein, Wolfgang Hans: Akten zur französischen Deutschlandpolitik der Zwischenkriegszeit (1918 - 1940). - Koblenz: Verl. der Landesarchivverwaltung Rheinland-Pfalz, 2008. (Inventar von Quellen zur deutschen Geschichte in Pariser Archiven und Bibliotheken; 3). (Veröffentlichungen der Landesarchivverwaltung Rheinland-Pfalz; 108)

B 3. Politische Beziehungen

Baasner, Frank: [Verlorene Illusionen?]: [die Realität der deutsch-französischen Kooperation in Europa heute]; Vortrag von Frank Baasner, gehalten am 28.11.2008 im Forum am Schlosspark in Ludwigsburg - Ludwigsburg: Deutsch-Französisches Institut, 2008. - [17] S. *Online verfügbar unter http://www.dfi.de/de/pdf/mitgliederversammlung/rede_baasner.pdf*

Deutsch-Französischer Umweltrat: 16. Deutsch-französischer Umweltrat in Goslar am 4. Februar 2008: Kommuniqué. - o.O., 2008. - 4 S. *Online verfügbar unter http://www.bmu.de/files/pdfs/allgemein/application/pdf/umweltrat_dt_fr_16.pdf*

Elzer, Herbert: Konrad Adenauer, Jakob Kaiser und die „kleine Wiedervereinigung": die Bundesministerien im außenpolitischen Ringen um die Saar; 1949-1955. - St. Ingbert: Röhrig, 2008. - 1137 S. (Geschichte, Politik und Gesellschaft; 9)

Harbaum, Lutz-Philipp: Pariser Dilemmata im Prozess der Deutschen Wiedervereinigung. - Bonn: Bouvier, 2008. - 196 S. (Forum junge Politikwissenschaft; 15)

Heinz, Falko: Landau in der Pfalz unter französischer Besatzung: 1945-1949. - Frankfurt/Main.: Lang, 2008. - 535 S. (Militärhistorische Untersuchungen; 9). Zugl.: Würzburg, Univ., Diss., 2007

Hielscher, Kathleen: Die deutsch-französischen Beziehungen in der Europa-, Sicherheits- und Außenpolitik: Kontinuität und Wandel seit 1990. - Saarbrücken: VDM-Verl. Müller, 2008. - 121 S.

Marchetti, Andreas: Die Europäische Sicherheits- und Verteidigungspolitik: Politikformulierung im Beziehungsdreieck Deutschland - Frankreich - Großbritannien. - Baden-Baden: Nomos, 2009. - 378 S. (Schriften des Zentrum für Europäische Integrationsforschung; 70). Zugl.: Bonn, Univ., Diss., 2008

Merkel, Angela; Sarkozy, Nicolas: Discours Nicolas Sarkozy Colombey-les-deux-Eglises: 11 octobre 2008. = Inauguration du Mémorial Charles-de-Gaulle - o.O: Groupe Corlet, 2008. - 75 S.

Merkel, Angela; Sarkozy, Nicolas: Wir Europäer müssen mit einer Stimme sprechen. - Berlin: Regierung online, 2009. - ca. 4 S. *Online verfügbar unter http://www.bundesregierung.de:80/nn_1264/Content/DE/Namensbeitrag/2009/2009-02-04-merkel-sarkozy-sz.html*

Reyels, Lili: Die Entstehung des ersten Vertrags von Lomé im deutsch-französischen Spannungsfeld 1973-1975. - Baden-Baden: Nomos, 2008. - 207 S. (Nomos Universitätsschriften: Geschichte; 18). Zugl.: Saarbrücken, Univ., Diss., 2007

Schwarzer, Daniela: Deutschland und Frankreich: nie so nah, und doch so fern? - Paris: Fondation Robert Schuman, 2008. - 43 S. *Online verfügbar unter http://www.robert-schuman.org/doc/ouvrages/ouvrage-113-al.pdf*

Segers, Mathieu L. L.: Deutschlands Ringen mit der Relance. - Frankfurt/Main. ...: Lang, 2008. - 343 S. (Europäische Hochschulschriften: Reihe 31, Politikwissenschaft; 551). Zugl.: Nijmegen, Univ., Diss., 2005

Terrorismusbekämpfung, Menschenrechtsschutz und Föderation: deutsch-französische Gespräche zum Öffentlichen Recht; [Beiträge der 3. Tagung des Deutsch-Französischen Gesprächkreises für Öffentliches Recht]. Hrsg. v. Johannes Masing et al. - Tübingen: Mohr Siebeck, 2008. - XI,146 S.

B 4. Kulturbeziehungen

Artention: saison France-Nordrhein-Westfalen 2008/2009. [Ministerpräsident des Landes Nordrhein-Westfalen. Supervision. Gesamtbetreuung: Susanne Düwel]. - Düsseldorf, 2008. - 139 S.

Deutsch-französische Kultur- und Wissenschaftsbeziehungen im 20. Jahrhundert: ein institutionengeschichtlicher Ansatz. Hrsg. v. Ulrich Pfeil. - München: Oldenbourg, 2007. - 395 S. (Pariser historische Studien; 81)

Die Deutsche Woche im Languedoc-Roussillon vom 26.9.2008 bis 4.10.2008. Organisiert v. Deutschen Kulturinstitut Heidelberg-Haus in Montpellier. - Montpellier: Maison de Heidelberg, 2008. - 73 S.

Une germanistique sans rivages: mélanges en l'honneur de Frédéric Hartweg. Réunis par Emmanuel Béhague ... - Strasbourg: Presses Univ. de Strasbourg, 2008. - 296 S.

Hommages à Michael Nerlich: zum 70. Geburtstag am 11. März 2009. - Tübingen: Narr, 2009. – 207 S. (Lendemains; 133)

Kultur übersetzen: zur Wissenschaft des Übersetzens im deutsch-französischen Dialog = Traduire la culture: le dialogue franco-allemand et la traduction. Hrsg. v. Alberto Gil et al. - Berlin: Akad.-Verl., 2009. - XII,272 S. (Vice versa: deutsch-französische Kulturstudien; 2)

Margarete Mehdorn: Französische Kultur in der Bundesrepublik Deutschland: politische Konzepte und zivilgesellschaftliche Initiativen 1945–1970. – Köln ...: Böhlau, 2009. - IV,352 S. Zugl.: Mainz, Univ., Diss., 2008

Marmetschke, Katja: Feindbeobachtung und Verständigung: der Germanist Edmond Vermeil (1878-1964) in den deutsch-französischen Beziehungen. - Köln ...: Böhlau, 2008. - 589 S. Zugl.: Kassel, Univ., Diss., 2007

Oei, Bernd: Nietzsche unter französischen Philosophen. - Baden-Baden: Dt. Wiss.-Verl., 2008. - 343 S. (Nietzsche / Bernd Oei; 4)

Oppermann, Matthias: Raymond Aron und Deutschland: eine Verteidigung der Freiheit und das Problem des Totalitarismus. - Ostfildern: Thorbecke, 2008. - 622 S. (Beihefte der Francia; 68). Zugl.: Bonn, Univ., Diss., 2006

Penser l'Europe: dialogues franco-allemands; Juli - Dezember 2008 = Impulse zu Europa: deutsch-französische Gespräche. Hrsg. v. Instituts Français en Allemagne ... - Berlin, 2008. - 23 S. *Online verfügbar unter http://www.ue2008.fr/www.kultur-frankreich.de/pfue/PFUE_1.pdf*

Schultz, Joachim: Wagner in Frankreich: ein Überblick von 1860 bis heute. - Bayreuth: Studiengang „Literaturwissenschaft: berufsbezogen" an der Universität Bayreuth: 2008 - 37, [3] S. (Hagel; 14)

Text, Geschichte, Anthropologie: Werner-Krauss-Vorlesungen 2003 – 2007. Hrsg.v. Reinhard Krüger. - Berlin: Weidler, 2008. - 170 S.

B 5. Gesellschaft / Bildung / Information

Akademie der beruflichen Bildung des Landes Baden-Württemberg, der Region Elsass und der Akademien Strasbourg, Dijon, Lyon: réseau bilatéral pour la voie professionnelle. - Esslingen, [2008]. - ca. 18 S.

Chancen Nutzen: AbiBac; Abitur & Baccalauréat in 3 Jahren. Hrsg. v. Bevollmächtigte der Bundesrepublik Deutschland für kulturelle Angelegenheiten im Rahmen des Vertrages über die deutsch-französische Zusammenarbeit. - Berlin, [2008]. - 7 S. *Online verfügbar unter http://www.schulministerium.nrw.de/BP/Unterricht/Faecher/Fremdsprachen/Sprachen/Franzoesisch/Broschuere_AbiBac_2008.pdf*

Das Ciera: Forschungsbausbildung und -unterstützung, Indisziplinarität, internationale Zusammenarbeit, Mobilität. Hrsg. v. Centre interdisciplinaire d'études de recherches sur l'Allemagne. - Paris, 2009. - [7,7] S. *Online verfügbar unter http://www.ciera.fr/ciera/IMG/pdf/plaquette_ciera_fr.pdf*

Conférence «Retour à l'avant-garde: opportunités et perspectives des échanges franco-allemands de jeunesse»: 5. - 8.7.2008, Berlin. = Konferenz «Rückkehr zur Avantgarde. Chancen und Perspektiven des deutsch-französischen Jugendausaustauschs» - [Berlin]: Deutsch-Französisches Jugendwerk, 2008. - 34 S. *Online verfügbar unter http://www.ofaj.org/pdf/SynthesespourINTERNET.pdf?L=135896&K=IJT39603IJL35301II5817701IS1*

Das Deutsche Historische Institut Paris: 1958-2008 = L'Institut Historique Allemand. Hrsg. v. Rainer Babel et al. - Ostfildern: Thorbecke, 2008. - 258 S.

Deutsch-französische Wissenschaftskontakte in Thüringen. Hrsg. v. Werner Köhler u. Jürgen Kiefer. - Erfurt: Verl. der Akad. gemeinnütziger Wiss., 2008. - 157 S. (Acta Academiae Scientiarum / Akademie Gemeinnütziger Wissenschaften zu Erfurt; 12)

Evaluation internationaler Jugendbegegnungen: ein Verfahren zur Auswertung von Begegnungen; eine Publ. des Deutsch-Französischen Jugendwerks und des Deutsch-Polnischen Jugendwerks. Hrsg. v. Judith Dubiski - Berlin: DFJW, 2008. - 143 S. + 1 CD-ROM

Ihle, Holger: Die Tour de France in den deutschen Medien: Strukturen, Themen und Beispiele der Berichterstattung in Fernsehen und Presse. - Saarbrücken: VDM-Verl. Müller, 2008. - 222 S.

Interkulturalität und wissenschaftliche Kanonbildung: Frankreich als Forschungsgegenstand einer interkulturellen Kulturwissenschaft. Hrsg. v. Dorothee Röseberg. - Berlin: Logos-Verl., 2008. - 575 S. (Trenn-Striche, Binde-Striche; 3)

Interkulturelle Bildung in der Grundschule: eine Studie zum Fremdsprachenlernen bei Kindern. Hrsg. v. Christiane Montandon. - Frankfurt/Main ...: Campus-Verl., 2008. - 239 S. (Europäische Bibliothek interkultureller Studien; 14)

Jaeger, Susanne: Nachrichtenmedien als Ressource für Frieden und Versöhnung: inhaltsanalytische Pressestudien zur westdeutschen Berichterstattung über Frankreich nach dem Zweiten Weltkrieg. - Berlin: Regener, 2009. - 276 S. (Friedens- und Demokratiepsychologie; 7). Zugl.: Konstanz, Univ., Diss., 2008

Romanische Philologie als Herausforderung = les défis des études romanes. Hrsg. v. Willi Jung. - Bonn: V&R unipress, 2009. - 147 S. (Deutschland und Frankreich im wissenschaftlichen Dialog; 1)

Die Rückkehr der deutschen Geschichtswissenschaft in die „Ökumene der Historiker“: ein wissenschaftsgeschichtlicher Ansatz. Hrsg. v. Ulrich Pfeil. - München: Oldenbourg, 2008. - 342 S. (Pariser historische Studien; 89)

Schankin, Julia: Goodbye, Lenin! - Bonjour deutscher Film?: Zur Rezeption des Films Goodbye, Lenin! in Frankreich. – Saarbrücken: VDM-Verl. Müller, 2008. - 171 S.

Schmidt-Künzel, Benno: Wissenschaftler zwischen Deutschland und Frankreich: Mobilität der Wissenschaftler in Europa; Workshop, BMBF, Bonn, 04.11.2008. - Bonn, 2008. - 21 S.

Schobert, Alfred: Analysen und Essays: extreme Rechte - Poststrukturalismus. Hrsg. v. Martin Dietzsch et al. - Münster: Unrast, 2009. - 500 S. (Edition DISS; 21)

Walter, Marie: Die Reaktion auf das Karlsruher Urteil in Frankreich: die Rezeption der Entscheidung des Bundesverfassungsgerichts in der französischen Presse. - Berlin: Stiftung Wissenschaft und Politik, 2009. - 5 S. (SWP-Diskussionspapier; FG2 2009/07). *Online verfügbar unter http://www.swp-berlin.org/common/get_document.php?asset_id=6182*

Wissenschaftler zwischen Deutschland und Frankreich: Mobilität der Wissenschaftler in Europa: Workshop, Bonn, 4. November 2008; Ergebnisbericht. AFAST DFGWT. - Bonn, 2008. - 6 S.

Wissenschaftskommunikation - Perspektiven der Ausbildung - Lernen im Museum = Médiation et communication scientifique - Perspectives dans le domaine de la formation - Apprendre au musée; Dritte Tagung der Wissenschaftsmuseen im deutsch-französischen Dialog, Berlin, 14. bis 16. Oktober 2007. - Frankfurt/Main ...: Lang 2009. - 166 S.

B 6. Grenznahe Beziehungen / Jumelages

Deutsch-französisch-belgische Bürgermeisterkonsultationen: kulturelle Vielfalt als Herausforderung für die Stadtgesellschaft am 19./20. Juni 2008 in Stuttgart = Consultations franco-germano-belges avec des maires et des responsables communaux; eine Initiative der Robert Bosch Stiftung ... in Zusammenarb. mit dem dfi. - Ludwigsburg: Deutsch-Französisches Institut, 2009. - 194,187 S . (DFI compact; 7)

Deutsch-französische Mission „Eurodistrikt Strasbourg-Ortenau“ - [Strasbourg ...], [2009]. - 24 S. *Online verfügbar unter http://www.eurodistrict.eu/docs/docs_seance/2009_02_03_comite/Rapport_complet_D_def.pdf*

Gartenfeld, Volker; Nedele, Manfred: 50 Jahre Städtepartnerschaft Roanne - Reutlingen: eine historische Rückschau. - Reutlingen: Kulturamt der Stadt Reutlingen, 2008. - 123 S.

Grosse de Cosnac, Bettina; Krämer-Anderson, Dagmar; Stamer, Sabine: Drei-Länder-Chat: Kulturführer für den alltäglichen Grenzverkehr. - Reinbek bei Hamburg: Rowohlt Taschenbuch-Verl., 2009. - 253 S.: Ill. (Rororo Paperback)

Moeglen, Yveline; Littmann, Kai: Der Eurodistrikt: Ganz einfach. - Norderstedt: Books on Demand, [2009]. - 188 S.

Oberrhein: Heimat des Rhino; ein Lebensraum, eine gemeinsame Zukunft, ein Logo = Rhin supérieur. Hrsg. v. [Fondation Entente franco-allemande ...] - [Strasbourg ...], [2008]. - 28 S.

PAMINA 1988-2008: [vingt ans de coopération transfrontalière]. Hrsg. v. Eurodistrict Regio-Pamina. - Scheibenhard, 2008. - 23 S. + Beilage. *Online verfügbar unter http://www.eurodistrict-regio-pamina.eu/pamina/IMG/pdf/Brochure_test.pdf*

Vincent, Alain; Baumgarten, Achim: Migennes – Simmern: Deux villes jumelées - zwei Partnerstädte. - Saint-Cyr-sur-Loire: A. Sutton, 2009. - 143 S. (Mémoires en images - die Reihe Archivbilder)

Wettbewerb Energie/Klima der Partnerstädte Nordrhein-Westfalen-Frankreich 2008/2009 = Concours énergie/climat des villes jumelées France-Rhénanie du Nord-Westphalie 2008/2009. Deutsch-Französische Gesellschaft für Wissenschaft und Technologie. - Bonn, 2009. - 12,12 S.

B 7. Wirtschaftsbeziehungen

Europäische Industriepolitik im Bereich des Luft- und Raumfahrtsektors: Protokoll = La politique industrielle européenne dans le domaine de l'aéronautique et de l'aerospatiale. [Deutsch-Französische Parlamentariergruppe ...] - Berlin: Deutscher Bundestag, 2009. - 101,101 S.

Martin, Ullrich; Dobeschinsky, Harry; Raubal, Bernd: Corridor for rail equilibrium and cooperation in transport: Project CORRECT; Teilbericht VWI Verkehrswissenschaftliches Institut an der Universität Stuttgart e.V. - Stuttgart, 2008. - 63 S. *Online verfügbar unter http://edok01.tib.uni-hannover.de/edoks/e01fb08/588460680.pdf*

Sorgenkinder oder Hoffnungsträger? Deutschland, Frankreich und die Zukunft des Wirtschafts- und Sozialmodells in Europa. Hrsg. v. Henrik Uterwedde. – Baden-Baden: Nomos 2009. – 170 S.

Thomas, Alexander; Mayr, Stefan: Beruflich in Frankreich: Trainingsprogramm für Manager, Fach- und Führungskräfte. - Göttingen: Vandenhoeck & Ruprecht, 2009. - 191 S. (Handlungskompetenz im Ausland)

Unternehmerische Betätigung in Frankreich: 2008. Ernst & Young, Equipe Franco-Allemande. - o.O., 2008. - 206 S.

C. Vergleichende Studien

Artus, Ingrid: Interessenhandeln jenseits der Norm: Mittelständische Betriebe und prekäre Dienstleistungsarbeit in Deutschland und Frankreich. - Frankfurt/Main.: Campus Verl., 2008. - 405 S (Arbeit - Interessen - Partizipation; 2). Zugl.: München, Techn. Univ., Habil-Schrift, 2007

Baier, Elsbeth: Abitur und Baccalauréat zwischen 1950 und 1990 unter dem Einfluss historischer Entwicklungen (Real- und Mentalitätsgeschichte): eine Untersuchung muttersprachlicher Prüfungsaufgaben der drei Bundesländer Bremen, Rheinland-Pfalz und Hessen, sowie der französischen Académies - mit einem Ausblick auf Spanien. - Frankfurt/Main ...: Lang,

2009. - 564 S. (Europäische Hochschulschriften: Reihe 11, Pädagogik; 974). Zugl.: Tübingen, Univ., Diss., 2008

Beckmann, Sabine: Geteilte Arbeit?: Männer und Care-Regime in Schweden, Frankreich und Deutschland. - Münster: Verl. Westfälisches Dampfboot, 2008. - 292 S. (Arbeit, Demokratie, Geschlecht; 8). Zugl.: Marburg, Univ., Diss., 2007

Behrmann, Malte: Filmförderung im Zentral- und Bundesstaat: eine vergleichende Analyse der Filmförderungssysteme von Deutschland und Frankreich unter besonderer Berücksichtigung der Staatsverfasstheit. - Berlin: Avinus, 2008. - 299 S. Zugl.: Berlin, Humboldt-Univ., Diss., 2007

Bernoth, Carsten: Die Fehde des Sichar: die Geschichte einer Erzählung in der deutschsprachigen und frankophonen rechtshistorischen und historischen Literatur unter besonderer Berücksichtigung der Auseinandersetzungen des 19. Jahrhunderts. - Baden-Baden: Nomos, 2008. - 318 S. (Rheinische Schriften zur Rechtsgeschichte; 10). Zugl.: Bonn, Univ., Diss., 2008

Bloss, Lasia: Cuius religio – EU ius regio?: Komparative Betrachtung europäischer staatskirchenrechtlicher Systeme, status quo und Perspektiven eines europäischen Religionsverfassungsrechts. - Tübingen: Mohr Siebeck, 2008. - XX,336 S. (Jus ecclesiasticum; 87). Zugl.: Trier, Univ., Diss., 2007/08

Brinkamnn, Wiebke: Kompetenzprofile von Hochschulabsolventen für den Berufseinstieg: ein interkultureller Vergleich. - 2. Aufl. - Taunusstein: Driesen, 2009. - 97 S. (Driesen Beiträge zum Human Resource Management). Zugl.: Dortmund, Internat. School of Management, Dipl.Arb, 2004

Cvijanovic, Sasa: Wasserwirtschaftssysteme: eine Analyse ökonomischer und politischer Handlungen in der Wasserwirtschaft. - Marburg: Tectum-Verl., 2008. - 422 S. (Edition Wirtschaft und Recht; 8). Zugl.: Bochum, Univ., Diss., 2008

Delhees, Stefanie et al: Wohlfahrtsstaatliche Reformkommunikation: westeuropäische Parteien auf Mehrheitssuche. - Baden-Baden: Nomos, 2008. - 249 S.

Dietzsch, Ellen: Europas Verfassung und die Medien: Deutschland und Frankreich im Vergleich. - Marburg: Tectum-Verl., 2009. - 191 S. (Wissenschaftliche Beiträge aus dem Tectum-Verlag: Reihe Politikwissenschaften; Bd. 22)

Der gepflegte Umgang: interkulturelle Aspekte der Höflichkeit in Literatur und Sprache. Hrsg. v. Dorothee Kimmich et al. - Bielefeld: Transcript-Verl., 2008. - 221 S.

Die „Nation" auf dem Prüfstand = La „Nation" en question. Hrsg. v. Rainer Hudemann et al. - Berlin: Akad.-Verl., 2009. - XV,221 S. (Vice versa: deutsch-französische Kulturstudien; 3)

Egle, Christoph: Reformpolitik in Deutschland und Frankreich: Wirtschafts- und Sozialpolitik bürgerlicher und sozialdemokratischer Regierungen seit Mitte der 90-er Jahren. - Wiesbaden: VS Verl., 2009. - 348 S. (Gesellschaftspolitik und Staatstätigkeit; 31). Zugl.: Heidelberg, Univ., Diss., 2006

Elenschneider, Hannah-Kristin: Definition und Verständnis des Kulturbegriffes: die Auswärtige Kulturpolitik Deutschlands und Frankreichs seit 1990 respektive 1992. - München: AVM, 2009. - 136 S.

Europäische Erinnerungsräume. Hrsg. v. Kirstin Buchinger. - Frankfurt/Main ...: Campus-Verl, 2009. - 311 S.

Exzellenz durch Steuerung?: Neue Herausforderungen für das deutsche und das französische Wissenschaftssystem. Hrsg. v. Effi Böhlke et al. - Berlin: WZB, 2009. - 135 S. (Discussion Paper / Wissenschaftszentrum Berlin für Sozialforschung: Projektgruppe Wissenschaftspolitik; SP III 2009-602). *Online verfügbar unter http://bibliothek.wzb.eu/pdf/2009/iii09-602.pdf*

Femmes et stratégies de pouvoir: actes du colloque organisé à l'ENA, Strasbourg le 6 octobre 2006 = Frauen und Strategien der Macht. Hrsg. v. Andrée Kempf et al. - Strasbourg: Fondation Entente Franco-Allemande, 2008. - 95 S.

France, Givors - Allemagne, Forbach/Saarbrücken. - Saint-Etienne: Presses Univ. de Saint-Etienne, 2008. - 116 S.. (Territoire et industrie; [3]) (Collection école nationale supérieure d'architecture de Saint-Etienne)

Frankreich als Vorbild?: Sprachpolitik und Sprachgesetzgebung in europäischen Ländern. Hrsg. v. Petra Braselmann u. Ingeborg Ohnheiser. - Innsbruck: Innsbruck Univ. Press, 2008. - 143 S. (Conference series)

Guy, Jean-Michel: Kreuzung der Kulturen: die interkulturellen Referenzen der Deutschen, Italiener und Franzosen. - Paris: Département des Etudes de la Prospective et des Statistiques, 2008. - 32 S. (KulturStudien). *Online verfügbar unter http://www.europe-cultures-croisees.org/Deps-CE-2008-6-DE-site.pdf*

Harms, Klaus: Vor Gott ohne Gott: Freiheit, Verantwortung und Widerstand im Kontext der Religionskritik bei Dietrich Bonhoeffer und Jean-Paul Sartre; ein Beitrag zur politischen Ethik.. - Berlin: LIT-Verl.-Verl., 2009. - X, 352 S. (Forum Religionsphilosophie; 18). Zugl.: Mainz, Univ., Diss., 2008

Hellwig, Marion: Alles ist gut: Untersuchungen zur Geschichte einer Theodizee-Formel im 18. Jahrhundert in Deutschland, England und Frankreich. - Würzburg: Königshausen & Neumann, 2008. - VIII,384 S. Zugl.: Gießen, Univ., Diss., 2006

Horn, Gustav A. et al: Frankreich: ein Vorbild für Deutschland?: ein Vergleich wirtschaftspolitischer Strategien mit und ohne Mindestlohn. - Düsseldorf: Hans-Böckler-Stiftung, 2008 . - 25 S. (Report / IMK, Institut für Makroökonomie und Konjunkturforschung; 31). *Online verfügbar unter http://www.boeckler.de/pdf/p_imk_report_31_2008.pdf*

Hürtgen, Stefanie: Transnationales Co-Management: betriebliche Politik in der globalen Konkurrenz. - Münster: Westfälisches Dampfboot, 2008. - 313 S. Teilw. zugl.: Berlin, Freie Univ., Diss., 2008 u.d.T.: Hürtgen, Stefanie: Jenseits institutioneller Differenz und kultureller Vielfalt

Jannsen, Nils: Weltweite konjunkturelle Auswirkungen von Immobilienkrisen. - Kiel: Institut für Weltwirtschaft, 2008. - 20 S. (Kieler Diskussionsbeiträge; Nr. 458). *Online verfügbar unter http://www.ifw-kiel.de/pub/kd/2008/kd458.pdf*

Jugendliche im Abseits: zur Situation in französischen und deutschen marginalisierten Stadtquartieren. Hrsg. v. Markus Ottersbach u. Thomas Zitzmann. - Wiesbaden: VS Verl., 2009. – 306 S.

Keller, Carsten et al: Urban riots and youth violence: German and French perspectives. - Zürich: Seismo Press, 2008. - S. 230 – 445. (Schweizerische Zeitschrift für Soziologie; 34,2)

Keller, Reiner: Müll - die gesellschaftliche Konstruktion des Wertvollen: die öffentliche Diskussion über Abfall in Deutschland und Frankreich . - 2. Aufl. - Wiesbaden: VS Verl., 2009. - 329 S. (Theorie und Praxis der Diskursforschung)

Köhling, Helge: Die Europäisierung der Zentralverwaltungen: Frankreich, Großbritannien und Deutschland im Vergleich. - Saarbrücken: VDM-Verl. Müller, 2008. - 126 S.

Koloniale Vergangenheiten in europäischen Schulbüchern = Colonial pasts in European textbooks. Hrsg. v. Susanne Grindel. - Hannover: Verl. Hahnsche Buchh., 2008. – S. 687-776. (Internationale Schulbuchforschung; 30)

Kowalewski, Katharine: „Prime-time“ für die Wissenschaft?: Wissenschaftsberichterstattung in den Hauptfernsehnachrichten in Deutschland und Frankreich. – Wiesbaden: VS Verl., 2009. – 258 S. Zugl.: Berlin, Freie Univ., Mag.Arb., 2009

Kpoda, Daniella: Das Bild der afrikanischen Frau in der deutschen und der französischen Kolonialliteratur und sein Gegenentwurf in der frankophonen afrikanischen Literatur der Kolonialzeit. - Frankfurt/Main ...: Lang, 2009. - 299 S. (Im Medium fremder Sprachen und Kulturen; 13). Zugl.: Saarbrücken, Univ., Diss., 2007

Krell, Christian: Sozialdemokratie und Europa: die Europapolitik von SPD, Labour Party und Party Socialiste. - Wiesbaden: VS Verl., 2009. - 522 S. Zugl.: Siegen, Univ., Diss., 2007

Kuhlmann, Sabine: Politik- und Verwaltungsreform in Kontinentaleuropa: subnationaler Institutionenwandel im deutsch-französischen Vergleich. - Baden-Baden: Nomos, 2009. - 353 S. (Staatslehre und politische Verwaltung; 14). Zugl.: Potsdam, Univ., Habil.-Schr., 2007

Kuhn, Markus: Event-Marketing in der Politik: Medieninszenierungen in Deutschland, Frankreich und der Schweiz. - Wiesbaden: VS Verl., 2009. - 543 S. - Zugl.: Freiburg/Brsg, Univ., Diss., 2005

Kulturstaat und Bürgergesellschaft. Preußen, Deutschland und Europa im 19. und frühen 20. Jahrhundert. Hrsg. v. Bärbel Holtz et al. – Berlin: Akad.-Verl., 2009. – 275 S.

Lang, Markus: Die Eisenbahnen Deutschlands und Frankreichs: Bewertungen des Liberalisierungs- und Harmonisierungsprozesses anhand eines Reformvergleichs. - Frankfurt/Main.: Lang, 2008. - XXVI,364 S. (Europäische Hochschulschriften: Reihe 5, Volks- und Betriebswirtschaft; 3306). Zugl.: Regensburg, Univ., Diss., 2008

Loy, Thomas: Platonischer Protest?: die Haltung der deutschen und französischen Bischöfe zur Judenverfolgung. - Stuttgart: Ibidem, 2008. - 173 S. Zugl.: Freiburg/Br., Univ., wiss. Arb., 2005

Manow, Philip: Religion und Sozialstaat: die konfessionellen Grundlagen europäischer Wohlfahrtsstaatsregime. - Frankfurt/Main.: Campus Verl., 2008. - 197 S. (Theorie und Gesellschaft; 68)

Mémoire et oubli dans le lyrisme européen: hommage à John E. Jackson. Hrsg. v. Dagmar Wieser. - Paris: Champion: 2008. - 652 S. (Colloques, congrès et conférences, époque moderne et contemporaine; 23)

Morche, Silke: Der kleine Morgen - Die Renaissance des Kindes in der UN-Kinderrechtskonvention. - Berlin: Logos, 2008. - 267 S. Zugl.: Heidelberg, Univ., Diss., 2007

Moreau, Jennifer; Kap-Herr, Alexander von: Öffentliche Entwicklungshilfe in Deutschland und Frankreich: ein Vergleich. - Berlin: Deutsche Gesellschaft für Auswärtige Politik, 2008. - 17 S. (DGAP-Analyse: Frankreich; 2008, No. 10). *Online verfügbar unter http://www.dgap.org/midcom-serveattachmentguid-1ddd662efa49cfcd66211dd8e01b14f36f4f8eb-f8eb/dgapanalyse-frankreich-2008-10.pdf*

1968 – Revolution und Gegenrevolution: Neue Linke und Neue Rechte in Frankreich, der BRD und der Schweiz = 1968 - révolution et contre-révolution. Hrsg. v. Damir Skenderovic u. Christina Spät . - Basel: Schwabe, 2008. - 117 S. (Itinera; 27)

1968 / 2008: Revision einer kulturellen Formation. Hrsg. v. Isabella von Treskow et al. - Tübingen: Narr, 2008. - XXIII, 271 S. (Edition Lendemains; 11)

Öffentliche Dienstleistungen, neue Anforderungen und Organisationsformen: Bericht; Dritte jahrestagung der deutschen und französischen Organisationen aus Wirtschaft und Gesellschaft, 17. und 18. Januar, Paris, Palais d'Iéna, Sitzt des Wirtschafts und Sozialrates der Französischen Republik. - Paris: Conseil Economique et Social, 2008. - 76 S.

Öffentliche Sicherheit und individuelle Freiheitsrechte: Protokoll = Sécurité collective et libertés individuelles. Deutsch-Französische Parlamentariergruppe. - Berlin: Deutscher Bundestag, 2008. - 60,58 S.

Pfisterer, Petra: Kommunale Selbstverwaltung und Lokale Governance vor dem Hintergrund des europäischen Integrationsprozesses. - Frankfurt/Main ...: Lang, 2009. - 455 S. (Speyerer Schriften zur Verwaltungswissenschaft; Bd 8). Zugl.: Speyer, Dt. Hochsch. für Verwaltungswiss., Diss., 2008

Religion im öffentlichen Raum: deutsche und französische Perspektiven = La religion dans l'espace public: perspectives allemandes et françaises. Hrsg. v. Bernd Schröder et al. - Bielefeld: Transcript-Verl., 2009. - 473 S. (Frankreich-Forum; 8)

Religion und Laizität in Frankreich und Deutschland im 19. und 20. Jahrhundert = Religions et laïcité en France et en Allemagne aux 19e et 20e siècles. Hrsg. v. Jean-Paul Cahn et al. - Stuttgart: Steiner, 2008. - 197 S. (Schriftenreihe des deutsch-französischen Historikerkomitees; 5)

Religionskontroversen in Frankreich und Deutschland. Hrsg. v. Matthias Koenig et al. - Hamburg: Hamburger Ed., 2008. - 475 S.

Schepers, Verena: Wohnungsmodernisierung des Vermieters in Deutschland und Frankreich. - Berlin: Lexxion Verl., 2009. - XIII,195 S. (Praxis und Theorie des Bau- und Immobilienrechts; 14). Zugl.: Berlin, Humboldt-Univ., Diss.

Schicklinski, Judith: Migration und europäische Zuwanderungspolitik: eine Studie über Einstellungen und Vorstellungen von Schüler(inn)en und Student(inn)en in Marokko, Frankreich und Deutschland. - Stuttgart: Ibidem-Verl., 2009. - 215 S.

Schleicher, Regina: Antisemitismus in der Karikatur: zur Bildpublizistik in der französischen Dritten Republik und im deutschen Kaiserreich (1871-1914). - Frankfurt/Main ...: Lang, 2009. - 203 S. Zugl.: Frankfurt/Main, Univ., Diss., 2007

Schulze-Doll, Christine: „Kontrollierte Dezentralisierung" der Tarifverhandlungen: neue Entwicklungen der Kollektivverhandlungen in Deutschland und Frankreich. - Baden-Baden: Nomos, 2008. - 361 S. (Studien zum deutschen und europäischen Arbeitsrecht; 19). Zugl.: Halle/Wittenberg, Univ., Diss., 2006/2007

Schwantes, Julian: Filmmusik in Deutschland und Frankreich unter der Lupe: ein historischer, stilistischer, ökonomischer und juristischer Blick auf Gemeinsamkeiten und Unterschiede der Filmmusik in den beiden Ländern. - Saarbrücken: VDM-Verlag Müller, 2008. - 117 S. Zugl.: Potsdam, Hochsch. für Film und Fernsehen Konrad Wolf, Dipl.Arb, , 2002

Sievers, Isabel: Individuelle Wahrnehmung, nationale Denkmuster: Einstellungen deutscher und französischer Lehrkräfte zu Heterogenität im Unterricht. - Frankfurt/Main: Brandes & Apsel, 2009. - 208 S. (Bildung in der Weltgesellschaft; 2). (Wissen & Praxis; 150). Zugl. Kurzfassung von: Hannover, Univ., Diss.

Soziale Arbeit mit Menschen mit Behinderung in Deutschland, Frankreich und Italien: Dokumentation eines deutsch-französisch-italienischen Austauschseminars. Hrsg. v. Ludger Kolhoff et al. - Baltmannsweiler: Schneider Verl. Hohengehren, 2009. - 82 S.

Übersetzungskultur im 18. Jahrhundert: Übersetzerinnen in Deutschland, Frankreich und der Schweiz. Hrsg. v. Brunhilde Wehinger u. Hilary Brown. - [Hannover]: Wehrhahn, 2008. - 206 S. (Aufklärung und Moderne; 12)

Umwelt und Herrschaft in der Geschichte = environnement et pouvoir: une approche historique. Hrsg. v. François Duceppe-Lamarre et al. - München: Oldenbourg, 2008. - 140 S. (Ateliers des Deutschen Historischen Instituts Paris; 2)

Ungern-Sternberg, Antje von: Religionsfreiheit in Europa: die Freiheit individueller Religionsausübung in Großbritannien, Frankreich und Deutschland; ein Vergleich. - Tübingen: Mohr Siebeck, 2008. (Jus ecclesiasticum; 86). Zugl.: Münster, Univ., Diss. 2007

Vatter, Christoph: Gedächtnismedium Film: Holocaust und Kollaboration in deutschen und französischen Spielfilmen seit 1945. - Würzburg: Königshausen & Neumann, 2009. - 349 S. (Saarbrücker Beiträge zur vergleichenden Literatur- und Kulturwissenschaft; 42). Zugl.: Saarbrücken, Univ., Diss., 2008

Verboten, verschwiegen, ungehörig?: ein Blick auf Tabus und Tabubrüche = Interdit, inconvenant, inacceptable?; pour une réflexion sur les tabous et leur violation. Hrsg. v. Ingrid Streble et al. - Berlin: Logos-Verl., 2008. - 198 S. (Schriften zur Kultur- und Geistesgeschichte; 1)

Vetters, Regina: Konvent + Verfassung = Öffentlichkeit?: die Verfassungsdebatte der Europäischen Union in den deutschen, britischen und französischen Printmedien. - Baden-Baden: Nomos, 2008. - 293 S. Zugl.: Berlin, Freie Univ., Diss., 2007

West, Klaus-W.: Angebotsmacht Arbeit. - Berlin: Duncker & Humblot, 2009. - 215 S. (Sozialwissenschaftliche Schriften; 46)

Wort und Text: lexikologische und textsyntaktische Studien im Deutschen und Französischen; Festschrift für René Métrich zum 60. Geburtstag. – Hrsg. v. Daniel Baudot et al. – Tübingen: Stauffenburg, 2008. - XXII,354 S. (Eurogermanistik; 25)

Wrobel, Sonja: Notwendig und gerecht?: die Legitimation von Sozialreformen in Deutschland und Frankreich. - Frankfurt/Main ...: Campus Verl., 2009. - 273 S. (Schriften des Zentrums für Sozialpolitik; 19)

D. Unveröffentlichte Dissertationen, Diplom-, Bachelor- und Magister-/Masterarbeiten

Baumgart, Susan Kristin: Zur Stellung des französischen Präsidenten in der V. Republik am Beispiel Nicolas Sarkozys: mächtig und überparteilich? - Kiel, Univ., Magisterarb., 2008. – 101 S.

Benz, Julia: Heidelberg-Haus und Montpellier-Haus: institutionalisierte Vertretungen im Rahmen einer erfolgreichen deutsch-französischen Städtepartnerschaft; Heidelberg - Montpellier. - Passau, Univ., Dipl.Arb., 2009. - 80,XIV Bl.

Darmer, Anne: Der Wandel der Auswärtigen Kulturpolitik der Bundesrepublik nach der deutschen Wiedervereinigung am Beispiel des Goethe-Instituts in Frankreich: eine Programmanalyse.- Leipzig, Univ., Mag.Arb, 2008

Dierkes, Jürgen: Freundschaft ohne Grenzen?: die Möglichkeiten deutsch-französischer Gesellschaftsbeziehungen im ländlichen Raum; die Städtepartnerschaft Borgentreich – Rue. - Kassel, Univ., Dipl.Arb., 2008 . - V,252 S.

Fischer, Andrea: Selbstbestimmung durch Vorsorgevollmacht?: eine rechtsvergleichende Untersuchung der Vorsorgevollmacht im deutschen, englischen und französischen Recht im Lichte der Selbstbestimmung = Le principe de la libre disposition par le biais d'un mandat de protection future? - Passau, Univ., Diss., 2009; Strasbourg, Univ., Diss., 2009. - XIV, 436 S.

Herrmann, Volker: Die Debatte über den angestrebten EU-Beitritt der Türkei in Deutschland, Frankreich und Großbritannien. - Erlangen-Nürnberg, Univ., Dipl.Arb, 2008. -111 Bl.

Huff, Elisabeth: Die Freizeichnung von strafrechtlicher Verantwortlichkeit durch Pflichtendelegation im Unternehmen: ein deutsch-französischer Vergleich. – 2008. –Tübingen, Univ., Diss., 2008. - 274 S. *Online verfügbar unter http://tobias-lib.ub.uni-tuebingen.de/volltexte/2008/3522/pdf/Huff_Pflichtendelegation.pdf*

Nix, Sebastian: Das Internet als Informationsressource für die Frankreichforschung: eine Befragung deutscher und französischer Experten. - Berlin, Humboldt-Univ., Masterarb., 2009. – 88 S.

Noormann, Philipp: Familienbesteuerung in Deutschland und Frankreich. - Passau, Univ., Dipl.-Arb., 2009. – 94 S.

Nowotny, Claudia: Bedeutung des Nationenkonzepts im kolonialen und postkolonialen Kontext: eine Analyse an Hand des ehemaligen Französischen Protektorats Tunesien. – Wien, Univ., Diss., 2008. - 312 S. *Online verfügbar unter http://othes.univie.ac.at/2006/1/2008-10-06_9852249.pdf*

Papouschek, Iris: Routine oder reger Austausch? eine Analyse deutscher Gegenwartsliteratur in Lizenzausgaben auf dem französischen Buchmarkt von 2000 bis 2007.- Erlangen-Nürnberg, Univ., Mag.Arb., 2008. – 118 Bl.

Pirzl, Doris: Der Rap in Frankreich: Untersuchungen zu seinen Funktionen. - Wien, Univ., Diss., 2008.-231 S. *Online verfügbar unter http://othes.univie.ac.at/2005/1/2008-09-17_8702731.pdf*

Poslek, Yasmin: Die Gründe für die Revolte in den Pariser Vorstädten = Reasons for the riot in the suburbs of Paris. - Berlin, [Humboldt-]Univ., Bachelor-Arb., 2006. – 48 S.

Schmidt, Barbara: Vom Scheitern des Verfassungsvertrags zum Vertrag von Lissabon: die Bedeutung der deutsch-französischen Beziehungen für die Überwindung der Verfassungskrise in der Europäischen Union. - Osnabrück, Univ., Master-Arb., 2009. - 104,XVI S.

Schmidt, Silke: Kommentierte Kandidaten: eine medienkritische Analyse der Berichterstattung der Tageszeitungen Le Monde und Le Figaro über die Präsidentschaftskandidaten vor den Wahlen 2007. - Passau, Univ., Dipl.Arb., 2008. - III,88 S.

Schüssler, Linda: Der Raï und Frankreich: von den algerischen Wurzeln zum Raï-Beur. - Kassel, Univ., wiss.Hausarb., 2007. - 131 S.

Stalleicher, Johanna: Kulturspezifische Corporate Identity: eine vergleichende Feldforschungsstudie über Firmenauftritte in Frankreich und Deutschland anhand von Messen und Internetauftritten. – Regensburg, Univ., Bachelor-Arb, 2009. - 39 Bl.

Vennemann, Julia „The first universal figure in caricature“: das Bild Napoleons in den Karikaturen George Cruikshanks. - Erlangen-Nürnberg, Univ., Mag.Arb, 2008. - 135 Bl.

Wälder, Felix: Der Bürgermeister und le Maire: Gab es einen Einfluss der französischen Besatzungsmacht auf die baden-württemburgische Kommunalverfassung?; eine Analyse am Beispiel der Stellung des Bürgermeisters. - Friedrichshafen, Zeppelin Univ., Bachelor-Thesis, 2009. - 44,IX S.

Wittenbrink, Pablo: Die französische Ratspräsidentschaft 2008: zwischen europäischen und französischen Interessen. - Osnabrück, Univ., Bachelor-Arb., 2009. - 81,XVIII S.

E. Bibliographische Arbeiten

Literaturdienst Frankreich Reihe A: Französische Außenbeziehungen; deutsch-französische Beziehungen. – Ludwigsburg: Deutsch-Französisches Institut, Nr. 19 [1.3.2008-28.2.2009], April 2009. – CD-ROM

Literaturdienst Frankreich Reihe B: Sozialwissenschaftliche Frankreichliteratur. – Ludwigsburg: Deutsch-Französisches Institut, Nr. 18 [1.10.2007-30.9.2008], Oktober 2008. – CD-ROM

F. Übersetzungen aus verschiedenen Wissenschaftsbereichen

Bourdieu, Pierre: Die feinen Unterschiede: Kritik der gesellschaftlichen Urteilskraft. - 19. Aufl. - Frankfurt/Main: Suhrkamp, 2008. - 910 S. (Suhrkamp-Taschenbuch Wissenschaft; 658)

Castel, Robert: Negative Diskriminierung: Jugendrevolten in den Pariser Banlieues. - Hamburg: Hamburger Ed., 2009. - 122 S.

Das Elend der Welt: Zeugnisse und Diagnosen alltäglichen Leidens an der Gesellschaft. Hrsg. v. Pierre Bourdieu. Unveränd. Nachdruck der dt. Erstausg. - Konstanz: UVK Verl.-Ges., 2008 . - 848 S. (Edition discours; 9)

Dubet, François: Ungerechtigkeiten: zum subjektiven Ungerechtigkeitsempfinden am Arbeitsplatz - Hamburg: Hamburger Ed., 2008. - 514 S

Lefort, Claude: Die Bresche: Essays zum Mai 68. A. d. Frz.. übers. und mit einer Einl. vers. von Hans Scheulen . - Wien: Turia + Kant, 2008. - 91 S. (Es kommt darauf an; 8)

Rousso, Henry: Vichy: Frankreich unter deutscher Besatzung 1940 - 1944 . A. d. Frz.. von Matthias Grässlin. - München: Beck, 2009. - 146 S. (Beck'sche Reihe; 1910)

Abkürzungsverzeichnis

ARD	Arbeitsgemeinschaft der öffentlich-rechtlichen Rundfunkanstalten der Bundesrepublik Deutschland
ARTE	Association Relative à la Télévision Européenne
BRD	Bundesrepublik Deutschland
CCNE	Comité consultatif national d'éthique
CDU	Christlich Demokratische Union Deutschlands
CIERA	Centre Interdisciplinaire d'Études et de Recherches sur l'Allemagne
CIRAC	Centre d'Information et de Recherche sur l'Allemagne Contemporaine
CNRS	Centre national de la recherche scientifique
CO2	Kohlenstoffdioxid
COGEMA	Compagnie Générale des Matières Premières
CSU	Christlich-Soziale Union in Bayern e.V.
CUEJ	Centre universitaire d'enseignement et de journalisme
DDP	Deutsches Depeschendienst
DDR	Deutsche Demokratische Republik
DFH	Deutsch-Französische Hochschule
DFJW	Deutsch-Französisches Jugendwerk
DNA	Dernières Nouvelles d'Alsace
EG	Europäische Gemeinschaft
EHESS	Ecole des Hautes Études en Sciences Sociales
ENS	Ecole Normale Supérieure
EU	Europäische Union
EUCOR	Europäische Konföderation der Oberrheinischen Universitäten/ Confédération Européenne des Universités du Rhin Supérieur
EWG	Europäische Wirtschaftsgemeinschaft
EWS	Europäisches Währungssystem
EZB	Europäische Zentralbank
FDJ	Freie Deutsche Jugend
FR3	Zweitgrößter öffentlich-rechtlicher Fernsehsender Frankreichs, der zu France Télévisions gehört.
FU	Freie Universität

FZ	Frankreichzentrum
GASP	Gemeinsame Außen- und Sicherheitspolitik
HJ	Hitlerjugend
IPI	International Press Institute
ISFJ	Institut Supérieur de Formation au Journalisme
KZ	Konzentrationslager
LEA	Langues Etrangères Appliquées
LLC	Langue, Littérature, Civilisation
NS	Nationalsozialismus
NSDAP	Nationalsozialistische Deutsche Arbeiterpartei
OSI	Otto-Suhr-Institut
PDS	Partei des Demokratischen Sozialismus
RDA	République Démocratique Allemande
RFI	Radio France Internationale
RK	Regierungskonferenz
SED	Sozialistische Einheitspartei Deutschlands
SPD	Sozialdemokratische Partei Deutschlands
SWR	Südwestrundfunk
TF1	Télévision Française 1
UDF	Union pour la démocratie française
UdSSR	Union der Sozialistischen Sowjetrepubliken
UMP	Union pour un Mouvement Populaire
UNESCO	United Nations Educational, Scientific and Cultural Organization
UNO	United Nations Organization
WWU	Wirtschafts- und Währungsunion
ZDF	Zweites Deutsches Fernsehen

Personenregister

Zu den Autoren

Sabine CAILLAUD, Doktorandin an der Université Lumière Lyon 2, Groupe de recherche en psychologie sociale; E-Mail: Sabine.Caillaud@univ-lyon2.fr

Corine DEFRANCE, Chargée de recherche au CNRS, Université de Paris I Panthéon-Sorbonne, E-Mail: corine.defrance@wanadoo.fr

Christian DELPORTE, Professeur au Centre d'histoire culturelle des sociétés contemporaines, Université de Versailles Saint-Quentin-en-Yvelines; E-Mail: delporte.amc@wanadoo.fr

Dr. Beate GÖDDE-BAUMANNS, Ehrenpräsidentin der Vereinigung Deutsch-Französischer Gesellschaften in Deutschland und Frankreich (VDFG), Mainz / Duisburg; E-Mail: b.goedde-baumanns@t-online.de

Ruth HORN, Doktorandin an der Ecole des hautes études en sciences sociales (EHESS); E-Mail: ruth_horn@web.de

Prof. Dr. Dietmar HÜSER, Professor für Geschichte Westeuropas im 19. und 20. Jahrhundert, Universität Kassel; E-Mail: d.hueser@uni-kassel.de

Prof. Dr. Adolf KIMMEL, Prof. (i.R.) für Politikwissenschaft, zuletzt an der Universität Trier; E-Mail: adolf.kimmel@t-online.de

Hélène MIARD-DELACROIX, Professeur de civilisation de l'Allemagne contemporaine, Université Paris-Sorbonne (Paris IV); E-Mail: helene.miard-delacroix@paris-sorbonne.fr

Prof. Dr. Ulrich PFEIL, Université de Saint-Etienne, E-Mail : upfeil@orange.fr

Sigrid PLÖGER, Romanisches Seminar der Universität Freiburg, E-Mail: sigrid.ploeger@romanistik.uni-freiburg.de

Prof. Dr. Michael WERNER, Direktor des Centre interdisciplinaire d'études et de recherches sur l'Allemagne (CIERA), E-Mail: werner@ciera.fr

Michaela WIEGEL, Politische Korrespondentin der Frankfurter Allgemeinen Zeitung, Paris

MIX
Papier aus verantwortungsvollen Quellen
Paper from responsible sources
FSC® C105338

If you have any concerns about our products,
you can contact us on
ProductSafety@springernature.com

In case Publisher is established outside the EU,
the EU authorized representative is:
Springer Nature Customer Service Center GmbH
Europaplatz 3, 69115 Heidelberg, Germany

Printed by Libri Plureos GmbH
in Hamburg, Germany